**TEXTES A L'APPUI**
*série économie*

Cet ouvrage est publié avec le concours
du CNRS et de l'Université de Paris VII.

DOURDAN

# L'EMPLOI
# ENJEUX ÉCONOMIQUES
# ET SOCIAUX

*Colloque du*
*groupe de sociologie du travail*

FRANÇOIS MASPERO
1, place Paul-Painlevé
PARIS Vᵉ
1982

ISBN 2-7071-1310-7

# AVANT-PROPOS

Notre société est hantée par les problèmes du chômage et de la crise économique. L'emploi est défini comme « la priorité des priorités » par le nouveau gouvernement socialiste. Un certain nombre de mesures ont été prises : création d'emplois dans les services publics, encouragement aux entreprises à recruter des jeunes, mesures sociales pour l'insertion des jeunes, la formation des chômeurs et une plus grande protection de l'emploi précaire. Malgré cela, le gouvernement n'a pas réussi à juguler l'accroissement du nombre des chômeurs, qui dépasse deux millions.

La crise, en effet, n'est pas seulement conjoncturelle mais structurelle. Malgré une reprise économique très limitée, la diffusion des technologies nouvelles accroît la productivité au détriment de l'emploi. Le « progrès technique » supprime actuellement 400 000 emplois par an. La pression syndicale pour restreindre les horaires sans toucher aux salaires et la résistance patronale à une limitation significative de la durée du travail se conjuguent pour rendre la réduction du temps de travail inopérante en matière d'emploi.

On se refuse à voir que le problème est devenu un problème sociétal. Les conséquences dramatiques de la crise vont au-delà de l'appauvrissement des travailleurs et de la précarisation de l'emploi. Elles obligent à repenser la société industrielle, à imaginer de nouveaux modes de vie et de production : on imagine des technologies *alternatives. En Allemagne et en Italie, on décèle les prémices du développement d'une économie informelle. La prospective de l'emploi bouleverse l'image de la société future.*

*C'est dire que les questions posées par économistes et sociologues lors du Colloque de Dourdan des 10-11-12 décembre 1980 restent d'actualité. La sensibilité s'est accrue à l'égard des problèmes de chômage. Le thème de l'emploi continue, dans universités et laboratoires, d'être l'objet de nombreuses recherches. La mission Détraz, du ministère de la Recherche et de la Technologie, a pour thème l'emploi et les conditions de travail : elle devrait encourager et relancer les études et réflexions déjà amorcées.*

*Le colloque publié ici fut organisé par le groupe de sociologie du travail grâce au soutien du CNRS et de l'université Paris-VII. Il portait sur « Politiques d'emploi et Rapports sociaux du travail ». Son objet était donc d'analyser les transformations des comportements des acteurs sociaux dans la crise économique, de montrer comment patronat et Etat, ouvriers et syndicats assument, vivent et agissent cette situation économique nouvelle.*

*L'emploi et le chômage sont le thème de la première partie de cet ouvrage. Les pratiques des entreprises sont analysées du point de vue des politiques et de leurs enjeux : politiques des entreprises et incitations de l'Etat, stratégies sociales des groupes industriels, mais également de façon plus instrumentale : techniques de précarisation de l'emploi, articulations de la formation et de l'emploi, insertion professionnelle des jeunes. L'emploi est d'autre part étudié dans sa perspective politique et juridique, comme rapport de production et comme gestation de nouveaux rapports sociaux.*

*La crise ne se réduit pas en effet à sa manifestation la plus apparente : le chômage. Elle représente une phase d'élaboration de nouveaux rapports sociaux : les nouvelles politiques d'emploi sont liées à une nouvelle conception de l'utilisation et du contrôle de la force de travail où s'articulent la précarisation et la polyvalence, où se redéfinissent les statuts et les qualifications. Les stratégies nouvelles entraînent une réorganisation de l'appareil de formation ; elles ont des répercussions plus générales sur la transformation du rapport salarial, sur le droit du travail, sur le rapport à l'Etat.*

*Quels sont les comportements individuels et collectifs des travailleurs devant ces stratégies nouvelles ? La crise favorise-t-elle ou défavorise-t-elle la mobilisation ouvrière ?*

*Si la crise latente (situations d'emploi précaire) tend à dissoudre la solidarité au profit de comportements individualistes, la crise ouverte (fermetures d'usines) ressoude pour un temps cette solidarité en conflits spectaculaires dont la violence a paru à certains moments ébranler le pouvoir* [1]. *Pourtant les conditions d'une action ouvrière pour l'emploi ne sont pas évidentes : le chômeur perd son identité de travailleur, les ouvriers menacés ont un adversaire qui se dérobe et se battent sur des objectifs impossibles. La crise représente une grave menace pour la solidité et l'avenir des organisations ouvrières.*

*Avec l'étude de la formation, le chapitre 4 est centré sur les remèdes à la crise. Au niveau instrumental, l'appareil de formation s'est transformé avec la crise (développement de la formation continue, création de la formation alternante). Instructive est l'analyse de ses finalités et de ses résultats : les liaisons formation-emploi sont mal maîtrisées. La formation des chômeurs vise-t-elle une difficile reconversion professionnelle ou recouvre-t-elle une fonction plus immédiate de maintien d'une intégration sociale et culturelle ?*

*Cette première partie est axée sur les possibilités d'accès à l'emploi. L'emploi se définit d'autre part comme situation de travail, poste de travail, profession. Les Anglo-Saxons utilisent deux notions (*employment *et* occupation*) pour distinguer les deux sens. C'est dans ce second sens qu'est conçue la seconde partie : l'emploi y sera étudié comme travail, qualification et itinéraire professionnel.*

*L'étude des qualifications représente un thème classique de la sociologie du travail qui a déjà été largement abordé lors du Premier Colloque de Dourdan* [2]. *Les controverses sur la segmentation du marché du travail se poursuivent. Est également étudiée l'interaction du marché de l'emploi et du système de production. Selon les pays, les syndicats ont des conceptions différentes des objectifs des luttes pour les classifications : de simple succédané des revendications salariales, elles peuvent devenir attaque du système de hiérarchisation (Italie) ou même stratégie de contrôle des modes de gestion de main-d'œuvre (Grande-Bretagne).*

*Le thème des itinéraires professionnels reflète une démarche méthodologique plus nouvelle qui a suscité dans les débats du colloque questions et controverses.*

*Si l'emploi pour l'entreprise est un marché, il est pour le travailleur histoire de vie. D'où son analyse en termes d'itinéraire professionnel, de carrière, de filière, de trajectoire. Cette approche peut se contenter d'une psychologie sociale (étude des rôles, des processus d'identification et de socialisation) ou se donner l'ambition d'une sociologie génétique où les biographies se trouvent cadrées dans des processus sociaux.*

---

1. Conflits des sidérurgistes en 1979, des marins pêcheurs en 1980.
2. *La Division du travail,* Colloque de Dourdan, Galilée, Paris, 1978.

*Du point de vue méthodologique, le colloque présentait en effet une grande diversité d'approches : il faut citer plusieurs synthèses documentaires d'origine bibliographique ou de première main ; l'enquête empirique est largement représentée sous forme de monographies d'entreprises ou d'histoires de vie ; les typologies sont à l'honneur ; l'analyse statistique n'est pas absente ; les études régionales et les comparaisons internationales ont eu leur place.*

*Les grandes fresques théoriques sont plus fréquentes chez les économistes que chez les sociologues. Les esquisses de sociologie de l'emploi ne présentent encore que les premiers pas de l'approche d'un champ nouveau. Montrer les difficultés de la constitution de l'objet, de la recherche de notions et de voies nouvelles à travers ce qui est acquis ne vise pas à dévaloriser, mais seulement à délimiter les recherches pionnières que nous présentons ici.*

*La perspective des recherches présentées oscille entre une sociographie des chômeurs analysant le chômage comme vécu, comme comportement répondant à une situation, l'analyse des luttes dont l'emploi est l'enjeu et des études plus économistes sur le remodelage du marché du travail, la transformation avec la crise du rapport salarial, la restructuration des groupes industriels.*

*Bien qu'à la mode, les études du vécu appellent à être dépassées vers une analyse des rapports sociaux qui les expliquent, et les auteurs en sont parfaitement conscients. Côté mouvements sociaux, paradoxalement, les luttes pour l'emploi dont il est ici rendu compte, par leur objectif même, détruisent le chômage comme objet. L'analyse du marché du travail ne paraît féconde que si elle est conçue comme champ de stratégies et de pratiques sociales.*

*A la difficulté de la constitution de l'objet s'ajoute l'incertitude de la méthode. Et la tendance naturelle de la sociologie du chômage est d'appréhender son objet comme l'envers de l'emploi. Or le chômage est par définition une exclusion, une expulsion de l'ensemble des relations sociales qui caractérisent l'emploi.*

*Avec le chômage, le producteur est réduit au statut de citoyen assisté, d'allocataire. Le chômeur n'a plus de relations avec une entreprise, ni avec une communauté de travail. Et les études présentées mettent bien en relief son isolement du monde des travailleurs. Il faudrait également étudier en quoi le chômage menace les relations familiales, en quoi il change la sociabilité, comment il détruit et transforme les structures de la vie locale.*

*Avec le chômage, les entreprises se dessaisissent de leur emprise sur les individus travailleurs (transférant à l'Etat la charge de l'enseignement professionnel, abandonnant leurs pratiques de patronage et la gestion de la protection sociale de leur personnel). Si cette destruction d'un système d'intégration et de relations sociales fondées sur le travail est déjà abordée, il reste à étudier ce à quoi elle fait place : un nouveau type de prise en charge et de contrôle des individus sans emploi plus directement médiatisé par l'Etat au travers de nouvelles institutions : ANPE, formation permanente. En effet, l'Etat ne peut se passer d'un contrôle social et politique de ces masses explosives. On voit ici s'ouvrir de nouveaux champs d'étude dont l'analyse est encore en cours.*

*Dans cette présentation rapide, il nous faut remercier Colette Didier, Nicole Grégoire et, tout particulièrement, Ginette Lemaître pour l'importance de leur contribution. Les six thèmes sous lesquels sont regroupées les communications ont été animés par Mireille Dadoy, Claude Durand, Sabine Erbès-Seguin, Jean-Michel Saussois, Lucie Tanguy et Pierre Tripier, qui ont assuré la présentation des différents thèmes.*

Claude DURAND

Première partie

# EMPLOI ET CHOMAGE

*I*

_____

*L'évolution des pratiques d'entreprise
en matière d'emploi*

# Introduction

Cette série de contributions se propose de cerner l'évolution des pratiques d'entreprises en matière d'emploi. Selon les auteurs, il s'agira d'ailleurs de « politiques d'emploi », de « stratégie de restructuration d'emploi », de « comportement d'emploi ». En se situant volontairement au niveau micro-économique, le propos est de rendre compte du mode d'organisation de l'offre d'emploi sur le marché du travail et aussi des formes de gestion par rapport au mode d'accumulation et au mode de développement de l'entreprise. En fait, cette mise en rapport entre politique d'entreprise (au sens de stratégie industrielle) et politique d'emploi est encore un domaine de recherche peu exploré : ou bien l'emploi est traité comme une « retombée » (un résidu) lors des formulations stratégiques préparatoires au plan d'entreprise, ou bien l'emploi est saisi comme problème autonome indépendamment du contexte dans lequel il est posé (par exemple la position concurrentielle de l'entreprise vis-à-vis de ses marchés et de ses produits). Mais les « entrées » pour poser la problématique entre politique d'entreprise et politique d'emploi sont encore très différentes (holding, groupe, entreprise, établissement), tout en révélant de timides rapprochements entre économistes et sociologues. Les travaux menés dans plusieurs centres de recherche (CRESST, IREP, CEE, Travail et Société) constituent des matériaux importants pour tenter une approche intégrée se dégageant soit d'approches managériales (du type évolution de la fonction personnel), soit d'approches économiques (travaux du type CERCA).

Les communications de B. Soulage et de D. Baroin présentent des résultats de recherches développées dans le cadre de l'IREP et Travail et Société. B. Soulage situe son analyse au niveau des grands groupes industriels français (étude menée sur dix-sept des cinquante groupes recensés au cours de la période 1976-1980) en posant l'hypothèse générale qu'il peut exister une liaison itérative entre éléments financiers, industriels et sociaux pour constituer une stratégie globale. Il s'agit là d'une reprise de la problématique du capital humain montrant que, dans la recherche d'une stratégie globale de valorisation, les éléments sociaux constituent une donnée « endogène » parmi d'autres ressources. Avec la question centrale suivante : les groupes industriels sont-ils un lieu où il soit possible d'observer des politiques sociales homogènes ?

D. Baroin situe son analyse au niveau de l'entreprise et plus précisément au niveau de la structuration des postes de travail (informations recueillies par interviews directes auprès des responsables du personnel de cinquante entreprises pour la période 1970-1978) pour déboucher sur la construction de deux modèles « idéaux typiques » des gestions de main-d'œuvre, un modèle axé sur une politique d'internalisation structurée de la main-d'œuvre, un modèle axé sur une gestion extensive de la main-d'œuvre. Dans les deux communications, 1975 apparaît comme l'année charnière où les dirigeants industriels saisissent la durabilité de la crise et affichent nettement une remise en cause des politiques d'attachement de la main-d'œuvre pour « desserrer les contraintes », en l'occurrence « flexibiliser » les coûts de main-d'œuvre. En construisant sa typologie, B. Soulage montre la variété des réponses apportées par les groupes selon leur implantation locale (histoire, site), selon la nature de la gestion de la production, tout en indiquant que les différences observables tendent à disparaître.

Les années 1979-1980 marquent une tendance à l'homogénéisation vers le bas des politiques sociales et vers un abandon de la problématique du capital humain par les groupes qui avaient su s'en inspirer. Egalement, la reconstitution des marges (libération des prix) est utilisée pour des opérations de diversification ou d'implantation à l'étranger, les modèles extensifs et intensifs se rejoignent dans le contexte économique actuel. D. Baroin remet d'ailleurs en question les théories de la segmentation du travail, dont il faudra comprendre, un jour, la raison de leur réussite académique parmi les économistes.

Françoise Rérat, dans sa communication, montre à partir d'une enquête sur les emplois dévalorisés les techniques de précarisation utilisées dans un contexte juridique favorable aux entreprises.

Avec l'emploi dévalorisé, mais supportable « parce que stable » (l'absentéisme étant vécu comme soupape individuelle), apparaît un nouveau cas de figure où l'entreprise cherche à variabiliser ses coûts en ne payant que le temps réel du travail, quitte à supporter un *turn over* souvent d'ailleurs non évalué en termes de coûts.

Dans ce contexte de crise, les entreprises tentent de substituer la flexibilité à la rigidité, autrement dit recherchent des réponses qui leur soient favorables (déréglementation, assouplissement de la législation sociale notamment pour le travail intérimaire), pour opérer des restructurations. Ces restructurations peuvent être jugées nécessaires soit par l'entreprise elle-même, soit par l'Etat. La communication de MM. Raimbault et Saussois tente de cerner la nature et les formes de l'organisation des rapports Etat/industrie en matière d'emploi. Il s'agit de saisir les modes d'organisation des relations Etat/industrie au travers des dispositifs singuliers (tels que l'ANPE, le CODIS et les sociétés de reconversion) pour mettre en évidence l'interpénétration croissante des logiques d'action de l'Etat et des groupes industriels et également des langages (celui du management). En toile de fond, une question : cette redistribution des rôles vise-t-elle seulement à légitimer par des démonstrations d'efficacité locale les pratiques actuelles des entreprises face à la crise ou jette-t-elle les bases d'un nouveau « compromis » entre l'Etat et l'industrie où un lieu d'articulation semble émerger, celui des grands groupes industriels ?

Jean-Michel SAUSSOIS

# L'évolution récente des politiques d'emploi dans les groupes industriels

*Bernard Soulage**

Cette communication reprend quelques conclusions de deux études récentes, portant, l'une sur *Les Stratégies de structuration de l'emploi des groupes industriels,* l'autre sur *Les Stratégies industrielles et sociales des groupes français* [1].

Ces deux études sont des analyses comparatives dont la deuxième, la plus étendue, porte sur dix-sept groupes [2], répartis dans les trois secteurs de l'industrie manufacturière, mais relativement centrés sur quelques branches principales : chimie et industries connexes, construction électrique et mécanique, électronique, extraction et transformation des métaux non ferreux, verre, textiles, ainsi que plus marginalement l'automobile, les industries agro-alimentaires et le bâtiment et travaux publics.

---

* Enseignant d'économie à l'Université des sciences sociales de Grenoble.

1. C. BEAUVIALLA, J. FREYSSINET, W. CAVESTRO, G. MERMILLOD-BLARDET, B. SOULAGE, *Les Stratégies de structuration de l'emploi des grands groupes industriels,* IREP-Développement, Grenoble, 2 phases : 1re phase, 3 fascicules, 1978 ; 2e phase, 6 fascicules, 1979. B. SOULAGE, *Les Stratégies industrielles et sociales des groupes français,* thèse de doctorat d'Etat ès sciences économiques, Grenoble, 1980.

2. Agache-Willot, Air liquide, Alsthom-Atlantique, BSN - Gervais-Danone, CDF Chimie, CGE, Creusot-Loire, DMC, Imétal, Lainière de Roubaix, PSA - Peugeot-Citroën, PUK, Rhône-Poulenc, Roussel-Uclaf, Saint-Gobain Pont-à-Mousson, Sommer-Allibert, Thomson-Brandt.

Les résultats proviennent d'études quantitatives, d'une analyse systématique des procès-verbaux des comités d'entreprise, des dossiers de presse et d'interviews semi-directives avec les dirigeants des groupes et les responsables syndicaux.

Nous n'aborderons pas ici l'ensemble des éléments constitutifs des politiques d'emploi, puisque certains sont abordés par d'autres contributions, principalement le recours aux catégories de main-d'œuvre extériorisées et/ou précaires.

L'aspect le plus intéressant des politiques d'emploi des groupes réside dans les modalités de restructuration, et très souvent de réduction des effectifs.

La période étudiée va de la fin des années soixante, caractérisée comme « phase de constitution » des groupes, à 1980. Il va sans dire que la crise marque donc fondamentalement les politiques ou stratégies des groupes.

Mentionnons enfin la grande difficulté que le chercheur rencontre à deux niveaux :

– la cohérence des données quantitatives est faible et l'obtention des données à structures comparables est très rare au niveau « groupe » ; elle est plus fréquente au niveau « France » ou « société mère », mais perd un peu de son intérêt ;

– le résultat des analyses de discours ou d'interviews est, *a priori*, faible. Il faut se livrer à un important travail de décryptage et de recoupements dans un domaine particulièrement passionnel.

## I. Le constat et l'évolution récente

### A. Une évolution diversifiée selon un « trend » commun

Sur la période observée, les groupes sont globalement destructeurs d'emplois, particulièrement en France. La destruction d'emplois s'est accentuée à partir de 1974-1975.

Les données brutes indiquent que jusqu'en 1974 tous les groupes avaient maintenu ou augmenté leurs effectifs consolidés. De 1974 à 1978, la tendance s'inverse pour 9 groupes, qui diminuent leurs effectifs, alors que 7 groupes connaissent une stabilité ou un accroissement du volume d'emploi. Les données à structures comparables ne portent que sur 13 groupes et souvent sur la France. Avant 1974, seuls les groupes textiles sont destructeurs nets d'emplois

19

(soit 2 groupes sur les 13 retenus). Sur la période 1974-1978, 8 groupes connaissent une baisse des effectifs allant de 6 % à 24 % ; 2 groupes ont des effectifs stables, 3 groupes connaissent une évolution positive.

La tendance globale est nette, il faut toutefois aller plus avant et distinguer *trois situations typiques* au regard des évolutions du volume d'emploi :

– les groupes ayant des *« sureffectifs douloureux »*. Ils connaissent tous des pertes d'emplois importantes qui sont supérieures, sur la période 1974-1978, à 10 % de leurs effectifs totaux. Ces groupes n'ont pas, par ailleurs, d'activités en rapide développement qui leur permettraient d'éponger, au moins partiellement, les déficits les plus lourds. L'importance des licenciements « nécessaires » reste toutefois largement fonction du taux de *turn over* très variable d'un groupe à l'autre ;

– les groupes *équilibrant les « sureffectifs » localisés par des créations « nettes »* d'emplois dans d'autres activités. Ces groupes ont, au moins théoriquement, la possibilité d'assurer des transferts d'activités ou de travailleurs afin de maintenir globalement leur niveau d'emploi sans licenciements, même avec un *turn over* médiocre ;

– les groupes ayant des problèmes de *« sureffectifs non douloureux »*, mais qui licencient dans les secteurs concernés. On peut les caractériser comme des groupes *« profiteurs »* (de la crise). Ces groupes pourraient, théoriquement, compenser les destructions d'emplois par des créations dans d'autres activités. Mais ils n'ont que rarement mené cette politique. C'est en ce sens qu'ils profitent de la crise pour suivre de près l'évolution conjoncturelle de chaque activité.

## B. L'impact de la crise est fort mais décalé

La plupart des groupes ont retardé, au moins en France, l'ajustement des effectifs aux variations fortes de leur production. A cet égard l'année *1975 constitue une date clé* qui marque une prise de conscience et un changement fondamental d'attitude des dirigeants.

Deux citations de M. R. Martin, P.-D.G. du groupe Saint-Gobain, sont très éclairantes :

Février 1975 : « nous avions annoncé en 1974 que nous pensions maintenir globalement l'emploi pour l'ensemble du groupe. En dépit de quelques adaptations géographiques nous y avons réussi [...]. L'année 1975 s'annonce plus difficile. La dimension et la diversité du groupe vont nous permettre de prendre en charge, pour un certain temps, un chômage latent [3]. »

Juin 1975 : « tout au long du premier semestre, nous avons choisi de diminuer les horaires, évitant ainsi au maximum les licenciements [...]. Il va de soi que cette politique, coûteuse en dépit des aides publiques, trouve sa limite dans la durée même de la crise. Il n'est pas en notre pouvoir, je dois le répéter, d'élever des digues contre l'océan. Nous devons donc envisager maintenant une certaine réduction de nos effectifs [4]. » De telles citations pourraient être multipliées. Elles sont corroborées par deux indications. Les mêmes groupes, qui ne licenciaient pas en France, « dégraissaient » rapidement leurs effectifs à l'étranger, notamment en Allemagne et aux Etats-Unis. Plusieurs dirigeants des groupes étudiés s'étaient engagés dans le premier sauvetage LIP. Au deuxième semestre 1975, leur attitude change radicalement, entraînant la perte définitive de l'entreprise.

A partir de cette période charnière, tous les groupes vont petit à petit recourir à toutes les modalités de réduction de l'emploi. Il est remarquable de constater, qu'à l'inverse d'autres pays, la situation française se caractérise par une accentuation durable des réductions d'effectifs bien au-delà des années les plus mauvaises au plan des résultats économiques et financiers.

## II. Les modalités de réduction de l'emploi

### A. *Les moyens mis en œuvre et leurs résultats*

Les moyens mis en œuvre pour réduire les effectifs sont très nombreux. On verra, par la suite, qu'ils ne sont pas tous utilisés par un même groupe. Mais il faut, dans un premier temps, les décrire brièvement.

### 1. *Les départs « naturels » et leurs limites*

#### a) Le blocage de l'embauche et le *turn over*

Le moyen le moins coûteux pour réduire les effectifs consiste à bloquer l'embauche en s'efforçant de maintenir un taux de *turn over* élevé.

L'efficacité de cette mesure est mal établie et vraisemblablement décroissante, car elle se heurte à divers obstacles :

---

3. *La Vie française. L'Opinion,* 20 février 1975.
4. *Le Nouveau Journal,* 26-27 juin 1975.

– le taux de *turn over* diminue fortement dans tous les groupes, quelles que soient les qualifications requises et les localisations géographiques. En dehors des décès et des départs en retraite, il est proche de zéro dans les groupes producteurs de biens intermédiaires et n'atteint un pourcentage significatif (supérieur à 5 %) que dans les groupes textiles ;

– l'arrêt de l'embauche provoque un vieillissement des effectifs préjudiciable au maintien de la productivité, voire inacceptable lorsque existent des procès de production en continu ;

– il reste souvent une nécessité d'embauche pour des qualifications spécifiques inabordables aux travailleurs en « sureffectifs ».

Pour ces raisons, le blocage de l'embauche est fréquemment utilisé comme une solution provisoire à une difficulté ponctuelle ; dans ce cas, il est très fort, et toute entorse doit en général être acceptée au niveau central. Il est par contre exceptionnel qu'il soit généralisé à la totalité du groupe, sauf pour une brève période.

*b)* L'abaissement de l'âge de la retraite

La règle quasi générale est aujourd'hui le départ en retraite avant soixante-cinq ans. La plupart des groupes pratiquent un départ entre soixante et soixante-deux ans, accompagné du régime normal des Assedic et quelquefois d'avantages supplémentaires en termes de statuts ou de salaires (au maximum 80 % du dernier salaire brut). Il est intéressant de noter que certains groupes avaient établi avec les syndicats des régimes propres, antérieurs au régime Assedic, et en général plus favorables. Ils avaient, alors, été vertement critiqués par les responsables d'autres groupes qui recourent aujourd'hui massivement à des régimes équivalents dont le financement est socialisé.

Il reste toutefois de nombreux groupes dans lesquels la situation varie d'une composante à l'autre.

Il est évident qu'à mesure que la règle générale se rapproche de soixante ans, l'efficacité de ce moyen de réduction de l'emploi diminue.

*c)* Les départs en « préretraite » avant soixante ans

Plutôt que de parler de départs en « préretraite », il serait plus logique, apparemment, de parler de licenciements de travailleurs âgés. En fait, la gamme d'accords et d'avantages accompagnant ces départs fait qu'il n'y a pratiquement jamais de recherche de travail par le salarié concerné.

Il existe de très nombreuses variantes pour obtenir ces départs : certains systèmes sont obligatoires, d'autres facultatifs, les délais d'acceptation varient d'une semaine à plusieurs mois ; l'âge des personnes concernées varie de cinquante-cinq ans (dans de très rares cas, faute de groupes couverts par la convention de la métallurgie) à cinquante-huit ans, en passant par le cas le plus fréquent situé à cinquante-six ans ; les garanties salariales vont de 70 % à 85 % des salaires bruts, mais le complément sur les indemnités peut être versé en une seule fois ou au contraire être étalé dans le temps, et parfois indexé, pour lisser l'effet de revenu.

On constate toutefois qu'au travers de ces différences il existe deux attitudes typiques. Un certain nombre de groupes se situent toujours au « maximum » des avantages accordés, alors que les autres sont toujours au plancher. Il n'y a pas de situation intermédiaire. Dans le premier cas, le coût est élevé et souvent durable. Dans le second, il est faible et ponctuel.

Par contre, ces systèmes ont en commun d'être de plus en plus efficaces. La plupart des salariés concernés quittent l'entreprise même dans les systèmes « facultatifs » ou « incitatifs ». Cette tendance se confirme malgré une baisse très sensible des garanties accordées et la réduction du nombre d'accords signés avec les syndicats. Toutefois, leur coût reste suffisamment élevé pour que de tels systèmes soient utilisés avec parcimonie, soit ponctuellement dans le cas d'une fermeture complète d'un établissement, soit comme le moyen de libérer des postes lorsque le groupe recherche une mobilité géographique de ses salariés.

*d*) Les départs « volontaires »

La moitié des groupes étudiés ont utilisé et utilisent encore les primes au départ « volontaire ». Ils le font ponctuellement, sans dépasser le plus souvent le cadre de l'établissement. Pour être attirantes, ces primes doivent être élevées et supérieures à 30 KF par personne. Pour être efficaces, ces primes doivent s'accompagner de délais de réponse brefs. Ces primes présentent trois inconvénients :

– ce sont très souvent les salariés que l'on voudrait garder qui les utilisent parce qu'ils sont les seuls à trouver un travail de remplacement ;

– le climat de l'établissement est très fortement dégradé, ce qui amène les groupes à en réduire l'usage à des établissements condamnés ;

– le taux de réponse est décroissant à mesure que le chômage s'accroît. Les groupes concernés considèrent que de telles primes ne permettent de résoudre que 15 à 25 % des problèmes locaux de sureffectifs.

23

Au total, l'impact des départs « naturels » est de plus en plus faible, malgré un coût croissant. Ceci tient à deux raisons principales. Tous les mécanismes fondés sur l'âge sont rapidement épuisés, et seules de nouvelles dispositions législatives ou réglementaires pourraient permettre d'élargir les départs annuels au-delà d'une classe d'âge. Dans le même temps, l'environnement général de chômage réduit l'attrait de fortes sommes d'argent.

## 2. La recherche d'une mobilité géographique interne

Cette modalité de réduction, au moins ponctuelle, des effectifs s'inscrit beaucoup plus dans la logique d'une politique interne de l'emploi où l'offre d'emplois structure complètement la demande d'emplois, que dans la logique d'une distinction « marché » interne, « marché » externe.

Les groupes étudiés n'ont pas sur cette question des attitudes communes. Il existe *un désaccord de fond entre les groupes sur la possibilité d'obtenir une mobilité géographique des salariés.*

Ce désaccord se manifeste au niveau des diverses catégories visées et au niveau des moyens utilisés.

Il y a un consensus relatif pour considérer que les cadres sont assez mobiles et que cette mobilité est à la fois croissante et mieux acceptée.

Le désaccord commence lorsqu'on aborde les catégories techniciens et agents de maîtrise, et s'accentue pour les catégories ouvriers et employés.

La majorité des groupes estime illusoire d'espérer une mobilité géographique importante des personnels de ces catégories. Cette opinion n'apparaît liée ni au sexe des personnes concernées par les mutations ni à la distance géographique entre les deux emplois (avec ou sans interruption des migrations alternantes quotidiennes).

Une minorité de groupes non négligeable soutient l'opinion inverse, sans qu'il soit facile de mettre en évidence les raisons de cette attitude.

Les mêmes clivages, concernant les mêmes groupes, se retrouvent lorsque l'on examine les moyens mis en œuvre. Les *bourses de l'emploi* structurées au niveau du groupe ou, au moins des grandes sociétés, et assurant des garanties, voire des avantages nouveaux aux salariés mutés, n'existent que dans un petit nombre de groupes. Ailleurs, lorsqu'elles existent, elles se résument à un affichage de postes ou à un dialogue entre chefs d'établissement ou directeurs des relations humaines qui se connaissent.

*Les mutations collectives* se partagent entre deux cas typiques. La majorité des groupes recourt à des mutations obligatoires présentées très rapidement, voire brutalement, et s'accompagnant d'une modification du statut et du salaire (au moins à terme). La minorité des groupes recourt à des mutations facultatives, voire associées à une période d'essai, annoncées longtemps à l'avance. Elles font l'objet d'une garantie portant sur le salaire et les principaux éléments du statut ; elles s'accompagnent souvent de primes et d'avantages significatifs. On notera toutefois que même dans ces cas « favorables » il n'y a pas toujours une garantie de la classification et encore moins de la qualification.

Les groupes mettent en place dans certains cas des moyens visant à pallier l'insuffisance de mobilité des hommes. Ils peuvent utiliser *la formation* comme un moyen d'attente, voire de reconversion sur place.

Ils recourent également à la *mobilité de leurs activités*.

Dans ces deux cas, la garantie de qualification n'est jamais acquise alors que les classifications sont en général conservées.

Les résultats obtenus dans la recherche d'une mobilité géographique interne sont très différents d'un sous-ensemble de groupes à un autre et évoluent rapidement dans le temps.

Les groupes qui « croient » à la mobilité et qui en prennent les moyens obtiennent à *court terme* des résultats importants, même s'ils proposent une mutation éloignée. Lorsque les possibilités de mutations existent, elles peuvent suffire, pour ces groupes, à résoudre la quasi-totalité des problèmes de sureffectifs.

Les autres groupes n'obtiennent qu'un résultat de l'ordre de 25 % de l'effectif concerné, sauf si les mutations sont proposées au sein d'un même bassin d'emploi.

On notera toutefois que les taux de réponse s'accroissent rapidement depuis 1978. Par ailleurs, les résultats sont de plus en plus stables à *moyen terme,* alors qu'au cours des premières années de la période étudiée les travailleurs mutés « fuyaient » très rapidement le lieu de mutation.

Au total, les résultats dépendent directement des moyens mis en œuvre. Deux sous-ensembles de groupes apparaissent nettement. Le premier sous-ensemble est constitué de groupes pour lesquels la recherche de mobilité est un moyen prioritaire de leur politique d'emploi, voire de leurs stratégies sociales. Bien que le niveau choisi pour organiser la mobilité (groupe, sous-groupes, sociétés ou sites) diffère d'un groupe à l'autre, on peut dire qu'il existe dans ces cas une *politique interne de l'emploi fondée sur de véritables réseaux de mobilité.*

Le deuxième sous-ensemble est constitué des groupes qui n'ont sur ces questions que *des démarches ponctuelles et empiriques.*

### 3. La recherche des reconversions externes : les « Datar [5] » de groupes

*Les reconversions externes individuelles* ne concernent que des cas particuliers, notamment dans le textile. Elles s'opèrent par des contacts interpersonnels au sein de bassins d'emploi et visent le plus souvent les catégories ETAM.

*Les « Datar » de groupes* se sont rapidement développées au cours des dernières années, mais il faut pour les analyser aller très au-delà du discours (fleuve) les concernant. Leur première caractéristique est d'être très coûteuses, aussi bien dans les phases de préparation et de contacts que dans les phases de réalisation. On estime le coût minimum de création d'un emploi à 40 KF et le coût moyen à 100 KF. Leur deuxième caractéristique est de lier le groupe au bassin d'emploi qu'il voulait abandonner. Les groupes sont en effet amenés à aller beaucoup plus loin qu'ils ne le voudraient dans leurs liens avec les nouvelles entreprises. Leur troisième caractéristique est d'être peu efficaces pour reclasser *les salariés du groupe* touchés par les restructurations. Tous les exemples analysés montrent qu'il y a un écart important entre le nombre de salariés touchés et le nombre d'emplois réellement créés (1 à 2 ou 1 à 3) et que cet écart passe souvent de 1 à 10 si on le rapporte au nombre de salariés du groupe réembauchés sur place. Les écarts de salaires et de qualification sont les principales explications de ces phénomènes.

*L'aide aux PME déjà existantes* est une modalité plus récente. Au vu des premiers résultats, il apparaît que la prospection est aussi coûteuse que pour les mini-Datar, mais que les liaisons s'avèrent moins lourdes et que le nombre de salariés reclassés est plus élevé.

### B. Des pratiques diversifiées

L'analyse de l'évolution du volume de l'emploi et des modalités de réduction des effectifs nous a souvent amené à distinguer des pratiques divergentes de sous-ensembles de groupes. Nous voudrions ci-dessous regrouper ces typologies pour présenter trois sous-ensembles de groupes menant des politiques d'emploi sensiblement différentes [6]. Nous essayerons ensuite d'éclairer les déterminants de ces différences.

---

5. DATAR : Délégation à l'aménagement du territoire et de l'action régionale.
6. Cette typologie est également fondée sur une analyse des politiques de recours à des catégories de main-d'œuvre extériorisées et/ou précaires qui n'a pas été présentée ici. Les distinctions opérées sur cette question sont cohérentes avec les distinctions résultant de l'examen des modalités de réduction des effectifs.

## 1. Eléments de typologie

Les trois sous-ensembles typologiques peuvent être caractérisés ainsi :

Un premier sous-ensemble est constitué de groupes qui mènent une *politique d'emploi de la « douceur »*. Ces groupes ont d'abord en commun d'avoir (eu) des « sureffectifs douloureux » dans au moins une de leurs activités de base et, en général, dans la plupart de leurs activités. Face à ces « sureffectifs », ils ont mis en place un ensemble de moyens lourds et coûteux qui visent à ne recourir que très rarement aux licenciements collectifs. Dans tous les cas, il s'agit d'une action commune à tout le groupe, dirigée à partir du niveau central par des directions des relations humaines (DRH) « fortes ». L'objectif visé est l'élaboration d'une *politique interne de l'emploi*. Quels que soient les moyens mis en œuvre (départs anticipés, mobilité, reconversion des sites...), les groupes obtiennent des résultats non négligeables parce qu'ils accordent des délais et des sommes importantes, tout en recourant, le plus souvent, au volontariat. Enfin, il s'agit de groupes qui n'utilisent que peu les catégories de main-d'œuvre extériorisée et/ou précaire, et qui, surtout, ont réduit l'utilisation de ces catégories de main-d'œuvre de façon importante depuis le début de la crise.

Au total, on peut dire que ces groupes sont ceux qui jusqu'à une période très récente ont le plus développé *la problématique du « capital humain »* [7], dont l'objectif était de pérenniser et d'adapter les pratiques anciennes d'attachement du personnel afin d'obtenir une grande stabilité du travailleur collectif même s'il en résultait un surcoût social.

Le deuxième sous-ensemble est largement contrasté par rapport au précédent. Les groupes qui appartiennent à ce sous-ensemble mènent une *politique d'emploi fondée sur des rapports de forces*.

Pour ces groupes, qui représentent près de la moitié de l'échantillon, la politique d'emploi est une *conséquence* de la stratégie économique et industrielle. L'emploi doit s'adapter au plus près des variations conjoncturelles. Les moyens mis en œuvre pour cette adaptation sont *a priori* réduits, voire inexistants. Ils ne sont développés qu'en fonction de l'établissement d'un rapport de forces par les salariés. Il s'agit donc toujours d'actions au « coup par coup » qui ne mettent pas en jeu l'ensemble du groupe, même si le niveau

---

7. Sur la problématique du capital humain, cf. J. FREYSSINET *et al.*, IREP-Développement, *op. cit.*, rapport de 1ʳᵉ phase, 1978.

central suit de près l'évolution du rapport de forces essentiellement pour éviter tout phénomène de contagion. Ces groupes considèrent qu'ils n'ont pas intérêt à développer une politique interne de l'emploi, puisque le marché externe de l'emploi leur fournit la main-d'œuvre dont ils ont besoin. Par ailleurs, ils ne se sentent pas de « responsabilités sociales » dans le domaine de l'emploi et renvoient à l'Etat la gestion des contradictions entre leurs stratégies économiques et l'équilibre socio-politique du pays. Ces groupes sont d'ailleurs sensibles aux pressions gouvernementales, et les quelques moyens qu'ils mettent en œuvre le sont souvent à la suite de pressions étatiques.

On peut repérer, en première analyse, trois caractéristiques distinctives de ces groupes :

– leurs implantations industrielles ne pèsent pas d'un poids déterminant sur les bassins d'emploi respectifs ;

– ils n'ont que des problèmes marginaux de recrutement de la main-d'œuvre, soit en raison des qualifications faibles qu'ils utilisent, soit parce qu'ils peuvent la mobiliser facilement là où ils sont ;

– ils opèrent un choix proprement politique qui repose sur l'idée qu'il n'y a « pas grand-chose à espérer » des travailleurs français et de leurs syndicats, et qu'en tout cas, leur action propre ne changera rien aux tendances de fond des rapports sociaux en France.

Le troisième sous-ensemble est constitué de groupes menant une *politique d'emploi qui « met les formes »*.

Cette politique est fondée sur trois principes :

– il ne peut exister de comportement commun à l'ensemble d'un groupe en matière sociale même si, paradoxalement, ces groupes ne sont pas ceux qui ont les activités les plus éclatées ;

– les objectifs de la politique d'emploi ne peuvent être contradictoires, même à court terme, avec les objectifs de la politique économique et industrielle ;

– il n'est ni utile ni souhaitable d'attaquer de front les salariés du groupe, ce qui nuirait non seulement à l'image du groupe mais aussi à son efficacité économique.

Il résulte de ces trois principes des politiques d'emploi à la fois variables et hésitantes. Un même groupe adoptera des attitudes très différentes d'une de ses composantes à l'autre, et fera souvent la distinction entre la société mère, qui rassemble dans beaucoup de ces groupes plus de la moitié des activités, et les filiales. Les politiques, en ce qui concerne la mobilité ou le travail extérieur, évoluent d'une période à l'autre. De même, ces groupes montrent une grande sensibilité aux rapports de forces et s'efforcent de résorber vite, voire d'anticiper, les conflits collectifs du travail.

Ces politiques qui apparaissent « médianes » par rapport aux deux sous-ensembles précédents sont d'autant plus des politiques moyennes que tous ces groupes connaissent des situations d'emploi que nous avons caractérisées précédemment comme étant au plus mal « équilibrées ».

## 2. *Les déterminants des typologies*

Un certain nombre de critères déterminant les typologies des politiques d'emploi et des politiques sociales des entreprises et/ou des groupes ont été proposés récemment ou lors d'études plus anciennes [8]. Nous nous sommes efforcé de tester la validité de ces déterminants pour expliquer les distinctions présentées ci-dessus.

Un certain nombre de *critères se sont avérés, ici, inopérants. Le critère de la taille* est souvent retenu par des études portant sur des échantillons plus larges. Sur la base de notre échantillon, il est possible de dire que la grande taille n'est pas une condition suffisante pour que soient élaborées des politiques internes complexes de l'emploi. Par contre, il ne nous est pas possible de dire si la grande taille constitue une condition nécessaire pour qu'existe une politique interne de l'emploi.

*Le critère du contrôle financier* ne constitue pas non plus une variable explicative satisfaisante. Notre étude est partie d'un recoupement des données avec celles qui ont été établies soit par F. Morin, soit par B. Bellon. Si les éléments factuels sont proches, il n'est jamais apparu qu'un type de contrôle financier induise l'appartenance à tel ou tel des sous-ensembles décrits ci-dessus. De même l'hypothèse de la structuration du système productif en « ensembles financiers », faite récemment par B. Bellon, ne permet pas d'expliquer les différentes politiques d'emploi des groupes [9].

Un certain nombre de *critères apparaissent déterminants bien qu'*a priori *paradoxaux.*

On remarque une liaison inverse entre le *poids économique de l'Etat pour les groupes* et le degré de complexité de leurs politiques d'emploi. Par poids économique de l'Etat, il faut entendre l'ensemble des aides, commandes et primes qui sont versées à un groupe et à ses

---

8. Cf., sur ce point, diverses études du CERCA, du CRSST et de Travail et Société, ainsi que du CESA et de l'université de Paris-I.
9. La même constatation vaut pour les stratégies industrielles que nous avons également étudiées.

composantes. Ainsi les groupes qui mènent une politique du « rapport de forces » sont les groupes les plus liés à l'Etat, à la fois pour leurs activités en France et pour leurs ventes ou leurs implantations à l'étranger.

Une telle corrélation peut surprendre. On pourrait en effet imaginer que l'Etat, en tant qu'agent principal de la reproduction « équilibrée » de la force de travail, fasse pression sur les groupes qui dépendent le plus de lui pour qu'ils atténuent les effets sociaux de leurs politiques de restructuration. Il nous est apparu que cette pression existait effectivement dans certains domaines, mais que c'est précisément parce qu'elle existe que les groupes ne mettent pas en œuvre une politique interne complexe de l'emploi. Ils s'en remettent à un rapport de forces à trois partenaires (groupes, Etats, syndicats), en s'efforçant de reporter sur l'Etat les coûts induits par ses diverses pressions.

Les groupes menant une politique de « la douceur » ou « mettant les formes » profitent des *incitations* que fournit l'Etat, mais ils n'imaginent pas de s'en remettre totalement à lui pour la gestion et la reproduction de la force de travail.

*L'évolution des résultats financiers* constitue également un critère déterminant paradoxal, bien que les correspondances soient moins nettes. Tous les groupes dont les résultats ont le plus fléchi durant la période 1973-1978, à l'exception des groupes textiles, sont des groupes menant des politiques de la « douceur » ou « mettant les formes ». L'essentiel des groupes qui ont connu une évolution à peu près plate, des résultats en général positifs (au niveau du résultat net courant), sont des groupes menant une politique du « rapport de forces ». Nous avons pu établir que les moindres résultats des premiers ne sont pas dus aux surcoûts sociaux qu'ils ont acceptés, notamment parce qu'il n'y a pas simultanéité des périodes et parce qu'il y a souvent report, comptable ou réel, des surcoûts liés aux moyens coûteux mis en œuvre. Il faut se contenter d'un constat sur une évolution paradoxale qui renvoie à d'autres critères.

*Les critères les plus clairement explicatifs* des différentes politiques d'emploi se situent à trois autres niveaux qui sont largement complémentaires et imbriqués.

*La nature des activités* principalement réalisées par les groupes apparaît comme une ligne de clivage claire. Les groupes producteurs de biens intermédiaires se retrouvent tous parmi les sous-ensembles amenant des politiques de la « douceur » ou qui « met les formes ». De plus, à une exception près, ces deux sous-ensembles ne sont constitués que de groupes producteurs de biens intermédiaires. A l'inverse, il y a recouvrement quasi intégral entre les groupes principalement producteurs de biens d'équipement et de biens de consommation et le sous-ensemble du « rapport de forces ».

Ce clivage net renvoie aux deux autres niveaux : les groupes ayant les politiques d'emploi les plus élaborées sont des groupes qui ont hérité d'une histoire longue et structurante dans le domaine social. Ils sont souvent établis dans de grands *sites de production* dont l'impact sur le bassin d'emploi représente une part déterminante de l'emploi industriel. Ils doivent donc faire face à des collectivités locales très désireuses de leur maintien sur place et à un collectif de travailleurs fortement et anciennement uni qui refuse les restructurations. Dans ce contexte, ils n'ont guère de choix, et ne peuvent échapper à leurs responsabilités sociales. Ces remarques sont d'autant plus importantes que les mêmes groupes, souvent, pour les mêmes raisons, ont mené des *politiques d'attachement du personnel* (logement, avantages sociaux, voire commerces, écoles professionnelles...) qui se retournent aujourd'hui contre leurs velléités de « dégraisser » rapidement leurs effectifs.

Les autres groupes (principalement les producteurs de biens d'équipement) sont dans des situations objectives beaucoup moins dépendantes au regard de la localisation géographique ou de l'histoire des relations sociales.

L'autre niveau d'analyse est constitué par *la nature des procès de production*. Le secteur des biens intermédiaires est le secteur où les procès de production continus (4 × 8 et 5 × 8) sont le plus développés. Par ailleurs, ils requièrent un savoir-faire individuel et collectif largement acquis sur le tas. Il en résulte souvent d'importants décalages entre les qualifications réelles et les qualifications « maison », ainsi qu'entre les niveaux de salaires à l'intérieur et à l'extérieur du groupe. Une telle situation ne résulte pas d'un choix philanthropique, mais de nécessités du procès de travail. Elle impose que les troubles sociaux liés aux restructurations soient les plus faibles possibles. Les politiques d'emploi coûteuses mais complexes permettent en partie d'atteindre ce but.

Au-delà des critères objectifs décrits ci-dessus, il faudrait établir la part de deux autres éléments difficiles à cerner.

Le premier élément est constitué par *le niveau de structuration et de combativité des syndicats ouvriers*. Nous n'avons mené sur cette question que des investigations légères en privilégiant les stratégies patronales. Nos conclusions provisoires laissent toutefois penser que ce critère n'est que faiblement explicatif des politiques *au niveau du groupe*. Chaque sous-ensemble comprend des groupes où au moins une composante essentielle est caractérisée par une forte présence syndicale, alors que d'autres composantes ont une présence syndicale très faible.

Le deuxième élément réside dans les *choix propres aux systèmes dirigeants des groupes*. Ce critère vaut principalement pour expliquer l'attachement de certains groupes à la problématique du « capital humain ». Certes, une telle problématique est nécessaire au bon fonctionnement de certains groupes, notamment dans le secteur des biens intermédiaires. Mais cette liaison n'est pas totalement satisfaisante. Il est clair qu'à travers un tel choix certains dirigeants visaient des objectifs d'ordre politique. Ils souhaitaient (le souhaitent-ils encore ?) faire évoluer les rapports sociaux en France vers des modèles plus « doux » privilégiant la négociation préalable. Un tel comportement est bien sûr fondé, en dernière instance, sur un critère déterminant objectif, la maximisation du profit à long terme. Mais il ne sert à rien de dire que « tout est dans tout ». Pour cette raison, il est essentiel de dire qu'au-delà de critères déterminants objectifs les politiques d'emplois des groupes sont aussi fondées sur des choix propres à chaque groupe.

## III. Des évolutions récentes significatives

L'observation des politiques d'emploi, et aussi des politiques sociales, permet de mettre en évidence des évolutions qui peuvent se révéler très importantes. Le point de départ de ces inflexions semble résider dans la conjonction d'un renversement global du rapport de forces en défaveur de la classe ouvrière en 1978 et dans la durée de la crise qui n'en finit pas de finir.

Les manifestations les plus évidentes de cette évolution se trouvent dans plusieurs domaines liés à l'emploi.

Les avantages accordés lors de mutations ou de départs anticipés sont sensiblement diminués.

Le nombre d'accords signés sur ces questions avec les syndicats les plus représentatifs diminue.

Les délais liés aux mesures de réduction d'effectifs sont raccourcis. Dans le même temps, le recours aux procédures de volontariat est moins fréquent.

Le recours aux catégories de main-d'œuvre extériorisée et/ou précaire (notamment régie et sous-traitance) est plus fréquent ; il devient même systématique lorsqu'il y a un accroissement sensible de la demande.

Ces tendances sont communes à presque tous les groupes étudiés et elles touchent notamment les groupes qui avaient suivi des politiques d'emploi fondées sur la « douceur » ou « mettant les formes ». Il y a donc une remise en cause, au moins partielle, de la typologie décrite ci-dessus. Il est encore un peu tôt pour juger des effets durables de cette « nouvelle stratégie du progrès social 10 ».

Jusqu'à présent, des différences évidentes perdurent entre les divers sous-ensembles. Mais il est clair que la durée et surtout la nature de la crise peuvent faire évoluer les politiques d'emploi des groupes. Nous n'avons pas évoqué dans ce texte les effets de l'internationalisation des échanges et de la production sur les politiques d'emploi. Cette absence tient au faible impact de l'un sur l'autre au cours de la période étudiée. Mais les choses peuvent changer. La crise apparaît de plus en plus comme l'effet, mais aussi le principal déterminant des stratégies des groupes. Dès lors que l'on fait l'hypothèse, ainsi que nous la faisons, qu'il s'agit d'une « crise de mutation », visant à la mise en place d'un *système économique mondial,* on peut penser que la distinction entre l'intérieur et l'extérieur va s'estomper.

Jusqu'à une période récente, les groupes ont surtout raisonné « français ». Pour des raisons objectives ou des choix propres, ils ont mis en place des politiques d'emploi plus ou moins complexes sur le territoire national. Ces politiques les distinguaient fortement en sous-ensembles typologiques. On peut s'interroger sur la durabilité de ces distinctions dès lors que l'évolution du contexte économique impose de réfléchir sur d'autres bases, notamment géographiques.

---

10. F. CEYRAC, *Le Monde,* 25 février 1980.

# Transformation des politiques internes de gestion de la main-d'œuvre et segmentation du marché du travail

*Daniel Baroin* [*]

Une importante littérature en économie, sociologie et droit du travail a été consacrée ces dernières années aux pratiques d'extériorisation de l'emploi dont les effets induits sont loin d'être négligeables sur le fonctionnement du marché de l'emploi : circulation accrue de certaines catégories de main-d'œuvre, contournement des processus institutionnels de formation des salaires et des formes de représentation de l'action collective, remise en cause des garanties obtenues lors de la période antérieure en matière de respect des classifications, d'accès à la formation...

Les ajustements internes mis en place par les entreprises, c'est-à-dire principalement comment se sont modifiées les politiques de recrutement, de promotion et de formation des salariés en place, n'ont pas suscité en revanche le même intérêt. Divers travaux ont certes analysé la diversification croissante des techniques de régression des effectifs, la rationalisation des actions de formation [1], mais peu de recherches se sont efforcées de proposer une vue globale des modifications survenues dans la politique de gestion de la main-d'œuvre depuis la crise.

---

[*] Centre de recherche Travail et société, Dauphine, Paris-IX.
[1]. Cf., sur ce point, l'étude de l'IREP, *Stratégie de structuration de l'emploi des grands groupes industriels,* 1979, ou encore celle du CEE, B. BACOT *et al., La Législation sur les licenciements, son application dans un contexte économique,* Cahier du Centre d'études de l'emploi, n° 16, PUF, 1978.

Les conclusions présentées ici proposent quelques éléments de réflexion en ce domaine. Elles sont le résultat d'études empiriques effectuées sur un échantillon limité d'entreprises du secteur industriel et des services. L'approche est avant tout analytique et s'efforce de typer les entreprises enquêtées selon une méthodologie inspirée des théories de la segmentation.

Dans l'ensemble, la nature réelle des changements intervenus dans les politiques de recrutement, de promotion et de formation n'est intelligible que replacée dans la diversité des modes de gestion de la main-d'œuvre instaurée en période de croissance. A ce titre, il est intéressant de distinguer deux modèles dominants d'entreprise. Cette typologie dualiste, pour schématique qu'elle soit, permet de mieux cerner comment la crise infléchit de façon progressive et très différenciée les politiques de gestion de la main-d'œuvre.

Il reste à s'interroger sur les incidences d'une telle évolution concernant ce qu'il est convenu d'appeler la segmentation du marché du travail. En ce domaine, les enseignements restent limités. Ils tiennent à la difficulté théorique de mettre en correspondance directe mode de gestion de la main-d'œuvre et comportement des salariés sur le marché de l'emploi.

## I. Politique interne structurée et gestion plus extensive de la main-d'œuvre : deux modèles d'entreprise

Il est possible de formaliser le comportement d'emploi des entreprises en partant d'une méthodologie inspirée des théories sur le marché interne [2]. Si l'on admet que ces comportements se différencient, d'une part, dans les relations qu'entretient l'entreprise avec le marché externe du travail (nature des points d'entrée et des flux de sortie), d'autre part, dans le processus spécifique d'allocation interne de la main-d'œuvre, on est conduit à caractériser les politiques de gestion du personnel de trois façons :

– la nature, les objectifs et les critères des politiques d'embauche ;

– la configuration des filières d'emploi et le rôle des politiques de promotion de formation et des pratiques de mobilité dans la constitution de ces filières ;

---

2. La théorie du marché interne développée entre autres par Piore et Doeringer a été retenue ici en tant qu'instrument d'analyse et non pas en tant que théorie constitutive du marché du travail.

– le mode d'organisation de la fonction personnel entendu comme un ensemble d'instruments (existence ou pas d'outil de gestion du personnel), de structures (place et rôle de la fonction personnel) et d'objectifs dont dispose ou que se fixe l'entreprise pour maîtriser ses problèmes d'emploi.

Cette grille d'analyse appliquée à un échantillon d'entreprises sur la période 1970-1978 [3] a conduit à repérer deux modèles antinomiques de gestion de la main-d'œuvre qu'il est intéressant d'étudier en soi, même si la réalité est souvent une situation hybride par rapport à ces deux modèles purs.

*Un premier type d'entreprise* présenterait un modèle de gestion de la main-d'œuvre axé principalement sur une politique interne structurée de l'emploi. L'appel au marché du travail est très réglementé, tant au niveau des postes offerts que des critères de sélection à l'embauche, les filières d'emploi sont très institutionnalisées et organisent une allocation interne dynamique de la main-d'œuvre.

Ces entreprises se sont ouvertes sur le marché du travail pour recruter à des points extrêmes de la hiérarchie des non-cadres : pour des postes d'ouvriers ou d'employés de bas de filière et des postes de techniciens. Les autres points d'entrée sont considérés comme exceptionnels et relèvent de spécialités ou de qualifications particulières qu'il est difficile de pourvoir par mobilité interne.

Les critères de sélection restent majoritairement l'âge et le diplôme. La plupart des ouvriers employés ou des techniciens embauchés ont été des jeunes titulaires de diplômes d'enseignement général ou technique (BAC, CAP, BEP, DUT). Cette politique d'embauche, privilégiant la main-d'œuvre jeune et formée, ne peut, dans certains cas, se comprendre indépendamment de la place de l'entreprise sur les bassins locaux d'emploi. Il en est ainsi de ces entreprises implantées en province et présentant un réel pouvoir d'attraction par les salaires offerts et les perspectives de promotion et qui, de ce fait, drainent dans leur zone géographique les jeunes diplômés sortis de l'appareil de formation local ; ou encore d'entreprises pour qui le recrutement des jeunes diplômés a été plus une nécessité en période de croissance qu'une politique volontaire en raison principalement d'une pénurie de main-d'œuvre qualifiée. Ce modèle de recrutement est bien entendu très global, et des différenciations ne sont pas exclues. Ainsi des grandes entreprises industrielles, qui ont opéré des décentralisations,

---

3. L'échantillon se composait d'une trentaine d'entreprises de taille supérieure à cinq cents salariés. Les informations ont été recueillies par interviews directes auprès des directions de personnel.

ont limité dans leurs établissements de province le recrutement de jeunes diplômés par un appel à des catégories de main-d'œuvre moins formées, comme les femmes et les immigrés.

L'institutionnalisation des filières d'emploi se marque par l'importance des règles, pratiques et procédures qui codifient le passage d'un poste de travail à l'autre. La convention collective ou l'accord d'entreprise stipulent les caractéristiques des postes de travail et reconnaissent souvent les diplômes dans l'attribution des qualifications. Une pratique presque coutumière veut que la promotion interne soit privilégiée, bien souvent grâce à une procédure d'affichage des postes vacants. Les politiques de formation et de promotion se singularisent par un ensemble de règles plus ou moins officielles comme les actions de formation promotionnelle (octroi d'un crédit d'heures pour préparer des diplômes nationaux), les demandes individuelles de promotion ou encore l'avancement en fonction de l'ancienneté.

Cette institutionnalisation est le produit d'un rapport de forces syndicat-employeur, mais aussi d'une demande individuelle à l'égard de l'entreprise. Elle surdétermine des filières d'emplois nombreuses soit à l'intérieur d'une même grande fonction de l'entreprise, soit même entre les différentes fonctions.

Ce modèle de gestion structurée de la main-d'œuvre a surtout été le fait d'entreprises pour lesquelles l'innovation (recherche de nouvelles techniques, de nouveaux produits, de nouvelles méthodes de gestion) et la conquête de nouveaux marchés tiennent une place essentielle dans leur stratégie de croissance. L'octroi d'avantages matériels, les possibilités de promotion, une garantie officieuse de sécurité de l'emploi ont été les bases d'une politique sociale s'efforçant de stabiliser et d'intégrer le personnel.

*A l'opposé de ce premier modèle, un second type d'entreprises* révèle une gestion beaucoup plus extensive de la main-d'œuvre. Dans celles-ci, l'appel au marché du travail est peu structuré, les filières d'emploi sont excessivement cloisonnées et peu importantes, du fait d'une bipolarisation très marquée des postes de travail (coupure très nette entre un nombre important d'emplois non qualifiés sans aucune perspective de promotion et une très faible proportion d'emplois qualifiés).

Ces entreprises recrutent à trois niveaux : ouvriers spécialisés, ouvriers qualifiés, techniciens et employés. Le flux le plus important avec le marché externe concerne les emplois non qualifiés. Dans ce dernier cas, aucune formation n'est exigée, l'expérience profession-nelle reste peu déterminante, l'âge et le sexe semblent par contre et

DEUX MODÈLES DOMINANTS DE GESTION DE LA MAIN-D'ŒUVRE

| | POLITIQUE INTERNE STRUCTURÉE | GESTION EXTENSIVE |
|---|---|---|
| Type d'entreprises. | Entreprises industrielles du secteur pharmaceutique, chimie fine, aéronautique, automatisme contrôle, polygraphique. Entreprises de services, de conseil en informatique, assurances, banques, sociétés financières. | Entreprises industrielles du secteur IAA, BTP, textiles, papier carton. Entreprises de service de nettoyage, commerce. |
| Niveau d'embauche. | Ouvriers et employés de bas de filière. Techniciens. | Ouvriers spécialisés, manœuvres, vendeuses : aucun critère particulier d'embauche. Ouvriers qualifiés : expérience dans le secteur ou la fonction. Employés et techniciens : âge + diplôme. |
| Critère d'embauche. | Âge + diplôme. | |
| Configuration des filières d'emploi. | Filières d'emplois continues soit à l'intérieur d'une même fonction. Possibilité de promotion interfonction à partir d'un certain niveau de qualification. | Filières d'emplois discontinues : Aucune perspective de promotion pour les ouvriers spécialisés. Promotion catégorielle pour les ouvriers qualifiés avec une très faible probabilité d'accès aux catégories supérieures surtout techniciens. Perspective de promotion pour les techniciens (passage au niveau cadre). Potentialité faible pour les employés administratifs. |

| | POLITIQUE INTERNE STRUCTURÉE | GESTION EXTENSIVE |
|---|---|---|
| Caractéristiques des actions de formation. | Action de formation promotionnelle. | Techniciens et employés bénéficiaires des actions de formation. Peu de formation pour les ouvriers. |
| Mode d'organisation de la fonction personnel. | Gestion formalisée du personnel, plan de recrutement. Règles de promotion et parfois de mobilité. | Gestion très empirique du personnel. Pas de plan de recrutement, embauche uniquement budgétée, règles de promotion pas définies. |
| Remarques. | Stabilisation et intégration du personnel. Volonté de s'autonomiser par rapport au marché externe du travail. | Accommodation voire recherche de la mobilité du personnel ouvrier non qualifié. Stabilisation du personnel qualifié considéré comme stratégique à la croissance de l'entreprise (techniciens, ouvriers qualifiés...). |

pour certaines entreprises une norme de recrutement (embauche de jeunes sans formation et de femmes). Un second point d'entrée dans l'entreprise intervient pour le recrutement d'ouvriers qualifiés : ouvriers de corps de métiers industriels ou artisanaux [4]. Le critère déterminant à l'embauche est alors l'expérience. Par contre, pour le recrutement des collaborateurs, la tendance au début des années soixante-dix a été de recruter des jeunes diplômés pour les emplois de techniciens et d'employés administratifs ou comptables.

Le cloisonnement des filières d'emploi se marque dans deux domaines. Tout d'abord, la majorité des postes d'exécution ne s'insère dans aucune filière d'emploi. Les perspectives de promotion résident dans quelques sauts catégoriels liés à l'ancienneté. Il en est de même des ouvriers qualifiés pour lesquels les filières de promotion s'impriment sur les filières professionnelles de métier. Avec l'ancienneté et l'expérience, des ouvriers qualifiés peuvent espérer une progression de carrière, mais l'accès aux catégories supérieures, maîtrise et techniciens, tend à se raréfier à cause de l'embauche directe de jeunes diplômés à ce niveau. D'autre part, pour les collaborateurs, une différence importante existe entre les techniciens bénéficiant de réelles potentialités de carrière et les administratifs dont les filières de promotion apparaissent souvent limitées.

La politique promotionnelle recouvre donc plus des objectifs limités qu'un objectif stratégique consistant à stabiliser le personnel, à aménager des filières d'emploi comme c'est le cas pour les entreprises développant une politique interne structurée de l'emploi.

Ce modèle de gestion extensive relève d'entreprises dont la production est peu diversifiée, fluctuante et fortement concurrencée sur le marché de leurs produits. Les politiques de personnel sont encore largement dépendantes des aléas de la production et d'une recherche de productivité immédiate par une politique de bas salaires et d'appel à des catégories de main-d'œuvre infériorisées.

## II. Des modifications conséquentes en période de crise dans les politiques de gestion de la main-d'œuvre

A partir du moment où le prolongement de la récession remet en cause la structure même du marché des produits et l'efficacité des processus de production, les entreprises cherchent à réviser leur politique de personnel. Un ajustement plus strict du niveau des

---

4. P. d'HUGES, G. PETIT, F. RÉRAT, *Les Emplois industriels,* cahier n° 4 du Centre d'études de l'emploi.

effectifs aux variations de la production, une utilisation plus souple de la main-d'œuvre par une incitation à la mobilité interne et le recours aux techniques de précarisation de l'emploi deviennent alors les impératifs majeurs pour restaurer la compétitivité.

Les inflexions les plus importantes concernent les entreprises qui avaient mis en place une politique interne structurée de l'emploi. Tout d'abord, on constate une exigence accrue à l'embauche. La situation asymétrique du marché du travail renforce le pouvoir des employeurs et conduit à une accentuation du phénomène de sélection (un niveau de formation initiale plus élevé est demandé, une expérience professionnelle est souvent exigée). D'autre part, les pratiques d'extériorisation de l'emploi tendent à se systématiser dans ce type d'entreprise. Si l'enquête effectuée n'a pas permis de saisir précisément le recours à la sous-traitance ou au travail en régie, il apparaît en revanche établi que se développent le contrat à durée déterminée à l'embauche et l'appel à l'intérim afin de limiter le personnel permanent protégé par un statut favorable.

Les entreprises révisent par ailleurs leur politique de promotion, de formation et de mobilité dans un triple objectif :

– contrôler et limiter les promotions internes dans un cadre strict d'augmentation de la masse salariale afin d'éviter tout glissement catégoriel ;

– ne plus lier automatiquement changement de poste et promotion. Le blocage de l'embauche et un niveau très inégal d'inactivité entre les services, ateliers, établissements poussent les entreprises à développer la mobilité de leurs salariés (et non plus la promotion comme en période de forte croissance) pour tenter de restaurer, par ce redéploiement interne de la main-d'œuvre, l'équilibre de leur niveau d'effectif ;

– faire contribuer les actions de formation à la mobilité des salariés et, dans le même temps, ne plus lier formation et promotion.

Les inflexions consécutives à la crise sont moins sensibles dans les entreprises ayant développé une gestion plus extensive de la main-d'œuvre. Elles portent plus sur des aspects particuliers de l'embauche et de la promotion, mais ne remettent pas en cause le mode de gestion de la main-d'œuvre.

Pour les ouvriers spécialisés et qualifiés, la baisse du *turn over* et les politiques d'ajustement des effectifs éventuellement mises en œuvre rendent l'appel au marché externe moins fréquent. Le recours aux techniques de précarisation se marquerait plus – mais ce n'est qu'une hypothèse – par une augmentation des contrats à durée déterminée et des périodes d'essais plus longues que par un appel aux entreprises de travail intérimaire. L'embauche des techniciens et des administratifs est soumise également dans ce type d'entreprise à une exigence accrue des employeurs : une expérience professionnelle est exigée en plus du niveau de formation.

Les filières d'emploi dans leur forme et leurs caractéristiques subissent peu de transformations. Là aussi, un contrôle strict s'effectue sur les promotions pour éviter tout glissement catégoriel qui pèserait sur les coûts de la main-d'œuvre.

Avec le ralentissement de la croissance et les incertitudes liées à l'environnement économique et social, les deux modèles de gestion de la main-d'œuvre subsistent donc, mais s'orientent de façon plus précise. Les entreprises ayant mis en place une politique interne structurée de l'emploi cherchent à se dégager progressivement de ce modèle trop rigide de gestion de la main-d'œuvre en ayant recours à des formes plus flexibles et plus sélectives d'utilisation du personnel. Pour d'autres entreprises ayant axé à l'inverse leur stratégie d'emploi sur une utilisation plus extensive du personnel, c'est le marché externe du travail qui est censé procurer la flexibilité nécessaire. Le chômage massif réduit les tensions sur le personnel qualifié et renforce les exigences des entreprises à l'embauche.


Dans quelle mesure les politiques de gestion de la main-d'œuvre que l'on a pu observer rendent-elles compte en retour du comportement et des attitudes des salariés sur le marché de l'emploi ?

Il serait tentant, conformément aux schémas « dualistes », d'associer politique interne structurée et travailleurs stables insérés dans des filières d'emploi ; gestion plus extensive de la main-d'œuvre et travailleurs mobiles sans perspective de promotion, excepté pour ce noyau restreint d'ouvriers qualifiés et de techniciens. Mais cette mise en correspondance directe, si séduisante soit-elle, bute toutefois sur deux limites importantes :

– elle tend à occulter le comportement d'adaptation des salariés, en particulier comment des travailleurs ont pu et peuvent encore, en dépit des déséquilibres existant sur le marché du travail, se diriger vers le meilleur emploi ;

– elle traduit mal les importantes modifications que la crise a suscitées dans les politiques de la gestion de la main-d'œuvre des entreprises. Ces dernières, en différenciant encore plus finement les emplois et les statuts, tendent à brouiller les frontières séparant les différentes strates du marché du travail.

L'interprétation en terme de dualisme n'est donc pas aussi évidente qu'elle ne paraît. Des auteurs comme J. Freyssinet [5], J.-F. Germe et F. Michon [6] ont déjà souligné dans leurs importants travaux cet état de fait. Aussi, plus qu'un débat vain entre marché primaire et secondaire, le problème central devient alors de déterminer comment l'entreprise, en tant que lieu de différenciation de la main-d'œuvre et qu'acteur structurant du marché de l'emploi, modifie la nature des rapports sociaux et les comportements des salariés.

---

5. Cf. J. FREYSSINET, rapport de synthèse, IREP, *op. cit.*
6. J.-F. GERME et F. MICHON, *Stratégie des entreprises et Formes particulières d'emploi,* Séminaire d'Economie du travail, université Paris-I, 1979.

# Une forme de gestion de la main-d'œuvre : les techniques de précarisation de l'emploi

*Françoise Rérat* *

## Introduction

La poursuite de nouveaux débouchés, le développement de la concurrence internationale, l'accélération du progrès technique, les aléas de la conjoncture économique, ont poussé les entreprises à rechercher des modes de fonctionnement qui optimisent leur capital en matériel et en hommes. La dispersion géographique de plus en plus fréquente des différentes fonctions de l'entreprise (services administratifs, commerciaux et recherche en région parisienne, production en province et à l'étranger) et leur autonomisation croissante ont conduit les dirigeants à s'interroger sur la rentabilité de telle ou telle activité non essentielle au processus de production et dont la gestion relève de compétences spécifiques. Alors que dans les décennies précédentes s'était développé un mouvement d'intégration dont les concentrations de Sochaux et de Billancourt sont l'exemple, on assiste actuellement à un mouvement inverse de rejet à l'extérieur de l'entreprise d'activités spécifiques ou discontinues.

---

* Centre d'études de l'emploi.

La gestion du personnel n'a pas échappé à cette volonté de transformer le plus possible en coûts variables une part croissante de dépenses en personnel. Les nouvelles politiques actuellement mises en œuvre visent à développer au maximum la mobilité du personnel en se basant principalement sur deux points :

*Externaliser* le plus possible les activités qui peuvent être gérées à l'extérieur à meilleur compte. Cela consiste pour l'entreprise à faire en sorte que certains travaux de production, ou annexes à la production comme la maintenance, l'entretien des locaux ou le gardiennage, soient assurés par des salariés appartenant à des entreprises tierces. Ces travaux peuvent être effectués à l'intérieur ou à l'extérieur de l'entreprise, suivant qu'il s'agit de personnel intérimaire et en régie, ou de travailleurs appartenant à une entreprise sous-traitante.

*Précariser,* c'est-à-dire limiter au maximum le personnel permanent en reportant les à-coups de la conjoncture sur un volant croissant de personnel ne bénéficiant pas de garantie d'emploi durable, comme les stagiaires, les titulaires de contrats à durée déterminée, les travailleurs saisonniers ou intérimaires...

Bien que les politiques d'externalisation et de précarisation aillent fréquemment de pair, on ne peut les assimiler complètement, car elles se concrétisent différemment au niveau des emplois. Ainsi l'emploi en sous-traitance n'est pas forcément un emploi précaire, même si l'entreprise sous-traitante est entièrement dépendante des fluctuations des commandes du donneur d'ordres. Il y a néanmoins report d'activité sur une entreprise n'offrant pas les mêmes garanties d'emploi, en particulier sur le plan des conventions collectives. Il peut y avoir précarité en cas de baisse d'activité de l'entreprise donneuse d'ordres. Il y a généralement dégradation de la qualité de l'emploi au plan des conditions de travail ou du salaire.

Nous laisserons de côté la politique d'externalisation, plus directement liée à la situation économique de l'entreprise et à son choix entre « faire et faire faire [1] », pour nous attacher à la politique de précarisation en tant que technique de gestion du personnel.

## I. La gestion de l'emploi en période de croissance

Mais, tout d'abord, dans quel contexte économique et social se sont développées ces techniques de précarisation de l'emploi ? *Quelles étaient les stratégies d'emploi en période de croissance ?*

---

1. Voir l'étude de A. GORGEU et R. MATHIEU, sur *La Sous-Traitance et l'Emploi,* article à paraître dans le cahier n° 23 du Centre d'études de l'emploi.

Si l'on se réfère à une enquête effectuée en 1973 par Marie-Françoise Mouriaux [2], et dont nous présentons ici les principales conclusions, les stratégies d'embauche étaient axées traditionnellement sur deux thèmes au cours de la décennie précédente : stabilité de l'emploi et promotion. Suivant qu'il y a recherche ou non de stabilité, et possibilité ou non de promotion, plusieurs politiques se dégagent.

Une première, dite « d'ancrage », est celle que suit toute entreprise souhaitant disposer d'un personnel à la fois stable et fixe. L'embauche s'effectue à partir d'une sélection sévère des candidats. Il n'y a pas de promotion possible d'une catégorie à une autre, mais seulement une progression à l'intérieur d'une même catégorie. La politique salariale est attractive à la fois par le niveau du salaire à l'embauche et par les différentes primes versées ultérieurement (ancienneté, participation...).

Une seconde politique dite « d'ascension » conjugue à la fois la stabilité de l'emploi et la promotion interne. Elle favorise la formation de cadres « maison » issus du rang, entièrement dévoués aux intérêts de la firme (ingénieurs maison, agents de maîtrise). Elle est souvent menée par des entreprises en plein développement qui cherchent à s'attacher un personnel de qualité.

A l'opposé, il existe des politiques qui intègrent, encouragent et sollicitent même la mobilité. On les rencontre tout particulièrement dans des entreprises qui ne favorisent pas la promotion interne. Ce sont des politiques dites de « substitution », dans lesquelles « le fait de l'acceptation du *turn over* se traduit par un renouvellement d'éléments semblables par d'autres éléments semblables ». Ces politiques font appel à des catégories de personnel traditionnellement mobiles, jeunes, femmes, étrangers, et, pour ces entreprises, la mobilité devient une « donnée » [3].

Ainsi coexistent en période de croissance, à côté des politiques traditionnelles d'intégration du personnel, des politiques qui intègrent la mobilité. Un certain nombre d'éléments concourent au développement de la mobilité des salariés que nous rappellerons brièvement.

*L'éclatement de la notion de métier*

Le développement de la production en grandes séries et la disparition conjointe de l'artisanat ont profondément modifié la réalité

---

2. Voir M.-F. Mouriaux, *Contribution à la recherche sur les politiques de recrutement dans les grandes entreprises,* Bulletin d'information du Centre d'études de l'emploi, n° 12, mai 1974.
3. Voir M. Destefanis et L. Foucher, *Le Fonctionnement du marché du travail local,* cahier n° 13, Centre d'études de l'emploi, 1979.

du travail et fait éclater la notion de métier. Dans l'industrie automobile, en particulier, le changement est radical, et à une « production de masse » correspond « un ouvrier de masse » selon l'expression de Benjamin Coriat [4].

On est loin du professionnel hautement qualifié du début du siècle travaillant de manière artisanale et touchant le plus haut salaire de l'industrie métallurgique [5]. La disparition du métier n'est plus seulement liée à un savoir non convertible du secteur artisanal au secteur industriel, comme c'est le cas du bourrelier-sellier devenu OS sur chaîne dans un atelier de sellerie de la construction automobile. On se déqualifie sans quitter son métier ni son secteur, c'est le métier lui-même qui est vidé de son contenu et n'a de commun avec l'ancien que l'appellation. Ainsi sont massivement apparus des *emplois déqualifiés* qui ne réclament plus qu'une adaptation davantage liée aux impératifs du rendement qu'à la complexité de la tâche. Par ailleurs, la proportion d'ouvriers qualifiés dans les ateliers de production a considérablement diminué avec l'apparition d'emplois semi-qualifiés, dits « d'ouvriers spécialisés qualifiés [6] », alors qu'augmentait le temps de scolarité et que se développaient les formations techniques et professionnelles.

*La pénurie de main-d'œuvre non qualifiée et le recours*

*à une main-d'œuvre de substitution*

Cette distorsion entre le contenu des emplois et l'élévation des niveaux de formation a provoqué une inadéquation entre l'offre et la demande, inadéquation encore accentuée par deux phénomènes : le refus des jeunes possesseurs de CAP d'occuper des emplois qui ne correspondaient pas à leurs aspirations : « plutôt que d'être tourneurs chez nous, ils préfèrent ouvrir un salon de coiffure », nous a-t-on répété souvent au cours de nos enquêtes ; et la diminution de l'exode rural, pourvoyeur habituel des emplois de production. Ainsi est apparue, au fil des années, une pénurie de main-d'œuvre non qualifiée amenant les entreprises à faire appel à une main-d'œuvre de substitution.

---

4. Benjamin CORIAT, *L'Atelier et le Chronomètre*, Christian Bourgois, coll. Cibles, Paris, 1979.

5. Voir Patrick FRIDANSON, « Les Premiers Ouvriers de l'automobile », *Revue Sociologie du travail*, 3, 1979.

6. Dans une enquête sur les emplois industriels, effectuée en 1969, les ouvriers spécialisés qualifiés représentaient environ le tiers des ouvriers qualifiés répertoriés par les enquêtes du ministère du Travail. Voir P. d'HUGUES, G. PETIT, F. RERAT, *Les Emplois industriels*, cahier n° 4 du CEE.

*Les femmes* : c'est une main-d'œuvre généralement sans formation professionnelle négociable. On utilise leur CAP de couturière comme preuve de leur capacité à effectuer des travaux minutieux et non comme aptitude à occuper un emploi qualifié. Leur faible niveau de rémunération ne pose pas de problèmes puisqu'elles gagnent ce qu'il est convenu d'appeler un salaire d'appoint. On les voit apparaître dans les ateliers de montage automobile et dans l'électronique. En électronique professionnelle, par exemple, les ateliers de production se sont progressivement féminisés, alors que la main-d'œuvre masculine était regroupée dans les services prototypes et recherches. Les possibilités de promotion, pratiquement inexistantes en production, sont réservées de préférence aux hommes, ce qui explique la grande instabilité de la main-d'œuvre féminine avant la crise.

*Les étrangers* : l'intérêt du recours à la main-d'œuvre étrangère est dû principalement au fait que son statut la rend proche de la main-d'œuvre intérimaire. Les licenciements collectifs d'immigrés provoquent moins de réactions, leurs retours tardifs de vacances conduisent à les licencier plus souvent, et le fait qu'ils sont introduits par l'ONI transforme leurs contrats de travail en contrats à durée déterminée. D'autre part, les étrangers, en occupant les emplois « instables » laissés progressivement vacants par les travailleurs nationaux, provoquent de ce fait la progression des nationaux vers des emplois plus qualifiés appartenant au « noyau stable », selon la terminologie chère aux théoriciens de la segmentation [7].

Ainsi, en *période de croissance,* la mobilité de l'emploi est due à la fois à la pénurie de main-d'œuvre non qualifiée et à l'abandon des politiques d'intégration et de promotion du personnel non qualifié. On développe la polyvalence de façon à adapter au maximum les effectifs présents aux aléas de la production. On joue sur le *turn over* en recourant à une main-d'œuvre instable pour occuper les emplois, et on recourt occasionnellement à l'intérim en cas d'absentéisme.

Néanmoins, certaines grandes entreprises, appartenant à des secteurs en restructuration, recouraient déjà d'une façon régulière et importante aux formes particulières d'emploi (intérim, régie et sous-traitance) dans le but d'externaliser le plus possible les fonctions annexes de la production pour ne conserver dans leurs effectifs que le personnel productif. Dès 1974, le recours au travail intérimaire a diminué et progressivement stoppé, laissant la place pendant les

---

7. Dans une enquête effectuée en 1973, nous avons noté que les entreprises qui avaient un recours important à la main-d'œuvre étrangère et qui avaient augmenté ce recours depuis plusieurs années augmentaient parallèlement leurs effectifs nationaux. Cf. F. RÉRAT, G. PETIT, M. BAUMAN, *Les emplois tenus par les travailleurs étrangers,* cahier n° 8 du Centre d'études de l'emploi, 1974.

années suivantes aux licenciements collectifs et parfois même à la fermeture de certaines unités [8].

## II. La gestion de l'emploi dans le contexte économique actuel : la généralisation des formes particulières d'emploi

Avec l'apparition de la crise, les politiques de précarisation, déjà largement amorcées avant la crise dans les grandes entreprises appartenant à des groupes, se sont généralisées. La recherche de la mobilité a pris le pas sur les politiques de stabilité et d'intégration pratiquées précédemment. Les formes particulières d'emploi se multiplient, en particulier l'intérim, les contrats à durée déterminée et le temps partiel, et constituent le nouvel instrument des politiques de précarisation de l'emploi. Ces politiques se développent face à un marché du travail complètement transformé par la montée du chômage.

### *Les transformations du marché du travail*

L'accroissement du chômage vulnérabilise les travailleurs et les amène à accepter des emplois qu'auparavant ils rejetaient.

Un autre effet du chômage est de faire disparaître les pénuries de main-d'œuvre. Les entreprises qui éprouvaient des difficultés à pourvoir leurs emplois peuvent opérer maintenant une sélection parmi un grand nombre de candidats. L'intérim est le canal privilégié de leur sélection, puisqu'il draine actuellement toute une population qui n'a nullement choisi ce type de rapport au travail, comme c'était fréquemment le cas dans les années précédentes [9]. Le travail temporaire devient en quelque sorte une *forme transitoire d'emploi,* un lieu de passage entre inactivité-emploi-chômage. Une enquête de l'ANPE sur le devenir d'une cohorte de chômeurs montre qu'il existe un lien entre la précarité de l'emploi et la propension au chômage : une proportion importante de ces chômeurs étaient restés moins d'un an dans leur emploi avant leur inscription à l'ANPE.

Un dernier effet du chômage est la diminution importante du *turn over* dans les entreprises. Les salariés restent dans des emplois aux

---

8. Voir F. RÉRAT, « Les Rôles de l'intérim dans l'industrie », *Economie et statistiques,* n° 110, avril 1979. R. ARDENTI, M.-T. DUPRAZ, C. de GIRY, A. GORGEU, F. RÉRAT, *Le Travail temporaire dans l'industrie,* cahier n° 18 du Centre d'études de l'emploi.
9. Voir M. GRASS et ICARD-CERFI, *Rapport pour le ministère du Travail,* juillet 1976.

conditions de travail pénibles et aux salaires faibles, alors qu'auparavant ils les quittaient en espérant trouver ailleurs de meilleures conditions. Les femmes et les étrangers, qui constituaient l'essentiel de la main-d'œuvre mobile, se stabilisaient dans leurs emplois par crainte du chômage.

## Les pratiques des entreprises

Dans le contexte actuel, les entreprises hésitent à embaucher et dans le meilleur des cas conservent leur personnel. Elles cherchent à réintroduire le *turn over* par le biais des formes particulières d'emploi. Alors qu'en période de croissance on *jouait* sur le *turn over,* le recours aux formes particulières d'emploi permet aux employeurs de *maîtriser* parfaitement le mouvement des entrées-sorties. Comme le déclarent J.-F. Germe et F. Michon : « Le problème actuel n'est plus le *volume de la mobilité* mais un *contrôle des mouvements de main-d'œuvre* qui permette à l'employeur de maîtriser à la fois la durée, la nature et le volume de l'emploi [10]. »

Grâce aux formes particulières d'emploi, les employeurs peuvent augmenter leurs effectifs pendant une certaine période et les diminuer au moment opportun sans être contraints par les limitations entraînées par la loi de 1975 relative aux licenciements économiques [11]. Et c'est là l'avantage principal des formes particulières d'emploi : *par ce biais, les entreprises se situent en dehors du cadre protecteur habituel du droit du travail.* Ainsi, la mobilité provisoirement stoppée par l'accroissement du chômage est réintroduite au bénéfice exclusif de l'employeur. Par ailleurs, l'obtention d'un emploi à titre précaire est le seul moyen d'accéder par la suite à un emploi stable, en particulier pour les femmes et les jeunes. Alors que la stabilité de l'emploi constituait la base de ce que l'on peut appeler « l'emploi de droit commun », elle devient une sorte de récompense après un temps plus ou moins long de chômage ou de précarité d'emploi.

Quelle que soit la politique de gestion menée avant la crise, les politiques de précarisation se développent, introduisant le *turn over* dans des entreprises qui ne l'avaient jamais connu auparavant. Dans

---

10. J.-F. GERME et F. MICHON, *Stratégies des entreprises et Formes particulières d'emploi,* Séminaire d'Economie du travail, université Paris-I, juin 1979.

11. Cette loi du 3 janvier 1975 fait suite à une série de réglementations échelonnées depuis le 10 février 1969. Elle généralise l'obligation de consulter les représentants du personnel et soumet les licenciements économiques à une autorisation administrative. Voir à ce sujet l'article de B. BACOT, L. FOUCHER, M.-F. MOURIAUX et M. ORHAND, *La Législation sur les licenciements, son application dans un contexte de crise économique,* cahier n° 16 du Centre d'études de l'emploi.

ce dernier cas, le changement s'effectue fréquemment en commençant par des mises à la retraite anticipée et le non-renouvellement des départs. On embauche ensuite par intérim ou contrats à durée déterminée. Dans les entreprises qui ne sont pas touchées par la crise, il se produit une sorte d'effet de contagion, on précarise au cas où la conjoncture deviendrait mauvaise. Le but principal de ces politiques de précarisation est de lutter contre les temps morts et de ne payer que le travail réellement effectué. Deux éléments principaux concourent à l'augmentation des temps morts :

*Une mauvaise organisation de la production.* Une trop grande spécialisation des ouvriers dans les ateliers de production ne permet pas de faire face aux fluctuations et développe les temps morts. On constitue alors des équipes polyvalentes dans lesquelles chacun est capable de relayer l'autre dans son travail. Cette politique permet, le cas échéant, de recourir à une main-d'œuvre extérieure à l'établissement et précède généralement les politiques de précarisation ;

*Un absentéisme important.* Les entreprises se plaignent d'une montée de l'absentéisme, due, selon leur dire à la généralisation de la mensualisation. Selon un calcul fait à partir du nombre d'indemnités journalières payées par la Sécurité sociale, on peut estimer le nombre total de journées ouvrées perdues en 1975 par l'ensemble des salariés français du fait de maladie, maternité, accident du travail ou absences diverses (à l'exclusion des congés et des grèves) à 380 millions. Ce chiffre correspond à une absence moyenne par salarié de vingt et une journées ouvrées par an et à un taux d'absence de 8 %.

### III. Un effet de la précarisation de l'emploi : la diminution de l'absentéisme. Présentation d'une enquête du Centre d'études de l'emploi

Dans une e quête récente sur « les emplois dévalorisés [12] », nous avons constaté qu'un des effets des techniques de précarisation de l'emploi était de faire diminuer le niveau d'absentéisme. Les établissements étudiés se répartissaient en deux groupes suivant qu'ils avaient ou non recours aux techniques de précarisation : un premier groupe à absentéisme important ne recourait pas aux formes

---

12. Voir R. ARDENTI, F. RÉRAT, *Les Emplois dévalorisés : conditions d'acceptabilité, politiques de gestion,* à paraître prochainement dans le cahier n° 23 du Centre d'études de l'emploi.

particulières d'emploi, un deuxième groupe à faible absentéisme y recourait de manière importante.

Pour avoir une meilleure compréhension de ces résultats, il est utile d'apporter quelques précisions sur cette enquête. Puis nous aborderons par la suite le rôle des techniques de précarisation dans la baisse du niveau d'absentéisme en l'illustrant par quelques cas types tirés de cette enquête.

## L'enquête sur les emplois dévalorisés

Le but de cette enquête n'était pas d'étudier les problèmes que pose aux entreprises la gestion des emplois dévalorisés, mais de repérer les comportements des travailleurs occupant ces emplois dévalorisés. Nous avons centré notre analyse sur *la relation de compromis* existant entre des *travailleurs* avec leurs aspirations, leur passé, leur environnement, leur marge de manœuvre dans l'acceptation ou le refus du poste offert, une *tâche* à accomplir avec ses exigences et ses contraintes, une *entreprise* avec sa place sur le marché, sa politique de gestion, sa localisation... Les trois éléments constituant cette relation de compromis correspondent à trois niveaux d'enquête : l'enquête auprès du responsable d'établissement, l'analyse du poste de travail, l'enquête auprès de la personne occupant le poste de travail.

Outre le *turn over* et l'absentéisme, nous avons considéré comme significatifs pour appréhender le comportement des travailleurs sur leur lieu de travail des indicateurs tels que le manque de main-d'œuvre ou les difficultés de recrutement. Nous avons constitué un échantillon raisonné d'établissements susceptibles d'offrir des emplois dévalorisés. Comme il s'agissait d'une étude exploratoire, nous avons recherché le plus de diversité possible, de façon à élargir au maximum l'éventail des emplois étudiés. Ainsi, à l'intérieur de chaque activité retenue, nous avons contacté des établissements de différentes tailles et de différents secteurs (public, privé, nationalisé) de l'industrie et du tertiaire, soit au total trente-cinq établissements. Par contre, nous avons retenu des activités homogènes dans les différentes régions étudiées, de façon à pouvoir établir des comparaisons entre les comportements des travailleurs selon les régions et selon les caractéristiques locales du marché du travail.

L'analyse des postes de travail a été effectuée directement sur le lieu de travail à partir d'un questionnaire appelé « fiche emploi », résultat d'une quinzaine d'années de recherches diverses. Les emplois étudiés ont été classés à partir de quatre indices d'attractivité ou de rejet : la qualification réelle, les conditions de travail, la rémunération, les perspectives de promotion. Ces indices ont été construits soit directement, c'est le cas des perspectives de promotion, soit à partir de la combinaison d'un certain nombre de variables de base. Ainsi l'indice de rémunération combine trois variables : le niveau du salaire à l'embauche, les perspectives d'évolution du salaire à l'intérieur d'une même catégorie, l'importance des primes. Les classifications des emplois ont été mises ensuite en relation avec les comportements des salariés (absentéisme, *turn over,* difficultés de recrutement).

### *Absentéisme et formes particulières d'emploi*

Alors que les formes particulières d'emploi se développent, il apparaît à travers nos interviews que les salariés recherchent surtout *la stabilité de l'emploi :* l'afflux récent des candidats aux emplois offerts par les entreprises du secteur public et nationalisé montre que c'est l'entreprise qui est choisie avec la stabilité qu'elle offre et non l'emploi. Ces entreprises sont pratiquement les seules de notre échantillon à proposer des emplois « normaux ». Alors que les emplois étudiés cumulent souvent plusieurs éléments négatifs, ce ne sont pas les mauvaises conditions de travail et/ou les mauvais salaires ou le manque de promotion qui expliquent les comportements d'acceptation ou de rejet de ces emplois : seules les contraintes du marché du travail, la situation économique et la politique de gestion des entreprises permettent d'interpréter ces comportements. Certains comportements sont possibles dans certaines situations, d'autres sont impossibles. Lorsque le marché du travail offre *diverses possibilités,* les *comportements varient,* suivant que les entreprises pratiquent ou non une politique de stabilité de l'emploi ; dans les entreprises où l'emploi est stable, les salariés ont la possibilité de s'absenter et de s'orienter vers d'autres emplois plus conformes à leurs aspirations ; dans les entreprises où l'emploi est instable, les salariés ne peuvent s'absenter sous peine de perdre leur emploi, il leur reste la solution de quitter l'établissement. Lorsque le marché du travail offre *peu de possibilité,* que les entreprises mènent ou non une politique de stabilité, les salariés *restent dans les emplois dévalorisés.*

Pour illustrer la relation existant entre la stabilité de l'emploi et l'importance de l'absentéisme, nous présentons dans le tableau ci-après quatre profils d'établissements représentatifs de l'évolution des politiques de gestion de l'emploi, parmi les trente-cinq établissements enquêtés.

On peut remarquer qu'au fur et à mesure que l'emploi se déstabilise l'absentéisme disparaît, mais cette transformation s'effectue

STABILITÉ DE L'EMPLOI ET ABSENTÉISME

| EMPLOI STABLE | EMPLOI STABLE, MAIS PRÉCARISATION DES EMBAUCHES | EMPLOI DÉSTABILISÉ | EMPLOI INSTABLE |
|---|---|---|---|
| – Cohésion du milieu de travail. | – Cohésion du milieu de travail. | – Eclatement du milieu de travail. | – Milieu de travail inexistant, climat de compétition, pas de solidarité possible, surcharge de travail. |
| – Travail choisi pour sa stabilité et les possibilités de carrière. | – Pas de carrière possible, on reste dans l'entreprise à cause des primes d'ancienneté et du chômage. | – Climat d'inquiétude lié à la crainte des licenciements économiques et du chômage, qualifications maison non négociables à l'extérieur. | – Temps partiel et contrats à durée déterminée imposés à l'embauche. Pas de promotion possible – pas d'ancienneté possible. |
| – Recours à des équipes de réserves pour la gestion des temps morts. | – Recours à la polyvalence du personnel pour la gestion des temps morts. | – Recours à la polyvalence et à l'intérim pour la gestion des temps morts. | – Diminution des effectifs pendant les temps morts, renforcement aux heures de pointe. |

| EMPLOI STABLE | EMPLOI STABLE, MAIS PRÉCARISATION DES EMBAUCHES | EMPLOI DÉSTABILISÉ | EMPLOI INSTABLE |
|---|---|---|---|
| – Amélioration des conditions de travail et diminution de l'absentéisme. | – Création de primes d'assiduité pour lutter contre l'absentéisme, pas d'amélioration des conditions de travail. | – Recours aux formes particulières d'emploi et à des catégories de main-d'œuvre infériorisées mises en concurrence (en particulier les étrangers). | – Charge de travail trop élevée pour être répartie sur les présents en cas d'absence. |
| – Absentéisme faible. | – Pas d'absentéisme dans le personnel sous contrat à durée déterminée par crainte de ne pas être embauché, absentéisme important chez les permanents. | – Plus d'absentéisme, ni dans les formes particulières d'emploi, ni chez les permanents, par crainte des licenciements. | – Absentéisme impossible on ne s'absente pas, on s'en va. |
| – *Turn over* exclu. | – *Turn over* intégré. | – *Turn over* intégré avant la crise, en baisse actuellement. | – *Turn over* intégré, mais trop élevé et gênant pour l'entreprise. |

au détriment de la qualité du milieu de travail, et même de la qualité du travail tout court.

Lorsqu'il y a une politique de stabilité de l'emploi, il se développe un esprit « maison », des relations se créent entre les personnes dans le travail et hors du milieu de travail. Même si la compétition est développée, on ne craint pas de perdre son emploi, et la qualité du travail s'en ressent. On peut demander au personnel une certaine coopération, d'autant plus qu'il existe une structure favorisant la promotion. A l'inverse, lorsque l'emploi se déstabilise, le climat de travail est complètement détérioré, aucune solidarité ni esprit d'équipe n'est possible. On travaille chacun pour soi, comme une machine.

Le but principal des politiques de précarisation est de lutter contre les temps morts *en ne payant que le travail réellement effectué.* Dans les entreprises où l'absentéisme est important, on paye une certaine quantité de travail qui n'est pas réalisée. Pour effectuer ce travail on a recours à des équipes de réserve lorsque l'emploi est *stable,* à la polyvalence et à l'intérim lorsque l'emploi est *déstabilisé.* Dans l'emploi *instable* [13], lorsqu'une personne s'absente, la surcharge est telle pour les présents qu'il se crée un climat d'agressivité qui amène petit à petit la personne à partir d'elle-même. Le rythme du travail est élevé, et lorsqu'il y a surcharge aux heures de pointe les effectifs sont renforcés. Le recours aux formes particulières d'emploi provoque à l'intérieur de l'entreprise un climat d'inquiétude et de division du personnel qui diminue considérablement l'absentéisme. On ne s'absente pas par crainte de perdre son emploi. Il n'y a pas de politique de lutte directe contre l'absentéisme et on n'envisage pas d'améliorer les conditions de travail des postes difficiles.

A l'opposé, lorsque l'emploi est stable, il y a des améliorations des conditions de travail qui diminuent considérablement l'absentéisme : *c'est le cas du premier établissement* présenté dans le tableau où la durée du travail a été réduite à trente-six heures avec possibilité de congé le mercredi après-midi pour les mères de famille. C'est un établissement du secteur public. Alors que le niveau d'absentéisme était généralement élevé dans les établissements étudiés dans ce secteur, ici on constate un faible absentéisme.

*Le deuxième cas* est un grand établissement industriel qui a recours aux formes particulières d'emploi pour prolonger la période d'essai et opérer une sélection parmi les candidats à l'embauche. Le *turn over,* important avant la crise, a beaucoup diminué : le personnel reste à cause des primes d'ancienneté et par crainte du chômage. Le milieu de travail a encore de la cohésion. Néanmoins, l'existence des contrats

---

13. Voir tableau page précédente.

à durée déterminée crée un climat particulier dans l'établissement : il y a le personnel permanent dont les « droits à l'absentéisme » sont en quelque sorte garantis, et le personnel sous contrat à durée déterminée, qui ne peut s'absenter sous peine de perdre son droit à l'embauche.

*Le troisième cas* est encore un grand établissement industriel qui, bien qu'en situation économique favorable, diminue depuis plusieurs années son personnel de production, grâce au non-renouvellement des départs à la retraite. Il augmente parallèlement son personnel intérimaire pour faire face aux exigences de la production, qui restent constantes malgré la diminution des effectifs permanents. Le personnel fixe comme le personnel intérimaire est composé d'une grande majorité d'étrangers. Pendant toute une période, la main-d'œuvre étrangère, essentiellement mobile, peu syndiquée, était très recherchée pour des tâches ne réclamant ni formation ni expérience professionnelle. Ces dernières années, les travailleurs étrangers se sont stabilisés sur les postes qu'ils occupaient, acquérant de l'ancienneté et perdant de ce fait leur principal attrait qui était la mobilité. Depuis peu, la situation s'est totalement renversée avec les nouveaux règlements visant à les faire rentrer dans leur pays d'origine. Tant et si bien que dans cet établissement, où aucun licenciement économique n'est envisagé, règne un climat d'insécurité analogue à celui des entreprises en mauvaise situation économique, d'où le faible taux d'absentéisme.

*Le dernier cas* est un magasin de distribution populaire qui pratique une politique qui intègre le *turn over* et rend l'absentéisme impossible. Le problème qui se pose dans cet établissement est celui du travail à temps partiel. Selon la direction, deux raisons sont invoquées pour justifier ce type d'horaires :

1) Le magasin est ouvert sans interruption de 9 heures à 19 heures.

2) Il y a un coup de feu entre 12 heures et 14 heures, et c'est pendant ce laps de temps que se fait presque tout le chiffre d'affaires. Il faut donc beaucoup de personnes pour répondre à la demande de la clientèle, alors qu'il existe des temps morts où il est inutile qu'il y ait beaucoup de vendeuses.

Donc le temps partiel permet de répartir le personnel au mieux en le faisant travailler à plein. Différents types d'horaires sont pratiqués pour avoir un personnel renforcé aux heures de pointe (9 h-14 h, 12 h-14 h, 17 h-19 h). Les horaires de 9 heures à 14 heures ont été proposés à des femmes de trente ans, généralement mères de famille, pensant correspondre à un désir de plus de temps libre auprès de leurs enfants. Très vite elles ont dû démissionner à cause des absences provoquées par les maladies de leurs enfants : les temps de transport trop longs en région parisienne éliminant tous les avantages du temps partiel. De même, les femmes chefs de famille ne sont pas restées, le salaire n'étant pas comparable à celui qu'elles peuvent percevoir dans le nettoyage. Par contre, des femmes mariées de quarante ans et plus sont restées.

Si une personne s'absente, on ne la remplace pas par une intérimaire ou par une personne d'un autre rayon, on répartit la charge de travail sur les autres vendeuses, et si l'absence se prolonge la situation devient assez vite intenable, la charge de travail étant trop lourde. Une mauvaise ambiance se développe lorsque l'absence se renouvelle, entraînant peu à peu le départ de la personne. D'autre part, la prime de fin d'année est supprimée en cas d'absence au cours du mois de décembre. En cas d'absence non justifiée, le personnel n'est pas payé. *Donc, on ne s'absente pas, on démissionne.* Il faut noter enfin que les embauches sont réalisées par contrats à durée déterminée, ce qui renforce encore la pression sur l'absentéisme.

### Conclusion

L'absentéisme important enregistré au cours de l'enquête sur les emplois dévalorisés, dans les entreprises offrant un emploi stable, peut être considéré comme une réponse à l'inintérêt des tâches d'exécution : *on s'absente parce qu'on le peut, c'est-à-dire qu'on ne craint pas de perdre son emploi par la suite,* mais aussi parce que le travail n'est qu'un gagne-pain dans lequel on ne peut pas s'investir. On ne s'intéresse pas à ce qu'on fait, et l'entreprise ne cherche pas à vous intéresser à elle. Alors que la représentation du travail correspond encore à une image valorisée, comme en témoignent les entretiens que nous avons eus avec les personnes occupant des emplois dévalorisés, on peut se demander si la perte de conscience professionnelle si souvent déplorée par les employeurs n'est pas en fait liée à la disparition des métiers. Plus que les conditions de travail, c'est l'organisation du travail qui est mise en cause par l'absentéisme.

Les travailleurs interrogés ont fréquemment mentionné le désir d'exercer un métier, avec tout ce que cela comporte d'investissement personnel. A ce souhait s'ajoute unanimement celui de la stabilité de l'emploi. Faute de pouvoir exercer un métier, ils privilégient la stabilité et acceptent un travail inintéressant. Avec le développement des techniques de précarisation de l'emploi apparaît un facteur supplémentaire de dévalorisation qui accentue encore le décalage entre les aspirations des travailleurs et les tâches qu'on leur propose : *à l'inintérêt s'ajoute la précarité.* La qualification d'un poste de travail perd sa signification, car il y a de moins en moins de correspondance entre le niveau de formation de la personne occupant le poste et les caractéristiques de ce poste. On peut penser qu'à la limite, si ce processus s'accélère, les principaux indicateurs de la qualification d'un emploi seront la *stabilité* et les *perspectives de promotion.*

Les politiques de précarisation accompagnent et prolongent les politiques d'organisation scientifique du travail. Elles sont liées à l'évolution des systèmes productifs et facilitent l'adaptation de la main-d'œuvre aux fluctuations de cette évolution. Parallèlement à la précarisation de nombreux emplois, on assiste actuellement à la disparition d'un certain type de production grâce au développement de la robotique. Il s'agit en général d'emplois pénibles et inintéressants dans lesquels l'ouvrier était entièrement asservi au rythme de la machine. Mais l'automatisation a ses limites. Seule une remise en cause radicale de la division du travail peut résoudre, à long terme, les problèmes posés par la détérioration du milieu de travail et la dévalorisation des emplois.

# L'organisation des rapports Etat-industrie en matière d'emploi

*Michel Raimbault, Jean-Michel Saussois* *

Le but de cette communication est d'avancer des hypothèses sur l'organisation des relations entre l'Etat et l'industrie en matière d'emploi. Il ne s'agit pas, là, de présenter les résultats d'une recherche spécifique, mais de s'appuyer sur une série d'observations tirées de travaux internes (éléments de recherche en cours) et sur l'analyse de documents officiels tels que rapports et missions parlementaires (rapport Cousté, rapport Farge, rapport Fabre) [1].

Mettre en rapport, autour d'un phénomène aussi complexe que l'emploi, l' « Etat » et l' « industrie » nécessite de porter l'analyse, au sein de ces deux entités, sur des « sous-ensembles » développant des objectifs organisationnels propres, souvent contradictoires dans leur formulation (Merton, 1940, G. Allison, 1971). Par exemple, la logique d'implantation régionale portée par la Datar peut ainsi apparaître contradictoire avec la logique de compétitivité industrielle développée par le ministère de l'Industrie. De même, un paradoxe semble exister entre des politiques de redéploiement et d'abaissement

---

* ESCP et Groupe Sociologie du travail, CNRS, Paris-VII.

1. Ces rapports nous semblent d'ailleurs « construits » de façon différente de celle du rapport Sudreau. Ces rapports ne se présentent plus comme étant sans locuteur ou « la pensée ventriloque du gouvernement » (R. MOURIAUX, « Les Silences du rapport Sudreau », *Etudes,* avril 1975, p. 483-496), mais comme des résolutions de problèmes urgents et concrets, ceux de l'emploi et du chômage ; comment faire de l'ANPE un outil performant (rapport Farge), comment opérer politiquement un consensus social autour de l'emploi (rapport Fabre), comment moraliser le travail temporaire et développer des nouvelles techniques de gestion de personnel (rapport Cousté).

des coûts de production menées par des grands groupes et des opérations coûteuses effectuées par des sociétés de conversion filialisées, dont l'activité consiste à attirer des emplois nouveaux sur les sites en voie d'abandon. Ce niveau d'analyse peut apporter un éclairage utile à l'étude des rapports Etat-industrie, dans la mesure où il permet de situer les dispositifs concrets qui sont à l'œuvre au-delà des discours globalisants remettant en cause l'Etat-protecteur et ses modes classiques d'intervention [2]. En posant le principe du placement et du contrôle de la main-d'œuvre comme étant du ressort des services publics [3], en reconnaissant – constitutionnellement – au citoyen le « droit à l'emploi », et ceci dans sa région d'origine [4], l'Etat de Welfare s'engageait à entretenir des relations précises avec des individus et des catégories sociales identifiées comme des points d'application de ses politiques et se dotait d'organes d'intervention pour reconstruire, stimuler l'emploi, répondre aux besoins de main-d'œuvre qualifiée, développer une politique d'immigration [5], implanter des activités dans les régions jugées défavorisées. Sous la Ve République, jusqu'en 1974, les modes d'intervention de l'Etat dans la vie économique et sociale restent centrés sur les rapports Etat-citoyen et les interventions en matière de politique industrielle sont d'inspiration dirigiste [6]. Compte tenu de la crise et de la réponse néolibérale qui lui est donnée en France, il serait logique d'assister à un désengagement de l'Etat, cohérent avec un retour à une régulation concurrentielle de l'économie. Ainsi, la priorité donnée à la politique industrielle semble bien renvoyer au second plan les politiques de l'emploi : *le renforcement de la compétitivité internationale des* entreprises de l'industrie française, leur capacité d'innovation, notamment pour développer leurs implantations à l'étranger, constituent donc une *priorité absolue* qui ne peut être subordonnée à des contraintes intérieures pouvant la mettre en cause, notamment dans le domaine de l'emploi et de l'aménagement du territoire [7].

Mais, au-delà des discours politiques, qu'en est-il dans les faits ? Si

---

2. Voir Bernard CAZES, « L'Etat-protecteur contraint à une double manœuvre », 1980. OCDE, « Conférence sur les politiques sociales dans les années quatre-vingt » (20-23 octobre 1980).

3. Loi n[os] 311-1 et 312-2 du Code du travail.

4. Ce qui est un des objectifs d'une politique d'aménagement du territoire.

5. On trouvera des développements sur l'Etat et emploi dans C. CASASSUS et S. ERBÈS-SEGUIN, *L'Intervention judiciaire et l'emploi,* Documentation française, p. 49-53.

6. Cf. Plan « calcul » et création de la C.I.I.

7. Philippe LESCANNE, « Redéploiement de l'industrie française, concurrence internationale et aménagement du territoire », rapport du groupe Redéploiement industriel de la commission Aménagement du territoire du VIIIe Plan, avril 1980.

le retrait de l'Etat en matière de protection sociale et donc de relâchement de la relation Etat-citoyen reste largement à démontrer [8], en revanche on peut avancer que les relations Etat-industrie tendent à s'intensifier et à se redéfinir.

On assiste en effet, dans certains cas, à une redistribution des partages de terrain entre l'Etat et les entreprises, dans d'autres cas à des emprunts réciproques de langages et de logiques d'action. Par exemple, par rapport à des secteurs économiques prédéfinis comme prioritaires, les choix concrets de redéploiement industriel seront le fait des entreprises, l'Etat n'intervenant pas directement comme maître d'œuvre, mais seulement en soutien : aide à l'investissement dans des secteurs de pointe ou pour des implantations à l'étranger, aide d'urgence quand la survie de l'entreprise est en jeu [9], enfin soutien indirect aux manœuvres de restructuration par un « desserrement des contraintes », notamment en matière d'aménagement du territoire et en matière d'emploi [10].

Pour soutenir les entreprises, l'appareil politique de l'Etat va développer de nouvelles modalités d'intervention et diversifier les organes et les dispositifs qui seront en contact direct avec l'industrie. Ces organes nouveaux, ou dans certains cas rénovés, jouissent d'une autonomie relative par rapport à l'appareil administratif et mettent en œuvre les modes de fonctionnement très souples, de type « gestion de projet », tournés vers une recherche d'efficacité au service d'objectifs ponctuels. L'efficacité de l'organe public pourra ensuite être désignée comme une condition de son existence, légitimant son activité [11].

Ceci ne signifie pas pour autant un recul important de l'Etat-protecteur et des organes classiques d'intervention : ainsi la Datar continue de mener des actions de soutien à l'emploi à travers l'utilisation des PDR [12], et la fonction d'assistance et de protection sociale de l'Etat se trouve réaffirmée à travers le développement de multiples actions « visibles » (Pacte pour l'emploi I et II, aide au recrutement de cadres âgés), mais d'impact limité.

---

8. Ce que nous ne ferons pas ici. Rappelons seulement que le volume des prélèvements obligatoires n'a cessé d'augmenter depuis 1945 et atteint le chiffre record de 41,6 % du produit intérieur brut (cf. rapport Lenoir, VIIIᵉ Plan).

9. Particulièrement dans le cas des PMI où les organismes bancaires étatiques jouent le rôle de filtre et de plate-forme de redistribution.

10. La politique de libération des prix est l'exemple même du desserrement d'une contrainte majeure : la contrainte financière. Le désengagement de l'Etat, par abandon d'une politique de contrôle, a permis aux entreprises de reconstituer leurs marges et d'accumuler des capacités de financement qu'elles doivent maintenant utiliser pour des investissements sectoriels ou de délocalisation à l'étranger.

11. Sur la crise de légitimité des organisations publiques, on se reportera à l'ouvrage de R. LAUFER et A. BURLAUD, *Le Management public,* Dalloz, 1980.

12. Primes de développement régional.

Le maintien de ces organismes pourrait s'expliquer (classiquement) par leur volonté propre de survie ; se superpose aussi le fait que ces opérations routinières [13], jointes aux actions nouvelles du type Pacte pour l'emploi, permettent de nourrir le langage politique sur la continuité du rôle de l'Etat en dépit de la crise.

C'est ailleurs que s'opère la redéfinition des relations Etat-industrie, et nous l'illustrerons par deux exemples : le premier, dans le domaine du marché du travail, concerne l'évolution des missions et des modes de fonctionnement de l'ANPE ; le second a trait aux nouveaux organes et dispositifs publics et privés qui influent aujourd'hui sur la localisation des emplois.

## I. Redéfinition de la mission de l'ANPE et action sur les offreurs d'emploi

En naturalisant la crise de l'emploi, l'appareil politique transforme l'enjeu social que représente l'emploi en gestion de problèmes à résoudre. Devant l'ampleur du chômage, l'Agence nationale pour l'emploi, créée en 1967 selon une optique régulatrice, voit ses structures profondément transformées.

A ce titre, la réforme de l'ANPE apparaît comme un cas intéressant permettant de comprendre comment peuvent se nouer les relations entre une agence étatique et les entreprises. Cette réforme répond aux recommandations d'un rapport [14] rédigé à la demande du ministère du Travail et s'inscrit dans une redéfinition critique des finalités de l'Agence : l'ANPE [15] ne doit pas disparaître, mais se transformer. « Il faut donc admettre que l'ANPE est nécessaire, qu'elle est condamnée à vivre sur un marché difficile, en situation de concurrence, et donc à prouver son utilité par son efficacité [16]. » Le diagnostic sur les performances de l'Agence, « dans sa capacité à gérer les demandes

---

13. Consulter le numéro spécial *Liaisons sociales,* n° 8293, juillet 1980, sur le système français d'indemnisation du chômage.

14. « Pour une politique de travail, l'ANPE », octobre 1978. Rapport remis à Robert Boulin, ministre du Travail et de la Participation, par Jean Farge, inspecteur général des finances, sous-gouverneur du Crédit foncier de France, à l'issue d'une enquête (juin-septembre) menée avec la collaboration d'un inspecteur des finances, du chef de bureau à la Direction de la comptabilité publique et d'un conseiller référendaire à la Cour des comptes. Ce rapport, sans aucune ambiguïté possible, se présente comme un travail de consultation (diagnostic pour établir des remèdes);

15. Agence dotée d'un budget de 932 millions (contre 860 en 1979). L'Agence compte neuf mille personnes, dont le tiers en prospecteurs placiers et chargés d'information.

16. Rapport Farge.

et les offres d'emploi », est porté sévèrement : les offres d'emploi décroissaient alors que les demandes d'emploi croissaient.

La préconisation consistant à « délester » l'ANPE de tâches administratives et de surveillance des prestations d'allocations de chômage va alors dans le sens d'une « mise sous contrôle » de ses résultats. « On s'aperçoit en définitive que la déconnexion [17] constitue pour l'ANPE un allègement décisif. Elle lui enlève tout alibi en la soumettant à l'épreuve de la vérité : celle de montrer sa capacité à affronter sa mission et à la mener à bien. Il convient, parallèlement, de lui donner, et qu'elle se donne les moyens de relever et de gagner ce redoutable défi. »

Un des axes de la réforme consiste alors à rapprocher l'ANPE des entreprises [18], très critiques sur la capacité de l'Agence à répondre à leurs problèmes de recrutement. La reconquête d'une place sur le marché passe alors par un travail « de séduction » de l'Agence vis-à-vis des entreprises.

### 1. Reconquête d'une place sur le marché du travail et processus d'autonomisation

L'action sur le comportement des offreurs [19], ayant une représentation négative des services rendus par l'Agence, passe par l'incorporation d'un langage et l'utilisation de techniques de management.

#### L'incorporation d'un langage utilisé par les offreurs

Le rapprochement vers les entreprises sera d'autant plus facilité que les langages seront les mêmes. Ce thème du langage à apprendre « pour abattre une muraille d'incompréhension, d'ignorance et de méfiance entre l'Agence et les chefs d'entreprise [20] » est souvent développé comme condition préalable à toute forme de coopération. Il s'agira donc de substituer au langage administratif (parlant de

---

17. Le principe de la déconnexion (loi n° 79-1130, 28 décembre 1979) consiste à rendre indépendant le droit aux prestations de l'inscription comme demandeur d'emploi à l'ANPE. Pour des détails complémentaires, on se reportera au numéro spécial *Liaisons sociales*.
18. L'ANPE est administrée par un conseil tripartite. L'introduction du tripartisme a pour but, selon les promoteurs, d'impliquer les entreprises.
19. Le rapport Farge souligne que la proportion des offres collectées par l'Agence est en régression continue par rapport au total des offres disponibles sur le marché (p. 22).
20. « Il est reproché d'autre part à l'Agence, soit de ne pas donner suite aux offres d'emploi qui lui sont adressées, soit d'y répondre de manière totalement inadéquate » (p. 24).

placement et de contrôle de main-d'œuvre) un langage, celui du management, parlant d'objectifs à atteindre et de mesures d'activités. L'incorporation du langage s'opère soit directement (par le recrutement de quelque cinq cents cadres, dont certains exerçaient des responsabilités dans la fonction personnel), soit indirectement par la formation [21] : les prospecteurs placiers en contact avec les entreprises sont formés pour mieux maîtriser le langage (analyse des profils de postes, techniques de gestion de personnel). Cette diffusion progressive d'un langage aux accents encore étrangers s'accompagne d'une importation de nouvelles techniques de gestion, visant à augmenter l'efficacité des performances [22].

## Importation de nouvelles techniques de gestion

La nouvelle direction générale [23] provoque une remise en cause organisationnelle en introduisant une gestion par objectifs facilitant d'ailleurs une gestion par projet (par la segmentation de populations de chômeurs par exemple). Cette technique de gestion facilite la fonctionnalisation du contrôle [24] du centre vers la périphérie, tout en impliquant davantage le responsable de l'Agence locale sur des objectifs semestriels négociés. Autrement dit, une prise en charge effective du marché local allant bien au-delà de la production périodique de statistiques non interprétables en terme de résultats d'activité. Le chef d'agence locale voit son rôle transformé, étant de la fois gestionnaire, producteur d'information et « chef de vente » sur son marché local, rôle d'ailleurs comparable à celui d'un directeur d'entreprise de travail intérimaire. L'implantation par la direction générale de nouvelles techniques visant à induire de nouveaux comportements parmi les agents de l'ANPE s'accompagne d'une volonté d'autonomie vis-à-vis du ministère de tutelle [25] pouvant se heurter au statut de la fonction publique dans l'hypothèse où l'Agence passerait d'un établissement public administratif à un établissement

---

21. En octobre 1979, un cabinet d'organisation était chargé d'évaluer le système de formation interne de l'ANPE : « 9 000 agents dont la grande majorité n'ont pas d'expérience de la recherche et du traitement des demandeurs et des offres d'emplois ». Le cabinet recommande, entre autres préconisations, la confrontation immédiate des agents à la réalité et la professionnalisation des formateurs.
22. En 1979, l'ANPE a enregistré 3 272 738 demandes d'emploi ( + 4,6 % par rapport à 1978) et 1 247 411 offres ( + 3,4 %). Les placements sont en augmentation par rapport à 1978. Le nombre d'offres augmente, lié à une intensification de la prospection (*Liaisons sociales,* p. 20).
23. En février 1979, un nouveau directeur général, maître des requêtes au Conseil d'Etat, dirige l'Agence.
24. P. RIVARD, J.-M. SAUSSOIS, « Contrôle de gestion et Division du travail des cadres », *Division du travail,* Colloque de Dourdan, Editions Galilée, 1978, p. 295-306.
25. L'ANPE est rattachée à la Délégation générale à l'emploi.

industriel et commercial. L'autonomisation de l'Agence passe par une augmentation de son efficacité à augmenter « sa part de marché [26] » jusqu'ici faible (15 %), malgré le monopole formel à l'embauche.

## 2. *Indifférence ou intérêt des entreprises devant l'effort de rapprochement*

Dans ses rapports avec les entreprises, l'ANPE se heurte à des concurrents tels que les petites annonces ou les candidatures spontanées. Les offres émanent de petites et moyennes entreprises (en 1976, les deux tiers des offres reçues émanaient d'établissements de moins de cinquante salariés) et correspondent à des qualifications peu élevées.

Si l'on prend le marché du travail des cadres, l'ANPE associée à l'APEC peut-elle présenter un intérêt pour les entreprises ? Il se trouve que la difficulté de la relation agence gouvernementale-entreprises vient du fait que le marché du travail des cadres est spécifique ; il s'agit d'un marché où ce sont les offreurs qui définissent les termes de la transaction avec les demandeurs ; dans une recherche sur le marché du travail des cadres [27], nous avons pu montrer que, dans la relation titre-poste, la définition de ce que recouvrent les termes utilisés dans le titre revient à l'entreprise, également les termes descriptifs des qualités, des compétences individuelles. En élargissant son action sur le recrutement des cadres, l'ANPE peut alors se heurter au refus implicite des entreprises de voir un partenaire public discuter sur la définition des termes décrivant un poste ou les qualités exigées (par l'entreprise) pour tenir un poste. En faisant appel au marché externe, l'entreprise ne tient pas à ajuster très précisément la relation entre le titre affiché et la définition des tâches. Tout se passe comme si la liaison entre titre et définition était contingente du lieu où s'en font leurs usages.

En maniant des exigences différentes selon la nature du marché du travail (interne ou externe), l'entreprise entend garder son privilège de définir les termes de l'échange qu'elle entend négocier. Paradoxalement, l'ANPE, pour se rapprocher des entreprises, doit parler un

---

26. Nombre de salariés recrutés pour un mode de recrutement donné/nombre total de salariés embauchés.
27. P. RIVARD, J.-M. SAUSSOIS, P. TRIPIER, *L'Espace de qualification des cadres*, recherche financée par le CORDES, Groupe Sociologie du travail, juillet 1979, 2 tomes.

langage [28] et décoder des pratiques où le flou est manié précisément [29].

Dans cet exemple de recrutement de cadres (diplômés), nous nous trouvons dans un cas de figure où l'offre continue à commander la demande et où les entreprises semblent soucieuses de garder le contrôle de « leur approvisionnement », ce qui laisse supposer une indifférence des entreprises. En ce qui concerne les emplois ouvriers, de secrétariat, la position concurrentielle de l'Agence semble différente. A ce titre, les relations entre l'ANPE et les entreprises de travail temporaire (ETT) [30] se révèlent extrêmement tendues.

En demandant la suppression du monopole de placement de l'ANPE et l'autorisation de bureaux privés, P.-B. Cousté [31] légaliserait une situation de fait où les entreprises mettent sur le même plan liberté d'entreprendre et liberté de recruter.

« Ayant des pratiques normalisées, le travail temporaire emploie chaque jour 150 000 salariés. C'est une donnée de fait. Le poids de l'ANPE sur le marché du travail temporaire au sens large est très faible. C'est une deuxième donnée. On n'en recherchera pas ici les causes, qui sont multiples : absence de moyens, certes (l'implantation de l'ANPE est beaucoup plus faible que celle des entreprises de travail temporaire, 600 agences aux antennes, contre 3 000 établissements de travail temporaire), mais sans doute également défaut de clairvoyance quant aux évolutions du marché du travail. »

Lorsque P.-B. Cousté propose une implantation concurrentielle des entreprises de travail temporaire (ETT) par la mise en place d'une agence publique de travail temporaire expérimentale [32], cette proposition, non sans inquiéter les syndicats professionnels [33],

---

28. Une analyse linguistique sur 3 000 petites annonces d'offres d'emploi d'informaticiens a permis de repérer la pauvreté du langage utilisé par les annonceurs pour décrire les tâches et profil souhaités. Sur 33 000 mots représentant un dictionnaire de 2 000 mots différents, les deux tiers sont constitués par l'utilisation des 65 mots les plus fréquemment apparus. On consultera les résultats détaillés dans le rapport *Espace de qualification des cadres, op. cit.,* p. 206-209, tome 1 ; p. 121-135, tome 2.

29. Voir le chapitre sur l'usage précis du flou, section II, chapitre V, *op. cit.,* p. 203-220.

30. Au 31 décembre 1977, il était recensé 1 423 ETT avec 3 000 établissements. Le groupe Bis International a un réseau en France de 218 agences.

31. P.-B. Cousté, député RPR du Rhône, chef d'entreprise, auteur d'un rapport, à la demande du Premier ministre, sur le travail temporaire. (Juillet 1979, Imprimerie nationale, 209 pages ronéo.) La suppression du monopole à l'ANPE est présentée comme réforme législative (p. 92-93).

32. Idée émise par le conseil régional de Franche-Comté pour les jeunes sortis du système scolaire. Recrutement par l'Agence pour une durée déterminée (un an ou deux), rémunération assurée, l'Agence pour l'emploi agissant comme une agence de travail temporaire.

33. Les deux tiers des entreprises (ETT) n'adhèrent aujourd'hui à aucun syndicat. Parmi les trois syndicats existants (PROMAT, UNETT, SPEMETT), le PROMAT regroupe les grands du travail temporaire : ses quatre-vingts adhérents représentent 45 % du CA de la profession. D'autre part, le PROMAT est un membre actif du CNPF et de la CGPME.

légitime le rôle des entreprises de travail temporaire. En accroissant son efficacité interne, redressant sa « politique commerciale », l'ANPE peut rencontrer soit l'indifférence des entreprises par exemple pour le recrutement de qualifications/cadres, soit un intérêt négocié (notamment dans des échanges réciproques d'information) pour les entreprises de travail temporaire.

## II. La redéfinition des rapports Etat-industrie
## en matière de localisation des emplois

Les conditions de l'action de l'Etat en matière de localisation des activités se sont transformées depuis 1974 sur l'effet de facteurs économiques et politiques.

De 1970 à 1973, l'industrie dans son ensemble a créé 265 000 emplois ; de 1973 à 1978, elle en a perdu 256 000. Ce mouvement a touché tous les secteurs, et particulièrement les régions prioritaires en matière d'aménagement du territoire. La décroissance de l'emploi industriel, en limitant le flux des emplois susceptibles de se localiser hors de la région parisienne, porte atteinte en soi au mouvement de réduction des disparités régionales annoncée par la Datar en 1963.

Par ailleurs, l'intensification de la concurrence internationale provoque l'apparition de crises industrielles très localisées dans des bassins jusque-là préservés [34]. Ces crises déplacent les enjeux et les urgences : le maintien et la sauvegarde de l'emploi sur place deviennent les objectifs prioritaires des pouvoirs publics.

Jusqu'en 1973, les politiques d'aménagement du territoire s'inscrivaient dans des priorités simples et peu contestées : limiter l'engagement du Bassin parisien, faire bénéficier toutes les régions de la croissance et donc développer les régions rurales, assurer la reconversion des zones victimes du déclin d'une industrie dominante [35]. Certes, la Datar n'orientait pas autoritairement les activités, mais elle mettait en œuvre des moyens incitatifs importants soutenus par la procédure contraignante d'agrément en région parisienne – et les relations Etat-industries étaient alors caractérisées par une

---

34. Disparition de 6 000 emplois en Basse-Loire, 3 000 en Haute-Normandie, 6 500 dans les chantiers méditerranéens. Crise de l'industrie de la chaussure à Fougères (un tiers des emplois disparaissent) ; crise de l'industrie horlogère dans le Haut-Doubs ; crise de la sidérurgie et du textile dans le Nord et en Lorraine.
35. Les charbonnages du Nord.

coupure nette des logiques d'action : au développement opportuniste d'entreprises portées par la croissance s'opposaient des politiques nationales et des actions planifiées visant à corriger les déséquilibres les plus criants. Des résultats tangibles, bien qu'inégaux, avaient été obtenus [36].

Or, depuis 1974, la priorité donnée au redéploiement industriel et la montée continue du chômage ont suscité une multitude d'interventions différenciées pour créer, transformer ou sauver des emplois. La Datar a perdu, de fait, le monopole de l'action, et l'aménagement du territoire risque de ne plus traduire une « géographie volontaire », mais d'apparaître comme le solde en terme de localisations d'un mouvement complexe que les pouvoirs publics infléchissent de plus en plus difficilement [37]. En fait, la multiplication des dispositifs de soutien des politiques de redéploiement, menées essentiellement par les grands groupes, traduit une volonté délibérée d'intensifier les rapports avec l'industrie, sans passer par l'appareil administratif traditionnel, et d'adapter l'action de l'Etat au langage et à la logique des entreprises.

L'instrument essentiel de localisation volontariste des emplois aux mains de la Datar − les primes de développement régional (PDR) − n'a pas été remis en cause, mais ces primes ont été progressivement détournées de leur objet initial. C'est d'abord une extension continue des zones classées [38] qui a limité la sélectivité des mesures de localisation ; mais surtout, depuis 1976, des PDR déconcentrées [39] contribuent au développement sur place voire au sauvetage d'entreprises installées et font presque partie intégrante des moyens habituels de financement des PMI.

Elles s'adressent surtout aux entreprises des régions rurales, souvent fragiles financièrement, situées dans des secteurs industriels peu capitalistiques, menacés par la concurrence des pays en voie de développement. En ce sens, et compte tenu des règles d'attribution des PDR déconcentrées [40], ces dernières constituent un véritable

------

36. On peut citer, entre autres, le rééquilibrage au profit des régions de l'Ouest et le cas exemplaire de la récession minière du bassin Nord-Pas-de-Calais et de la reconversion qui la suivra, où l'on a pu parler d'une « véritable planification de la récession » (*L'Intervention de l'Etat en matière d'emploi*, Cahiers du Centre d'études de l'emploi, n° 16, 1978).

37. Note de synthèse de Alain MINC, « La Politique d'aménagement du territoire et la création d'emplois », mai 1978.

38. Qui représentent environ la moitié de la France aujourd'hui.

39. Ce sont les PDR attribuées par les préfets, depuis 1976, pour les dossiers comprenant des programmes d'investissement inférieurs à 10 millions de francs. Elles représentent aujourd'hui 90 % des dossiers.

40. Les primes sont calculées par emploi et non par rapport au volume de l'investissement.

dispositif de soutien à l'emploi, déconnecté des politiques de redéploiement : les PDR privilégient l'emploi aux dépens de l'investissement [41].

C'est dans un autre état d'esprit qu'à partir de 1974 seront créés des instruments d'intervention directe auprès des entreprises. Le CIASI (Comité interministériel pour l'aménagement des structures industrielles), créé en 1974, a pour fonction de prévenir de graves crises locales de l'emploi en aidant, sur la base d'un plan de restructuration, les entreprises saines confrontées à des difficultés passagères. Son intervention met en œuvre des prêts du FDES et des prêts participatifs [42].

Le CIASI a eu un impact comparable à celui des PDR [43] et a joué un rôle important dans la solution de problèmes très localisés dans des régions de mono-industrie (crise de Fougères).

Avec le CIASI, on voit donc apparaître le premier dispositif d'intervention ponctuelle, traitant les dossiers au coup par coup, sans coordination avec la Datar, ignorant la carte des aides et les décisions d'attribution de PDR, mais s'accompagnant de mesures de restructuration industrielle tout en prévenant des crises locales graves. C'est effectivement sur le modèle du CIASI que sont mis en place, à partir de 1978, ces trois instruments clés de la politique industrielle que sont le FSAI (Fonds spécial d'adaptation industrielle), le CIDISE (Comité interministériel pour le développement des investissements et le soutien à l'emploi). Cette diversification des modes d'intervention répond fondamentalement à une exigence d'efficacité par rapport aux problèmes abordés et au tissu industriel qu'on souhaite modeler. Ces trois organes ont un secrétaire général unique, et deux d'entre eux sont temporaires [44].

L'intervention du CIDISE prend la forme de prêts participatifs destinés à financer des programmes d'investissement d'entreprises petites et moyennes en croissance et attribués sur des critères de compétitivité économique (plans de développement, stratégie à l'exportation). Le CIDISE a distribué en 1979 pour 162 millions de francs de prêts correspondant à 5 150 emplois prévus et 890 millions de francs d'investissement. Le FSAI a été doté de 3 milliards de fonds publics − moitié en crédits budgétaires, moitié en prêts participatifs du FDES − et « a pour objet d'aider à la création d'emplois dans des

---

41. Contrairement à d'autres systèmes d'aide de pays européens, dont l'Allemagne.
42. Les « prêts participatifs aux risques de l'Etat » sont assimilés à des fonds propres (loi du 13 juillet 1978).
43. De 1975 à 1978, PDR et CIASI ont concerné chacun environ 40 000 emplois.
44. Le FSAI a été créé en 1978 pour trois ans. Le CIDISE, en 1979, pour trois ans.

zones où se posent, en raison de la conversion de certaines branches industrielles, des problèmes d'emploi d'une particulière gravité ». Au 30 juin 1980, le FSAI avait permis de décider la création de 20 000 emplois nouveaux grâce à l'engagement de 1,9 milliard de francs induisant un total d'investissement de 6,4 milliards de francs. Le FSAI a concentré ses interventions dans les zones sidérurgiques de Valenciennes et de la Lorraine, et particulièrement vers de grosses entreprises industrielles (automobile, aéronautique, électronique).

L'intensification des aides accordées aux entreprises [45] est ici évidente de par la masse des crédits gérés et de par la concentration des aides sur des projets précis, menés comme des « opérations coup de poing ».

Le CODIS est peut-être l'organe le plus représentatif de cette évolution des modes d'intervention en direction de l'industrie ; le CODIS, qui a une structure extrêmement légère, a pour mission de détecter les créneaux où quatre ou cinq entreprises seront sélectionnées, avec, pour objectif, la prise d'une part significative du marché mondial ; le CODIS ne distribue pas de primes, mais harmonise les aides attribuées par tel ou tel ministère de façon à accroître leur efficacité.

On retrouve dans ces trois dispositifs les principes des structures de projet mises en place dans les entreprises : une différenciation maximale pour « coller » à la logique de l'interlocuteur privilégié et simultanément un contrôle centralisé des choix les plus importants : le secrétaire général est placé sous l'autorité du directeur général de l'industrie. Ces instruments transforment les rapports Etat-industrie en instituant autour de projets importants une négociation globale avec des grands groupes où la prise en charge par l'Etat d'une partie des contraintes de l'entreprise l'autorise à négocier simultanément une réorientation d'activité ou une implantation en province.

L'efficacité socio-économique dont ces nouveaux organes cherchent à faire preuve [46] légitime leur action auprès des entreprises. A l'inverse du « saupoudrage » auquel la Datar a été progressivement conduite, ces nouveaux organes recherchent l'impact maximal en intervenant d'une façon concentrée, massive et sélective.

L'exigence d'efficacité que l'on constate au sein de ces organes ne doit donc pas être interprétée comme un simple alignement sur les politiques d'entreprises. Les aides proposées constituent un élément de

---

45. Mais qui restent des aides à l'emploi ou à l'investissement, pas au fonctionnement.
46. Et qui est liée simplement dans certains cas au caractère massif de l'intervention (FSAI).

marchandage entre les mains de l'Etat pour imposer au coup par coup les mesures de redéploiement et des prises de risques industriels, en particulier au niveau international [47]. Cette restructuration implique une attention particulière des entreprises à tous les éléments des coûts de production, et ceci est évidemment lié à l'implantation ; les industries ont besoin de mobilité pour pouvoir faire varier les effectifs face aux évolutions de la production. Cette bonne compréhension dont fait preuve le secrétaire général du FSAI de l'exigence de mobilité du facteur travail ne signifie pas pour autant que les pouvoirs publics sont prêts à accepter que les grands groupes industriels ajustent leur main-d'œuvre à leurs besoins, par de grands mouvements de licenciement [48].

Les grandes entreprises elles-mêmes prennent conscience qu'elles devront contribuer à résoudre les crises industrielles locales qu'elles créent lorsqu'elles abandonnent certains sites de production. C'est à cet effet que se sont multipliées ces dernières années des missions de conversion sous forme de société filiale dans certains cas, sortes de « mini-Datar » chargées de découvrir des PMI qui, moyennant des aides, accepteraient de s'implanter sur des sites désertés [49].

Les moyens utilisés par ces missions de conversion sont plus diversifiés que ceux de l'Etat (prises de participation − souvent temporaires −, prêts à taux préférentiels, vente de terrains, de bâtiments, avec rabais). Le montant moyen des aides par emploi, situé entre 20 000 F et 100 000 F, peut atteindre un niveau très élevé [50]. Les aides non financières, consistant en prestations de services, constituent souvent l'aspect le plus attrayant pour des PME (informatique, aide à l'exportation, contrats de fournitures).

Malgré cela les « Datar de groupes » restent un moyen annexe de conversion (20 à 30 % du personnel), un moyen coûteux et difficile à mettre en œuvre (BSN et SOPRAN constatent que 5 % seulement des contacts se traduisent par un résultat concret).

---

47. « Si l'on veut arrêter la dégradation de la position industrielle de l'industrie française dans le monde, l'objectif de compétitivité doit primer sur tous les autres. Pour cela, il faut que les industriels changent : il faut qu'ils pensent en terme de marché mondial. Cette mutation est loin d'être faite, elle est amorcée de façon insuffisante. » Déclaration de M. Francis LORENTZ, secrétaire général des CODIS, CIDISE, FSAI jusqu'en octobre 1980.

48. L'Etat a exigé de Rhône-Poulenc un effort de reconversion pour compenser en partie les 6 000 suppressions d'emploi de sa branche textile.

49. Il s'agit de la SOPRAN (Rhône-Poulenc), Promotion (SGMP), Sofrea (SNEA) et des services spécialisés chez BSN, PUK, Creusot-Loire. On se reportera aux travaux de l'IREP (1979) sur la stratégie de structuration de l'emploi des grands groupes industriels, à la communication de B. Soulage (1980) et au rapport ACT (« Le Redéploiement international de grandes entreprises industrielles », mai 1980).

50. BSN a dépensé 14 millions de francs pour 100 salariés à Rive-de-Gier.

En s'attachant à réduire le retentissement social occasionné par une fermeture ou une reconversion, les grands groupes semblent assumer une partie des responsabilités qui incombaient jusqu'alors à l'Etat. Tout se passe comme si cette redistribution des rôles entre l'Etat et l'industrie visait à une double légitimation des nouvelles pratiques publiques et privées par une démonstration d'efficacité locale :

– les nouveaux dispositifs étatiques par une démonstration d'efficacité économique ;

– les groupes industriels par une démonstration « d'efficacité sociale ».

Dans les deux cas, le nouveau partage des terrains signifie une imbrication plus étroite de l'Etat et de l'industrie à travers ces organes charnières qui intègrent une partie du langage, de la logique et des objectifs de l'interlocuteur.

## Conclusion

A partir de ces deux exemples, nous observons des agencements Etat-industrie différents où des structures légères, transversales aux ministères et finalisées sur des projets, se complètent avec des structures de gestion visant l'efficacité dans la mise en confrontation successive offres-demandes d'emploi. Ces structures sont un moyen pour l'appareil politique de mieux pénétrer la logique industrielle et de l'infléchir *in situ* à travers un marchandage globalisé : autorisation de suppression d'emplois et aide à l'emploi, fermeture de site et aide à la reconversion, aide à l'investissement et délocalisation à l'étranger. Mais ces agencements organisés peuvent être étudiés comme des formes de compromis [51] dont il reste à faire l'analyse approfondie par des recherches ultérieures. Derrière le discours sur le désengagement de l'Etat, on assiste en réalité à une intensification et à une redéfinition des relations Etat-industrie, où il semble difficile de désigner la « nature » libérale ou dirigiste de l'Etat. Lorsqu'un organe comme le FSAI s'adresse à un groupe industriel dans des termes (imaginaires) du type « sans vous donner d'ordre, je souhaiterais que vous preniez en charge vos problèmes de reconversion en matière d'emploi local », les discours dirigiste et libéral fusionnent autour d'un lieu d'articulation qui semble émerger, celui des groupes industriels.

---

51. Yves BAREL, « Stratégies sociales et Paradoxes », *Le Paradoxe et le Système,* PUG, 1979, p. 223-265.

*II*

---

*La signification des nouvelles
politiques d'emploi*

# Introduction

Qu'ils s'intéressent plutôt à la pertinence de certains objets d'étude ou à l'évolution du contenu des notions, les auteurs de ce chapitre mettent en question deux concepts qui semblent encore largement incontestés, ou du moins qui sont souvent utilisés de façon globale et peu nuancée : l'emploi, l'entreprise. Par-delà les différences entre les disciplines dont chacun relève, ce que juristes, économistes, sociologues de ce groupe ont en commun, c'est de chercher à ébranler quelques fausses certitudes liées à des visions globales et indifférenciées de la réalité des rapports de travail. Les mises en question de ces deux concepts partent d'interrogations sur les modes d'usage et de reproduction de la force de travail. A partir de ce filtre, chacun s'interroge soit sur le rapport salarial, les mécanismes productifs et le degré d'indétermination qu'y introduisent les luttes collectives des travailleurs (R. Boyer) ; soit sur les différents « espaces » que constitue l'unité de production : reproduction du capital argent, approvisionnement en moyens de production, en force de travail, espace de réalisation du produit (R. Cornu) ; soit sur la loi comme ensemble de dispositifs permettant aux entreprises de mettre en place de nouvelles stratégies d'emploi, d'abord à travers l'utilisation du contrat de travail classique, puis à travers des techniques spécifiques de prise en compte des nouvelles formes d'emploi, ce qui entraîne une transformation des relations entre lieu géographique et sphère d'application du contrat de travail (I. Vacarie) ; soit enfin sur la façon dont l'emploi, traditionnellement traité comme variable dépendante des politiques économiques des entreprises et de l'Etat, est peut-être en train de devenir un enjeu politique central à travers l'évolution des stratégies de l'Etat (S. Erbès-Seguin).

S'agit-il d'analyser l'incapacité de l'Etat à maîtriser des évolutions économiques, la transformation du contenu des notions d'emploi et d'entreprise sous l'impulsion des processus socio-économiques, les effets d'une structuration différente des relations collectives dans une nouvelle phase du mode de production ? Ou bien doit-on définir l'impossibilité de donner aux conditions d'emploi de la force de travail une définition stable comme structurellement liée aux caractéristiques mêmes du mode de production capitaliste ? L'unité de production – et plus généralement l'entreprise – ne pourrait alors qu'être « objet empirique, et de ce fait même doit être objet d'étude et ne peut être utilisée comme concept », dit R. Cornu, qui montre qu'en préconisant – avant la lettre – la sous-traitance généralisée Henri Ford ne disait pas autre chose. Ce qui est, par contre, nouveau, et caractéristique de la phase dans laquelle nous entrons, c'est que le système juridique fasse désormais lui-même éclater cette unité de l'entreprise à travers « la dissociation délibérée de la force de travail et de la gestion du personnel » (I. Vacarie). Par conséquent, ce sont les groupes industriels eux-mêmes qui font voler en éclats la notion d'employeur et les relations de travail qui s'étaient nouées autour d'elle. Cette évolution implique, pour l'Etat, un traitement différentiel et séparé de ses propres stratégies industrielles et de sa politique financière, d'une part, de sa fonction d'assistance sociale aux chômeurs, de l'autre (S. Erbès-Seguin). Adoptant une perspective à beaucoup plus long terme, R. Boyer montre que l'évolution interne du mode de production capitaliste suscite et implique une évolution du rapport salarial, c'est-à-dire des relations collectives et des luttes qu'elles comportent, puisque le rapport salarial joue un rôle fondamental dans la maîtrise du processus de production et dans la définition des modalités de production de la valeur d'usage.

Cet ensemble de communications incite donc à réfléchir aux questions posées à l'analyse, comme à l'action des groupes sociaux par l'éclatement des notions faussement précises d'emploi et d'entreprise. Il faut s'interroger d'abord sur la fonction de la loi dans les rapports sociaux à travers son mode d'intervention dans l'économie et à travers le mode de constitution et d'évolution du droit du travail. On peut penser qu'un certain nombre de temps forts ont, à l'occasion d'une transformation, au moins provisoire, de la relation entre groupes sociaux, marqué des victoires des travailleurs, par dérogation, en quelque sorte, à un droit civil bourgeois. Mais on peut également, comme le font certains juristes, se demander quel est, du point de vue des travailleurs, le rôle véritable du droit du travail, à la fois protection minimale des travailleurs et « filet légaliste » (I. Vacarie) ou « légalisation de la classe ouvrière » (B. Edelman).

Mais c'est peut-être surtout sur la notion de travailleur collectif qu'il y a lieu de réfléchir. La question est désormais clairement posée de savoir sur quelle collectivité de travail repose l'action et son analyse, sachant que la tendance à la fois des stratégies industrielles et de la législation est à l'éclatement des entités et des contrats de travail traditionnels. La contradiction est-elle totalement inhérente au système de production, ou bien les luttes sociales et le type de rapport salarial qu'elles produisent concourent-ils, avec de nombreux autres facteurs, économiques notamment, à redéfinir le mode d'accumulation ? On peut se demander si cette apparente − et classique − opposition entre approches n'est pas, plus simplement, le résultat d'analyses menées à des niveaux différents.

Quel serait alors le niveau pertinent pour traiter quel problème ? Est-ce l'entreprise, le contrat de travail, la branche, le groupe financier... ? Tous les auteurs posent la question, chacun à sa manière. Par exemple, on peut constater, avec R. Boyer, une tendance croissante des employeurs à traiter du problème du salaire au niveau le plus bas, peut-être pour faciliter sa fixation différentielle, en fonction de la productivité. Mais, dans un certain nombre de branches, à niveau et forme de productivité très différents (chimie, textile, pétrole), la tradition était de traiter du salaire au niveau le plus élevé, celui de la branche. Il y a donc là une tendance à rompre les rapports institutionnels établis. Concernant l'emploi, il faut dissocier quelques aspects négociables sous diverses formes, autour de la diminution du temps de travail (retraite anticipée, durée annuelle, etc.), de l'ensemble du problème de l'emploi, qui tendrait à devenir un enjeu politique essentiel (S. Erbès-Seguin), pas seulement à cause de l'ampleur du chômage, mais dans la mesure où « les relations de travail sont en fait triangulaires : utilisateur-employeur-salarié... Le droit moderne du travail sera dominé par le traitement différencié des règles de droit » (I. Vacarie), le lien contractuel perd de son importance, la législation tend à donner un statut à la mobilité (I. Vacarie), donc à faire évoluer les conditions de l'emploi.

Sabine ERBÈS-SEGUIN

# Les transformations du rapport salarial dans la crise

*Robert Boyer* *

Tout se passe comme si, après 1945, la configuration des forces politiques et les besoins de la reconstruction économique convergeaient vers un ensemble de réformes permettant de surmonter les contradictions qui avaient abouti à la crise de 1929. La crise mondiale avait alors trouvé son origine dans le caractère déséquilibré d'une accumulation intensive qui, dans les économies dominantes et en particulier aux Etats-Unis, avait été impulsée par la montée des structures monopolistes, et s'était heurtée à terme à l'absence d'une consommation de masse impliquant le salariat dans son ensemble.

*La notion de rapport salarial* vise précisément à cerner les formes d'intégration des salariés à la logique de l'accumulation du capital. On propose de désigner ainsi l'ensemble des conditions qui régissent l'usage et la reproduction de la force de travail, qu'il s'agisse de l'organisation du travail, de la hiérarchie des qualifications, de la mobilité de la force de travail ou encore de la formation et de l'utilisation du revenu salarial. On ne reviendra pas sur une présentation générale de cette notion, ni sur les principaux résultats auxquels conduit une étude des transformations de longue période du rapport salarial en France [1].

* Centre d'études prospectives d'économie mathématiques appliquées à la planification (CEPREMAP).
1. Le lecteur intéressé pourra se reporter à un article précédent présentant la notion de rapport salarial (R. Boyer, 1980) ou encore à une analyse plus générale de la crise (R. Boyer, 1979), travaux qui tous deux prolongent un travail historique de plus longue haleine (CEPREMAP-CORDES, 1977, tome III).

Dans cet article, on se bornera à montrer comment, après la Seconde Guerre mondiale, le mouvement d'intégration à titre permanent des salariés est un élément clé expliquant l'originalité du mode de développement observé depuis lors. De cette analyse, on tire alors diverses conséquences quant à l'origine et au déroulement de la crise actuelle. On esquisse en conclusion quelques réflexions sur les conséquences des transformations actuelles du rapport salarial quant aux sorties (ou non-sorties) de la crise.

## Une forme du rapport salarial qui n'a pas d'équivalent historique

Il convient de noter que cette nouvelle configuration du rapport salarial ne produit des effets favorables que parce qu'elle est *cohérente avec l'ensemble des autres formes sociales et institutionnelles constituées après 1945*. Un approfondissement de la centralisation financière, la constitution d'un système d'interventions de l'Etat dans le domaine des dépenses publiques et de la gestion de la monnaie de crédit, mais aussi la reconstruction des bases politiques, monétaires et financières de l'économie internationale sous la domination des Etats-Unis constituent autant de transformations significatives. Le rapport salarial qui se constitue après 1945 se conjugue avec ces dernières pour expliquer le passage d'une période de stagnation et de crise à une croissance, forte et relativement régulière, tout au moins jusqu'au début des années soixante-dix.

Cinq traits essentiels caractérisent ce rapport salarial :

– Les conditions sociales et politiques du moment permettent la mise en œuvre accélérée des *méthodes scientifiques d'organisation du travail,* dont l'application n'avait été que partielle après la Première Guerre mondiale : ainsi s'expliquent l'intensité et la durée sans précédent des gains de productivité obtenus (CEPREMAP-CORDES, 1977 ; B. Coriat, 1979 ; Y. Baron, B. Billaudot et A. Granou, 1979).

– Ces mêmes mouvements impliquent un bouleversement de la division technique et sociale du travail, origine d'*une transformation de la hiérarchie des qualifications :* si à un pôle se manifeste une certaine déqualification du travail industriel, à un autre pôle se constitue un ensemble de qualifications nouvelles correspondant aux activités de recherche, de conception technologique, de financement, de vente et d'assurance (H. Braverman, 1974 ; M. Freyssenet, 1977).

– La reconnaissance, même théorique, d'un *droit à l'emploi* introduit une procédure de contrôle par l'Etat des décisions de licenciement des firmes privées, facteur qui n'est pas sans conséquence sur l'assez remarquable stabilisation des fluctuations de l'emploi que l'on observait tout particulièrement à partir du milieu des années soixante (R. Boyer et J. Mistral, 1978 ; R. Boyer et P. Petit, 1979).

– *Le salaire direct* est de moins en moins dépendant des fluctuations du taux de chômage dans la mesure où il résulte pour l'essentiel d'une procédure d'indexation sur le coût de la vie et d'une incorporation *ex ante* d'une fraction des gains de productivité potentiels (CEPREMAP-CORDES, 1977 ; R. Boyer, 1978).

– Enfin, *le salaire indirect,* dont le principe avait été admis entre les deux guerres, connaît une application effective de sorte que le revenu salarial total dérive non plus seulement d'une régulation par le marché mais d'une régulation de nature beaucoup plus institution-nelle et politique (Ch. André et R. Delorme, 1979).

## Des conséquences sur le développement d'abord favorables...

Compte tenu des conditions éminemment favorables qui résultent de la Seconde Guerre mondiale (reconstruction des relations internationales sous la domination des Etats-Unis, libération du potentiel d'innovations technologiques grâce aux réformes écono-miques et sociales liées à la guerre et à la reconstruction...), les transformations correspondantes du rapport salarial vont en général dans le sens d'*une accélération de la croissance et d'une atténuation des fluctuations conjoncturelles.* En effet, l'extension du fordisme assure une évolution simultanée et à peu près cohérente des normes de production, d'une part, et des normes de consommation, d'autre part. De façon plus précise, l'indépendance progressive du salaire direct par rapport aux déséquilibres du « marché du travail » favorise la régularité de la croissance du revenu salarial, source d'une demande de biens de consommation alimentant à son tour une formation de capital, elle-même beaucoup moins instable. L'assez nette réduction de la vitesse d'ajustement de l'emploi par rapport à l'entre-deux-guerres va dans le même sens puisqu'elle tend à amortir l'ampleur et la durée des récessions. Enfin, l'importance notable que prend le salaire indirect dans le revenu salarial total n'est pas, là non plus, sans influence sur la remarquable régularité de la consommation et donc de la croissance.

Si l'on voulait se référer aux concepts de la *théorie de la segmentation,* on pourrait dire que cette propriété observée au niveau global résulte en fait d'une croissance relative du secteur primaire au détriment du secteur secondaire, le premier d'entre eux imposant sa logique à la dynamique globale de l'emploi et des salaires (M.-J. Piore, 1978 ; S. Berger et M. Piore, 1980 ; R. Boyer, 1980 ; J.-J. Silvestre, 1980).

Cependant la présente problématique éclaire de façon assez différente l'origine de ce mouvement : il ne dériverait pas seulement de phénomènes technologiques et (ou) institutionnels, mais de la compatibilité de ces changements avec une configuration bien précise de la reproduction économique d'ensemble. En effet, l'extension du secteur primaire ne serait possible que dans un système économique dans lequel les dépenses des travailleurs en produits de l'industrie capitaliste occupent une place prépondérante dans la régulation du système, de sorte qu'effectivement toute stabilisation de ces dernières exerce un effet favorable sur le rythme moyen de croissance et sa stabilité. Pourtant, ces remarques ne devraient pas suggérer que cette nouvelle régulation monopoliste permet d'éliminer toute contradiction dans le fonctionnement d'un régime d'accumulation intensive centré sur la consommation de masse.

## ... mais, à terme, ce nouveau rapport salarial introduit des tensions sur le régime d'accumulation

Tel est, en effet, la conclusion que l'on peut tirer soit d'une comparaison du système français avec celui de ses homologues étrangers, soit d'un raisonnement beaucoup plus théorique et général sur les limites inhérentes à ce nouveau rapport salarial.

Sur le premier point, *l'exemple du Royaume-Uni* (Y. Barou, 1978) est tout à fait éclairant, puisqu'il montre qu'un mouvement syndical suffisamment fort peut conduire à l'institutionnalisation d'un ensemble de pratiques qui, au sein de l'entreprise aussi bien qu'au niveau de l'économie tout entière, conduisent à bloquer la soupape essentielle que constitue, dans ce régime d'accumulation, l'accélération des gains de productivité[2]. Or ceci suppose un bouleversement du procès de travail, et pas seulement une intensification de l'innovation technologique. *A contrario*, les relations sociales du travail en RFA donnent l'exemple opposé d'une articulation assez remarquable entre le type de revendications syndicales et les besoins

---

2. Pour une confirmation de l'importance plus grande en Grande-Bretagne qu'en France des revendications concernant le contenu du travail, voir F. Eyraud (1980). La recherche par le patronat anglais « d'accords de productivité » est représentative de stratégies cherchant à dépasser le blocage signalé ci-dessus.

liés à la croissance interne aussi bien qu'externe (B. Keizer, 1978). Un cas tout à fait original est celui des Etats-Unis, qui combinent une forte centralisation et concentration financières avec un rapport salarial demeuré étonnamment concurrentiel, moins par référence à l'entre-deux-guerres que par rapport à l'évolution des économies européennes (CEPII, 1980).

Plus généralement, diverses comparaisons internationales font clairement ressortir que la compétitivité comparée des grandes économies capitalistes entretient des relations étroites avec la nature exacte du rapport salarial (J. Mistral, 1976 ; R. Boyer et J. Mistral, 1978 ; J.-M. Grando, G. Margirier et B. Rufieux, 1980). Comme on le montrera ci-après, ce résultat explique pourquoi la crise mondiale suscite des transformations du rapport salarial finalement très semblables dans la plupart des pays.

Si maintenant on s'intéresse aux raisons d'ordre plus théorique, on peut clairement diagnostiquer comment le nouveau rapport salarial monopoliste affecte l'expression et la nature des contradictions qui ne cessent de caractériser l'accumulation, fût-elle intensive et non plus simplement extensive. Chacune des cinq composantes du nouveau rapport salarial introduit la possibilité *d'autant de limites à ce régime d'accumulation* :

Une première contradiction peut tenir au fait que l'ensemble des avantages économiques et sociaux consentis aux salariés est conditionné par la poursuite de forts gains de productivité. Contrairement au cas de l'accumulation intensive *sans* consommation de masse, les limites de ce régime d'accumulation se trouvent non plus dans l'insuffisance des débouchés, mais dans *les blocages que peut rencontrer la réorganisation permanente du procès de travail* (B. Coriat, 1979 ; M. Aglietta, 1976 ; Y. Baron *et al.*, 1979).

L'approfondissement de la division sociale du travail n'est favorable que pour autant qu'elle conduit à une économie maximale de temps du travail. Le caractère éminemment concurrentiel des marchés, y compris celui de la force de travail, garantissait que tel était bien le cas au XIXᵉ siècle par exemple. Or, par nature, le rapport salarial monopoliste introduit, pour un nombre croissant de qualifications, une déconnexion parfois radicale entre intensité du travail et quantité produite, entre travail et rémunération, puisque cette dernière dépend en fait de conditions de type institutionnel et de mécanismes d'indexation sur des grandeurs globales et non plus strictement micro-économiques. En conséquence, le système productif est alors particulièrement sensible à *tout dérèglement du processus d'affectation de la pyramide des qualifications individuelles et collectives* aux différents segments de production, définissant *ex post* autant de filières.

84

De la même façon la quasi-garantie d'emploi suppose en fait la permanence d'une forte croissance. En effet, tant que se prolonge le cercle vertueux qui associe forte croissance de la production, du niveau de vie et une stabilité ou une augmentation du taux de profit, l'absence de recours massif aux licenciements, socialement souhaitable, est économiquement possible. *A contrario,* dès lors qu'à l'opposé un cercle vicieux associe *ralentissement de la croissance,* réduction des gains de productivité, chute du taux de profit et stagnation de l'investissement, les firmes exercent de fortes pressions économiques en faveur de la réduction massive de l'emploi, indépendamment même des garanties juridiques et légales qui avaient pu être consenties dans la période antérieure, voire immédiatement avant le déclenchement de la crise [3].

*Globalisation, centralisation et institutionnalisation des mécanismes de formation des salaires peuvent entrer en contradiction avec la restauration du taux de profit.* C'est tout particulièrement le cas en France, car, on le sait, la récession de 1974-1975 se traduit initialement non par une réduction de la croissance du revenu salarial, mais par une nette compression des profits. Cette caractéristique n'est pas sans expliquer les efforts déployés par les employeurs aussi bien que par la politique économique, pour essayer de geler, voire de supprimer, le lien étroit des salaires avec les prix à la consommation et l'anticipation des gains de productivité.

Enfin, le jeu même des mécanismes de couverture sociale facilite la poursuite de la croissance du revenu salarial total, car il exerce un rôle éminemment stabilisateur et atténue ainsi l'ampleur de la récession de 1974-1975 (R. Boyer et J. Mistral, 1978). Cependant, et c'est la stricte contrepartie négative de ces mouvements, *le budget de l'Etat, et plus généralement le budget social, enregistrent un déficit* lié au fait que les dépenses à vocation sociale croissent, alors que décélèrent les cotisations sociales et les recettes fiscales du fait même de la récession.

**L'ampleur et la durée de la crise remettent en cause la configuration antérieure du rapport salarial « monopoliste »**

Si l'on adopte la présente problématique, aucun des changements institutionnels, sociaux et économiques observés depuis 1973 [4] n'est

---

3. Ainsi peut s'expliquer le fait que n'ont pas manqué de noter les spécialistes du droit du travail : le déclenchement de la crise entraîne un télescopage entre la poursuite au niveau législatif et institutionnel d'une protection accrue des travailleurs et les pressions que fait peser la montée du chômage sur la précarisation du travail (J.-J. Dupeyroux, 1980).

4. Pour l'essentiel l'analyse qui suit porte sur la France. Dans la mesure où l'évolution

véritablement surprenant. En effet, l'ampleur et la durée de la crise induisent un changement dans le rapport de forces entre salariés et entreprises, et favorisent des tentatives de retour en arrière de la législation sociale portant respectivement sur chacune des cinq composantes du rapport salarial.

Si, dans les années soixante, l'accumulation avait tendu à privilégier les grandes unités de production utilisant au mieux les avantages liés aux rendements d'échelle, bien au contraire le déclenchement de la crise conduit à privilégier des unités de production beaucoup plus petites dans lesquelles le procès de travail est apparemment beaucoup plus flexible, du strict point de vue technologique, mais aussi du fait d'une moindre pression syndicale. En quelque sorte, et c'est ce dont témoignent toutes les revues de management depuis 1970, les firmes tendent à valoriser l'impératif de *flexibilité* et à dénoncer la *rigidité excessive* qui caractérisait au contraire le mode antérieur de développement technologique et les relations sociales du travail correspondantes (B. Kundig, 1980 ; P. O'Brien, 1980).

La rupture du mode antérieur de développement conduit de la même façon à *une remise en cause de la polarisation antérieure des qualifications.* Tout un ensemble d'innovations touchant à la technologie, à l'organisation interne des entreprises, vise en effet à transformer assez fondamentalement la structuration des postes de travail dans un certain nombre de branches industrielles (R. Linhart, 1980). Mais cette évolution générale affecte aussi un secteur qui jusqu'à présent avait été peu touché par le taylorisme puis le fordisme : le « tertiaire ». L'application des possibilités ouvertes par exemple par l'informatique est à même, semble-t-il, d'induire une transformation importante des qualifications (E. Verdier, 1980). Plus généralement, en réaction par rapport à la montée du coût du tertiaire, la crise suscite un redécoupage entre travail industriel et travail tertiaire (A. Lipietz, 1980) et une redéfinition des qualifications rendues obsolètes par l'introduction de processus de production cherchant une économie maximale dans les coûts de production (E. Lorenzi, O. Pastre, J. Toledano, 1980).

Ces mêmes forces conduisent les firmes à privilégier *l'impératif de mobilité* des travailleurs au détriment de celui de garantie de l'emploi. En effet, face à l'ampleur des restructurations de l'appareil productif rendues nécessaires par la gravité de la crise mondiale,

---

est de même type dans la plupart des autres pays capitalistes dominants, on fera à l'occasion référence à certaines comparaisons internationales.

patronat et gouvernement présentent l'intensification des mouvements de main-d'œuvre entre firmes et entre régions (et l'adaptation correspondante des qualifications), et surtout entre emploi et chômage comme une condition nécessaire, voire suffisante, du retour au plein-emploi [5]. En France, cette mobilité forcée est d'abord recherchée à travers « l'incitation au départ » des travailleurs immigrés, mais elle s'impose ensuite au plus grand nombre des travailleurs. Il est ainsi significatif que la rapidité des contractions d'emploi en 1974-1975 ait été le plus souvent directement associée au renvoi de la main-d'œuvre étrangère (en RFA ou en Suisse par exemple). Cette remarque fait donc ressortir l'importance qu'a l'*hétérogénéité du rapport salarial,* liée tout particulièrement à l'*immigration,* sur la possibilité du maintien d'un rapport salarial monopoliste pour la plus large fraction des travailleurs.

Les conditions sociales et économiques de *formation des salaires* subissent des pressions analogues en vue d'un retour à *des mécanismes réputés plus concurrentiels.* D'une part, les modalités mêmes d'organisation des discussions salariales et des conventions collectives connaissent une transformation notable : si les années soixante avaient tendu à une globalisation et une centralisation croissantes du niveau de ces négociations, à l'opposé, depuis 1973 et plus encore depuis 1978, le gouvernement et le patronat tendent à favoriser leur négociation au niveau plus décentralisé. Si l'on excepte le SMIC, diverses pressions s'exercent pour que les salaires ne soient plus négociés à un niveau très global, mais de plus en plus à l'échelle de chaque entreprise, voire de l'établissement. D'autre part − et ceci est une conséquence assez directe de ce qui précède −, la nature même des facteurs intervenant dans la formation des salaires change : on assiste en effet à des tentatives pour ne garantir qu'une indexation partielle des salaires sur le coût de la vie, alors que simultanément maintes déclarations officielles insistent sur le fait qu'au cours des années à venir le salaire réel lui-même devrait stagner, même si se développent les gains de productivité [6].

---

5. En correspondance relativement étroite avec ce mouvement réel, un certain nombre d'économistes libéraux ont effectivement développé des analyses dans lesquelles la montée du chômage dérivait simplement d'un freinage de la mobilité, souvent attribué au laxisme qu'introduit dans les choix des travailleurs l'existence d'un revenu garanti, en particulier du fait du développement des indemnités de chômage. Le lecteur pourra se reporter aux interventions de ces économistes, par exemple au séminaire organisé par le commissariat général au Plan sur le concept de plein-emploi (CGP, 1979). Il va de soi que les présentes analyses tendent pour leur part à infirmer totalement cette problématique qui pourrait bien constituer une extraordinaire inversion du mouvement réel à l'œuvre dans les économies contemporaines. Sur ce point on rejoint tout à fait les critiques qui ont été formulées par R. Salais (1980).
6. Ce phénomène n'est pas spécifique à la France, car on l'observe aussi dans la

Enfin on enregistre un net freinage des revendications visant à une extension de la part du *salaire indirect,* puisque, au mieux, on note une consolidation du système de couverture sociale, même dans certains cas, pour l'instant mineurs, une régression de celui-ci. Dans le contexte actuel d'une crise durable, la question débattue, dans tous les pays, est de savoir si l'on va vers une pause, une réduction ou une redéfinition des politiques sociales (OCDE, 1980). En France, par exemple, il est significatif que sous le couvert d'une meilleure répartition des indemnités entre catégories de chômeurs la législation récente soit revenue assez nettement en arrière sur les acquis de la loi de 1975 indemnisant à 90 % le chômage pour raison économique.

A ce stade, il n'est pas inintéressant de noter que ces transformations des relations sociales du travail sont associées à une intense *réorganisation du cadre législatif,* et tout spécialement du droit du travail et du droit social. Sur chacun des cinq points précédents, il ressort que les législations ont tendu à freiner l'évolution antérieure dans la mesure où elle tendait à une couverture globale et à une uniformisation des statuts des salariés. Il est en effet significatif que, depuis le début des années soixante-dix, on assiste respectivement à l'éclatement de la notion juridique d'employeur (I. Vacarie, 1979), au raccourcissement de la durée du contrat de travail et à la multiplication des statuts d'emploi précaire (J.-J. Dupeyroux, 1980), à l'extrême diversification des contrats de travail pour un ensemble de salariés concourant à un même procès de travail (R. Linhart, 1980), enfin à une remise en cause, explicite ou implicite, des lois qui, après 1968, avaient favorisé l'exercice des droits syndicaux dans l'entreprise.

**Les multiples pressions vers un retour à un rapport salarial de type concurrentiel : la part de l'action idéologique et des stratégies réelles**

A l'heure actuelle, la généralisation des discours qui plaident en faveur d'un retour aux vertus d'une régulation concurrentielle est

---

quasi-totalité des économies capitalistes dominantes, seule la chronologie exacte du calendrier social et politique introduisant des différences. Il est significatif que, dans la plupart des pays, on ait cherché à redéfinir la composition de l'indice du coût de la vie, faute de pouvoir revenir de façon explicite sur les clauses de quasi-indexation. De la même façon il est significatif que la conception selon laquelle les salariés devraient, au cours des années à venir, espérer au mieux une stabilité de leur niveau de vie, voire sa chute, est devenue la conception commune à tous les gouvernements européens. La mise en œuvre effective de cette politique est confiée soit au jeu du marché − c'est-à-dire à l'insécurité liée à la montée du chômage −, soit à des mécanismes faisant intervenir directement la puissance publique − par exemple l'augmentation des cotisations ou la réduction des prestations sociales.

trop manifeste pour que l'on ne doive pas s'interroger sur leur statut. Si on se restreint au cas français, il est significatif que la présentation par R. Barre des impératifs de flexibilité et de mobilité, d'une part, et de la fin de l'Etat de Welfare, d'autre part, revêtent une forme beaucoup plus radicale lorsqu'il s'adresse au grand public que lorsqu'il discute avec les entreprises et les économistes (R. Barre, 1978). En fait, jusqu'à présent, les remises en cause du cadre institutionnel et économique antérieur ont été moindres [7] que ne le laisseraient croire les discours d'intention, bien que sans aucun doute la direction de la politique sociale et industrielle aille bien dans le sens d'une flexibilisation accrue dans l'usage de la main-d'œuvre.

D'un point de vue général, c'est bien à une redéfinition des interventions publiques dans tous les domaines que l'on assiste, et non à un désengagement réel de l'Etat : seules les déclarations d'intention donnent l'apparence d'un retour au marché, alors que fondamentalement il s'agit de la mise en œuvre par l'Etat de *nouvelles modalités d'interventions* dans la vie économique et sociale.

Cette remarque générale est fondée lorsque l'on considère par exemple le problème de la libération des prix. Si l'on s'en tient aux interventions de l'Etat sur l'organisation du rapport salarial, on assiste de la même façon à un redécoupage des responsabilités respectives du secteur privé et de l'Etat quant aux problèmes d'emploi, de formation, de localisation (M. Raimbault et J.-M. Saussois, 1980). De la même façon, depuis la crise, la croissance relative du salaire indirect correspond à une extension, non à une réduction, du rôle de l'Etat. Ainsi les modifications institutionnelles concernant l'assurance maladie, l'indemnisation du chômage ont jusqu'à présent eu pour effet de réorganiser le système de couverture sociale plus que de réduire l'ampleur des dépenses de Sécurité sociale. Quant à l'objectif déclaré de stabilisation du pouvoir d'achat du salaire direct, quasiment atteint en 1979 puis en 1980, il correspond en un sens au maintien de la norme de consommation et non à sa chute, comme le voudraient les tenants d'un retour à une formation concurrentielle des salaires, et comme cela a été observé au cours de la période récente par exemple aux Etats-Unis.

Ces quelques remarques tendraient à suggérer que, si le rapport salarial monopoliste a été remis en cause, pour autant il n'a pas été détruit, encore moins remplacé par un strict retour aux conditions du XIXᵉ siècle ou de l'entre-deux-guerres.

---

7. D'où la multiplication des prises de positions tendant à dire que le plan de septembre 1976 n'était pas assez « dur »... positions qui méconnaissent l'ampleur des contradictions que des politiques drastiques d'austérité susciteraient.

Pourtant, même dans ce cas, on se propose de montrer maintenant que le prolongement des transformations en cours, loin de conduire à une sortie de la crise, pourrait au contraire accentuer les contradictions qui se sont manifestées au cours des années récentes.

## Les impératifs de mobilité et de flexibilité ne sont pas sans risques quant à la stabilité économique, voire politique, des sociétés contemporaines

Toute la question est en effet de savoir si, compte tenu du contexte international et des caractéristiques socio-politiques des économies capitalistes avancées, ce type de stratégie conduit effectivement à assurer une sortie à la crise, conformément aux déclarations officielles qui postulent que tel est l'enjeu des politiques économiques et sociales actuelles. En fait, trois séries de raisons au moins conduisent à considérer comme particulièrement aléatoire, voire dangereuse, la mise en œuvre effective de ces politiques.

D'un strict *point de vue sociologique,* les entreprises n'ont-elles pas à redouter que la poursuite de l'éclatement du collectif ouvrier conduise à une désorganisation de la production et une perte de discipline au travail, compromettant le fort *attachement au travail* qui avait été l'un des facteurs ayant favorisé la croissance de ces économies à l'issue de la Seconde Guerre mondiale (D. Linhart, 1980) ?

De façon plus précise, peut-on concevoir des filières de production dans lesquelles seul un nombre de plus en plus réduit de travailleurs auraient un contrôle intellectuel de l'ensemble du processus, face à une montée d'un travail précaire faiblement qualifié et subissant une piètre motivation pour le « travail bien fait » ? Certaines études concernant le procès de travail dans l'industrie sidérurgique tendraient à montrer que ces seuils auraient été franchis après 1978, les travailleurs partant en préretraite emportant avec eux une large fraction de la qualification collective, désorganisant ainsi la production de très nombreux ateliers [8].

Cependant, cet argument de nature psychosociologique ne saurait suffire, à lui seul, dans la mesure où l'histoire du capitalisme donne maints exemples d'un bouleversement de la structure des qualifications et des valeurs attachées au travail... sans que pour

---

8. Ce phénomène semble avoir été observé dans les bassins de Denain et Longwy, comme le montrent les témoignages et les études dont on retrouvera un résumé dans le compte rendu du séminaire sur le procès de travail (R. Linhart, 1980).

autant soit rompue la continuité du procès de travail ni l'attachement des salariés à leur travail, aussi parcellaire fût-il. Aussi est-il nécessaire d'expliciter deux autres arguments.

D'un *point de vue économique,* le retour à un rapport salarial concurrentiel suppose que l'on remette en cause le régime d'accumulation intensive centré sur la consommation de masse, sans que pour autant apparaisse clairement quel est le nouveau mode de développement qui pourrait s'imposer. En effet, un rapport salarial concurrentiel est associé au XIXᵉ siècle avec une tout autre modalité de développement, supportée par une accumulation à dominante *extensive et sans* consommation de masse. Or l'importance qu'a de nos jours le secteur des biens de consommation, directement alimenté par le revenu salarial, est telle que l'on ne saurait imaginer que les discours sur le retour au libre marché du travail recouvrent plus qu'un mot d'ordre politique, voire idéologique. Néanmoins, *la précarisation de l'emploi et la volonté de stabiliser le niveau du revenu salarial bloquent le régime d'accumulation antérieur sans lui fournir de substitut évident.* Il est même permis de penser que c'est la défense par les salariés des conquêtes sociales qu'ils avaient obtenues au cours des années soixante qui a évité que la récession de 1974-1975 ne dégénère en une dépression de type cumulatif, du type de celle observée de 1929 à 1932.

Des travaux menés en terme de régulation ressort l'intuition selon laquelle une extension du secteur secondaire au détriment du secteur primaire pourrait, au-delà d'un certain seuil, déstabiliser l'ensemble des mécanismes qui avaient expliqué la forte croissance et la relative faiblesse du chômage (R. Boyer, 1980). Cet argument est encore renforcé si l'on se place au niveau international.

*Au niveau de l'économie mondiale,* la généralisation de telles politiques, loin de résorber les déséquilibres antérieurs, ne ferait que les accentuer. Certes, après 1975, des pays tels que le Japon et la RFA voient leur position relative se consolider, grâce à la relative flexibilité qu'autorisent les relations sociales du travail dans ces pays. Cependant, ces gains ne sont obtenus que grâce au maintien dans les autres pays d'une assez forte croissance, elle-même tirée par la poursuite de la progression du revenu des salariés, conformément au jeu d'un rapport salarial de type monopoliste. En quelque sorte, le caractère rééquilibrant au Japon et en RFA d'une modération des salaires ou (et) d'ajustements rapides de l'emploi [9] ne se comprend que

---

9. Cette caractérisation s'appuie sur les premiers résultats d'une étude comparant la formation des salaires et les déterminants de l'emploi dans l'industrie de onze économies dominantes.

par référence à la position occupée par ces deux pays dans l'économie mondiale. Dès lors, *cet avantage lié à la flexibilité relative des salaires ou à la mobilité des travailleurs, loin d'être absolu, pourrait bien n'être que différentiel :* la diffusion de ces caractéristiques à l'ensemble des économies dominantes pourrait affecter ce qui jusqu'à présent avait empêché un effondrement cumulatif des échanges mondiaux [10], le relatif maintien d'un rapport salarial monopoliste.

Ce paradoxe de composition, bien connu dans le domaine de l'économie internationale, a une conséquence importante : compte tenu de l'instabilité des relations internationales, il n'est pas exclu que l'universalisation de réductions drastiques de l'emploi conduise à une dépression cumulative du type de celle de 1929. Jusqu'à présent, cet effondrement a été évité grâce aux interventions massives des Etats et à une certaine coordination financière internationale, sans oublier le rôle essentiel joué par le maintien relatif du rapport salarial antérieurement constitué, dans un ensemble de pays occupant une place importante dans le commerce mondial.

A ce stade de l'analyse, on ne peut que douter du succès des politiques qui prônant « un retour au marché » voudraient en fait restaurer les bases d'un rapport salarial concurrentiel : au-delà d'un certain seuil, loin de restaurer les conditions de valorisation du capital, elles pourraient précipiter au contraire l'effondrement du régime d'accumulation. On se trouve ainsi dans une situation apparemment paradoxale : le déroulement de la crise détruit une partie des formes institutionnelles antérieures, mais ne suscite pas dans le *même* temps la constitution de nouvelles formes permettant de la surmonter.

Tel est le propre des grandes crises. Or les précédents historiques (grande crise de la fin du XIXᵉ siècle, crise de 1929) suggèrent que rétrospectivement l'observateur peut trouver *« les embryons »* des formes institutionnelles qui *ultérieurement* assureront une sortie de la crise. Est-il possible de tenter aujourd'hui un tel exercice ?

**Peut-on discerner les embryons de nouveaux rapports salariaux ?**

D'un point de vue général pour les économies capitalistes, le problème clé est celui de la restauration des conditions de

---

10. Il est à cet égard significatif qu'en 1980 la position concurrentielle de la RFA apparaisse beaucoup moins bonne que lors de la récession de 1974-1975. La diffusion des politiques d'austérité à la plupart des économies européennes, partenaires commerciaux de la RFA, explique pour partie les différences observées par rapport à cette récession, les effets de la réévaluation passée du deutschmark n'étant pas non plus sans influence.

valorisation, sans pour autant que soient sapées les bases de la réalisation. Dans la mesure où la reproduction de la force de travail est une partie intégrante et quantitativement importante du circuit du capital, le rapport salarial devrait tenter « d'internaliser » le caractère fondamentalement contradictoire de ces deux impératifs.

Si l'on adopte cette conception, l'évolution récente fait alors apparaître un certain nombre de transformations qui, pour l'instant marginales, pourraient néanmoins constituer le prototype d'un (ou plusieurs) de ces rapports salariaux. Une analyse d'ordre *logique* – et non pas *prévisionnelle* – conduirait à privilégier en particulier les traits suivants :

Il fait peu de doute que la recherche de *nouvelles formes d'organisation du procès de production* visant à dégager d'importants gains de productivité, tout en assurant une grande flexibilité, inspire la plupart des stratégies patronales. Des transformations du système productif sont donc en cours pour contrecarrer l'impact négatif qu'a eu l'entrée en crise sur la dynamique de la productivité. Or, comme le souligne J.-P. de Gaudemar (1980), cette mobilité du procès de production est aussi mobilité des rapports sociaux et peut être le vecteur d'une articulation nouvelle entre travailleurs internes et externes, entre statuts protégé et précaire. En quelque sorte *« l'usine mobile »* porte en germe de *nouvelles formes du rapport salarial,* qu'il s'agisse du type de procès de travail, du système de qualification et de promotion ou encore de rémunération. Dans les industries de process on assisterait ainsi à un développement de la « polyvalence », à la mise en place de « chartes de promotion » ou encore à un redécoupage du travail entre équipes (B. Coriat, 1980).

Ces transformations dans la production appellent une *redéfinition des conditions d'emploi et de formation des salaires,* car ni le retour à des mécanismes concurrentiels, ni le maintien strict des caractéristiques antérieures à la crise ne sont à même d'assurer la cohérence du régime d'accumulation. Or on trouve précisément, à l'état de prototype, certains exemples conciliant mobilité du procès de travail, quasi-garantie d'emploi et poursuite d'une croissance régulière du revenu salarial. Ainsi, dans les conventions salariales récemment conclues en RFA, on note l'existence de clauses prévoyant une garantie de la progression du pouvoir d'achat, associée à l'acceptation par les salariés de toutes les mutations technologiques et sociales rendues nécessaires par l'adaptation du système productif allemand (*Intersocial,* 1978). Même si la progression du revenu salarial est ainsi ralentie, se trouve à l'œuvre un mécanisme permettant un redressement *dynamique* des profits, à travers un *approfondissement de la logique du rapport salarial monopoliste.*

De la même façon, toujours en RFA, les discussions syndicats-patronat ont porté sur la recherche de dispositions contractuelles garantissant que l'introduction de nouvelles méthodes de production n'aggrave pas le chômage [11], par exemple en examinant sous quelle forme une fraction des gains de productivité pourrait être associée à une réduction de la durée du travail [12] (*Intersocial,* janvier, avril, octobre 1979 ; U. Briefs, 1980).

A un niveau plus fondamental, le type de rapport salarial ainsi esquissé apparaît comme *l'une* des modalités d'un mouvement général tendant à *une dissociation accrue entre achat (et reproduction) de la force de travail et mise en œuvre de celle-ci dans la production* (R. Cornu, 1980 *b*). Dans le cadre des accords précédemment cités, cette dissociation est en quelque sorte *internalisée,* ce que permettent, dans une certaine mesure, la taille et plus encore la diversification des groupes industriels concernés. Une telle dissociation apparaît comme la conséquence sur l'organisation du rapport salarial de la mobilité considérable atteinte par le capital sous sa forme financière. L'entrée en crise du régime d'accumulation rend plus nécessaire encore cette dissociation, puisque, rompant les régularités antérieures dans la répartition du capital dans les diverses branches, elle précipite le déclin de certaines d'entre elles, et rend nécessaire, mais incertaine, la constitution de nouvelles branches. On comprend dès lors que le rapport salarial antérieur ne puisse être maintenu en l'état.

Mais, d'un strict point de vue logique, diverses redéfinitions de ce dernier peuvent être compatibles avec cet impératif. A un extrême, prolongeant l'analyse de R. Cornu, on pourrait concevoir en théorie *l'éclatement complet de l'unité que constitue l'entreprise :* cette dernière ne serait plus que le lieu de l'application d'une force de travail, acquise auprès de sociétés de *travail intérimaire,* à des moyens de production obtenus par *leasing...* Certes, dans ceux des pays où l'intérim s'est développé depuis les années soixante, il n'occupe globalement qu'une place modeste, et l'on ne saurait bien sûr considérer ceci que comme une pure hypothèse d'école. Pourtant, les tentatives récentes faites, en France par exemple, pour donner un

11. Le caractère plus que probable de la montée du chômage, en RFA comme dans la quasi-totalité des autres pays européens, ressort en effet de toutes les études récemment parues, en particulier Ch. Freeman (1978), R. Rothwell et W. Zegweld (1979), OCDE (1980), ou encore dépassera des travaux menés en collaboration avec P. Petit (1979 et 1981).

12. Le blocage par le patronat des négociations sur ce type de lien illustre assez bien la difficulté de ces accords, difficulté qui elle-même résulte des conséquences contradictoires qu'exerce une réduction de la durée du travail sur le couple valorisation-réalisation.

statut juridique de la mobilité [13] ne vont-elles pas précisément dans le sens de la codification d'un nouveau type de rapport salarial [14] ?

A un autre extrême, prolongeant les discussions des années soixante, on pourrait imaginer la garantie par l'Etat d'un revenu minimum pendant les périodes de chômage et d'inactivité. Ceci devrait *a priori* stabiliser la norme de consommation, la réinsertion des travailleurs dans la production s'effectuant au fur et à mesure de la reprise de l'accumulation. En fait, le *renforcement de la socialisation, via l'Etat, du revenu salarial,* s'il a massivement joué au cours des dix dernières années, ne semble pas être une condition suffisante de sortie de crise. C'est ce qu'illustre assez bien l'évolution enregistrée par exemple en Suède et en Norvège : la concurrence internationale introduit en effet une contrainte quant aux possibilités nationales d'un approfondissement du rapport salarial monopoliste. L'Autriche fournit peut-être le seul cas contraire de la poursuite et du relatif succès, malgré la crise mondiale, de ce type de stratégie, tout particulièrement liée à la nature des alliances qui caractérisent ce pays (B. Loew, 1980).

Cette remarque amène à préciser deux derniers points, concernant respectivement le rôle de l'Etat et les relations qu'entretient le rapport salarial avec les transformations en cours à l'échelle internationale.

Les pressions en vue de réduire la progression *du coût social de reproduction de la force de travail* peuvent induire une certaine *marchandisation* des services collectifs, c'est-à-dire leur soumission à la logique d'une production directement capitaliste. Telle est l'hypothèse émise dès l'entrée en crise (par exemple M. Aglietta, 1976) et reprise par un certain nombre de travaux récents (A. Granou, Y. Baron, B. Billaudot, 1979 ; J.-H. Lorenzi, O. Pastre, J. Toledano, 1980). On sait la part importante et croissante prise par les coûts sociaux, eux-mêmes liés au fonctionnement de secteurs (santé, éducation...), qui, jusqu'à présent, ont échappé aux effets de l'accumulation intensive. Dès lors que ces derniers secteurs pourraient y être soumis, le rapport salarial devrait logiquement enregistrer les conséquences du déplacement entre reproduction par le marché et reproduction « hors marché », et affecter à terme la dynamique comparée du salaire direct et indirect. Les modalités et l'ampleur de la

---

13. Lui-même multiforme puisque concernant aussi bien la législation des entreprises d'intérim que l'institution de contrats à durée déterminée.

14. Par contre, la question est ouverte de savoir si ce « statut de la mobilité » correspond à un état *transitoire* des relations sociales du travail et donc appelé à tomber en désuétude une fois restaurées les bases d'une accumulation élargie (ce qui d'ailleurs pourrait prendre plus d'une décennie) ou au contraire à un état *permanent et irréversible,* se combinant avec d'autres statuts garantissant une relative stabilité de l'emploi.

couverture sociale ne manqueraient pas d'être bouleversées par une telle transformation.

Mais le problème est précisément celui des conditions sociales et économiques garantissant le succès d'une telle transformation [15]. De façon plus fondamentale (S. de Brunhoff, 1976), peut-on concevoir une reproduction de la force de travail qui ne passerait que par le marché, ou au contraire une telle situation n'exacerberait-elle pas les contradictions qui traversent les économies contemporaines ?

A la lumière de ces trop brèves remarques, on serait tenté d'anticiper que la sortie de la crise conduira sans doute à *une nouvelle codification du partage entre coût « privé » et coût social* et non à la remise en cause de l'existence même des aspects collectifs de la reproduction de la force de travail.

Enfin, il convient de souligner que le *type de rapport salarial qui émergera de la crise ne sera pas indépendant des transformations qui se feront jour au niveau international,* puisque c'est précisément à travers la compétition internationale que se sont généralisées les tensions sur le rapport salarial actuel.

Au cours des quinze dernières années semble avoir été rompue la cohérence de modes d'accumulation autocentrés, opérant sur une base nationale [16]. De plus en plus, la reproduction du capital a tendu à s'opérer à l'échelle mondiale, l'internationalisation portant sur le procès de production lui-même et non plus seulement l'échange de marchandises ou les mouvements monétaires et financiers. Cette interdépendance entre dynamiques « nationales » d'accumulations n'a pas été sans conséquences sur la forme du rapport salarial : d'une part, existence de forces « coercitives » impliquant *une certaine cohérence de l'évolution du rapport salarial « monopoliste » dans les économies dominantes,* d'autre part *développement, parfois rapide, d'un rapport salarial « concurrentiel » dans les économies dominées.* Or, précisément, la crise semble avoir accéléré cette recherche d'une gestion « libre » de la force de travail, la délocalisation du procès de travail – par exemple dans les zones franches (P. Salama, 1980 ; M. Barang, 1981 ; P. Tissier, 1981) – étant partiellement une réponse aux obstacles rencontrés dans le remodelage du rapport salarial au centre. En retour, de telles délocalisations ne sont pas sans

---

15. Le secteur de la santé montre assez les difficultés d'une telle transformation : jusqu'à présent, la pénétration du capital, par exemple dans l'hospitalisation, loin d'avoir abaissé les coûts, les aurait plutôt augmentés. Dès lors, est-il prudent d'anticiper une révolution de l'accumulation intensive, dérivant des seules mutations technologiques, c'est-à-dire sans que soient affectés les rapports sociaux propres à ce secteur ?

16. H. Bertrand (1979) montre clairement qu'un tel changement est initié au milieu des années soixante en France.

effets sur la situation du salariat du « centre ». D'un côté, cette délocalisation permet d'exercer de multiples pressions sur le procès de travail, la mobilité et la rémunération des travailleurs d'un certain nombre de branches. D'un autre côté, la réimportation de la production ainsi délocalisée peut contribuer à la restauration des profits, mais aussi faciliter le maintien de la norme de consommation antérieure, voire son extension, atténuant ainsi la remise en cause du rapport salarial monopoliste.

Ceci illustre assez bien la complexité des relations qu'entretiennent les rapports salariaux du « centre » et de la « périphérie » : substituables à certains égards, complémentaires à d'autres, ces relations elles-mêmes variant au cours du temps, tout spécialement lors des crises structurelles (S. Amin *et al.*, 1975 ; W. Andreff, 1976 ; C. Ominami et R. Haussmann, 1981).

Ainsi, à travers *le développement de l'hétérogénéité du rapport salarial dans l'espace* [17], s'opère une modification des conditions d'extraction de la plus-value, partie intégrante d'une sortie de la crise. Mais un tel processus n'est pas sans susciter lui-même un certain nombre de contradictions. Dans les économies dominantes, n'y a-t-il pas un risque de déstabilisation du rapport salarial antérieur qui, précisément, avait été à l'origine de la cohérence du régime d'accumulation aussi bien que la relative cohésion du monde salarial ? A l'autre pôle, la constitution d'un salariat selon des modalités qui ne sont pas sans rappeler celles du XIXᵉ siècle ne porte-t-elle pas en germe une déstructuration des sociétés correspondantes et donc, à terme, ne risque-t-elle pas de se heurter à un violent rejet de cette marche vers « la modernité » capitaliste ?

En définitive, l'un des enjeux essentiels de la crise n'est autre que *la recomposition du monde salarial, instituant ou non sa division durable au cours des prochaines années.* Mais la contradiction est alors qu'un approfondissement des bases de la domination sur les travailleurs, par leur division, se heurte aux contradictions que ce même mouvement suscite en déstabilisant le régime d'accumulation antérieur. En ce sens, comme en toute grande crise, la transformation des rapports sociaux, et tout particulièrement du rapport salarial, est au cœur des luttes économiques et des politiques actuelles.

---

17. L'espace national peut lui-même être le support d'une telle hétérogénéité : il suffit par exemple de songer au rôle qu'a joué l'immigration pour les pays européens, ou encore de l'opposition entre secteur concurrentiel-secteur monopoliste, travailleurs syndiqués et non syndiqués aux Etats-Unis.

BIBLIOGRAPHIE

AGLIETTA M. (1976), *Régulation et Crise du capitalisme*, Calmann-Lévy.

AMIN S., FAIRE A., HUSSEIN M., MASSIAH O. (1975), *La Crise de l'impérialisme*, Editions de Minuit.

ANDRÉ Ch., DELORME R. (1979), « L'Évolution des dépenses publiques en longue période et le rôle de l'État en France (1872-1971). Une interprétation », note ronéotypée, CEPREMAP, décembre.

ANDREFF W. (1976), *Profits et Structure du capitalisme mondial*, Calmann-Lévy.

AZOUVI A. (1981), « Théorie et pseudo-théorie : le dualisme du marché du travail ».

BARANG M. (1981), « La Prolifération des zones franches en Asie, Industrialisation extravertie et exploitation sans contrainte », *Le Monde diplomatique*, janvier.

BAROIN D. (1980), « Transformation des politiques internes de gestion de la main-d'œuvre et segmentation du marché du travail », communication au Colloque de Dourdan, décembre.

BARON Y., BILLAUDOT B., GRANOU A. (1979), *Croissance et Crise*, Petite Collection Maspero.

BAROU Y. (1978), « Contrainte extérieure et Déclin industriel au Royaume-Uni », *Économie et Statistiques*, numéro spécial, nº 97, février.

BARRE R. (1978), « Mon libéralisme, Entretien avec Jean Boissonat », *L'Expansion*, septembre.

BERTRAND H. (1979), « Le Régime central d'accumulation de l'après-guerre et sa crise : une analyse en sections », *Critiques de l'économie politique*, nouvelle série, nº 7-8, avril-septembre.

BOYER R. (1978), « Les Salaires en longue période », *Économie et Statistiques*, nº 103, septembre.

– (1979), « La Crise actuelle : une mise en perspective historique. Quelques réflexions à partir de l'analyse du capitalisme français en longue période », *Critiques de l'économie politique*, nº 7-8, avril-septembre.

– (1980), « Rapport salarial et analyses en terme de régulation », note ronéotypée, CEPREMAP, nº 8017, juin.

BOYER R., MISTRAL J. (1978), *Accumulation, Inflation, Crises*, PUF, Paris.

BOYER R., PETIT P. (1979), « Productivité et Emploi : évolution récente et perspectives », note ronéotypée, CEPREMAP, nº 7924, novembre.

—   (1981), « Productivité dans l'industrie et croissance à moyen terme », note ronéotypée, CEPREMAP, n° 8012, janvier.

BRAVERMAN H. (1974), « Labor and Monopoly Capital », *Monthly Review,* New York Press.

BRIEF U. (1980), « Les Syndicats face à la puissance technologique », *Projet,* n° 149, p. 1089-1098, novembre.

BRUHAT J. (1976), « L'Affirmation du monde du travail urbain », dans F. BRAUDEL et E. LABROUSSE éditeurs : *Histoire économique et sociale de la France,* t. II : 1789-1880, PUF, Paris.

BRUNHOFF S. DE (1976), *État et Capital, recherche sur la politique économique,* PUG-Maspero.

CEPII (1980), *États-Unis : Croissance, Crise et Changement technique dans une économie tertiaire,* avril.

CEPREMAP (1977), *Approches de l'inflation : l'exemple français,* Rapport CORDES, décembre, t. III.

CGP (1979), « Documents préparatoires au débat sur le thème "Actualité et pertinence du concept de plein-emploi" », notes ronéotypées, mai.

CORIAT B. (1979), *L'Atelier et le Chronomètre,* C. Bourgois.

—   (1980), « Ouvriers et automates », *Usines et Ouvriers,* Maspero.

CORNU R. (1980a), « Eclatement de l'unité de production et Transformations des relations sociales », document ronéotypé, LEST.

COTTEREAU A. (1980), préface à l'ouvrage de Denis POULOT : *Le Sublime ou le travailleur comme il est en 1870, et ce qu'il peut être,* Maspero.

DUPEYROUX J.-J. (1980), « Le Grand Télescopage », *Le Monde,* mardi 30 septembre.

DURAND Cl. (1976), *Le Travail enchaîné,* Seuil, Paris.

ERBES-SEGUIN S. (1980), « Les Problèmes d'emploi dans la stratégie économique de l'État », communication au Colloque de Dourdan, décembre.

EYMARD-DUVERNAY F. (1980), « Segmentation du marché du travail : premier examen », note ronéotypée, INSEE, janvier.

EYRAUD F. (1980), « L'Attitude des ouvriers face au contenu de leur emploi. Comparaison France — Grande-Bretagne », Colloque « Politique d'emploi et rapports sociaux du travail », Dourdan, décembre.

FREEMAN Ch. (1978), « Technical Change and Future Employment Prospects in Industrialized Countries », *Six Countries Workshop,* novembre.

FREYSSENET M. (1977), *La Division capitaliste du travail,* Savelli.

FREYSSENET M., IMBERT F., PINÇON M. (1975), *Les Modalités de production de la force de travail. Données statistiques 1945-1975,* CSU.

GASPARD M. (1980), « Mutations technologiques et Emploi à travers la crise », contribution au Vᵉ Colloque de l'ADEFI, septembre.

GAUDEMAR J.-P. DE (1979), *La Mobilisation générale,* Éditions du Champ urbain.

–    (1980), « De la fabrique au site : naissance de l'usine mobile », *Usines et Ouvriers,* Maspero.

GERME J.-F., MICHON F. (1979), « Stratégie des entreprises et Formes particulières d'emploi », Séminaire d'économie du travail, Paris-1, juin.

GOURC G. et J. (1981), « La Restructuration de la sidérurgie dans les unités performantes : la Solmer à Fos-sur-Mer ».

GRANDO J.-M., MARGIRIER G., RUFFIEUX B. (1980), *Rapport salarial et Compétitivité des économies nationales : analyse des économies britannique, italienne et ouest-allemande depuis 1950,* thèse 3ᵉ cycle, vol. 1, université des sciences sociales, Grenoble-II.

GUIBERT B. (1975), « L'Enjeu de la crise », *Les Temps modernes,* avril.

*Intersocial* (1978), « Métallurgie allemande : un accord qui fera date », n° 37, avril.

*Intersocial* (1979), « La micro-électronique menace-t-elle l'emploi ? », n° 45, janvier.

*Intersocial* (1979), « La Réduction de la durée du travail en Europe », n° 48, avril.

*Intersocial* (1979), « Les Relations du travail dans la CEE », n° 49, mai.

*Intersocial* (1979), « Crise et Avenir des relations professionnelles », n° 52, septembre.

*Intersocial* (1979), « Les Syndicats et la Nouvelle Technologie », n° 53, octobre.

*Intersocial* (1980), « Le Japon à l'heure de la crise », n° 58, mars.

JOBERT A., ROZENBLATT P., TALLARD M. (1980), *Facteurs déterminants du contenu des conventions collectives et leur évolution. Le cas du secteur de la chimie et de la pharmacie en France et en RFA,* CREDOC, mars.

KEIZER B. (1978), « Les Choix de la République fédérale allemande », *Économie et Statistiques,* n° 102, juillet-août.

KERGOAT J. (1979), « Crise économique et Combativité ouvrière », *Critiques de l'économie politique,* n° 7-8 avril-septembre.

KERGOAT J. (1980), « Crise économique et Combativité ouvrière », *Critiques de l'économie politique,* n° 10, janvier-mars.

KUNDIG B. (1980), « Les Relations entre investissement, innovation technologique et emploi », note ronéotypée pour la Communauté européenne, direction de l'emploi.

LINHART D. (1980), *L'Appel des sirènes,* Le Sycomore.

LINHART R. (coordonnateur) (1980), « Le Travail industriel : enquêtes ; compte rendu des réunions du séminaire ULM 1978-1979 », document ronéotypé.

LIPIETZ A. (1980), « Le Tertiaire, l'arborescence de l'accumulation capitaliste : prolifération et polarisation », *Critiques de l'économie politique,* n° 12, juillet-septembre.

LOEW R. (1980), « The Politics of the Austrian "Miracle" », *New Left Review,* n° 123, septembre-octobre, p. 69-79.

LORANGER J.-G. (1979), « La Crise au Canada : vers une redéfinition du rapport salarial », Colloque sur le nouvel ordre intérieur, Paris-VIII, mars.

LORENZI M., PASTRE O., TOLEDANO I. (1980), *La Crise du XXᵉ siècle,* Economica.

MINC A. (1980), « La Fin du plein-emploi : accident ou fatalité », *Le Débat,* n° 2, juin.

MISTRAL J. (1976), *Croissances nationales. Accumulation du capital et Concurrence internationale. Une approche macroéconomique des phénomènes de compétitivité dans la longue période 1899-1973,* thèse, Paris-I.

– « La Diffusion internationale inégale de l'accumulation intensive et sa crise », à paraître dans *la Recherche en économie internationale,* J. L. Reiffer éditeur.

O'BRIEN P. (1980), « The New Multinational Developing-Country Firms in International Markets », *Futures,* vol. 12, n° 4, août.

OCDE (1980), *Changement technique et politique économique. Science et technologie dans le nouveau contexte économique et social,* Paris.

OCDE (1980), « Les Politiques sociales dans les années 1980 », Conférence du 20-23 octobre (compte rendu paru dans *Intersocial,* octobre).

OMINAMI C., HAUSSMANN R. (1981), « Crisis e internacionalización : de la ruptura de la acumulación intensiva en el centro a la heterogenización de la periferia », note ronéotypée, CEREM-CEPREMAP, janvier.

PIORE M.-J. (1978), « Dualism in the Labor Market. A Response to Uncertainty and Flux : the Case of France », *Revue économique,* vol. 19, n° 1, janvier.

PIORE M., BERGER S. (1980), *Dualism and Discontinuity in Industrial Societies,* Cambridge University Press.

RAIMBAULT M., SAUSSOIS J.-M. (1980), « L'Organisation des rapports État/industrie en matière d'emploi : deux études de cas », note ESCP-GST.

REICH M., GORDON D., EDWARDS R.C. (1973), « A Theory of Labor Market Segmentation », *American Economic Review,* mai.

RERAT F. (1980), « Une nouvelle forme de gestion de la main-d'œuvre : les techniques de précarisation de l'emploi », communication au Colloque de Dourdan, décembre.

REVOIL J.-P., (1979), « La croissance lente marque l'emploi », *Économie et Statistiques,* juin.

ROSANVALLON P. (1980), « Le Développement de l'économie souterraine et l'Avenir des sociétés industrielles », *Le Débat,* juin.

ROTHWELL R., ZEGVELD W., (1979), *Technical Change and Employment,* Frances Pinter.

SALAIS R. (1979), « Contribution au débat organisé par le CGP sur le thème : "Actualité et pertinence du concept de plein-emploi" », note de la division emploi de l'INSEE, mai.

SALAMA P. (1980), « Recherche d'une gestion libre de la force de travail et Divisions internationales du travail », *Critiques de l'économie politique,* n° 13, octobre-décembre.

SILVERMAN B., YANOWITCH M. (editors) (1974), *The Worker in « Post-Industrial » Capitalism,* Free Press.

SILVESTRE J.-J. (1980), « Crise de l'emploi et Formes de régulation du marché du travail, France 1968-1980 », note ronéotypée, présentée à la Conférence sur la politique économique française, 29-30 mai, Washington.

TISSIER P. (1981), « Conditions de travail et zones franches d'exportation en Asie du Sud-Est », *Critiques de l'économie politique,* n° 14, janvier-mars.

VACARIE I, (1979), *L'Employeur,* Sirey, Paris.

VERDIER E. (1980), « Traits spécifiques de l'informatisation du travail bancaire. Informatisation et évolution de la division du travail dans le secteur des assurances », *Critiques de l'économie politique,* n° 12, juillet-septembre.

# Mort et résurrection de l'entreprise : oraison funèbre pour un pseudo-concept

*Roger Cornu**

Dans un excellent ouvrage, Daniel Nelson situe la mise en place de l'entreprise moderne aux Etas-Unis dans la période 1880-1929 [1]. En 1880, Henri Ford, symbole de cette mutation, a dix-sept ans et entre pour la première fois dans une entreprise. En 1921, les usines Ford avaient produit cinq millions de voitures. L'empire Ford fut considéré comme l'exemple même de la production capitaliste développée avec ses établissements gigantesques, son intégration de la production, sa production rationalisée.

## I. Ford et l'atelier

La lecture des œuvres de Ford [2] fait apparaître un fossé entre ce qu'il a fait et ce qu'il considère comme la meilleure forme d'organisation de la production capitaliste, témoin ce texte : « La fabrication la plus économique dans l'avenir sera celle dans laquelle un article complet ne sera pas confectionné sous le même toit, à moins, bien entendu, que ce ne soit un article très simple. La méthode moderne, ou pour mieux dire future, consistera à faire ˙fabriquer

* Laboratoire d'économie et de sociologie du travail (LEST), CNRS.
1. Daniel NELSON, *Managers and Workers,* University of Wisconsin Press, 1979.
2. Henri FORD, *Ma Vie et mon Œuvre,* Payot, Paris, 1925.

chaque pièce à l'endroit où elle pourra être le mieux fabriquée et à faire l'assemblage du tout aux endroits où l'article devra être mis en vente. Telle est la méthode que nous pratiquons actuellement et que nous songeons à étendre. Il serait indifférent que soit une société, soit un individu possédassent toutes les usines fabriquant les diverses parties intégrantes d'un article unique, ou, au contraire, que ces diverses pièces fussent faites par des usines indépendantes, à condition cependant que toutes adoptassent les mêmes méthodes de bonne production. Quand nous pouvons acheter à d'autres des pièces aussi bonnes que si nous les faisions nous-mêmes, si l'on peut nous en fournir en quantité suffisante au prix convenable, nous n'essayons pas de les fabriquer nous-mêmes, ou du moins d'en fabriquer plus que ce qui est nécessaire pour parer un cas exceptionnel. *En fait, il vaudrait peut-être mieux que les usines fussent réparties entre de nombreuses entreprises indépendantes.* [3]. » Texte prémonitoire puisque Ford pose ici comme modèle ce que nous appellerions actuellement la sous-traitance généralisée. Il ne faudrait pas pour autant qu'une telle remarque conduise à voir en Ford quelqu'un qui ne pense qu'en fonction de la structure de la production. Sa démarche part tout au contraire du marché et de la réalisation du produit. Ses réflexions ne sont compréhensibles que si l'on tient compte du contexte dans lequel se développe sa pensée, contexte qui ne peut se réduire à l'étude de la situation des Etats-Unis de son époque, mais doit partir de la production d'une nouvelle valeur d'usage qui doit s'imposer sur le marché (l'automobile), produit qui relève du secteur des moyens de consommation et peut être potentiellement un objet de consommation de masse impliquant une production de masse. Sa réflexion sur la production dérive de sa réflexion sur le marché, que ce soit le marché des moyens de consommation, le marché des moyens de production, le marché de la force de travail. Partant d'un produit nouveau, il se heurte pratiquement aux problèmes liés à la constitution d'unités de productions nouvelles sur des bases industrielles préexistantes, qu'il s'agisse de la constitution du capital d'exploitation (sous sa forme financière) ou de la mise en place d'une composition technique particulière de ce capital. Il se heurte d'autre part aux problèmes liés à la constitution d'un marché spécifique (ou réalisation du produit). Cette double interrogation fait de Henri Ford le type idéal du capitaliste industriel, l'incarnation même du capital-fonction. Il reproche en effet à l'organisation industrielle de son temps d'être dominée par le capital argent et le capital commercial, ce qui conduit, d'une part, à définir le taux d'intérêt avant toute production

---

3. FORD, *op. cit.*, p. 60. (Souligné par nous R. C.).

et, d'autre part, à fixer les prix de vente et la masse de production en fonction des disponibilités du marché, à continuer une production fondée sur la commande comme au temps des métiers, ce qui conduit à spéculer sur le marché existant au lieu de le transformer. Face au capital-argent, il affirme que le taux d'intérêt dérive du profit d'entreprise et, face au capital commercial, que le profit doit résulter de l'évolution des disponibilités (création de nouveaux marchés) et de l'abaissement du coût de production. Face à un capital commercial qui fonde son profit sur les conjonctures du marché, il oppose une politique fondée sur l'accroissement de la masse du profit par la production de masse et la restauration du taux de profit par l'abaissement des coûts de production. On ne peut comprendre la politique des hauts salaires sans faire référence à l'accroissement de la demande sur le marché intérieur et à la saisie du salarié comme consommateur prioritaire de ce qu'il produit. La réflexion de Ford revient alors, si l'on fait appel aux catégories du marxisme, à refuser de fonder le profit sur une plus-value conjoncturelle de marché, à compenser la réduction de la plus-value absolue liée à une politique des hauts salaires par l'accroissement de la plus-value relative fondée sur la mécanisation et la socialisation de la production et, par l'accroissement du rendement (ou de la productivité de la composition technique), récupérer une plus-value extra sur le marché tout en réduisant les prix de vente. C'est à partir de cette logique que Ford analyse ce qu'il a fait et ce qui serait la meilleure forme selon le texte cité plus haut.

Au centre de sa réflexion se situe la valeur d'usage. Ford développe l'idée (avec d'autres termes que ceux employés ici), qu'il n'y a pas de valeur d'échange qui ne soit d'abord une valeur d'usage. Ce qui implique la définition du produit à partir des besoins des clients potentiels. La valeur d'usage est alors « un ciseau bien aiguisé » pour gagner le marché. Son prix de marché traduit l'aptitude de l'industriel à utiliser ce « ciseau », à savoir non pas fixer le prix sur les coûts de production, mais en fonction de la clientèle potentielle et abaisser les coûts de production en conséquence. Le lieu privilégié où s'articulent les différents aspects de la politique du capital est alors le lieu de production de la valeur d'usage (« l'atelier », dit Ford). C'est là en effet que l'on fabrique « le ciseau », que l'on abaisse les coûts de production (division et organisation du travail, mécanisation, étude des approvisionnements), que l'on détermine les « hauts salaires » qui feront des salariés les clients de l'entreprise.

La description de Ford attire l'attention sur les différents espaces socio-économiques auxquels est confronté le capitaliste : espace de reproduction du capital argent, espace de réalisation du produit, espace d'approvisionnement en moyens de production (matières premières et instruments de production), espace d'approvisionnement en force de travail incluant le marché de la force de travail et sa reproduction. « L'atelier », ou lieu de production, est alors appareillage de ces différents espaces avec leurs temporalités propres, lieu central, point de départ et point d'arrivée de tous les problèmes. C'est le lieu privilégié où se pose l'abaissement des coûts de production, la politique des salaires, la politique financière, les approvisionnements, la fabrication du produit. Dès lors, l'appareillage dépend des caractères propres de chacun de ces espaces et pourra varier grandement selon les contextes ; l'atelier sera toujours spécifié par les espaces qu'il inclut, et chaque atelier aura ses aspects spécifiques. Il est objet empirique (ou concret) et de ce fait même doit être objet d'étude et ne peut être utilisé comme concept.

## II. Don Quichotte et Sancho Pança : le péché originel gâte tout [4]

Vieux rêve celui qui voudrait que l'argent engendre l'argent dans une sorte d'immaculée conception sociale, ou, à tout le moins, qu'il n'y ait que des valeurs d'échange, que don Quichotte puisse retrouver Dulcinée derrière n'importe quelle Maritorne et des chevaliers derrière n'importe quel moulin à vent. Maheureusement, et Sancho Pança est là pour le rappeler, il ne peut y avoir de valeur d'échange sans valeur d'usage (l'âme est chevillée au corps) et sans production de valeurs d'usage, ce qui nous ramène à l'atelier, où là encore l'âme est chevillée au corps : la production de valeur d'échange doit passer par celle de la valeur d'usage, la composition-valeur du capital par sa composition technique. Don Quichotte ne peut se passer de Sancho Pança.

En référant à la démarche marxiste, nous dirons qu'un *capital*

4. Je reprends ici certains thèmes déjà traités de façon plus développée dans d'autres textes : Roger CORNU, *Faux frère et franc-maçon : défense et illustration du capitaliste individuel,* LEST, 1978, 19 p., xérox ; *Éclatement de l'unité de production et transformation des relations sociales,* communication au Colloque franco-polonais « Les Changements des relations sociales dans l'industrie », université de Lodz, mars 1980, 14 p., multigr. ; *A l'ombre du XIXᵉ siècle : sous-traitance et location de main-d'œuvre,* communication au Colloque du Creusot « Eclatement de l'unité de production », avril 1980, 15 p., multigr. ; *Formes d'ancien régime et développement du mode de production capitaliste,* communication au Colloque d'histoire des mentalités « Les Prisons de longue durée », Aix-en-Provence, 1980, 12 p., multigr. ; *Contrôle du procès de travail et contrôle de la force de travail,* communication au Colloque « Procès de travail », Paris, sept. 1977, Aix-en-Provence, LEST, 12 p., multigr. Voir aussi : DELAUNAY, GADREY, *Nouveau Cours d'économie politique,* Cujas, Paris, 1979, tome I.

*particulier* sous sa forme argent doit, pour produire du profit, s'abaisser à rentrer dans le creuset alchimique de la production, à s'incarner, au risque de se perdre, dans des valeurs d'usage, qu'il s'agisse d'une certaine composition technique ou du produit matériel réalisable sur le marché et doit donc, dans le cas du capital industriel, s'articuler sur une unité de production productrice de valeurs d'usage. Ce qui implique la recherche d'une *forme de placement* du capital sur le cycle de production des valeurs d'usage, la mise en place d'un *appareil de production* dans une situation historique particulière. Lorsque l'on utilise l'entreprise comme concept, on présuppose qu'un *capital particulier* s'investit totalement dans une *seule forme de placement* du capital à travers un *seul appareil de production* assurant la production totale de la valeur d'usage, ou mieux s'identifiant totalement à *l'unité de production,* ce qui n'est en fait qu'un cas particulier de la structure générale.

Si nous nous plaçons du point de vue de la *forme de placement* du capital sur un cycle de production de valeurs d'usage (et en un point donné de ce cycle), la plupart du temps cette forme de placement ne concentre qu'une fraction du capital particulier. En second lieu, si l'on réfère à la notion d'entreprise, un même capital particulier peut créer plusieurs entreprises sur un même cycle (ou filière du produit) et en un même point (plusieurs entreprises d'automobiles appartenant à un même capital particulier) ; une entreprise peut être créée à partir du regroupement de fractions de capitaux particuliers différents ; enfin, et surtout, une entreprise peut regrouper plusieurs formes de placement du capital (Ford ou Renault produisant à la fois des tracteurs et des automobiles). Nous retrouvons ici tous les débats de positionnement des entreprises par rapport aux branches et secteurs d'activité ainsi que ceux concernant le niveau de gestion d'un capital particulier [5].

Si l'on se situe au niveau de l'établissement, on retrouve des problèmes analogues. Il n'y a formellement aucune ambiguïté quant à l'appartenance d'un établissement à une entreprise et une seule. Par contre, un établissement peut contenir un appareil de production assurant la totalité de la production d'une valeur d'usage, ou plusieurs appareils produisant des valeurs d'usage différentes, un ou des appareils assurant une fraction de la production d'une ou de plusieurs valeurs d'usage. Dans ce dernier cas, les autres fractions de la valeur d'usage seront produites soit par d'autres établissements de la même

---

5. Voir les travaux de la *Revue d'économie industrielle* et en particulier : Guy TRIOLAIRE, « Diversification des grandes entreprises et concentration de l'industrie en France », *Revue d'économie industrielle,* n° 2, 1980.

entreprise (division de la production à l'intérieur de la même entreprise), soit par des établissements d'autres entreprises (sous-traitance et autres formes de coproduction).

Au risque d'accroître encore les mystères de la production de Dulcinée et de Maritorne, il faut ajouter que le capital particulier doit tenir compte de la rapidité de rotation de son capital, c'est-à-dire de la période de production et donc de la nature du procès de production, de la période de rotation de chacun des éléments de la composition technique de capital (matières premières, instruments de production, champ matériel, force de travail) et de la période de réalisation du produit.

Le mode d'exploitation de la force de travail, les rapports entre salariés, entre patrons et salariés seront toujours spécifiés par l'organisation du procès de production (dans sa double dimension : producteur de valeurs d'usage et productif de profit), par les rapports entre patrons, la structure de l'entreprise et sa plus ou moins grande autonomie.

### III. Division et décomposition du procès de production

Revenons à Ford et à son histoire. Au démarrage de son entreprise, il se heurte à l'impossibilité de concentration du capital-argent nécessaire à la mise en place de son unité de production et se contente de dessiner le modèle de voiture, de commander à d'autres les pièces et d'assurer la phase de montage final. Il ne peut se procurer les machines adaptées, la main-d'œuvre nécessaire, les matières premières ; il se heurte à l'insuffisance des moyens de transport et à la politique commerciale des autres entreprises. Situation typique du XIXᵉ siècle où la constitution des secteurs, des branches d'activité et des entreprises domine l'activité capitaliste [6]. Ford présente la concentration et l'intégration de la production comme une étape nécessaire, mais non souhaitable, de l'organisation de la production. Cette étape permet la standardisation du produit, des instruments et des procédures de production, étape nécessaire pour une déconcentration ou une décentralisation ultérieure. L'analyse de cette standardisation est importante pour comprendre l'appareillage de plusieurs formes de placement du capital dans une même entreprise.

---

6. Cf. Daniel NELSON, op. cit. ; H. G. GUTMAN, Work, Culture and Society, Vintage Book, New York, 1977 ; M. DOBB, Études sur le développement du capitalisme, Maspero, Paris ; G. THUILLIER, Aspects de l'économie du Nivernais au XIXᵉ siècle, Armand Colin, Paris.

Au stade actuel, on assiste à une déconcentration de la production par la division du procès producteur selon ses caractéristiques de continuité (industrie pétrolière) ou de discontinuité (industrie automobile), d'homogénéité ou d'hétérogénéité. Cette division peut se faire entre établissements d'une même entreprise ou entre entreprises. Elle s'inscrit dans un découpage du procès de fabrication en procès de travail ou en opérations isolables ou dans la séparation des procès auxiliaires nécessaires à la production (manutention, transports, entretien, etc.). On regroupe souvent la division de la production entre entreprises dans une même catégorie : la sous-traitance, indépendamment de la signification du découpage. Si nous prenons les traditionnelles sous-traitances de capacité et de spécialité, on a affaire à des entreprises qui conservent la production des valeurs d'usage qui peuvent être réalisées quel que soit l'état du marché, laissant à d'autres (généralement plus petites) de couvrir les aléas du marché (capacité), ou font appel pour les opérations irrégulières à des entreprises extérieures plutôt que de les assurer elles-mêmes (spécialité). On aura noté que la sous-traitance idéale de Ford renverse le rapport, l'entreprise chef de file ne gardant que le minimum lui permettant de faire face à des périodes de pointe du marché. En second lieu, on voit apparaître des « sous-traitants » de taille égale sinon supérieure à l'entreprise chef, de file, qui n'ont plus rien à voir avec les sous-traitants dépendants [7]. En troisième lieu, le renvoi en sous-traitance des procès auxiliaires, et ceci de façon générale, soulève un nouveau problème : ne sommes-nous pas en train d'assister à la mise en place de nouveaux secteurs d'activité ? C'est du moins ce que suggère la lecture des publications patronales : développement d'entreprises de manutention et de maintenance de grande envergure liées notamment au développement de techniques lourdes dans ces domaines. On serait alors en face d'un mouvement différent de celui décrit par Ford. Il faut alors se demander si cette transformation ne va pas au-delà des activités déjà mentionnées et si la sous-traitance de l'informatique n'est pas de même nature.

A côté de la division de l'unité de production, et souvent imbriquée avec elle, on assiste à la *décomposition* de cette unité. Il ne s'agit plus ici d'un découpage de procès de travail, mais d'un découpage selon les composants du procès producteur, certaines entreprises se contentant de détenir les instruments de production et de les fournir en leasing,

7. Cf. Jacques Broda, *Problématique de la sous-traitance et du travail temporaire, analyse d'un cas : la zone de Fos et le système SOLMER*, thèse de 3ᵉ cycle, Aix-en-Provence, 1977 ; Jacques Broda, Chantal Labruyere, *Segmentation du procès de production sidérurgique et hétérogénéité de la classe ouvrière*, rapport CORDES, LCP, Bandol, 1979.

d'autres de ne rassembler que la force de travail (location de main-d'œuvre) ou que le champ matériel du travail, etc. Là encore, on se trouve en face de placement de capitaux particuliers de grande taille, ce qui conduit à nouveau à se demander si l'on n'est pas en présence de nouvelles formes de placement du capital.

## IV. De nouvelles questions pour la recherche

Le développement rapide des nouvelles formes de division et de décomposition de l'unité de production soulève de nombreuses questions pour la recherche et implique souvent une réévaluation des études antérieures. Nous prendrons ici quelques exemples.

De quoi parle-t-on lorsque l'on fait référence à la productivité d'une entreprise, de sa composition en capital fixe, capital circulant et capital variable ? Du point de vue des formes de placement, on doit prendre comme référant l'unité de production de la valeur d'usage, voir la part que cette entreprise détient de l'ensemble du capital investi et la part du profit total qu'elle en retire. On se heurte alors au décalage entre plus-value extraite et profit réalisé, c'est-à-dire à la capacité ou non d'une entreprise à drainer une partie de la plus-value extraite ailleurs. Ce qui revient à dire que, sur la base d'une unité de production donnée, une entreprise peut obtenir un taux élevé de profit avec un taux d'exploitation de sa propre force de travail faible, et qu'à l'inverse une autre entreprise peut avoir un profit faible avec un taux d'exploitation élevé de la force de travail. On ne peut alors que s'interroger sur les rapports de dépendance entre entreprises qui peuvent passer par des chemins très variés. A travers les taux d'exploitation et les taux de profit, c'est la politique des salaires qui est en cause.

La productivité peut être aussi posée à partir des différentes formes de placement d'un capital particulier. La question ici n'est plus de comparer des taux de profit dans un même secteur de production, mais des taux entre différents secteurs. Ce dont il s'agit alors, c'est de la décision d'accroissement de l'investissement dans tel ou tel secteur, ou au contraire du retrait pur et simple avec ses conséquences : fermetures d'entreprises ou de secteurs d'entreprises.

L'entreprise est alors le point de rencontre entre ces deux logiques et doit les articuler, faire en sorte que le résultat final satisfasse les deux types de comptabilité. Dans les faits, la situation est encore plus complexe, certaines entreprises ou certains établissements pourront être maintenus en activité, malgré leur manque de productivité du point de vue d'un capital particulier, soit pour rester présents dans la branche d'activité, soit pour éviter une tension supplémentaire sur le marché de la force de travail.

Second aspect, les relations entre travailleurs. Si nous définissons le travailleur collectif à partir de l'unité productrice et non à partir de l'entreprise, ce qui nous paraît plus juste du point de vue théorique, celui-ci se trouvera éclaté entre plusieurs employeurs ou entre plusieurs établissements d'une même entreprise. Chaque entreprise apparaît alors comme une collectivité de salariés et non comme travailleur collectif, cette collectivité pouvant être éclatée selon la nature des unités de production auxquelles l'entreprise participe. Le lieu de travail peut alors être le cadre où se côtoient soit des travailleurs appartenant à des entreprises différentes (par exemple chantiers du bâtiment), soit des travailleurs ayant un même employeur, mais appartenant à des travailleurs collectifs différents. Il est même possible que l'imbrication soit plus étroite encore, mêlant au niveau de l'équipe ou collectif de travailleurs des salariés appartenant à des entreprises différentes : on a alors affaire à la forme la plus poussée de dissociation entre achat de la force de travail et mise en œuvre de celle-ci. Ici se pose la question de l'employeur réel et l'apparition de situations où le repérage du responsable devient de plus en plus obscur (on pourrait parler ici de société anonyme à irresponsabilité illimitée), et où en même temps les différents aspects du contrat de travail se dissocient spatialement. Les formes de division et d'organisation du travail et de la production sont alors médiatisées par les relations entre entreprises : à travers la division et l'organisation du travail, c'est bien de l'appareillage entre caractère producteur et caractère productif qu'il s'agit, entre patrons et salariés.

Troisième aspect et non des moindres. La transformation des structures de production pose le problème de l'application de la législation du travail, du contenu des revendications syndicales, des formes de conflits et de l'adéquation des structures syndicales avec les structures productives [8]. Question suffisamment complexe, car les aspects que nous venons de citer ne se recouvrent pas nécessairement, et qu'il est nécessaire, avant de réformer pour une longue période les structures syndicales, de savoir ce qui, dans la politique du capital, relève d'une réponse conjoncturelle à l'action organisée des salariés, d'une protection du capital en temps de crise ou d'une transformation structurelle profonde. Les trois aspects ne peuvent être séparés, mais s'organisent de façon différente selon les cas.

---

8. Voir notamment le numéro du *Peuple* sur les structures confédérales (*Le Peuple*, n° 1089, 1er au 15 août 1980).

## Conclusion

Nous aurions pu multiplier les exemples. Il nous semble toutefois que l'on peut poser l'ampleur du débat d'une autre façon. Si l'on suit l'utilisation du marxisme en sociologie du travail, on s'aperçoit que dans les années cinquante, on se pose avant tout le problème de la division du travail, dans les années soixante la question du travailleur collectif et, dans la seconde moitié des années soixante-dix, on réfère au procès de travail ou procès de production, à la transformation des structures du capital et à la production et reproduction de la force de travail. Une telle évolution fait apparaître que l'entreprise qui était admise au début sans débat passe maintenant au centre même de l'interrogation ; c'est là sa résurrection. En second lieu, l'action de l'entreprise était mesurée par rapport à l'action du capital global et considérée comme un écart par rapport à la moyenne. Aujourd'hui, le problème s'inverse et la question centrale est alors de savoir comment des capitalistes qui agissent tantôt, ou plutôt simultanément, comme faux frères et comme francs-maçons produisent une résultante qui peut être considérée comme loi tendancielle du système.

# Stratégie d'emploi des grandes entreprises et droit du travail

*Isabelle Vacarie**

Observer que la concentration industrielle s'est accompagnée d'une rationalisation de la gestion de la main-d'œuvre, caractérisée par le recours à des formes différenciées de recrutement et d'utilisation des travailleurs est devenu chose banale.

La restructuration des entreprises s'opère par abandon des poids morts, segmentation de la production et extériorisation des activités périphériques. Autant de mesures qui permettent de réduire les effectifs propres à l'entreprise, justifient des reclassements et facilitent l'extériorisation de la main-d'œuvre affectée aux activités les moins rémunératrices, dangereuses et polluantes.

Ces actions structurelles se doublent d'actions conjoncturelles caractérisées par le recours aux diverses formes d'emploi précaire, telles que travail temporaire ou contrat à durée déterminée.

Le droit du travail est l'arme de cette stratégie patronale, par le jeu combiné des textes réglementant l'emploi, tout spécialement des lois votées au cours de la dernière décennie (I).

La dissociation délibérée de l'utilisation de la force de travail et de la gestion du personnel est un trait saillant de cette stratégie. L'unité entre l'expression usuelle de chef d'entreprise et le concept juridique d'employeur est dès lors rompue. Les travailleurs sont juridiquement liés à la société qui les a embauchés – leur employeur de droit –,

* Maître assistante à l'université Paris-I.
Ce texte s'appuie sur la législation existante en décembre 1980. Certaines modifications importantes sont intervenues après juin 1981.

113

mais ils sont en réalité utilisés et gouvernés par l'entreprise principale, qui pourtant demeure hors du champ contractuel. L'employeur au plan juridique ne représente pas le véritable chef de l'entreprise [1].

Si, formellement, les relations de travail demeurent bilatérales : société – employeur/salarié, substantiellement elles sont triangulaires : entreprise utilisatrice/employeur/travailleur. Et l'on peut observer aujourd'hui une tendance du droit du travail à l'institutionnalisation de ces relations de travail triangulaires (II).

## I. La légalisation des nouvelles stratégies d'emploi

### 1. « Dégraissage » par amplification de la mobilité interne et réductions d'effectifs

Un marché du travail – une bourse des emplois – peut être organisé à l'échelon du groupe pour développer la mobilité de la main-d'œuvre. Par l'amplification de la mobilité interne, les groupes entendent multiplier les reclassements et réduire d'autant le volume des licenciements.

Juridiquement, ce changement de poste proposé aux travailleurs entraîne une modification de leur contrat de travail. Ils sont en droit de refuser cette modification, c'est-à-dire un poste de travail différent de celui pour lequel ils avaient été embauchés. Mais leur refus n'oblige pas l'employeur à les maintenir à leur poste initial. Il autorise bien au contraire leur licenciement, licenciement économique dès lors qu'il s'inscrit dans le cadre d'une réorganisation ou d'une fermeture de l'entreprise. Pour les salariés, l'alternative est donc la suivante : mutation ou chômage.

Le chômage frappe également les salariés lorsque les effectifs sont réduits par licenciement collectif. Des ateliers, des usines sont ainsi fermés.

La loi du 3 janvier 1975 a subordonné tous les licenciements pour motif économique, qu'ils soient d'ordre structurel ou conjoncturel, à une autorisation préalable de la Direction départementale de la main-d'œuvre. Selon les textes, celle-ci doit vérifier la réalité des motifs invoqués par l'employeur pour justifier les licenciements ainsi que la portée des mesures de reclassement et d'indemnisation qu'il envisage [2].

---

1. Voir notre livre *L'Employeur,* Sirey, 1979.
2. Voir *Liaisons sociales,* « Contrôle de l'emploi et Licenciement économique », numéro spécial, mars 1981.

Cette disposition légale semble *a priori* de nature à limiter le nombre des licenciements économiques et à entraver la liberté patronale. Mais c'est là une illusion principalement pour deux raisons :

– d'une part, l'autorisation des services de la main-d'œuvre peut être tacite : si dans les délais prévus par le Code du travail l'administration ne répond pas, elle est censée avoir autorisé les licenciements [3]. Ceux-ci ont alors lieu sans qu'aucun contrôle administratif n'ait été exercé ;

– d'autre part, l'employeur qui licencie sans autorisation peut être condamné à payer une amende pénale et à indemniser les travailleurs licenciés, mais non à les réintégrer. En somme, il lui suffit d'être prêt à payer.

Mais les chômeurs pour raison économique sont des chômeurs privilégiés : ils touchent en effet pendant un an une allocation spéciale qui, bien que dégressive (de 75 % à 60 % du salaire), est très supérieure à l'allocation de base versée aux autres chômeurs. A cette indemnisation substantielle s'ajoutent des droits particuliers en matière de formation [4].

On peut ainsi observer que les différentes dispositions, une fois articulées, forment un dispositif légal tendant à banaliser les licenciements économiques, à normaliser la mobilité forcée.

## 2. « *Extériorisation* » *de la main-d'œuvre*

Tant la segmentation de la production que la sous-traitance des activités périphériques, telles qu'entretien, transport, manutention, restauration, provoquent une extériorisation de la main-d'œuvre en ce sens que les travailleurs ne font plus partie juridiquement de l'entreprise donneuse d'ordres.

Le droit commercial et le droit des sociétés de commerce offrent, pour pratiquer cette extériorisation, des techniques juridiques adéquates : conclusion de contrats commerciaux avec des sociétés sous-traitantes ou avec des entreprises prestataires de services ; création de filiales prenant en charge une activité, une unité de production.

---

3. Trente jours à compter de la date d'envoi de la demande d'autorisation de licenciement lorsque le nombre de licenciements envisagés par l'employeur est au moins égal à dix dans une même période de trente jours ; sept jours renouvelables dans les autres cas (art. L. 321-9 du Code du travail).

4. Voir *Liaisons sociales,* « Indemnisation du chômage », numéro spécial, juillet 1980.

Autant de techniques qui ont pour effet de placer entre l'entreprise donneuse d'ordre et les exécutants (les travailleurs) un écran juridique : la société sous-traitante ou prestataire de services, la filiale.

Le droit du travail condamne le recours à ces techniques lorsqu'il est purement fictif et le légitime au contraire comme mode d'organisation des entreprises.

La loi du 6 juillet 1973 relative à la répression des trafics de main-d'œuvre a interdit, sous peine de sanctions pénales, la fourniture de main-d'œuvre à but lucratif autre que le travail temporaire [5]. Mais elle a limité l'interdiction aux opérations ayant pour objet exclusif la location de main-d'œuvre, laissant hors d'atteinte les contrats de services proprement dits tels que contrats d'entretien des locaux, des machines, etc. ; car la société prestataire fournit un service, et, pour ce faire, non seulement la main-d'œuvre, mais également l'encadrement et le matériel nécessaire. Ces deux derniers éléments maintiennent l'autonomie du service par rapport à l'entreprise principale. On peut dès lors observer que sont implicitement légitimés les contrats entraînant une véritable extériorisation de la main-d'œuvre. Tombent par contre sous le coup de l'interdiction les pseudo-contrats de service qui dissimulent mal une simple fourniture de main-d'œuvre, les travailleurs fournis étant totalement intégrés au propre personnel de l'entreprise principale.

Parallèlement, la Cour de cassation condamne la création de filiales fictives en assimilant à une seule et même entreprise pour l'application du droit du travail les sociétés trop étroitement imbriquées [6].

Si les grandes entreprises utilisent par sociétés de services interposées un fort contingent de main-d'œuvre de façon permanente, cette permanence n'offre pas nécessairement aux salariés la stabilité d'emploi. Car l'entreprise principale peut changer de sociétés de services. Elle le fait d'autant plus facilement que la concurrence est très forte dans le secteur des services.

Le droit du travail atténue les effets négatifs de ces changements de sociétés de services en posant à l'article L. 122-12 du Code du travail le principe de la poursuite des contrats de travail malgré le changement et donc en imposant au nouveau prestataire de conserver le personnel de l'ancien [7]. Mais à la condition, ajoute la Cour de cassation, que les postes de travail subsistent. S'ils disparaissent avec

---

5. Voir l'article L. 125-3 du Code du travail.
6. Pour une analyse de cette jurisprudence voir *L'Employeur, op. cit.,* p. 115 et s.
7. En novembre 1980, le ministère du Travail envisageait la suppression de cette obligation. Voir *Liaisons sociales,* « Documents », n° 138/80 du 26 novembre 1980.

la conclusion du nouveau contrat de service, le licenciement est parfaitement justifié [8]. Conservent donc leur emploi les travailleurs occupant des postes maintenus par le nouveau prestataire.

## 3. Embauches précaires

La volonté des entreprises de limiter leurs coûts fixes et de redonner à leur volume de main-d'œuvre une indispensable plasticité les incite à multiplier les embauches précaires. Le droit du travail en offre un large éventail : travail temporaire, contrat à durée déterminée, travail intermittent, stage pratique en entreprise pour les jeunes.

La loi du 3 janvier 1979 a légalisé non seulement les contrats à durée déterminée par nature : les contrats de date à date, mais également des contrats dont la durée est en réalité laissée à la discrétion du chef d'entreprise : il s'agit des contrats conclus pour l'exécution d'une tâche déterminée et non durable, correspondant au remplacement d'un salarié temporairement absent, à un surcroît occasionnel de travail ou à une activité inhabituelle de l'entreprise (art. L. 122-3 du Code du travail) [9].

On ne peut qu'être frappé par la similitude existant entre le domaine légal de ces contrats et celui du recours au travail temporaire délimité par la loi du 3 janvier 1972 (art. L. 124-2 du Code du travail) : absence temporaire d'un salarié ; existence d'un surcroît occasionnel d'activité ; créations d'activités nouvelles ; travaux urgents.

Remplacement et renfort, telles sont donc les deux fonctions imparties par le législateur à ces formes d'emploi précaire.

Et il est bien certain que les chefs d'entreprise ne peuvent y avoir recours que dans les seuls cas autorisés. Tout débordement, tout détournement des textes, toute embauche précaire dissimulant un emploi permanent permet aux juges de requalifier le contrat en fonction des conditions réelles d'emploi. Dès lors que celles-ci révéleront qu'il s'agit en réalité d'un contrat de travail à durée indéterminée, le travailleur se verra appliquer la réglementation du licenciement lors de la rupture de son contrat.

---

8. Pour une synthèse de la jurisprudence, voir l'étude publiée dans *Liaisons sociales*, « Licenciement et Transferts d'entreprise » (« Législation sociale », n° 4965 du 27 octobre 1980).

9. Sur le contrat de travail à durée déterminée, voir *Liaisons sociales*, « Législation sociale », n° 5021 du 11 mars 1981 ; *Droit social*, numéro spécial, septembre-octobre 1980.

S'il s'agit au contraire de vrais contrats de travail temporaire ou à durée déterminée, à leur terme les salariés au chômage percevront seulement l'allocation de base, faute d'avoir « bénéficié » d'un licenciement économique.

Ce survol du droit du travail suscite plusieurs observations :

– L'articulation de l'ensemble des textes réglementant l'emploi fournit aux entreprises l'arsenal juridique nécessaire à la concrétisation de leur politique d'emploi. Elle renforce même la segmentation du marché du travail par un traitement différencié de la main-d'œuvre permanente et du personnel d'appoint, l'exemple de l'indemnisation du chômage étant l'un des plus topiques.

– Mais le droit du travail légalise les nouvelles formes d'emploi en tant que mode d'organisation des entreprises – d'organisation économiquement plus rationnelle et plus rentable –, et non comme moyen d'éluder directement l'application des droits des travailleurs.

Aussi donne-t-il à l'inspection du travail, aux salariés et à leurs organisations syndicales les moyens de combattre les détournements, les fraudes. Soit en déclenchant des poursuites pénales qui entraîneront la condamnation des dirigeants de l'entreprise principale et de l'entreprise prestataire au paiement d'une amende. Soit en demandant au conseil des prud'hommes de requalifier le contrat, pour que les salariés bénéficient de l'ensemble des dispositions du droit du travail et fassent valoir leurs droits auprès de l'utilisateur, leur véritable employeur.

Une utilisation plus systématique de ces possibilités judiciaires permettrait d'assainir la situation actuelle en condamnant la fausse extériorisation, les faux emplois temporaires. Sans doute ne faut-il pas négliger l'effet dissuasif de la traduction devant le juge pénal de quelques chefs d'entreprise peu scrupuleux. Mais cela ne remet nullement en cause les nouveaux modes d'organisation des entreprises, cela tendrait plutôt à les renforcer en distinguant l'interdit, le condamnable du permis, du légal : la véritable extériorisation, le véritable emploi précaire.

## II. L'institutionnalisation des relations de travail triangulaires

1) Comme cela a été dit plus haut, la dissociation délibérée de l'utilisation de la force de travail et de la gestion de la main-d'œuvre est un trait saillant de la stratégie patronale actuelle. Il en résulte que les salariés sont juridiquement liés à la société de service ou à la filiale

qui les a embauchés, mais qu'ils sont en réalité utilisés et gouvernés par l'entreprise principale, qui pourtant demeure hors du champ du contrat de travail.

Que le lien juridique soit bilatéral : société - employeur/salarié, n'empêche pas les relations de travail d'être en fait triangulaires : utilisateur/employeur/salarié. Si cela est particulièrement tangible lorsque les salariés sont physiquement présents dans l'entreprise utilisatrice, cela est également vrai lorsque les travailleurs sont employés par un sous-traitant qui n'est que le satellite de l'entreprise donneuse d'ordres.

Ce caractère triangulaire contrarie la conception classique du droit du travail construit sur la base de relations de travail supposées bilatérales nouées au sein d'entreprises présumées économiquement indépendantes. Deux exemples symptomatiques : la mise en place des institutions représentatives du personnel (délégués du personnel, délégués syndicaux, comités d'entreprise) a pour cadre l'entreprise-employeur ; la convention collective applicable est déterminée par référence à l'employeur contractant.

Il est bien évident que les règles perdent toute valeur dès lors que l'hypothèse de départ est modifiée. Et l'on parle alors d'inadaptation, de crise, d'effondrement du droit du travail [10].

2) Le premier réflexe est bien sûr de dénoncer cette dissociation entre l'utilisateur et l'employeur, de faire sauter le verrou que constitue l'intermédiaire de l'employeur en plaidant qu'il n'est qu'un contractant formel, et ce pour faire jouer le droit commun du travail dans le cadre de la relation utilisateur/salarié. Démarche juridique qui va totalement à contre-courant de la stratégie des entreprises. Croire cette démarche possible, n'est-ce pas s'illusionner sur la fonction du droit du travail, du droit capitaliste du travail ?

Il faut bien admettre que les politiques d'emploi décrites plus haut correspondent à la phase actuelle du capitalisme, qu'il les sécrète et que le droit du travail les a déjà légalisées.

L'action juridique tend alors à la création de règles de droit propres aux relations de travail triangulaires. C'est déjà, observera-t-on, institutionnaliser ces relations, et donc admettre implicitement la dissociation entre utilisation et gestion de la force de travail, avec les effets pervers qu'elle peut entraîner pour les travailleurs. Mais n'est-ce pas là toute l'ambiguïté des droits reconnus à la classe ouvrière, chaque « acquis » l'enserrant un peu plus dans un filet légaliste qui lui

---

10. Voir Gérard Lyon-Caen, « L'Effondrement du droit du travail », *Le Monde* du 31 octobre 1978 ; « La Crise actuelle du droit du travail », *in Le Droit capitaliste du travail,* PUG, collection Critique du droit, 1980.

est fondamentalement hostile et renforce globalement le système économique [11].

On ne peut faire abstraction des diverses manifestations de la prise en compte par le droit positif des situations nouvelles engendrées par les stratégies d'emploi actuelles.

Quelques exemples significatifs :

– *légaux :* la loi du 3 janvier 1972 sur le travail temporaire impose à l'utilisateur de respecter à l'égard des travailleurs temporaires la réglementation du travail, notamment les règles d'hygiène et de sécurité (art. L. 124-7 du Code du travail). De même, un décret du 29 novembre 1977 oblige l'entreprise utilisatrice à veiller à la sécurité du personnel détaché dans ses locaux par une entreprise extérieure ;

– *jurisprudentiels :* depuis une dizaine d'années, la Cour de cassation admet pour la mise en place des institutions représentatives du personnel le regroupement de plusieurs sociétés lorsqu'elles constituent un « ensemble économique unique », un « ensemble social et économique », une « unité économique et sociale ». Elle autorise le salarié détaché dans une entreprise utilisatrice à participer sur place à l'élection des délégués du personnel. Il est également pris en compte dans le calcul de ses effectifs [12] ;

– *conventionnels :* dans quelques groupes déjà les syndicats ont obtenu la mise en place d'un comité de groupe (notamment Elf et Rhône-Poulenc) [13].

3) Partant de là, on peut envisager les réponses possibles du droit du travail à ces relations de travail triangulaires, relations au développement desquelles il a par ailleurs contribué [14].

Le paiement des salaires devrait rester à la charge de l'employeur contractant. Il est peu vraisemblable qu'il soit supporté par l'utilisateur (sauf confusion des patrimoines). Car l'heure est plutôt à l'assurance, comme le montre le vote de la loi du 2 janvier 1979 imposant aux entreprises de travail temporaire une garantie

---

11. Voir Pierre BANCE, *Les Fondateurs de la CGT à l'épreuve du droit,* La Pensée sauvage, 1978.

12. Pour une analyse de la jurisprudence sur l'unité économique et sociale comme sur le détachement, voir *L'Employeur, op. cit.,* n⁰ˢ 345 et suivants et 87 et suivants.

13. Le protocole d'accord du 5 janvier 1979 instituant « un comité des sociétés françaises du groupe Rhône-Poulenc » est publié dans *Liaisons sociales,* « Législation sociale », n° 4741 du 8 mars 1979.

14. Sur l'ambivalence du droit du travail, voir Jean-Claude JAVILLIER, *Droit du travail,* LGDJ, 2ᵉ édition, 1981.

financière [15]. Celle-ci évite qu'en cas de défaillance de l'entreprise de travail temporaire les travailleurs exercent contre l'utilisateur l'action directe prévue par la loi du 3 janvier 1972 sur le travail temporaire. En votant la loi du 2 janvier 1979, le Parlement a manifesté qu'il n'entendait pas contrarier la politique patronale d'allégement des coûts de main-d'œuvre.

La police de la sécurité au travail s'exerce déjà au contraire sur le lieu même de travail ; le chef d'entreprise est tenu de respecter, sous peine de sanctions pénales, les règles d'hygiène et de sécurité à l'égard de tout le personnel physiquement présent dans les établissements qu'il dirige, indépendamment de tout lien contractuel. Cette orientation devrait se renforcer à une époque où les pouvoirs publics mettent l'accent plus sur la prévention des accidents du travail que sur leur réparation. La prévention passe par un strict respect des règles de sécurité sur le lieu même du travail.

Le contrôle de l'emploi et plus particulièrement des licenciements pour motif économique devrait s'accompagner d'un élargissement du champ d'investigation des services de la main-d'œuvre. Ceux-ci apprécieront la réalité du motif de licenciement, non dans le cadre exclusif de la société-employeur, mais compte tenu de la place de cette société dans le groupe, de sa plus ou moins grande dépendance économique. La voie a été ouverte par un arrêt récent du Conseil d'Etat [16].

Un réaménagement de la représentation des travailleurs et du droit syndical est également prévisible. On assiste déjà à une « recomposition » de la collectivité de travail à la base par le biais de la reconnaissance jurisprudentielle du double électorat aux travailleurs physiquement mis à la disposition de l'utilisateur. Et, au sommet, à la mise en place d'un troisième niveau de représentation avec les comités de groupes.

Mais c'est dans ce domaine des droits collectifs que la résistance patronale est la plus forte et la lutte syndicale la plus difficile. Car les nouvelles stratégies des entreprises ont eu pour effet − sinon pour objet − de neutraliser l'action syndicale classique, dans le cadre notamment de l'entreprise-employeur. La négociation ne se conçoit plus désormais avec le seul employeur. Mais il faut pour les organisations syndicales trouver le nouveau terrain de négociation et créer un rapport de forces favorable. Ce qui est difficile lorsque les cadres légaux d'action ne correspondent plus à la structure des entreprises.

---

15. Voir l'article L. 124-8-1 du Code du travail.
16. Conseil d'Etat, 18 janvier 1980, *Droit social,* 1980, p. 322.

# Les problèmes d'emploi dans la stratégie économique de l'Etat

*Sabine Erbès-Seguin* *

Quelle est la place de l'emploi dans les stratégies économiques de l'Etat, et comment peut-on interpréter les mesures relatives à l'emploi ainsi que les conséquences induites de stratégies économiques ou juridiques ? Une mise en relation des stratégies de l'Etat avec celles des industriels depuis une quinzaine d'années montre que la notion d'emploi se charge d'un contenu socio-politique de plus en plus fort, à la fois parce que le chômage atteint des proportions critiques sous l'effet des restructurations économiques, mais aussi dans la mesure où la signification même des interventions de l'Etat dans l'économie se transforme par rapport à la période du « welfare state », qui avait prévalu de l'après-guerre à la fin des années 1960.

En France, le rôle de l'Etat en matière sociale a toujours été ambigu, multiples sont les formes de son intervention dans les relations collectives de travail : directe par la législation, mais aussi l'investissement public, indirecte par l'impact, effectif ou souhaité, de son action vis-à-vis de ses propres salariés : par exemple à la régie Renault, surtout jusqu'à la fin des années 1950, ou encore par la politique de « contrats de progrès » du gouvernement Chaban-Delmas en 1969. Par ailleurs, sa fonction d'investisseur déborde les attributions traditionnelles d'un gouvernement néo-libéral : c'est surtout à travers l'évolution de cette fonction par rapport au rôle d'assistance sociale que l'on voit, en quinze ans, se transformer les modes d'intervention de l'Etat en matière d'emploi.

---

* Groupe de Sociologie du travail, CNRS, université Paris-VII, communication rédigée en décembre 1980.

## I. L'évolution des orientations de l'Etat en matière d'emploi

On peut distinguer deux grandes phases :

1) Le milieu des années 1960 marque un premier tournant important, qui voit se conjuguer un certain nombre de facteurs de nature différente : augmentation de la population active à partir de 1963 (pour la première fois depuis l'entre-deux-guerres), ouverture des frontières économiques, mais aussi apparition de taux d'inflation inquiétants. C'est à partir de ce dernier point que l'intervention socio-économique de l'Etat va peser de façon de plus en plus différentielle, mais apparemment paradoxale, car elle ne semble pas toujours liée, dans les faits, aux préoccupations monétaires annoncées. Le premier exemple, au cours de la période étudiée, est le plan de stabilisation de 1963 : il avait été voulu par le général de Gaulle pour des raisons monétaires et de prestige international d'abord (soutien du franc), mais c'est dans l'industrie que s'était fait sentir son véritable impact. Il a, de fait, contribué à l'évolution qui se dessine dès cette époque dans les structures industrielles, en donnant un coup d'arrêt à l'activité économique, qui a pesé indirectement sur l'emploi à l'aube d'une grande phase de restructurations industrielles, dont de nombreux économistes situent le départ vers 1966-1967. Il faut aussi noter que c'est à partir de 1963-1964 que la courbe du chômage commence à croître lentement.

Cet exemple montre qu'il est impossible de dater de façon tranchée l'évolution de l'intervention de l'Etat, mais la tentation est grande de retenir une date symbole : celle de la publication par le CNPF de la « charte » de janvier 1965 [1]. Elle affirme avec force l'attachement au libéralisme et à l'économie de marché, et en particulier la nécessité pour l'Etat de ne pas empiéter sur le domaine propre des entrepreneurs privés : l'investissement productif, son rôle étant d'abord d'assurer à tous une « garantie sociale ». La période qui débute alors voit, contrairement aux stratégies des années 1950, une diminution relative des investissements productifs dans le secteur public, retrait dont la logique est inscrite dans le rapport Nora de septembre 1968 sur la « vérité des prix » dans ce secteur [2]. Mais, dans le même temps, des prêts sélectifs au secteur privé apparaissent comme de nouvelles formes d'infléchissement des choix économiques,

---

1. Déclaration du CNPF, 19 janvier 1965.
2. P. DUBOIS, *Mort de l'Etat-patron,* Editions ouvrières, Paris, 1974, analyse ce phénomène.

liées à la double préoccupation − peut-être contradictoire − d'accélérer la concentration industrielle et de préserver l'emploi. A cet égard, les stratégies des gouvernements successifs vis-à-vis de la sidérurgie sont tout à fait intéressantes à observer [3].

Les années 1966-1967 débutent par une relance de l'activité par les pouvoirs publics. Elles sont marquées par le début des restructurations de l'appareil productif, dont l'envergure et les effets sur l'emploi n'apparaîtront que bien plus tard. Dans le même temps, la fonction d'assistance de l'Etat reprend une vigueur qu'elle ne connaissait plus depuis la période des grandes lois sociales d'après 1945. La législation sociale, qui avait peu évolué depuis 1960, se développe fortement à partir de 1966, avec notamment la loi sur la réduction de la durée du travail (1966), et les quatre semaines de congés payés (1969). On relève surtout une prolifération de mesures concernant le chômage et le licenciement. Dans un premier temps, elles ne font que poursuivre la tendance antérieure à assurer une « police » des licenciements. Ce n'est qu'au début des années 1970 que s'esquissera peu à peu un type de législation nouveau. La création du Fonds national de l'emploi (en 1967) marque la volonté des pouvoirs publics de parer aux distorsions nées de l'expansion et de faciliter la reconversion des travailleurs [4].

Toutefois, la politique salariale de l'Etat vis-à-vis de ses propres salariés, cohérente avec un autre de ses rôles, celui de contrôler l'évolution des prix, ne va pas, en période d'expansion, dans le même sens que la stratégie des employeurs, plus préoccupés de développer la production que de contrôler les prix. Ce comportement de l'Etat concourt donc à accentuer la tendance, déjà sensible, à une différenciation croissante entre les secteurs d'activité.

L'intervention de l'Etat en matière sociale remplit de fait une double fonction : à court terme, régulariser sur le plan social les effets de la croissance, en assurant à tous un minimum vital, pour partie lié au taux de croissance : c'est notamment l'idée de base de la transformation, en 1968, du SMIG en SMIC. A long terme, cette politique a pour effet d'institutionnaliser la formation des salaires, processus nécessaire au bon fonctionnement des mécanismes de l'accumulation et du profit [5]. Sur le plan strictement économique, l'Etat définit son rôle comme étant « d'assurer les équilibres fondamentaux et dynamiques de la croissance économique :

_____

3. S. ERBÈS-SEGUIN et R. VOLZ, *Les Syndicats face à l'évolution économique en Allemagne fédérale et en France*, GST, Paris, décembre 1979, notamment p. 183-198.

4. Interview de G. POMPIDOU, Premier ministre, à *Jeune Patron*, août-septembre 1967.

5. R. BOYER et J. MISTRAL, *Accumulation, Inflation, Crises*, PUF, Paris, 1978.

budgétaire et commerce extérieur. [...] La règle de l'équilibre budgétaire est liée à l'objectif fondamental de développement des investissements productifs [...]. L'équilibre du commerce extérieur est nécessaire à une politique d'indépendance nationale [6]. »

Au cours de cette première phase, les effets sur l'emploi de cette évolution dans les stratégies économiques sont très peu perceptibles, à la fois parce que la forte expansion économique masque l'apparition d'un chômage structurel et parce que la recherche de « vérité des prix » et d'amélioration de rentabilité dans le secteur public (rapport Nora) ne conduisent pas encore à ce qui sera une dominante de la seconde période, la recherche d'un mode différent de rentabilisation de la main-d'œuvre, à travers l'aménagement de la mobilité de l'emploi. Il y a, à cette époque, une évolution nette des stratégies économiques, financières et législatives de l'Etat, mais pas encore de politique sociale véritablement nouvelle.

2) Les plans économiques du gouvernement se suivent, mais l'histoire ne se répète pas. Le début des années 1970 est encore une phase de forte expansion économique et de « flou » industriel, c'est-à-dire de concentration financière tous azimuts, non centrée sur des secteurs d'activité précis. A partir de 1974-1975 surtout apparaissent parallèlement dans le secteur privé et dans l'action des pouvoirs publics un double mouvement de sélectivité croissante des investissements et une recherche de souplesse des coûts de production, notamment des coûts humains, qui se traduit par la précarisation croissante de l'emploi, dans le secteur public comme dans le secteur privé. Mais il faut aussi voir dans ce mouvement les premières conséquences massives de restructurations entamées dix ans plus tôt. Se conjuguent alors des stratégies nouvelles et volontaires, avec les effets induits de stratégies plus anciennes, l'un et l'autre mouvement ne se situant sans doute pas dans les mêmes secteurs, ni pour les mêmes types de qualification.

L'intervention politique et financière de l'Etat ne diminue pas en volume, mais se fait ouvertement sélective [7]. Le VIe Plan, qui entre en vigueur en 1972, se donne, entre autres, pour tâche de faciliter la concentration industrielle et l'adaptation de la main-d'œuvre à cette évolution par une plus grande mobilité et une formation

---

6. V. GISCARD D'ESTAING, ministre des Finances, « Existera-t-il encore une industrie en France en 1985 ? », *Jeune Patron,* février 1967.

7. P. DUBOIS, dans *Mort de l'Etat-patron, op.cit.,* cite les chiffres de respectivement 8 % et 64 % d'augmentation, en francs courants, des subventions de l'Etat aux secteurs public et privé entre 1968 et 1972. Voir surtout la communication de M. RAIMBAULT et J.-M. SAUSSOIS, « L'Organisation des rapports Etat-industrie en matière d'emploi », *supra.*

professionnelle plus souple et plus adaptée. Ainsi, en décembre 1974, les pouvoirs publics dictent pratiquement les conditions de la reprise de Citroën par Peugeot, en y subordonnant l'octroi du prêt public. Les subventions et prêts successifs à la sidérurgie vont dans le même sens, et comportent deux types de conditions : restructuration et concentration financière, d'une part, « plan social » discuté avec les syndicats, de l'autre.

Les prêts de l'Etat permettent donc de conserver une partie de l'emploi et de soutenir les exportations. Par ailleurs, l'octroi de prêts plutôt que de prises de participation de l'Etat élargit l'éventail des entreprises susceptibles d'être aidées. L'objectif global avancé par le gouvernement est de préserver les capacités industrielles, pour le temps où reprendra la croissance [8]. Le rôle économique de l'Etat est donc dit de conservation et de soutien, mais pas d'investissement direct. Cependant, ces interventions sont de plus en plus sélectives : la croissance exige les concentrations et les restructurations industrielles sur le plan européen. Elle s'accompagne d'une politique « très souple » vis-à-vis des investissements étrangers en France, sélective, mais souhaitée « chaque fois qu'elle apporte un surcroît d'activité, et favorise notamment la recherche [9] ». La constitution de multinationales d'origine française est encouragée, mais elle s'accompagne de l'extension en France des SMN étrangères. Les deux mouvements sont complémentaires, et contribuent puissamment à accentuer le chômage et surtout, dans un premier temps, la déstabilisation de l'emploi. Si les secteurs en crise ont été les premiers créateurs de chômage, les industries de biens d'équipement, globalement en expansion du point de vue de la production, bien au-delà de 1974, cessent désormais toute embauche à durée non déterminée.

Le plan de relance annoncé par V. Giscard d'Estaing en septembre 1975 se donne pour objectif de « stimuler l'activité économique pour que les entreprises soient amenées à reprendre l'embauche ». Mais, dans le même temps, les stratégies de restructuration industrielle se transforment, ce qui paraît coïncider avec une nouvelle appréciation, faite par les entrepreneurs, des aspects structurels de l'évolution économique internationale, vers la fin de 1975. Par ailleurs, la nouvelle et importante législation sur le licenciement [10] tend plutôt à dédramatiser le licenciement qu'à le prévenir, en aménageant

---

8. Interview de J.-P. Fourcade, ministre des Finances, à Europe n° 1, le 6 décembre 1974.

9. Cf. interview citée de G. Pompidou, Premier ministre, en 1967.

10. Les lois sur le licenciement, celle de 1973 sur le licenciement individuel, de 1975 sur les licenciements collectifs, la création de l'ASA (indemnisation à 90 % du chômage dans certaines conditions), la réorganisation de l'ANPE...

l'indemnisation et en apportant des garanties aux travailleurs licenciés. Toutefois, la loi de 1975 introduit dans la législation, dans le contrôle administratif par l'inspecteur du travail et dans la jurisprudence la possibilité d'un contrôle par le juge des « causes réelles et sérieuses » du licenciement, et donc l'amorce d'un raisonnement nouveau, de nature proprement économique, au niveau de la loi et de son interprétation. Mais c'est aussi la constitution progressive d'un véritable droit du licenciement [11] bien différent du droit à l'emploi revendiqué par les syndicats.

Le plan Barre de septembre 1976, dont l'objectif majeur annoncé est la lutte contre l'inflation, marque un nouveau pas dans les stratégies néo-libérales : libération progressive des prix, contrôle des salaires, stimulation de l'investissement et de l'autofinancement. Mais la logique de ce plan est que l'inflation ne se combat pas en agissant sur les prix, mais sur les coûts de production, ce qui va dans le sens de la politique, suivie depuis quelques années déjà, de sélectivité des interventions publiques pour favoriser l'évolution des structures de production. L'examen de ses résultats, trois ans plus tard [12], montre qu'en fait, si la lutte contre l'inflation a pratiquement échoué, les inégalités entre secteurs et branches se sont par contre amplifiées, et qu'elles sont liées aux différences de productivité et de capacité exportatrice entre ces secteurs [13].

Cette évolution conduit donc l'Etat, sur le plan de l'emploi, à prolonger l'aménagement des licenciements par un second volet, qui tend à devenir prédominant à partir de 1979 [14]. Il est marqué par la loi de janvier 1979 sur le travail à durée déterminée, par le rapport Cousté sur le travail temporaire de juin 1979, et consiste désormais à aménager la mobilité professionnelle, à lui donner un statut. Cette politique apparaît comme un corollaire obligé de l'augmentation de la productivité et de l'abaissement des coûts de production. L'Etat avait d'ailleurs largement contribué à déstabiliser l'emploi dans ses propres entreprises : Education nationale, P. et T., etc., dès le début des années 1970. Le rapport Cousté note que le travail temporaire est lié à « une politique d'ensemble de flexibilité dans la gestion de l'entreprise », propose de donner un statut à la mobilité, de lutter contre toutes les formes de marchandage, de reconstituer la

---

11. De nombreux articles de la revue *Droit social* insistent sur cet aspect. Voir dans l'annexe I de C. CASASSUS et S. ERBÈS-SEGUIN, *L'Intervention judiciaire et l'Emploi,* Documentation française, Paris, 1979, une analyse de cette évolution.

12. Cf. G. MATHIEU, *Le Monde,* 22 août 1979, pour une analyse rapide.

13. Voir, sur ce point, l'analyse des secteurs présentée dans la *Fresque historique du système productif,* INSEE, Paris, série E, n° 2, 1974.

14. Une première loi sur le travail temporaire avait été promulguée en janvier 1972.

collectivité de travail par-delà l'éclatement juridique de l'entreprise, autour d'une production, d'un site, et d'adapter les services publics de l'emploi aux nouvelles données du marché. Il pose donc avec clarté les enjeux qui s'édifient désormais autour du problème de l'emploi.

A cet égard, les pactes successifs, pour l'emploi des jeunes [15] sont depuis 1977 un aspect essentiel des interventions de l'Etat. On peut y voir la concrétisation des stratégies nouvelles d'intervention sélective (certaines catégories de travailleurs seulement sont concernées), directe, agissant sur le fonctionnement du marché du travail lui-même, donc structurelle, mais à court terme [16]. Elles laissent à l'entrepreneur l'initiative des embauches, mais font assumer à l'Etat les charges sociales, pour les emplois précaires (contrats d'un an). Par ailleurs, la fonction de planification, le débat sur le VIIIᵉ Plan le montre [17], est de moins en moins d'intervenir directement au niveau de l'emploi, mais de créer les conditions du fonctionnement de l'économie sur des bases néo-libérales.

## II. Vers une nouvelle définition du problème socio-économique de l'emploi

Du point de vue gouvernemental, on peut penser que le retour au libéralisme indique non seulement une volonté politique, mais une incapacité à maîtriser les évolutions économiques. On se trouverait donc, pour les relations collectives de travail, dans une situation de retour à un affrontement plus direct entre des stratégies économiques, dans un climat à la fois de concurrence internationale et de partage des marchés, avec, d'autre part, une législation sociale assez nettement protectrice des droits des travailleurs en matière d'emploi. Les employeurs s'efforcent, dans un premier temps, d'échapper à ceux des aspects de cette législation qui gênent leurs stratégies économiques et sociales : emploi de travailleurs intérimaires ou sous contrats à durée déterminée pour contrer la législation sur les licenciements, application limitée de la loi sur la protection syndicale... Par la suite, certaines des lois protectrices des travailleurs sont ouvertement mises en cause dans leur principe : modification de l'indemnisation du

---

15. Cf. « Les Pactes nationaux pour l'emploi des jeunes », *in Travail et Emploi,* octobre 1980.

16. Cf. « Chômages et Politiques d'emploi », *Cahier français,* mars-avril 1980.

17. Cf. Les articles du *Monde* du 4 novembre 1980 sur les réticences du Conseil économique et social à propos du VIIIᵉ Plan, et sur « Le Plan et l'Emploi », puis la décision de l'Assemblée nationale de ne pas examiner le VIIIᵉ Plan avant les élections présidentielles de 1981.

licenciement économique, recherche – controversée – d'un statut de la mobilité, mise en question du financement et de la gestion de la sécurité sociale, des bases de la taxation et des charges sociales. « Le drame de la France, c'est que, par facilité, on a pris les salaires comme assiette de la plupart des impôts et des cotisations sociales. Cela a deux conséquences : d'une part, on affaiblit les entreprises [...], d'autre part, on pénalise l'emploi [18]. »

Ainsi, les problèmes liés à l'emploi sont, au niveau des relations collectives de travail, traités différemment des problèmes de salaires. Pourquoi ? Ni la structuration de ces deux thèmes, ni les cibles revendicatives qu'ils représentent pour les travailleurs ne sont tout à fait les mêmes. Deux aspects sont toujours implicites dans les salaires : la part du revenu national qu'ils représentent, les problèmes de hiérarchie. C'est dire que, par sa structuration, le thème salaires est susceptible d'être situé alternativement dans le domaine du négociable (quant à son niveau surtout), et dans celui des enjeux de société en fonction de l'état économique de la branche et de l'époque considérées. Peut-on aller jusqu'à dire que le problème de l'emploi se pose de façon inverse ? D'abord, il faut distinguer là aussi certains contenus négociables, en particulier la durée du travail, mais elle l'est de façon très différente, en fonction des conditions d'emploi dans le secteur [19] ; durée hebdomadaire, surtout dans les branches à faible taux de main-d'œuvre, durée annuelle plus souvent : la durée des congés annuels est le seul aspect qui ait fait l'objet d'acquis véritablement généraux pour les travailleurs, non seulement officialisés dans la législation, mais également appliqués dans les faits. Dans des cas limités, des périodes de chômage partiel ont parfois facilité de telles réductions de la durée du travail, à travers le jeu des compensations transformées en acquis, et malgré la très grande réticence des employeurs à négocier sur autre chose que sur la durée annuelle, c'est-à-dire l'aménagement des périodes de non-travail.

Mais le problème proprement dit de l'emploi, du droit à l'emploi, et même à *un* emploi, est un enjeu lié aux politiques économiques de l'Etat et des entreprises. L'intervention de l'Etat est ici à la fois de même type que pour les salaires (assistance aux chômeurs, survie minimale pour tous), mais devient aussi, on l'a vu, aménagement du chômage et de la mobilité. Dans un premier temps, les stratégies syndicales sont allées dans le même sens, en cherchant à assurer aux travailleurs des garanties en cas de chômage, à travers un système

---

18. Interview de F. CEYRAC, président du CNPF, *Le Figaro*, 6 juillet 1979.
19. Cf. Sabine ERBÈS-SEGUIN, *Les Relations collectives de travail. Pour une sociologie économique du conflit industriel*, thèse d'Etat ès lettres, Paris-VII, 1980, chapitres VI et VIII.

d'indemnisation. Mais aucune négociation n'a pu avoir lieu sur l'emploi, « droit » en contradiction avec la libre décision économique des employeurs. Bien au contraire, on voit se développer toutes les formes de précarisation de l'emploi, alors même que se délite la notion d'employeur [20]. Les seuls acquis ont porté sur la survie ponctuelle d'emplois dans des entreprises en difficulté, et généralement à travers une prise en charge collective sur le plan local. On touche ici aux limites d'une action collective pour l'emploi [21].

L'emploi serait donc un thème butoir ne pouvant faire l'objet, pour des raisons économiques structurelles, que de marchandages ponctuels et limités dans le temps, d'une part, d'une protection matérielle en cas de licenciement, négocié globalement avec l'Etat, de l'autre. C'est en cela que les deux thèmes emploi et salaires ont à la fois des points communs (la protection minimale) et des différences fondamentales. Il y a, depuis la crise, désinstitutionnalisation tendancielle du rapport salarial, mais garantie de plus en plus institutionnelle d'un minimum pour les chômeurs [22]. Le problème de l'emploi se pose de plus en plus en termes radicalement nouveaux par rapport à la période précédente. Une phase de transformation des structures économiques s'achèverait actuellement, après une quinzaine d'années de transformations plus ou moins feutrées – du point de vue de l'emploi – selon les secteurs. Dans un premier temps, ces restructurations ont eu pour effet d'accroître les différences entre secteurs. Mais on en viendrait, dans un second temps, déjà amorcé dans certains pays, sinon encore en France, à des effets très différents des décisions économiques de l'Etat et des employeurs sur l'emploi. Plusieurs indicateurs iraient dans le sens d'une nouvelle définition de l'enjeu emploi, dont les aspects concernant la fonction de l'Etat ont été examinés au point I :

1. L'importance accordée par le groupe patronal à une non-réduction de la durée hebdomadaire du travail, malgré le poids du chômage, mais en revanche une certaine disposition à repenser une durée annuelle, que ce soit par le biais d'un chômage partiel, presque totalement compensé, ou par des journées, ou semaines supplémentaires de congé.

2. Les particularités, y compris juridiques, des conflits d'emploi : leur durée exceptionnelle, l'intervention fréquente de tiers (l'instance

---

20. Isabelle VACARIE, *L'Employeur,* Sirey, Paris, 1979.
21. Cécilia CASASSUS MONTERO, *L'Action collective pour l'emploi,* thèse de troisième cycle, Paris-VII, 1979.
22. Garanties dont le montant tend à se réduire, alors même que le nombre des travailleurs couverts augmente.

juridique, mais aussi les pouvoirs politiques locaux). Le fait que ces conflits ne débouchent que très rarement, et avec beaucoup de difficultés, sur des solutions acceptables par les travailleurs indique qu'il s'agit d'enjeux véritablement cruciaux.

3. La tendance à l'éclatement de la collectivité traditionnelle de travail, qui correspondait à la fois à un lieu géographique, à une entité juridique précise et à un employeur clairement défini.

4. Enfin la montée des conditions de travail comme lieu d'affrontement critique, contribuant à situer, sur un mode différent de la précarisation de l'emploi, les conditions de travail dans une nouvelle phase d'utilisation de la force de travail.

## Conclusion

L'emploi est devenu un enjeu de société, de façon de plus en plus nette depuis quelque cinq ans : on peut analyser sous cet angle la période de la campagne pour les élections législatives de 1978. L'enjeu des nationalisations fut un point capital pour les travailleurs et les syndicats au moins autant que pour les partis politiques de gauche. Mais l'accrochage étroit, qui est typique de cette période, des événements électoraux à des enjeux économiques – nationalisations contre société libérale avancée – paraît signifier autre chose que ce qu'il prétend révéler. Ne veut-il pas dire d'abord que les groupes sociaux cherchent ainsi à se retrouver en terrain balisé, ou à utiliser de vieilles bornes pour marquer une terre inconnue ? Il serait, d'une certaine façon, rassurant de pouvoir résoudre les contradictions et les problèmes clés des transformations profondes en cours à l'intérieur des structures économiques par des changements de majorité politique.

*III*

---

*Chômeurs et menacés :*
*de la résignation à la violence*

# Introduction

Pour les travailleurs en chômage, la crise est déjà un *vécu* : selon les auteurs et surtout selon les situations qu'ils observent, ce vécu du chômage est contradictoire. Jacques Le Mouël décrit le vécu du chômage à travers le témoignage de jeunes chômeurs de la région parisienne : pour certains, la crise est vécue comme accroissement d'aliénation, sentiment d'impuissance, comme celui qu'on peut avoir devant une maladie incurable qui perturbe les projets et, à la longue, démobilise, qui traumatise et dégrade la personnalité.

Dans une perspective plus désintéressée, ou plus désabusée, le chômage alimente les attitudes de refus du travail, le goût du marginalisme et les stratégies de débrouillardise. Loisir et temps libre peuvent être considérés comme une aubaine. Ils vont dans le sens d'une désocialisation et du refus des contraintes sociales du travail et de l'entreprise industrielle. La société sans emploi produit ses propres valeurs asociales, hédonistes, à la limite de la délinquance. On voit poindre le processus d'une démobilisation collective. La fatalité de la crise renforce chez une partie des travailleurs les stratégies individualistes au détriment des comportements de solidarité.

Ces observations contrastent avec celles des chômeurs de Longwy (contribution de C. Durand), qui, solidaires des sidérurgistes menacés, se dressèrent dans un combat plein d'ardeur et d'enthousiasme, ressoudant l'unité de la communauté devant la menace, proclamant leur volonté de vivre et travailler au pays et l'exprimant par des démonstrations d'une violence qui frisait parfois l'insurrection.

Ces sursauts de mobilisation ne sont pas la règle. Olivier Galland et Marie-Victoire Louis analysent les difficultés qu'éprouvent les chômeurs à se mobiliser.

Le chômage désorganise la classe ouvrière, il oppose travailleurs immigrés et métropolitains. Les tentatives pour organiser des comités de chômeurs ont montré leur précarité. En effet, la situation de chômage, en isolant l'individu dans son histoire personnelle, supprime la conscience de communauté, la conscience collective qui est la base de l'action.

Le fatalisme des interprétations de la crise dissout les responsabilités et rend insaisissable l'adversaire. Les chômeurs ne peuvent se battre pour défendre leur condition : les plus actifs d'entre eux la récusent et n'aspirent qu'à en sortir. Et ceux qui s'accoutument ne vont pas se battre pour un travail rejeté.

Cécilia Casassus définit les conditions de l'action collective pour l'emploi : la conscience d'intérêts communs, la perception de l'efficacité de l'action, la position d'un objectif, la référence à une collectivité... Selon le degré de précarité de la situation d'emploi, ces différentes conditions ont plus ou moins de difficultés à s'actualiser en lutte. Finalement, ce ne sont pas les catégories les plus menacées (jeunes, immigrés) qui sont le mieux à même de se défendre, mais celles qui conservent certains atouts.

L'initiative des luttes revient aux travailleurs à statut stable plutôt qu'aux plus vulnérables, à ceux qui ont une qualification et sont organisés syndicalement, à ceux qui ne sont pas encore privés de travail, qui s'accrochent encore à une entreprise comme lieu d'identité de la collectivité de travail : les sidérurgistes, les employés de Manufrance, les Lip.

Mais les travailleurs organisés se heurtent aux difficultés des luttes pour l'emploi. Les syndicats avec la crise perdent leurs atouts, deviennent très vulnérables. L'incapacité des syndicats à éviter les suppressions d'emplois s'allie aux réactions fatalistes des travailleurs pour expliquer l'absence de mobilisation. L'analyse, donnée en exemple, des syndicats américains n'est pas rassurante. Les syndicats américains, il est vrai, n'avaient que trop tendance, dans l'environnement mythique des valeurs de mobilité, à se replier sur des compensations financières. Ils se trouvent maintenant démunis et impuissants dans leurs zones d'actions privilégiées : les garanties contractuelles, la législation sociale. Ils se replient sur des solutions équivoques de reprise en charge économique des entreprises condamnées par leur personnel : actions en dernier ressort et pleines de risques. L'ampleur des échecs atteint les syndicats dans leur audience et dans leur existence même. Patronat et Etat exploitent la conjoncture pour les neutraliser.

A travers des actions de très longue durée, spectaculaires et parfois violentes, les syndicats français résistent pour le moment relativement mieux à l'adversité. Les Lip, les typographes du *Parisien libéré,* les sidérurgistes de Longwy, les marins-pêcheurs de Boulogne, par leur lutte, ont inquiété le pouvoir.

Cependant, les stratégies économiques restent indécises : les syndicats ne se résignent à proposer des alternatives industrielles que dans les cas désespérés. Après bien des hésitations, la CGT décide de transformer Manufrance en coopérative ouvrière de production. Mais, dans le syndicalisme français, le réformisme garde mauvaise presse : il érode la lutte des classes. Le cas américain étudié par O. Kourchid montre la précarité de ces récupérations gestionnaires d'entreprises en péril. En France, cependant, les SCOP enregistrent des succès dans plusieurs branches.

Devant les carences patronales et le désintérêt gouvernemental, s'appuyant sur la volonté des travailleurs de « vivre et travailler au pays », les syndicats ont élaboré de sérieux contre-plans de sauvetage de la sidérurgie, secteur de base de notre économie. La CGT notamment défend un plan industriel détaillé de modernisation des installations et de relance de la consommation. La CFDT s'est davantage appuyée sur des projets d'implantations nouvelles qui pourraient sauvegarder l'équilibre local de l'emploi au niveau des bassins menacés. Mais les deux syndicats se sont heurtés à un refus catégorique de l'Etat de toute négociation industrielle.

Quelle stratégie peut-on défendre devant l'effondrement de branches entières de l'économie ? L'Etat agite le mirage des technologies nouvelles. Si les débats syndicaux existent sur le nucléaire, ils sont encore balbutiants devant les perspectives de l'informatique, de la télématique, de la pharmacobiologie ou de l'aquaculture. Comment les travailleurs pourraient-ils intervenir dans les secteurs où se concentrent les forces économiques d'avenir ?

Mais l'imagination économique peut paraître de peu d'utilité dans un pays qui a longtemps refusé que se négocie la politique économique. L'action collective est-elle pour longtemps dans le creux de la vague ? Rappelons à ceux qui l'oublieraient que 1936 a suivi le déclin des luttes des années trente.

Claude DURAND

137

# Le chômage des jeunes :
# des « vécus » très différents

*Jacques Le Mouël* *

« La situation de chômage est [...] humiliante pour tout chômeur qui aspire profondément à retrouver son statut de travailleur occupé, qui se sent l'objet d'une exclusion [...] et dont le moi a investi les valeurs de l'emploi assez profondément [1]. » Autrement dit, plus l'investissement de soi dans le travail est important, plus le traumatisme du chômage est fort. Quinze ans plus tard, cette conclusion de R. Ledrut semble garder toute sa pertinence. Quelle que soit son ampleur actuelle, le chômage continue en effet de marquer fortement et durablement ses victimes [2]. Pourtant, si l'on considère que le vécu du chômage est lié à la valorisation du travail, on ne peut que s'interroger sur les conséquences de cette « désacralisation » du travail, notamment chez les jeunes, dont on parle beaucoup aujourd'hui.

« Les jeunes contestent le travail... » Ce leitmotiv des médias [3], qui est très vite devenu suspect aux yeux de nombreux sociologues, a eu

* Centre d'ethnologie sociale et de psychosociologie.

1. R. Ledrut, *Sociologie du chômage*, PUF, Paris, 1966, p. 454.

2. Cf. Un groupe d'ouvriers, *Nous, travailleurs licenciés*, Union générale d'édition, 10/18, Paris, 1976, 317 p.

3. A la suite notamment de la publication de l'ouvrage de J. Rousselet, *L'Allergie au travail*, Seuil, Paris, 1974, 277 p.

néanmoins pour mérite de les amener, bon gré mal gré, à investir ce nouveau (?) champ de recherche. Quand on sait que près d'un demandeur d'emploi sur deux a moins de vingt-cinq ans, il devient urgent de se demander non seulement comment ces jeunes vivent leur chômage, mais aussi quelles sont leurs représentations du travail. Non pas tant parce qu'il s'agit de jeunes en tant que tels – l'ambiguïté de la notion de jeunesse n'est plus à montrer –, mais surtout parce qu'au cours de ces dernières années les conditions d'insertion et de fonctionnement du marché de l'emploi se sont profondément transformées.

Cependant rares sont les recherches qui se sont attachées à étudier *ensemble* le chômage et les attitudes à l'égard du travail, sans qu'il soit possible de dire s'il s'agit là d'un parti pris méthodologique ou plus simplement d'une division du travail au sein de la recherche. Ainsi, le second de ces thèmes a de fait été privilégié, et c'est probablement ce qui explique les polémiques qu'il a suscitées [4].

Au cœur de celles-ci, deux questions apparaissent essentielles :

1. Y a-t-il un lien entre les luttes des jeunes OS des années soixante-dix et la contestation ou le refus du travail ?

2. Comment peut-on dire que les jeunes contestent le travail alors qu'ils occupent de plus en plus d'emplois de production ?

De fait, sans toutefois avoir « discuté » le bien-fondé et l'intérêt de ces questions, une réponse « dominante » est vite apparue [5]. Elle se résume à ceci : la contestation du travail existe sans doute, mais reste « marginale » – sans que cette marginalité soit bien définie –, et surtout elle ne concerne guère les jeunes ouvriers, mais bien plutôt des jeunes issus des classes moyennes.

Je ne voudrais pas revenir ici sur ces questions, mais simplement préciser que c'est dans ce contexte théorique que s'est déroulée la recherche dont je rends compte. Cette recherche est issue de mon expérience professionnelle de conseiller professionnel dans une agence locale de l'emploi de la banlieue nord de Paris.

Recevant des jeunes en grand nombre, il m'a ainsi été possible d'observer leurs attitudes et leur comportement. Deux constatations empiriques furent le point de départ de la recherche :

1. Il y a une très grande diversité des « vécus » du chômage.

---

4. N. de Maupéou-Abboud et D. Linhart ont rendu compte (et pris parti) à quelques années d'intervalle de ce débat. Cf. N. de MAUPÉOU-ABBOUD, « L'Entrée au travail et l'Entrée dans la vie », *in L'Année sociologique,* vol. 26, 1975, p. 545-561, et D. LINHART, « Quelques réflexions à propos du refus du travail », *in Sociologie du travail,* n° 3, 1978, p. 310-321.

5. Cf. « Jeune, 16-25 ans cherchent boulots cool... », *Autrement,* n° 21, octobre 1979.

2. Ces jeunes, d'origine populaire dans la quasi-totalité des cas, manifestent rarement le désir d'occuper un emploi dans la production, et certains contestent visiblement le travail salarié.

L'objet de l'enquête, qui s'est déroulée bien sûr hors du cadre institutionnel de l'ANPE, fut donc d'essayer de comprendre cette diversité des « vécus » ; elle partait de l'hypothèse que le vécu du chômage comme « chômage-maladie » ou « chômage banalisé » dépendait de leurs représentations du travail [6].

Par quels processus tel ou tel jeune est-il « attiré » vers l'un ou l'autre de ces pôles ? En quoi les transformations du marché du travail, d'une part, et du travail en tant qu'activité et valeur, d'autre part, déterminent-elles différents vécus du chômage ? Telles sont les questions auxquelles cette recherche a tenté d'apporter des éléments de réponse [7].

Bien sûr, « chômage-maladie » et « chômage banalisé » sont deux types de vécus extrêmes, deux concepts opératoires construits pour permettre une approche plus fine de la réalité. Il semble en effet difficile d'établir une véritable typologie des vécus du chômage, car non seulement les situations sont variées mais non statiques. Aussi me suis-je surtout efforcé, dans l'enquête que j'ai effectuée, de rechercher les processus psychosociaux permettant précisément de comprendre pour quelles raisons certains jeunes se situaient plutôt vers l'un ou l'autre de ces pôles. Le fait d'avoir eu des entretiens répétés avec chacun des jeunes interviewés et surtout de les avoir « suivis » pendant plusieurs mois a permis de tenir compte de leur évolution et de nuancer en conséquence leur situation entre ces deux pôles.

C'est donc à travers l'histoire propre de chacun des jeunes interviewés qu'il a été possible de repérer les processus explicatifs de leurs attitudes actuelles. Sur ce plan, la manière dont s'est déroulée leur première expérience du monde du travail semble un des éléments marquants de leur itinéraire ultérieur.

---

6. Cf. J. Le Mouël, « Les Jeunes : chômage-maladie ou chômage banalisé ? » *in Prévenir*, Cahiers d'études et de réflexions, Coopérative d'édition de la *Vie mutualiste*, n° 1, Marseille, 1980, p. 117-133.

Je remercie la rédaction de *Prévenir* de m'avoir autorisé à reprendre ici les passages les plus significatifs de cet article.

7. L'enquête a eu lieu dans la région parisienne entre septembre 1977 et mars 1978. Tous les jeunes interrogés sont issus de milieux populaires, et aucun n'a un niveau scolaire supérieur au baccalauréat. La plupart vivent en foyer de jeunes travailleurs.

Après sélection, une population expérimentale a été constituée ; dix jeunes chômeurs ont ainsi été retenus afin de mener une étude approfondie sur chacun d'eux, comportant un suivi biographique.

Ce type de méthode s'inscrit dans les recherches menées au Centre d'ethnologie sociale et de psychosociologie. Cf. *Transformations sociales et Rapports de pouvoir*, CESP, orientations et travaux, EHESS, 1977.

## I. Des itinéraires très différents

Tous ces jeunes ont été obligés de travailler très tôt, et leurs représentations respectives du travail, nées au cours de ces emplois, laissent apparaître un clivage très net entre deux groupes. L'itinéraire des uns illustre leur volonté d'intégration sociale, tandis que celui des autres débouche sur une remise en cause du travail salarié et sur une recherche

### *1. Un désir d'intégration*

Tous les efforts des premiers visent donc à assurer cette insertion professionnelle à laquelle ils aspirent. La recherche d'un emploi stable ponctue en quelque sorte leur itinéraire. Néanmoins, devant les difficultés du marché du travail, ils sont souvent contraints d'accepter ce qu'on leur propose, quelles que soient les conditions de travail ou la nature de l'emploi proposé.

De même, ils ne reculent pas devant les sacrifices nécessaires à l'acquisition d'une qualification : « En venant à Paris, je voulais surtout faire une formation, mais je ne connaissais pas grand-chose... Ce qui fait que j'ai fait n'importe quoi, j'ai travaillé en usine, là pendant un an, défileuse dans le textile... Et puis j'ai pris des cours du soir pour passer le BEPC. » (A., antillaise, dix-huit ans, a quitté l'école en 5e.)

Il n'y en a qu'un, dans ce groupe, qui ait connu, au départ du moins, un itinéraire différent, puisqu'il a vécu plusieurs années de manière marginale avant de décider de se « stabiliser », autrement dit de s'insérer socialement.

Pour ces jeunes, le travail salarié est donc tout à la fois une nécessité vitale : « C'est pas possible de vivre sans travailler », une obligation sociale, un devoir moral, une norme à respecter : « Quand on est jeune on doit travailler, c'est normal », dont la contrepartie est le statut social qu'il procure : « Le gars qui ne travaille pas, il n'est pas considéré » et la satisfaction personnelle qu'il confère : « Le travail, c'est ce qui te permet de te montrer à toi ce dont tu es capable. »

Enfin, le travail est aussi, par le revenu qu'il procure, un moyen d'accéder au mode de vie auquel ils aspirent, mode de vie qui ne se distingue pas du modèle dominant.

## 2. Une remise en cause du travail

Les jeunes du second groupe, en revanche, tirent un bilan très différent de leurs expériences de travail. Ils en retiennent surtout les contraintes (hiérarchie, discipline), les mauvaises conditions de travail, l'impossibilité de se réaliser dans et par le travail. Ainsi l'un d'eux, qui a pourtant tout mis en œuvre pour gravir quelques-uns des échelons de la hiérarchie sociale, en vient à s'interroger, une fois devenu technicien en informatique, sur la place qu'occupe le travail dans sa vie : « Ce qui s'est passé, c'est que le soir je rentrais au foyer, je continuais à chercher, à réfléchir [sur des programmes], à investir vachement là-dedans. Je n'étais plus disponible pour les copains, vachement nerveux..., fatigué. J'ai commencé à rêver du travail la nuit. Alors là, je me suis dit : là, terminé, je ne veux pas claquer... J'ai d'abord demandé des vacances, j'ai eu sept jours. Là, j'ai fait un peu le vide, je me suis reposé, j'ai examiné ma situation. Je me suis dit : je suis comme un con en train de bosser, ça ne peut pas continuer. J'ai filé ma démission, un mois après, je quittais la boîte. » (J.-F., vingt-quatre ans, manœuvre, serrurier, technicien en informatique.)

C'est à partir de cette prise de conscience de la réalité du monde du travail que se déclenche, en effet, pour eux un processus qui les conduit à remettre en cause le travail salarié et à contester la valeur travail. Ils aspirent dès lors à un autre type de mode de vie, et si, de fait, ils se marginalisent, il semble que dans leur cas cette marginalisation soit effectivement volontaire.

Ces jeunes ont pris conscience au cours des emplois qu'ils ont occupés de l'impossibilité de réaliser leurs aspirations dans le cadre du travail salarié. Ce n'est pas le travail en tant que tel qu'ils refusent, mais ils aspirent à un autre mode de vie. Ne se reconnaissant pas dans le système de valeurs dominant – certains d'entre eux contestent également la société de consommation –, ils s'efforcent de trouver d'autres voies.

## II. Des vécus différents

Ce clivage, entre ceux qui investissent fortement dans le travail et ceux qui manifestent une certaine désaffection à son égard, permet donc de comprendre les processus par lesquels, étant devenus chômeurs, les uns sont « attirés » vers le pôle du « chômage-maladie », et les autres vers le pôle du « chômage banalisé ».

## 1. Le chômage-maladie

Pour les premiers, en effet, le chômage devient vite une expérience traumatisante, dominée par la recherche d'emploi (ou de stage) dans laquelle ils s'investissent autant que dans le travail auparavant. Les difficultés qu'ils rencontrent, qu'elles soient d'ordre financier ou qu'il s'agisse de leurs relations à l'ANPE ou aux employeurs, sont dès lors vécues comme autant d'humiliations, d'échecs et de renoncements. Le temps du chômage est pour eux un temps vide fait d'ennui et de solitude. Aussi, après quelques mois de chômage, il leur faut renoncer à leurs désirs et à leurs aspirations, et accepter, de fait, pratiquement n'importe quel emploi.

Roland : « Le chômage, c'est une perte de temps... »

Roland a vingt-quatre ans. Après avoir échoué au bac, il a occupé divers emplois intérimaires, mais très vite il a préféré « vivre autrement », et pendant plusieurs années il a vécu des expériences marginales et beaucoup voyagé. Au bout d'un certain temps, il a décidé de rompre avec ce mode de vie et de travailler à nouveau. Mais, un an après avoir obtenu un emploi de bureau, il était licencié pour raisons économiques. Au moment où je l'ai rencontré la première fois, il en était à son septième mois de chômage.

« Au point de vue mode de vie, eh bien là il a changé d'au moins 50 % ! Je le sens que je ne peux plus rien faire sans me serrer la ceinture. Je ne touche plus que 120 ou 130 000 francs... Qu'est-ce que tu veux faire avec ça ? Tu payes ton loyer, 47 000 francs, qu'est-ce qui me reste ? Alors que quand je travaillais je gagnais plus de 200 000... Quand tu travailles, tu consacres beaucoup d'argent pour les loisirs, bon... les restrictions, c'est plus sur les loisirs que sur autre chose.

« Moi, j'achète pas des fringues, j'achète pas une chaîne... moi, ça a toujours été basé sur l'extérieur, bouger, sortir, voyager. Bon, avant j'avais des week-ends aisés, à la mer ou même au ski avec le foyer..., ça, ça te demande un minimum d'argent. Chômeur, tu peux pas. Même les sorties du samedi, tu peux le faire encore, mais c'est restreint. Là, je suis coincé entre quatre murs, je ne peux plus sortir.

« Le chômage..., d'abord, c'est une perte de temps... J'ai un caractère assez actif..., bon, tu perds un temps assez gros dans la recherche d'emploi. A la fin, tu t'ennuies, ça te fatigue et tu te dis... tu te démoralises... tu te dis : quand est-ce que je vais trouver du boulot, tu vois.

143

« Par rapport aux copains, ça change, tu as des gars qui te mettent une étiquette à partir du moment où tu es au chômage. Au bout d'un mois, deux mois, tu sais ce qu'ils pensent : "Ça, c'est un fainéant." Bon, je ne m'arrête pas sur des réflexions de ce genre... Et puis au niveau des sorties, le mec te dit : "Bon, c'est emmerdant, t'as pas de fric." Moi, j'ai pas de problèmes de ce côté-là, tu fais ta sélection.

« Oui, tu perds un temps, tu perds un temps que tu ne pourras pas rattraper... L'ennui aussi, tu as des jours où c'est vraiment morose, tu te demandes ce que tu vas faire de ta journée, et puis... la fatigue... Ça fatigue, il faut que tu bouges énormément parce qu'il y a beaucoup d'annonces qui t'intéressent, faut passer les coups de fil, aller aux rendez-vous, tu es constamment en train de quadriller Paris... Ton mode de vie va changer, tu ne te couches plus à la même heure, tu es complètement déréglé. Si tu veux quand les gens se lèvent à huit heures, mangent à midi et rentrent à six heures, c'est un roulement, une habitude, ils sont plus ou moins surmenés, mais ils ne s'en rendent pas compte, c'est inconscient. Tu es chômeur : ton mode de vie va changer, tu ne te lèveras plus à la même heure, tes heures sont décalées, tu n'a plus le même rythme de vie qu'auparavant, ça va te perturber, tu vas ressentir la fatigue... Tu attends, tu ne fais plus qu'attendre.

« Si tu veux, c'est un enchaînement le chômage, bon, tu ne trouves pas de boulot, tu commences à devenir plus ou moins amorphe, ton moral commence à descendre si tu n'es pas aidé..., pour un mec qui est tout seul, c'est vachement emmerdant. Le chômage, si tu veux, c'est le temps, le temps qu'il faut combler... Un mec qui travaille, il n'a pas beaucoup de temps, il manquera de temps. Le chômeur, il a beaucoup de temps, c'est la différence. Le mec qui travaille, il a déjà huit heures de boulot dans sa journée, sur douze heures il lui en reste quatre, bon, il va aller à son travail, c'est du temps, il va bouffer, et ainsi de suite... Si tu veux, pour lui le temps, il passe tout seul, naturellement. Un chômeur, il a douze heures à combler. »

## 2. Le chômage banalisé

Le chômage des seconds présente des caractéristiques très différentes. Il correspond d'abord à un choix de leur part, puisque les jeunes de ce groupe ont démissionné de leur dernier emploi, et insistent d'ailleurs à plusieurs reprises sur ce fait. Le temps du chômage est donc, en quelque sorte, un temps qu'ils se sont octroyé afin de pouvoir réfléchir, prendre du recul et mettre en œuvre leurs projets. La recherche d'emploi (ou de stage) est donc secondaire pour eux, même si elle s'inscrit dans ce projet.

Ce que ces jeunes recherchent avant tout, c'est la possibilité d'affirmer leurs désirs et leurs aspirations. Etre chômeur n'est donc pas pour eux synonyme d'exclusion ou de honte : ils vivent un chômage banalisé. Ne se sentant pas exclus d'un système dans lequel ils ne se reconnaissent pas, ils ne sont pas culpabilisés comme les premiers. Et c'est sans doute ce qui leur permet de réussir les démarches qu'ils entreprennent, de se « débrouiller », comme ils disent.

Ce qui frappe en effet, lorsque l'on suit l'itinéraire de ces jeunes pendant leur temps de chômage, c'est qu'à la différence des premiers non seulement ils ont des projets, mais ils parviennent généralement à les réaliser. Cela, non pas tant, comme ils le disent souvent, parce qu'ils sont plus « débrouillards », mais parce qu'ils ont pris conscience de toute une série de mécanismes sociaux qui leur permet de détourner certaines institutions à leur profit (ANPE, organismes de formation, intérim, aide sociale, etc.).

Rémy : « Le chômage, ça m'a permis de réfléchir. »
Cet « enfant de la DASS », ainsi qu'il se définit lui-même, a dix-huit ans. Je l'ai interviewé quelques jours après sa démission de son dernier emploi : éboueur, pendant six mois. Malgré son âge, il avait déjà exercé une dizaine d'emplois, notamment en tant que menuisier : il avait en effet suivi deux ans de formation à l'ébénisterie dans un centre de la DASS, auquel il avait été « confié » par ses parents.

« Le chômage..., bon, je suis chômeur mais... chômeur, chômeur, chômeur..., c'est un grand mot ça. Bon, d'abord je suis démissionnaire, c'est un chômage très spécial, disons, c'est un chômage voulu ça. Bon, peut-être que j'ai des torts..., mais il y a des trucs,... faut pas se laisser avoir non plus, faut pas se laisser avoir par le travail comme ça. J'ai tenu cinq mois et puis, le dernier mois..., c'était plus possible quoi... J'arrivais en retard, je n'y allais plus, carrément... C'est un boulot... Quand tu as fini à la benne, on te file un balai et tu vas balayer, c'est un boulot qui te remet tout dans la tête, tu penses à tous tes problèmes et tout, t'es vraiment... C'est lamentable comme truc... Tu balaies, mais tu penses pas à balayer, tu gamberges vachement.

« Alors, le chômage, par rapport à ça, c'est... Je ne sais pas, j'ai l'impression d'être... libre, pour la première fois de ma vie. J'ai pas d'horaires, si un matin je ne veux pas me lever, personne ne me dit rien, et puis... bon, je peux faire ce que j'ai envie de faire, faire de la photo, apprendre des trucs... Il y en a pour qui le chômage, le chômage c'est une honte ou qui... s'emmerdent. Moi, j'ai plutôt l'impression que ça va m'apporter quelque chose... Et puis, bon, la semaine dernière, j'étais intérimaire, cette semaine je suis chômeur, tout ça c'est moi qui le veux, c'est pas pareil.

« Disons que j'ai une vue assez spéciale du travail... Pour moi, bon, on a besoin de travailler... mais moi je trouve que ce n'est pas tellement indispensable, on pourrait vivre sans travailler... On travaille mais, mais... c'est toujours pareil de toute façon, c'est un problème ce machin-là, un vaste problème... Si tu travailles, c'est pour... survivre. Et moi, je ne vois pas du tout la vie comme ça, je ne la conçois pas comme ça. Je n'admets pas qu'on travaille pour survivre, pour bouffer... Moi, je verrais les choses vachement plus cool, tu vois. Retourner à une vie plus naturelle quoi...

« J'ai travaillé trois jours en usine... Au bout de ces trois jours j'ai dit : bon, c'est pas possible. Je faisais toujours le même geste, huit heures sur huit, je me demande comment les gars ils peuvent tenir là-dedans. Même s'il faut absolument qu'ils gagnent de l'argent, comment ils arrivent à supporter ce rythme, je me demande,... c'est dingue. Oui, l'usine, éboueur, tout ça c'est terminé pour moi, terminé hein !

« Tu dois te démerder tout seul, il n'y a pas d'autres solutions. Bien sûr tu prends des risques, tu peux te casser la figure, mais à côté de l'usine je trouve que le risque est bien petit...

« On est dans une société... une société de consommation, et... je suis contre ! Et qui dit consommation dit esclavage, enfin esclavage... du point de vue du travail quoi... Parce que, pour moi, c'est de l'esclavage. Moi, je ne le conçois pas comme ça le travail, pas du tout !

« Si tu veux, le chômage, ça m'a permis de réfléchir à pas mal de trucs... C'est la première fois que... j'avais... du temps devant moi..., pas de comptes à rendre. Vivre sans travailler, je ne pensais pas que c'était possible, pourtant, ça fait deux mois que ça dure... Bon, il s'agit pas de rester au chômage, ça ne dure qu'un temps ces choses-là ! Mais je pense que ça m'a donné l'idée d'un autre rythme de vie... »

Un mois après, Rémy réussissait à entrer dans un stage de photographie.


### III. Chômage et signification du travail

Loin de tendre à une homogénéisation des comportements et des attitudes, le chômage révèle donc l'existence de deux systèmes de valeurs opposés qui, comme on l'a vu, modifient les données traditionnelles du vécu du chômage, tel qu'il avait pu être étudié dans le passé [8]. Dans une société tout organisée autour du travail, le chômeur est un être « anormal », note B. Bellon [9]. « Anormal », dans la mesure où il est quelqu'un qui, aux yeux des autres travailleurs actifs notamment, vit sans travailler. C'est un « assisté », et tout est fait pour lui faire croire que c'est lui qui a une dette envers la société.

Si l'on veut comprendre l'origine de la « maladie », il faut donc tenir compte de ces deux faits : le travail est une valeur fondamentale dans notre société. En conséquence, perdre son emploi équivaut à être exclu socialement et moralement ; le chômeur continue d'être considéré comme un « assisté », à la charge de la société, d'où le sentiment de culpabilité et de dette qu'il éprouve. La notion de travail apparaît ainsi centrale pour l'analyse des vécus du chômage : plus le travail est valorisé, plus l'on s'y investit, plus la perte d'emploi risque d'être vécue comme une maladie.

Un chômage banalisé, c'est un chômage qui n'est pas vécu comme une exclusion, car on ne peut se sentir exclu d'un système dans lequel on ne se reconnaît pas. Or ces jeunes précisément ne se reconnaissent pas dans le système d'organisation du travail qui prévaut aujourd'hui. Un chômage qui n'est pas culpabilisant, car peut-on encore se sentir coupable lorsque l'on a conscience que c'est la société qui a une dette envers soi, et non l'inverse ?

Autrement dit, le chômage ne peut-il pas être aussi, pour certains, un moment de liberté, un temps libre, puisque dégagé des contraintes du travail ? Un temps libre, c'est-à-dire un temps qui soit réappropriation de soi, un temps qui permette à ses aspirations et à ses désirs de s'exprimer, un temps où des projets puissent se construire. Un temps qui ne soit pas pour autant une mise entre parenthèses de la réalité, mais au contraire une prise de conscience de soi dans la réalité. Car, la réalité, il est bien sûr impossible d'en faire abstraction lorsqu'on est chômeur et que l'on est confronté à des problèmes matériels quotidiens. De même que l'on ne peut pas non plus oublier que, tôt ou tard, la question du travail va se poser.

Vivre un chômage non traumatisant, cela ne veut pas dire « vivre un chômage heureux », mais, plus simplement, essayer de réaliser ses aspirations, tout en tenant compte de la réalité, s'efforcer de faire coïncider autant que possible ses projets et la nécessité du travail sans que celle-ci conduise à la négation de ceux-là.

---

8. R. LEDRUT, *Sociologie du chômage, op. cit.*
9. B. BELLON, *Le Volant de main-d'œuvre*, Seuil, Paris, 1975.

# Chômage et action collective

*Marie-Victoire Louis, Olivier Galland**

Avant que le chômage atteigne le niveau que l'on connaît aujourd'hui, nombre d'observateurs pensaient qu'au-delà d'un certain seuil cette croissance quantitative entraînerait soit l'apparition de mouvements de chômeurs, soit même une explosion sociale.

Or, bien qu'il y ait aujourd'hui plus d'un million cinq cent mille chômeurs, ces prédictions ne se sont pas réalisées, et toutes les tentatives mises en œuvre pour organiser les chômeurs se sont soldées jusqu'ici par un échec relatif. L'effet de masse escompté ou prévu n'a donc pas joué.

Certes, pour expliquer l'absence de mouvements de chômeurs, on peut avancer qu'avec la perte d'emploi disparaît la communauté de travail, lieu de regroupement et d'expression collective. Le chômeur se retrouve isolé, sans possibilité concrète de faire jouer une solidarité qui a toujours été fondée sur une collectivité de travail.

Bien plus, la disparition avec le chômage de l'adversaire patronal rend caduc un ensemble de discours revendicatifs fondés sur le thème de l'exploitation, et pose le problème du lieu où situer les responsabilités et du « contre qui se battre ? ».

---

* Centre de recherche Travail et société, université Paris-IX.

Troisième type d'explication possible, la multiplication des emplois de courte durée, le développement de formes de revenus alternatifs ou de l'assistance, qu'elle soit institutionnelle, familiale ou communautaire, font du chômage, moins aujourd'hui qu'hier, un problème de survie.

Pourtant toutes ces explications, même si elles ont une validité partielle, ne nous semblent pas suffisantes.

D'une part, il paraît difficile d'établir un lien univoque entre misère matérielle et lutte sociale. Rien ne dit que la première soit la condition nécessaire ou au moins suffisante à l'expression d'une réaction collective.

D'autre part, même s'il est vrai que l'éclatement et la dispersion de la communauté de travail sont des obstacles réels à l'action collective des chômeurs, pourquoi n'aurait-il pas pu se former une nouvelle identité fondée sur l'exclusion du marché du travail, étrangère, parallèle ou opposée à l'identité du travailleur ?

N'est-ce pas ce à quoi sont parvenus d'autres mouvements sociaux en se réclamant d'autres identités fondées sur le sexe, la région, la nationalité, tel ou tel particularisme ? Or il s'avère, dans le cas des chômeurs, que, malgré la radicalisation de la situation, une identité collective ne s'est pas formée.

Telle est notre hypothèse centrale : l'action collective des chômeurs a pour condition, avant même une capacité et des moyens d'organisation, la formation d'une identité collective, c'est-à-dire d'un sentiment commun d'appartenance à un groupe dont l'unité est la situation de chômage. Ceci signifie que chaque chômeur reconnaisse que sa situation le définit prioritairement, et que ce sentiment soit assez puissant pour appeler leur regroupement.

Sur la base d'une étude réalisée en 1978 auprès de jeunes chômeurs [1], nous avons pu constater que tel n'avait pas été le cas.

Par ailleurs, quand bien même une identité de chômeur serait assumée, encore faudrait-il, pour que celle-ci puisse être un support à l'action collective, qu'elle soit fondée sur une représentation de la société qui permette de situer les responsabilités du chômage. Là encore ces conditions n'apparaissent pas réunies.

Nous voudrions, à partir de l'étude citée, illustrer cette thèse :

1) que les chômeurs sont hétérogènes en tant que groupe social, et que chacun des groupes, pour des raisons différentes, refuse ou ignore l'identité du chômeur ;

---

[1] O. GALLAND, M.-V. LOUIS, *Les Jeunes chômeurs*, contrat CORDES, 20/76, Centre de recherche Travail et société, 1978.

2) que la plupart des analyses présentées par les chômeurs du phénomène de chômage soit privilégient des explications tautologiques ou mécaniques, soit ignorent le phénomène, ce qui interdit toute mise en relation de sa situation propre et de la situation générale de chômage, et ôte donc tout point d'application à une action collective.

## I. L'absence d'identification collective au chômage

On peut en effet retenir trois groupes de chômeurs présentant, en termes d'origine, d'environnement et de statut, des spécificités qui nous paraissent suffisamment marquées pour expliquer l'absence d'un sentiment d'appartenance à un groupe solidaire. Il est bien évident que cette typologie doit être comprise, non pas comme une mise en catégorie rigide, mais comme une clé de lecture de la réalité.

### 1. Des chômeurs ? Non, des travailleurs privés d'emploi

On rencontre ici des chômeurs issus d'une classe ouvrière qualifiée où la culture reste fortement marquée par le travail et la valorisation des capacités professionnelles. L'environnement culturel et l'organisation de l'espace sont donc structurés par les formes qu'a prises la mise au travail au siècle dernier. Dans ce contexte, le statut central et hégémonique est celui du travailleur mâle et qualifié. Le chômage est alors rupture, négation individuelle et négation d'une communauté fondée par et pour le travail.

En effet, lorsque la division du travail rend possible l'identification à la production, le lien entre le travailleur, sa machine et le produit de son travail est préservé. Le caractère de valeur d'usage de la production apparaît comme évident et reconnu, le travail n'est pas un quantum indifférencié, mais une capacité productive individuelle unique.

Chaque ouvrier a sa valeur propre, son « prix », au sens à la fois de salaire attaché à une compétence particulière et de valeur reconnue à cette capacité par la contribution irremplaçable qu'elle apporte à la production finale.

Chacun a sa juste valeur qui trouve sa correspondance légitime dans la hiérarchie professionnelle. En même temps, le caractère singulier du travail fait que celui-ci est aussi appropriation. Le rapport de l'ouvrier à sa machine, à l'usine même, loin d'être un rapport neutre, indifférent, extérieur, est un rapport spécifique, signifiant et souvent même affectif.

Le travail est alors une communauté dont les liens sont soudés par le sentiment que le produit n'est que le résultat de la mise en commun de capacités productives diverses et complémentaires. Cette perception du travail comme effort collectif n'est rendue possible que par la relative souplesse qui préside à l'organisation de la production et qui permet échanges et entraide dans le travail. Ainsi est reconnu un ordre professionnel où chacun est à sa place, place légitimée par la plus ou moins grande compétence attachée à chaque qualification.

La figure centrale de cette structure sociale est le travailleur mâle qualifié : pour lui, pas d'autre statut que le travail ; celui-ci est nécessaire, obligé et exclusif de tout autre. Les figures périphériques – femmes, personnes âgées, immigrés – ont aussi une place désignée, participent à l'équilibre général de la structure et gravitent autour de cette figure centrale comme complément nécessaire mais auxiliaire.

Mais le chômage vient bouleverser cet agencement, ébranler la hiérarchie des statuts et met en cause la permanence du modèle. Avec lui peut s'opérer en effet une redistribution des rôles, la femme au travail - l'homme à la maison, le retraité embauché - le jeune homme au chômage, l'émigré sollicité - le travailleur français licencié.

On comprendra alors que, face au chômage, les réactions de ces travailleurs ne puissent être que de refus. Celui-ci se manifeste de deux manières : par l'expression d'un droit prioritaire au travail et par l'impossibilité d'assumer positivement une situation de chômage.

Ces chômeurs, en effet, revendiquent que le travail soit partagé selon un ordre de priorité qui préserve leur rôle central dans la production et dans la société ; ils veulent donc en réduire l'accès pour les autres catégories, que celles-ci, selon « l'ordre naturel des choses », réintègrent leur statut d'origine, retrouvent leur seule place légitime. Mais, plus profondément, c'est leur propre situation de chômeur qui est refusée. On n'est pas chômeur, on est travailleur licencié, ou demandeur d'emploi ; on n'est jamais en situation de non-travail, on est toujours en instance de travail. Le temps de chômage ne peut pas être vécu comme un temps libre, il ne peut être qu'occupé par la recherche d'emploi ou la réclusion volontaire.

On comprend, dans ce contexte, que l'identité de chômeur soit refusée. Le désir est au contraire de réintégrer le plus rapidement possible le monde du travail et de le prouver par une double surenchère, dans l'affirmation et la démonstration de la volonté de travail, dans la dénonciation des « fainéants » qui jettent le discrédit sur l'ensemble des chômeurs. Le principe même d'une organisation de chômeurs qui porterait des revendications spécifiques à ce groupe est donc exclu. Elle signifierait en effet que l'on accepte de se reconnaître et d'être reconnu en tant que tel, alors que c'est avant tout ce que l'on veut masquer. Se grouper au fond, ce serait vouloir rester chômeur.

Dès lors, la tendance dominante du comportement, loin d'être celle du regroupement, est celle de l'isolement et de la réclusion volontaire.

## 2. Ni travailleur, ni chômeur

Dans notre étude, on rencontre dans ce groupe :

– des chômeurs issus des classes moyennes, pourvus d'une formation sans grande valeur sur le marché du travail, et bloqués dans leurs possibilités de réalisation professionnelle et d'ascension sociale ;

– des chômeurs issus d'une classe ouvrière « déchue », confrontée à la disparition d'un type d'industrie, de travail, de qualification, et à la désagrégation d'une communauté et d'une culture ouvrière.

Employés à des tâches non qualifiées, interchangeables et vides de sens, ces chômeurs refusent le travail ou lui résistent et tentent pour certains d'entre eux de réaliser ailleurs un projet personnel. Mais seul un environnement économiquement, socialement et culturellement diversifié peut permettre la recherche et la mise en œuvre d'une alternative au travail. Dans ce contexte, le statut revendiqué n'est ni celui de travailleur, ni celui de chômeur, qui n'en est que le versant solidaire.

C'est la diversité des activités économiques et la multiplicité des réseaux et des types d'emploi des grandes métropoles qui laissent aux travailleurs aptes à la saisir une certaine marge de manœuvre et d'autonomie à l'égard de l'offre de travail ; c'est aussi la diversité des modèles qui permettent la coexistence souvent conflictuelle de modes de vie et de cultures différents. Il est possible alors de jouer de l'affrontement de ces modèles ; aucun d'entre eux ne peut prétendre structurer l'ensemble des comportements et jouer un rôle hégémonique ; cette concurrence ouvre donc des brèches qui sont autant de marges de liberté. Celles-ci sont d'autant plus facilement investies que le travail n'occupe plus la place centrale.

Les emplois occupés, les tâches effectuées sont en effet le plus souvent déqualifiés sans espoir de promotion, de courte durée, et apparaissent comme un fragment non significatif d'un processus de production dont on ne voit plus la finalité ; le travail perd son sens, et la place de chacun dans la production n'a plus de nécessité

impérieuse ; elle est contingente et aléatoire. Avec ce désinvestissement, c'est donc la dissociation de la culture et du travail, c'est aussi
le refus d'une morale du travail qui a structuré les comportements
ouvriers.

Les projets personnels sont déconnectés à des degrés divers d'une
perspective professionnelle. Le travail salarié peut devenir l'activité
secondaire qui ne doit pas entamer le temps nécessaire à la réalisation
d'autres activités. Ce désinvestissement conduit certains à rester
totalement indifférents à l'intérêt du travail, à accepter n'importe quel
emploi du moment qu'il suffit à se « refaire » : seul le projet donne un
sens au travail et permet d'en supporter les contraintes. Il faut éviter à
tout prix de se laisser enfermer dans un trajet professionnel, dans une
perspective de carrière qui signifierait renversement de l'ordre des
priorités et renoncement au projet.

Le refus de la carrière signifie donc moins le refus d'une ascension
sociale et professionnelle, qui de toute façon apparaît dérisoire, que le
refus d'une vie dont les étapes sont connues et fixées dès le départ,
d'une vie dont la sécurité se paye de sa médiocrité. Le changement
d'emploi est à la fois le signe et le moyen de ce refus, et est d'autant
plus facilement mis en œuvre qu'il n'entraîne la perte de rien
d'essentiel.

Mais la perte de sens du travail a des conséquences contradictoires.
Elle peut en même temps conduire à un désinvestissement radical, à
accepter n'importe quel emploi à la seule condition qu'il ne soit pas
durable, et conduire à remettre en cause le rapport social de travail
vécu comme domination pure et arbitraire. Celui-ci, en effet, n'est
plus justifié ni par un ordre de compétence, ni par une production
dont la valeur d'usage est ignorée ou contestée.

Cette mise en cause touche la discipline de travail dans tous les
aspects ; dans les rapports hiérarchiques, mais aussi et en même
temps dans ce qu'elle a de plus permanent et de plus fondamental,
l'enfermement physique dans un lieu et dans un temps donnés, et pas
seulement dans ce qu'elle peut avoir de « sauvage » et de brutal.

Pour échapper à la discipline insupportable du travail, on peut
donc tenter d'élargir au maximum les temps non productifs, qui sont
les seuls pendant lesquels on puisse être soi-même, les seuls qui aient
véritablement une valeur, soit dans le travail lui-même, par
l'absentéisme, le freinage, la recherche systématique d'élargissement
des « temps morts », plus largement de détournement des règles de
travail ; soit par l'extension des temps de chômage, en profitant à la
fois des réseaux d'assistance et de la multiplicité des formes d'emploi.

Dans ces itinéraires hypermobiles, le travail et le chômage perdent
leur spécificité opposée ; en terme de statuts, ils n'ont plus de

caractère antagoniste, ils se fondent en un statut intermédiaire : celui du travail précaire. Le chômage n'est plus alors le versant catastrophique du travail ; en se situant à l'extérieur de la dualité obligée du travail et du chômage, ailleurs, le passage de l'une à l'autre de ces situations n'affecte en rien une identité qui se définit de toute façon hors du champ du travail.

En effet, le chômage n'est ni fui ni redouté, il peut être au contraire recherché et vécu positivement comme une période durant laquelle on est libéré des contraintes du travail. Mais, plus encore, le temps libre ne se définit plus par rapport au travail et devient essentiel : c'est l'inversion du rapport traditionnel vie quotidienne/travail, dans lequel la première n'est que le résidu d'un temps dominé par le travail, dans lequel le temps libre n'est qu'un temps de récupération.

Dans ces conditions, une organisation fondée sur le seul critère du non-emploi n'a pas de sens. Et ce d'autant moins qu'elle proposerait comme revendication centrale le « droit au travail ». Si le thème du droit au revenu a nettement plus de faveur, il ne pousse pas pour autant à participer à une organisation. D'abord parce que, fondamentalement, on ne se sent pas chômeur, ensuite parce que la capacité à maîtriser les règles de fonctionnement des institutions et éventuellement à les détourner, à saisir toutes les opportunités, que ce soit en termes de revenus ou d'emploi, fait qu'il n'y a aucun avantage concret à adhérer à une organisation, enfin parce que revendiquer c'est déjà entrer dans un jeu institutionnel et, d'une certaine manière, y participer alors qu'on n'en attend rien, qu'on veut s'en extraire ou rester à sa périphérie tout en l'utilisant cyniquement.

### 3. Des chômeurs en « mal d'emploi »

Les comportements et les représentations de ces chômeurs semblent plus déterminés par leur statut social que par l'environnement dans lequel ils se situent. Ce dernier cependant peut jouer incontestablement un rôle d'accentuation.

Ces chômeurs, malgré leur profonde diversité, ont tous un trait commun, celui d'être relégués à la périphérie, non seulement du système d'emploi, mais plus largement du système social. Dans ces conditions, le chômage est vécu comme redoublement d'une exclusion préalable fondée sur un statut périphérique et dévalorisé ; le comportement est tout entier guidé par la volonté d'y échapper.

Le niveau de formation, le plus souvent minimum, et l'assignation à un statut dévalorisé interdisent d'occuper la place centrale du système d'emploi. Ce sont d'une part toutes les personnes qui ne répondent pas aux normes physiques, intellectuelles ou mentales définissant l'idéal type du travailleur productif, et celles qui sont considérées et traitées par l'école et la famille comme les déchets, les scories du système, les irrécupérables. Celles-ci sont soit dirigées vers des institutions spécialisées (du type IMP, CAT...) [2], soit s'intègrent tant bien que mal aux marges du système.

Ce sont, d'autre part, les personnes qui ne sont considérées que comme les auxiliaires du « travailleur central », qui, à ce titre, ne sont pas maîtres des conditions, du niveau et du rythme de leur insertion dans le système d'emploi. Il peut s'agir de femmes situées dans un environnement particulièrement restrictif quant à leur accès au travail salarié et à qui, plus qu'aux autres, n'est pas reconnu le droit au travail, mais qui peuvent faire des plongées temporaires dans le monde de la production, au seul titre de l'apport d'un complément de salaire et, dans un environnement semblable, d'immigrés spécialisés dans les « sales boulots » qui seuls légitiment leur place dans la production, contestée dès que le travail se raréfie.

La situation de chômage accroît alors le risque d'être réintégré de force dans un statut primitif auquel on voulait échapper, d'être repoussé à nouveau aux franges du système, ou d'être pris en charge par des institutions spécialisées dans le traitement des « cas sociaux ». Le chômage, c'est donc la perte du peu de liberté et d'ouverture sur le monde qui avaient pu être acquises par le travail.

On cherche donc à intégrer le statut de travailleur, on ne cherche pas « un » travail, on cherche « du » travail. Le désir n'est pas de se valoriser dans un contenu de travail particulier, il est de s'intégrer dans la « forme » travail, c'est-à-dire de se fondre dans la communauté indifférenciée des travailleurs. On n'exige rien, on ne marchande pas, le travail est un « don », une « aubaine », que l'on accepte toujours, et quelle qu'en soit la valeur, avec reconnaissance ; il n'est pas un droit que l'on peut faire valoir.

Le chômage réinscrit et redouble donc les marques de la différence que l'on voulait effacer par le travail. Inconcevable alors est l'idée de se prévaloir de ce statut dans une organisation ; plus encore celle de revendiquer. La seule justification que pourrait avoir une organisation serait ou d'aider à la recherche d'emploi, ou de contribuer au renforcement, même artificiel, d'une solidarité travailleurs-chômeurs.

L'hétérogénéité des chômeurs en soi était un premier obstacle à leur regroupement. De plus, dans chaque groupe mis en évidence, l'identité de chômeur est soit refusée soit ignorée ; ce qui est donc, pour nous, un préalable à l'action collective n'existe pas.

---

2. Instituts médicaux pédagogiques, Centre d'aide par le travail.

Reste le problème qui affleure tout au long du raisonnement et qui délibérément n'a pas été traité jusque-là : celui des luttes collectives pour l'emploi sur le lieu de travail. Comment expliquer que dans ce cas des travailleurs privés d'emploi aient pu mener des actions longues, mobilisatrices et souvent violentes ? Sans prétendre apporter de réponse définitive à cette question, on peut avancer quelques hypothèses.

L'idée centrale serait que ces luttes sont d'abord et encore des luttes de travailleurs (même licenciés ou privés d'emploi) et non pas des luttes de chômeurs. Loin de s'appuyer sur une identité de chômeur, elles se fondent tout au contraire sur le refus et la négation du chômage. Si cette identité de travailleur spolié peut être revendiquée, c'est que tous les signes, même symboliques, de la permanence de la communauté et de la situation de travail sont maintenus, puisque formellement tout est en place : le groupe de travailleurs, le lieu de la production et éventuellement la production elle-même.

Cette cohésion est renforcée par la possibilité concrète d'établir les responsabilités et d'analyser sa situation personnelle comme l'effet subi de politiques patronales, locales ou gouvernementales.

Le chômeur isolé, de par sa situation objective, ne peut revendiquer cette identité de travailleur privé d'emploi, et celle-ci ne peut être le support d'une action collective. Cette situation, le chômage, est par trop éloignée d'une situation de travail ; bien plus, elle est sa négation même. Dépouillé ou dépourvu de tous les signes d'appartenance au monde des travailleurs, isolé, dissocié du lieu et de la communauté de travail, dépourvu de la possibilité d'effectuer même un simulacre de travail, considérant comme un échec personnel ce qui pour les autres ne relève que de la responsabilité patronale, il ne peut se situer que par rapport à sa situation objective : celle de chômeur (ce qu'il refuse par ailleurs).

Dans le cas des luttes pour l'emploi, si ce hiatus entre la situation réelle et l'identité révendiquée est moins large, il n'en existe pas moins. C'est là, nous semble-t-il, que réside une cause importante des difficultés rencontrées par les travailleurs licenciés pour faire aboutir leurs revendications. En effet ceux-ci, s'ils revendiquent la seule identité de travailleur, ont en réalité une double appartenance, encore au monde du travail mais déjà au chômage. Le refus de cette deuxième appartenance, en créant l'artifice d'une situation de travail formellement maintenue, donne à l'action collective un support ambigu et quelque peu irréel.

C'est par cette brèche que s'engouffrent tous les germes dissolvants qui attaquent la permanence de l'identité de travailleur.

156

D'une part, un certain nombre d'instances se chargent de rappeler à ces travailleurs en lutte qu'ils sont d'abord des chômeurs, et qu'en tant que tels on est prêt à leur offrir des compensations : l'allocation supplémentaire d'attente, qui représentait jusqu'en 1979 90 % du salaire antérieur, les primes au départ, qui évitent même le licenciement et accélèrent le passage à une situation de chômage.

D'autre part, lorsque, avec le temps, la lutte perd de sa crédibilité – crédibilité qui d'ailleurs varie souvent selon les possibilités de reclassement individuel – la tentation grandit d'accepter la situation de chômeur et, à ce titre, de rechercher un emploi et donc d'abandonner la lutte.

La figure du travailleur collectif qui offrait son travail risque fort alors de se dissoudre pour laisser apparaître un éparpillement de demandeurs d'emploi.

## II. L'absence de représentation politique du chômage

La naissance d'un mouvement collectif de revendications ne pouvait s'effectuer que dans la mesure où il existait une relative convergence dans les analyses des causes, des responsabilités et des solutions à apporter au chômage ; dans la mesure aussi où les représentations correspondantes de la société permettaient de situer quelque peu ces responsabilités.

Or il s'avère que ces conditions sont loin d'être remplies. Ces représentations sont divergentes et peuvent être schématiquement regroupées autour de quatre types d'analyse. Ce qui est décrit ici est fondé sur le discours et les représentations des chômeurs interrogés, que nous avons tenté de formaliser sans prétendre pouvoir en expliquer les déterminants. Ceci relèverait d'une étude en soi. Ce simple constat nous paraît néanmoins mériter d'être reproduit, d'une part, parce qu'il constitue un élément explicatif de l'absence de réaction collective, d'autre part parce qu'il nous paraît remettre en partie en cause un certain nombre de schémas concernant les réactions ouvrières.

Se pose en outre le problème de l'articulation entre la typologie précédente et celle des représentations du chômage. Il se trouve qu'il n'y a pas homothétie complète entre l'une et l'autre, même si apparaissent certaines adéquations évidentes. En fait, ces représentations du chômage le plus souvent s'entremêlent et se saisissent de tels ou tels éléments des idéaux types qui sont présentés ici.

## 1. Réduction de la société à l'environnement immédiat, chômage accident individuel

La société n'est pas perçue au-delà de l'environnement immédiatement perceptible, et c'est donc à ce seul niveau que doivent se trouver les causes du chômage. Ces éléments directement appréhendables peuvent être le fait d'être concurrencé et supplanté sur le marché du travail par ceux dont le statut est le plus visiblement inférieur ou extérieur au travail, les immigrés, les femmes mariées, les retraités ; ou alors cela peut consister à réduire l'analyse des causes du chômage à sa situation propre, qui est la seule dont on maîtrise apparemment le sens.

Si l'on tente de se situer à un niveau plus global, ces questions (la crise, le chômage...) sont considérées comme relevant de la « politique », d'une sphère extraordinairement éloignée dont on ne veut rien savoir, et sur laquelle on n'a aucune prise. L'absence au fond de représentation globale du chômage circonscrit les solutions envisageables au seul niveau individuel.

## 2. La société fonctionnelle, le chômage fléau

La société est appréhendée par ces chômeurs comme une sorte de « machine qui tourne » ou qui devrait tourner. Chacun y a sa place, en est un des rouages et y assure une tâche spécifique. C'est donc par une division fonctionnelle des tâches qu'est assuré le fonctionnement de la société. En haut, les concepteurs, les dirigeants, c'est-à-dire le gouvernement à qui incombe la tâche de la gestion ; en bas, les exécutants assurent la tâche qui est la leur, participer à la production.

Cette société n'est donc en aucun cas une société d'affrontement ; elle ne peut au contraire fonctionner que si chaque organe qui la compose remplit efficacement le rôle qui correspond à sa compétence, sans chercher à empiéter sur le domaine des autres ni à en contester l'attribution. La crise est alors perçue comme un « fléau », aux origines le plus souvent mystérieuses, et qui viennent d'ailleurs, une sorte d'épidémie qui contamine le corps social.

La société en crise est décrite comme un corps malade, ce qui dégage le gouvernement de toute responsabilité directe ; le médecin n'est jamais responsable de la maladie ; il est seulement chargé d'établir le diagnostic et d'appliquer des « remèdes ». Si ces chômeurs ne chargent pas le gouvernement de la responsabilité de la crise, ils en revendiquent par contre fortement l'intervention pour la résoudre ; la seule critique qui puisse être adressée est donc de ne pas avoir encore « trouvé » de solution à la crise.

Mais, en tout état de cause, le gouvernement reste la seule instance qui puisse résoudre les problèmes, car c'est à son seul niveau que se situent « les personnes compétentes et responsables ».

Ces chômeurs ne cherchent donc pas à maîtriser l'explication de phénomènes que d'autres sont chargés d'analyser et de traiter. Ils se contentent de reproduire les fragments d'un discours technique dont ils ont des échos par les médias, et qui est reformulé, par bribes, souvent vidé de son sens. Certains mots : « crise », « économie », « politique », sont reproduits, coupés de toute signification et renvoyés l'un à l'autre dans une articulation qui n'est pas explicative, mais relation d'équivalence et finalement tautologique.

### 3. La société bloc hostile, le chômage ignoré

Dans ce type de représentation, la société apparaît comme un bloc hostile, on ne se sent pas participant, mais extérieur à celle-ci. Mais cette extériorité est revendiquée. Elle n'est pas vécue comme une exclusion subie, mais comme un refus d'intégration à un monde étranger et hostile. On ne veut donc pas participer à l'analyse d'un phénomène volontairement ignoré, on refuse de réfléchir sur les maux d'une société globalement récusée.

Si des solutions étaient possibles, celles-ci ne pourraient consister qu'en un changement radical de l'ensemble du « système ». Mais, en ce qui concerne ces possibilités de changement global de la société, le sentiment qui prédomine est la désillusion. Le pouvoir est perçu comme indestructible, et ses ressources pour faire face à toutes les situations comme inépuisables ; d'autre part, les forces traditionnelles, de résistance, la classe ouvrière, les syndicats, les partis de gauche, paraissent participer au fonctionnement même de la société et avoir abandonné toute volonté de la transformer véritablement [3]. Toute crédibilité est donc refusée au système politique dont le discours apparaît illusoire, trompeur et relever de la manipulation. Le seul changement à la fois crédible et essentiel est celui que chacun doit faire dans sa manière de vivre. Par ailleurs, l'abandon de la référence prioritaire à une identité fondée sur le travail peut permettre à d'autres identités de se développer et de devenir le support de nouvelles actions collectives tant dans leur forme que dans leur finalité.

---

3. Rappelons que l'enquête date de 1978.

## 4. La société affrontement de classe, le chômage capitaliste

La société est ici perçue comme fondamentalement inégalitaire, comme régie par l'exploitation et la recherche du profit. La société est divisée en deux blocs, les « gros », les « patrons », alliés au gouvernement, et les travailleurs. Du principe même de fonctionnement de la société découle le fait que le chômage, comme le progrès technique et la crise elle-même, ont leur origine dans la recherche du maintien ou de l'accroissement du profit.

La seule solution évoquée est alors celle d'un changement politique global dans ses formes traditionnelles, seul changement prévisible qui puisse modifier les données d'une situation qui, par ailleurs, apparaît bloquée. Un Etat « de gauche » pourrait alors être un pourvoyeur d'emplois en imposant la création d'usines nationalisées, ou en préservant les emplois menacés. En tout état de cause, les solutions ne peuvent passer que par un changement de gouvernement. Ce sont donc les seuls chômeurs pour lesquels la lutte politique organisée par les partis ou les syndicats soit crédible.

C'est cette représentation de la société et du chômage qui soutient le plus souvent l'action des travailleurs en lutte pour l'emploi. Dans ce cas, l'articulation entre cette représentation et sa situation propre est d'autant plus aisée que c'est un collectif de travail qui est licencié, et que les marques de cette opération sont concrètes et facilement appréhendables.

## III. Les conditions de l'action

Trois conditions au moins apparaissent nécessaires pour que naisse et se développe une action collective des chômeurs :

1) que le groupe des chômeurs soit suffisamment homogène ;

2) que l'identité de chômeur soit acceptée et même revendiquée et puisse ainsi servir de support à l'action collective ;

3) que les représentations du chômage aient une unité et parviennent à situer les responsabilités à un niveau qui puisse être le point d'application de l'action organisée.

La présentation qui a été faite montre, nous semble-t-il, que l'ensemble de ces conditions n'est pas réuni. Les chômeurs sont divers, et aussi bien les représentations de soi au chômage que du chômage autour de soi privilégient des analyses qui s'opposent au regroupement, à la revendication, à l'action collective. L'identité de chômeur est refusée soit parce que cela pourrait signifier, dans un environnement culpabilisant, que l'on accepte les situations de chômage, soit parce que l'objectif n'est pas de revendiquer une exclusion subie, mais à tout prix d'y échapper, soit enfin parce que l'identité du chômeur n'est que la face inversée, mais solidaire, de l'identité du travailleur, qui elle-même est refusée ou à laquelle on reste indifférent.

Le chômage, au fond, ne semble pas avoir un effet d'homogénéisation des comportements autour de cette nouvelle situation, mais un effet d'accentuation qui fait diverger des attitudes dans deux directions : soit l'affirmation et la démonstration redoublées de la volonté de travail, soit au contraire une distanciation réaffirmée et renforcée à l'égard du travail.

En un mot, la situation de chômage est soit trop douloureuse, soit trop indolore pour créer les conditions d'émergence d'une identité propre.

Dans le premier cas, il faut effacer au plus vite la marque infamante de l'inactivité, le soupçon de « fainéantise » ; dans le second, cette marque est tellement insignifiante qu'elle sort des préoccupations.

Les stratégies mises en œuvre sont des stratégies de composition avec la situation de chômage ou, à l'inverse, des stratégies de sortie individuelle du chômage. Elles ne sont pas, en tout cas, des stratégies collectives qui supposeraient que prédomine un comportement « moyen » entre la culpabilisation et l'indifférence, un comportement qui refuse de se complaire ou d'ignorer sa situation, mais qui, d'un autre côté, est suffisamment distancié par rapport à celle-ci pour pouvoir l'assumer pleinement. D'après nos enquêtes, ce comportement semble en fait extrêmement minoritaire.

Quant à la troisième condition, elle n'est remplie que tout à fait partiellement. En fait, sa non-réalisation est liée à l'absence même d'identité du chômeur. Seule une représentation de soi au chômage, quelle qu'elle soit, peut être le support d'une représentation du chômage autour de soi. Lorsqu'on nie ou que l'on ignore sa propre situation, on refuse en même temps de la comprendre, c'est-à-dire de l'intégrer à une situation plus vaste dont les causes ne sont ni « magiques » (l' « économie », la « politique », l' « inflation », etc.) ni individuelles (du type « c'est ma faute si je suis au chômage »).

Cependant, malgré l'absence de ces conditions préalables à l'action organisée des chômeurs, il n'est pas du tout exclu qu'au-delà d'un certain seuil (moins fondé sans doute sur le nombre des chômeurs que sur leurs conditions de vie) la violence de leur situation subie puisse engendrer une réaction collective. Il n'est pas exclu non plus que, si la dynamique d'une action extérieure à la situation de chômage prenait de l'ampleur et se développait, les chômeurs puissent se « greffer » sur ce mouvement.

Cet article a voulu montrer que les conditions de formation d'une action collective *organisée et durable* des chômeurs n'étaient pas réunies. Ce défaut n'empêche peut-être pas, par contre, le surgissement d'actions collectives plus spontanées. En effet, les rapports sociaux restent toujours potentiellement producteurs de violence et d'affrontements qui peuvent surgir en déjouant toute prévision.

Reste qu'au-delà des premiers bouillonnements d'une violence sociale imprévue le problème de l'organisation finit toujours par se poser, et avec lui, nous semble-t-il, la question de l'identité collective.

# L'action ouvrière en matière d'emploi : conditions de l'action collective

*Cécilia Casassus Montero.*

Si la situation économique des travailleurs est globalement menacée par la récession et les restructurations de l'appareil économique, le terrain où la crise est le plus visible est celui de l'emploi. Il est aussi le moins maîtrisable par un acteur individuel, puisque le fonctionnement du marché du travail, les formes d'utilisation de la main-d'œuvre et le volume de l'emploi sont le résultat des politiques industrielles.

Si l'ampleur des problèmes d'emploi exige une vaste mobilisation, l'action ouvrière sur ce terrain s'avère aujourd'hui difficile en raison des effets combinés de la crise économique et de la conjoncture politique.

Tout en concevant les rapports entre capital et travail comme des rapports conflictuels, nous ne pouvons pas nier que les conditions d'apparition d'une action de classe restent extrêmement rares. C'est pourquoi il nous est apparu nécessaire d'adopter une démarche inverse à celle de la sociologie des conflits [1], c'est-à-dire qu'au lieu d'étudier le conflit là où il apparaît et *a posteriori* nous avons centré notre analyse sur les conditions qui expliquent pourquoi il ne se développe pas comme forme d'action collective là où les conditions

---

\* Groupe de Sociologie du travail.

1. Selon D. Segrestin ces études reposaient sur une fausse évidence, celle qui consiste à expliquer la mobilisation par l'existence des problèmes collectifs. (« Les Communautés pertinentes de l'action collective », *Revue française de sociologie,* XXI, 1980.)

économiques d'insatisfaction seraient réunies et surtout dans une conjoncture de crise.

Notre objectif est donc de contribuer à l'analyse des conditions de développement de l'action collective à partir de l'étude des obstacles auxquels se heurtent les salariés pour agir au niveau du marché du travail. Nous nous proposons ainsi une tâche double : analyser un terrain inhabituel de l'action ouvrière (le marché du travail) ; chercher les facteurs qui expliquent la faiblesse ou l'absence de l'action collective et, d'une manière générale, l'inefficacité de la mobilisation ouvrière de lutte contre le chômage.

Cette réflexion s'appuie sur les résultats d'une recherche sur les licenciements collectifs dans le textile [2] et d'une enquête sur la politique des syndicats CGT et CFDT en matière d'emploi [3].

## I. Les conditions du passage à l'action collective

L'impact de la crise de 1974 sur la situation économique des salariés ne s'est pas accompagné d'une forte mobilisation sociale [4]. Ce constat ne va pas sans poser des problèmes à l'analyse sociologique des conflits. La sociologie est en effet mal armée pour répondre à la question d'expliquer l'absence d'une explosion sociale en période de crise.

R. Jacoby [5] interprète cette absence comme un phénomène général de passivité du prolétariat dans les pays capitalistes avancés, ce qui pourrait être analysé comme l'absence d'une conscience de classe. Le problème n'est pas cependant de classer les couches de la société selon leur élan révolutionnaire ou leur réformisme, mais d'identifier les mécanismes structurels qui rendent difficile le développement d'une action collective. Si Jacoby pense qu'il s'agit de mécanismes culturels (autoritarisme véhiculé dans la société et dans la famille), il nous semble qu'il faut considérer aussi les processus d'exclusion sociale et

2. C. CASASSUS, S. ERBES-SEGUIN, L'Intervention judiciaire et l'Emploi, Documentation française, 1979.
3. C. CASASSUS MONTERO, Les Syndicats et l'Emploi, CRESST, 1980.
4. Et ceci malgré l'augmentation relative des conflits sur l'emploi. Le nombre des revendications concernant la menace de perdre l'emploi (fermetures, licenciements, indemnisation) est passé de 4,7 % sur le total des revendications exprimées lors de conflits en 1972 à 11,3 % en 1975 et 13,4 % en 1976. C. CASASSUS, L'Action collective pour l'emploi, thèse université Paris-VII, 1979, et S. DASSA, Les Grèves de 1976, CNAM, 1978.
5. R. JACOBY, « Political Economy and Class Unconsciousness », Theory and Society, vol. 5, n° 1, 1978.

de fragmentation de la condition du salariat qui se développent dans le marché du travail. Or, à ce niveau, il n'y a que deux alternatives possibles [6] : l'action de défense individuelle pour occuper une place dans l'économie, le développement d'une action collective pour empêcher la dégradation de la situation de l'emploi. Ces deux alternatives ne sont pas contradictoires dans la mesure où l'individu doit agir pour son compte pour défendre et/ou trouver un emploi, mais la satisfaction de son problème ne peut pas être assurée par sa seule action, puisque l'emploi dépend des postes offerts et donc de la situation générale du marché du travail. Autrement dit, l'action individuelle pour la défense de l'emploi nécessite la présence d'un bien qui est, aussi, collectif. Le cas des personnels hors statut de l'enseignement supérieur et de la recherche illustre cette complémentarité entre la démarche individuelle de chacun pour soi et la nécessité d'une action collective visant à débloquer l'accès à l'emploi.

Les travailleurs menacés de licenciement et les chômeurs sont aussi dans la même situation : leur problème peut être défini en termes individuels, mais sa solution nécessite souvent une action pour un bien qui va bénéficier au collectif. Cette convergence objective entre intérêts individuels et bien collectif n'est pas toujours vécue de cette façon : elle existe dans les actions pour le redémarrage des entreprises menacées de fermeture. Mais le lien entre individuel et collectif est moins évident dans les actions qui concernent l'amélioration de la protection sociale, et en particulier de la condition des chômeurs. Dans certaines conjonctures, les démarches individuelles et collectives peuvent être perçues comme opposées. Lors de l'annonce des licenciements à Longwy, une majorité des sidérurgistes menacés par la fermeture dans un délai de trois mois à deux ans ne cherchait pas d'emploi. La démarche individuelle faisait figure de démission de la lutte. Mais, en même temps, un nombre non négligeable avait des raisons d'espérer une solution individuelle sous la forme de retraite anticipée ou de la prime au départ volontaire [7].

Bien que démarche individuelle et défense collective ne soient pas des voies contradictoires, il est inutile de les opposer dans la mesure où il s'agit d'actions qui interviennent à des niveaux d'analyse différents [8]. Si l'on se situe au niveau des conditions de dévelop-

---

6. Dans la mesure où l'emploi est un bien indispensable, on ne peut pas inclure ici l'alternative de la « fuite » évoquée par A. HIRSCHMAN, dans *Exit, Voice and Loyalty*, Harvard University Press, 1970. Un cas proche de la fuite serait celui des chômeurs partis s'installer à leur compte à la campagne, les « néo-ruraux ».

7. C. DURAND, *Chômage et Violence : Longwy en lutte*, Galilée, 1981.

8. Cette opposition conduit aux impasses de l'interprétation de l'action individuelle en termes économiques, comme l'approche de C. OLSON, dans *La Logique de l'action collective*, P.U.F., 1975.

pement d'une action collective, on constate qu'il y a certains facteurs qui la favorisent et d'autres qui l'entravent.

Avoir des intérêts communs, « les mêmes cibles et objets d'hostilité considérés comme responsables de ses privations, de ses plaintes, de ses souffrances [9] », ne sont que les premières conditions pour le développement d'une mobilisation. Ces malaises peuvent être à l'origine de manifestations spontanées de courte durée, mais une action soutenue exige aussi un support organisationnel, l'existence de liens à l'intérieur de la collectivité et avec l'extérieur. C'est pourquoi certains auteurs ont insisté sur le fait que *l'intégration sociale n'est pas contradictoire avec la mobilisation*. Plus encore, l'existence d'un réseau de rapports sociaux ou d'organisations formelles serait la condition d'une action collective soutenue. Les acteurs de la mobilisation seront recrutés parmi les membres les mieux intégrés et les plus actifs dans le passé et non parmi les individus isolés [10].

La conjoncture économique peut aussi faciliter ou freiner la participation à une action collective puisque ce n'est pas dans les périodes de récession et de pénurie que les gens ont tendance à se révolter, mais au contraire quand la situation s'améliore. Comme l'a démontré l'étude de *Marienthal* [11], dans les périodes difficiles, les gens sont trop occupés à gagner leur vie, à survivre.

Mais, au-delà des variables de contexte, reste à cerner quels seront les protagonistes, les acteurs de la mobilisation. Selon Pizzorno [12], les acteurs se forment avec l'irruption d'identités collectives nouvelles. Parallèlement aux changements dans les relations de production se produisent des changements dans les identités de représentation collective. Les syndicats peuvent y répondre en acceptant ou refusant le risque que comporte l'introduction des concurrents. Or il nous semble qu'avec l'introduction de la notion d'identité collective on ne résout pas le problème de leur formation. Par ailleurs, la notion d'identité suppose que les individus « conscients » ne feraient qu'agir pour changer la situation telle qu'elle est définie par l'ensemble de représentations devenues leur conscience critique. Il semblerait cependant que la prise de conscience, la lucidité [13], soit un élément nécessaire mais non suffisant dans le développement de l'action.

---

9. A. OBERSCHALL, *Social Conflicts and Social Movements,* Prentice Hall, 1973, p. 118.

10. *Ibid.,* p. 135.

11. M. JAHODA, P. LAZARSFELD, H. ZEISEL, *Marienthal,* Aldine, 1971.

12. PIZZORNO, « Entre l'action de classe et le corporatisme », *Sociologie du travail,* n° 2, 1978.

13. D. STRAND et R. WEINER, « Mouvements sociaux dans le Pékin de 1920 », *Sociologie du travail,* n° 2, 1978.

La dynamique de l'action collective suppose « l'existence et la disponibilité [...] de collectivités concrètes de référence, c'est-à-dire des communautés d'action auxquelles les travailleurs soient susceptibles de s'identifier [14] ». La prise de conscience d'un problème peut aussi s'accompagner du sentiment de la menace qui frappe un collectif ayant une identité préalable. Les individus ressentent qu'au-delà de la menace individuelle de perte de l'emploi existe une *menace touchant la collectivité,* le risque de la transformer ou de la liquider, menace visant la survie du groupe. C'est le cas par exemple des villes et des régions où les travailleurs et la population locale réagissent collectivement pour défendre la vie économique de la localité.

Un autre facteur qui peut faciliter le démarrage d'une action organisée est le fait d'avoir une expérience de l'efficacité de la démarche collective, c'est-à-dire le fait d'avoir vécu une action de groupe. Or, comme nous le verrons plus loin, la plupart des travailleurs touchés par les problèmes d'emploi ne disposent pas d'organisations propres, les nouvelles formes de gestion de la force de travail favorisant la différenciation et l'individualisation des situations. A l'inverse, on peut s'attendre à une participation plus forte parmi les catégories ayant une *tradition d'organisation.*

En résumé on peut postuler que les conditions de la structure sociale qui favorisent le développement d'une action collective sont :

1) la conscience d'avoir des problèmes ou des intérêts en commun ;

2) l'identification d'une même cible, objet d'hostilité qui est perçu comme responsable de la situation et capable d'y remédier, c'est-à-dire la présence d'un interlocuteur ;

3) l'existence de rapports sociaux entre les individus concernés, la référence à une collectivité ;

4) la généralisation de la menace sur la collectivité ;

5) un support organisationnel, des groupes capables de prendre en charge l'action ou l'expérience dans le passé de l'action organisée.

Ces facteurs ne sont pas exclusifs et peuvent s'identifier à un moment donné : les rapports sociaux collectifs peuvent se nouer à partir de la conscience des intérêts communs, le sentiment d'être menacés peut faciliter l'identification d'une même cible, etc., mais pour l'analyse il est préférable de les isoler en tant qu'aspects différents sous-jacents à toute action collective.

Sur l'ensemble de ces facteurs se greffe la conjoncture économique et politique qui donne la signification à l'action, qui définit les limites

---

14. D. Segrestin, art. cité, p. 174.

et les urgences. Sans la référence aux rapports de forces, l'énoncé des conditions de la mobilisation que nous venons de faire reste dans l'abstraction des paradigmes fonctionnalistes. C'est pourquoi, après avoir analysé les situations de crise de l'emploi à la lumière des facteurs de mobilisation, nous reviendrons aux stratégies syndicales de la période récente.

## II. Les formes différenciées que revêt la crise de l'emploi

L'analyse de l'évolution du marché du travail depuis 1975 [15] (taux de chômage, structure des emplois, temps de travail, statut de la main-d'œuvre) montre que le ralentissement de la croissance économique ne s'est pas répercuté d'une manière homogène sur la situation des travailleurs. Si le bilan des mutations survenues dans le marché du travail reste à faire, il est clair qu'on ne peut le résumer à une augmentation mathématique du chômage. Les changements structurels qui ont accompagné ces années de crise ont transformé et diversifié la condition du salariat du point de vue de l'emploi.

Il y a au moins quatre niveaux distincts où se développent des problèmes d'emploi particuliers, bien que leurs effets puissent se cumuler dans une situation concrète.

### 1. Le volume de l'emploi

La quantité des emplois offerts à la population active, à un moment donné, peut devenir un enjeu des rapports entre les classes dans les situations suivantes.

1) Les *suppressions d'emplois en douceur* qui résultent de choix économiques, d'assainissement des entreprises (restructuration interne, concentration, redéploiement) et qui prennent la forme de licenciements partiels, non-remplacement des départs, mise en préretraite.

2) Les suppressions d'emplois par *licenciements collectifs* dans les cas de fermeture d'entreprise ou d'établissement, suite à une décision de non-poursuite de l'exploitation ou à des situations de faillite.

3) L'*insuffisance des effectifs,* qui s'accompagne souvent d'une intensification du travail, d'une détérioration des conditions de travail

---

15. Le chômage s'est accru de 19,5 % en 1978 et de 10,1 % en 1979 par rapport à l'année précédente. L'ancienneté moyenne du chômage continue à augmenter, et le chômage résulte plus fréquemment de la perte d'un emploi précaire.

et de la qualité des services rendus, notamment dans les services publics.

4) La *rareté des emplois dans les marchés locaux,* qui résulte des processus précédents ou bien d'une absence d'implantations nouvelles.

Dans ces quatre situations, les enjeux sont d'une importance différente et les acteurs susceptibles d'intervenir ne sont pas les mêmes. La première situation est la plus proche du terrain habituel d'affrontement entre salariés et employeurs, l'entreprise. Sur ce terrain, le syndicat est l'interlocuteur privilégié en tant que représentant direct de la population menacée. Il dispose aussi des moyens de négociation dans la mesure où il s'agit d'une suppression partielle d'emplois et que le collectif de travail est encore en place. La seconde situation est proche de la première. Le syndicat continue à jouer son rôle de représentant des salariés malgré la rupture du contrat de travail prononcée par l'employeur. Le terrain de l'affrontement est cependant tout autre, puisque l'employeur, du fait même de décider la fermeture, a démissionné de son rôle de gestionnaire et n'est plus l'interlocuteur susceptible de négocier avec les salariés. Dans la troisième situation, les acteurs, syndicats et employeur, agissent aussi sur le terrain habituel des relations industrielles, mais on peut se demander si l'enjeu réel est l'emploi ou les conditions de travail. La quatrième situation, enfin, est radicalement différente au sens où elle oppose les organisations représentatives d'une masse professionnellement indifférenciée (la population d'une localité ou d'une région, les travailleurs d'une branche en déclin), aux instances de l'Etat plutôt qu'aux organisations patronales susceptibles d'infléchir les politiques économiques et industrielles.

Dans tous ces cas, l'enjeu sous-jacent est le nombre d'emplois, mais sa définition sociologique varie. La quatrième situation nous semble se démarquer du reste dans la mesure où on pourrait y voir l'expression des contradictions qui apparaissent en raison du caractère inégal du développement économique. Les luttes pour sauver l'activité économique locale montrent les contradictions qui opposent la bourgeoisie locale au bloc hégémonique central [16].

Dans l'hypothèse où ces quatre types de problèmes d'emploi se présenteraient en même temps, peut-on s'attendre à ce que l'aggravation de la menace facilite la mobilisation sociale ? Nous verrons plus loin que cette éventualité est assez rare et que, dans

---

16. Cf. A. LIPIETZ, *Le Capital et son espace,* Maspero, 1978.

chaque situation, on rencontre toujours des facteurs défavorables au développement d'une réponse collective.

## 2. La protection de l'emploi

Un terrain non moins important que celui du volume de l'emploi, mais souvent négligé dans l'analyse de la reproduction de la force de travail, est le système de protection des salariés en matière d'emploi. La vulnérabilité de la condition de salarié comporte la perte de l'emploi (licenciement individuel, licenciement collectif, contrat à durée déterminée), la perte du salaire (indemnités de licenciement, assurance-chômage) et la perte de la protection sociale (Sécurité sociale).

Le régime institutionnel qui assure la protection du salarié dans ces éventualités n'est pas un dispositif stable ni figé. Mises en place parfois pour des raisons économiques (éviter par exemple que la demande se déprime trop), ces mesures peuvent être suspendues et remplacées dès que le rapport des forces change [17].

Si les changements introduits dans le régime de protection de l'emploi ne sont pas perçus comme une menace immédiate à l'emploi, c'est à travers ces modifications que se décident le rôle plus ou moins régulateur de l'Etat dans le marché du travail et la part assumée par l'employeur dans la reproduction de la force de travail.

Dans la mesure où la protection de l'emploi concerne toute la population salariée, une action collective à ce niveau dépend de la capacité d'initiative et de mobilisation des organisations qui servent d'intermédiaires entre l'Etat, les employeurs et les salariés. La capacité de faire pression sur l'Etat dépend aussi de la force avec laquelle les salariés peuvent menacer d'altérer le consensus au niveau de la société. Jusqu'à l'an dernier la politique de l'Etat dans ce domaine a été cependant orientée vers un désengagement progressif de son rôle en tant qu'employeur [18] et en tant que régulateur des conditions d'emploi de la main-d'œuvre [19].

## 3. Le partage du travail

Le problème de la durée du travail semble se développer parallèlement aux blocages rencontrés dans la négociation des autres

---

17. Voir les analyses de LIPIETZ, *op. cit.*, p. 98, et de S. de BRUNHOFF, dans *Etat et Capital*, PUG, Grenoble, 1976.

18. Voir P. DUBOIS, *Mort de l'Etat-patron*, Ed. ouvrières, 1974.

19. L'abandon de la politique dirigiste de l'après-guerre depuis le VIe Plan, la réforme de l'ANPE et la suppression de l'aide publique en 1979.

problèmes d'emploi analysés ci-dessus. Ici, l'affrontement se produit entre, d'un côté, les employeurs soucieux de jouer sur les horaires et le nombre d'heures du travail pour adapter le volume de la production aux besoins de rentabilité et, de l'autre côté, les salariés qui veulent s'assurer que les changements dans la durée du travail ne seront pas compensés par des augmentations de productivité et une intensification du travail, plutôt que par un recours à un personnel supplémentaire. La frontière entre les problèmes d'emploi et les conditions de travail devient ici moins nette. La notion même de partage du travail évacue le problème de la création d'emplois et par conséquent celui du chômage.

Sur ce terrain, les syndicats peuvent toujours exercer une pression pour que la négociation ne soit pas atomisée. Il est tout de même paradoxal que ce soient les travailleurs les moins menacés par la crise de l'emploi, ceux qui sont employés et syndiqués, qui disposent des moyens de négocier.

## 4. Les statuts de l'emploi

La crise du marché du travail se traduit aussi par un processus qui tend à séparer le salarié de l'emploi, au sens juridique. Pour un nombre sans cesse croissant de salariés, on doit parler davantage du travail qu'ils exécutent que de l'emploi qu'ils possèdent.

Pour le personnel non statutaire, la crise est vécue comme risque de ne pas trouver de travail ou de perdre l'emploi. Ici, le lieu d'affrontement ne peut être que l'entreprise ou l'établissement où le travail est effectué. Mais les acteurs potentiels sont difficiles à définir dans la mesure où ils ne se constituent pas par rapport à des collectifs sociologiques, mais par rapport à des critères juridiques. Les recherches sur la précarisation de l'emploi montrent bien cet éclatement ainsi que la tendance à séparer la notion d'emploi (contrat de travail) de celle du travail [20].

La condition de salarié se voit profondément modifiée avec la disparition d'un lien direct avec l'employeur et avec le collectif de travail, l'entité physique qui utilise les services du salarié pouvant être différente de la personne juridique qui l'emploie. Placé dans une situation de catégorie « à part », le personnel auxiliaire et hors statut ainsi que le personnel embauché pour une durée déterminée subit les

---

20. Voir les communications au Séminaire de Vaucresson, *L'Eclatement de la collectivité du travail*, ministère de la Justice, Documentation française, 1981, et les travaux de B. RETTENBACH, *Diversité des formes juridiques de travail et Restructuration des entreprises*, ministère de la Justice, 1979.

mêmes expériences de travail que le reste des travailleurs, mais il n'a pas une collectivité de référence, il a des interlocuteurs différents et surtout un horizon de carrière marqué par une forte mobilité. Ici encore, l'initiative revendicative revient au noyau des travailleurs à statut stable, car la présence de personnel non statutaire est une menace pour les travailleurs stables, d'où l'intérêt des syndicats à « défendre la profession » et à développer des actions de type corporatiste.

### III. Le potentiel d'action collective selon les problèmes d'emploi

En appliquant aux différentes situations d'emploi l'analyse des conditions nécessaires à l'action collective, on peut mesurer le potentiel de mobilisation dans chaque situation concrète. Dans le tableau suivant, nous confrontons les problèmes d'emploi aux conditions de l'action que nous avons énoncées plus haut.

On constate d'abord que les situations de crise de l'emploi sont en effet très différentes si on les analyse du point de vue des conditions de l'action collective. Lorsqu'il y a licenciement ou chômage partiel, on est face à une situation favorable à la mobilisation : l'employeur est toujours présent, la collectivité de travail représente la communauté de référence pour les travailleurs menacés, et enfin la section syndicale d'entreprise peut prendre en charge l'action. Dans ces deux situations, cependant, manque la menace globale à la collectivité. A l'inverse, là où la collectivité peut se sentir menacée dans sa survie, comme c'est le cas de fermetures d'usine ou de déclin de l'emploi dans une localité, l'incertitude sur l'identité de l'interlocuteur capable de négocier une solution peut mettre en péril la continuité de l'action.

C'est la conjonction de ces deux facteurs, organisations qui prennent en charge l'action et menace sur la collectivité, qui définit une situation favorable à l'action collective. On pourrait évoquer ici la mobilisation développée par les populations des localités en déclin économique et celle des travailleurs licenciés suite aux fermetures d'usine, bien que leur potentiel de mobilisation ne garantisse pas la réussite de l'action [21]. A l'opposé, on trouve les situations où les travailleurs vivent la crise de l'emploi comme un problème individuel et ne disposent pas d'organisations représentatives, comme par

---

21. Comme nous l'avons démontré dans *L'Intervention judiciaire et l'Emploi, op. cit.,* chapitre 5. Voir aussi C. DURAND, *Chômage et Violence : Longwy en lutte, op. cit.*

Les conditions de développement de la mobilisation selon le problème d'emploi

| Problème d'emploi | Catégorie concernée | Interlocuteur | Collectivité de référence | Caractère de la menace | Organisations | Enjeu |
|---|---|---|---|---|---|---|
| Licenciement partiel. | Fraction des travailleurs en préavis. | Employeur. | Collectivité de travail. | Pas de menace globale. | Section syndicale. | Volume de l'emploi. |
| Fermeture d'entreprise. | Ensemble des travailleurs. | Aucun. | Collectivité de travail. | Menace à la survie de l'outil de travail. | Section syndicale. | Maintien de l'entreprise. |
| Insuffisance d'emplois dans une localité (chômage localisé). | Population active à la recherche d'un emploi. | Aucun. | Communauté locale. | Menace à la vie économique locale. | Organisations locales. | Création d'emplois. |
| Chômage partiel. | Fraction de travailleurs. | Employeur. | Collectivité de travail. | Pas de menace globale. | Section syndicale. | Durée du travail. |
| Statuts d'emploi : vulnérabilité au chômage associée au type de contrat de travail. | Travailleurs hors statut. | Employeur. | Liens faibles avec la collectivité de travail | Pas de menace globale. | Section syndicale. | Sécurité de l'emploi. |
| | Travailleurs intérimaires. | Employeurs successifs. | Aucune. | Pas de menace globale. | Aucune. | Sécurité de l'emploi. |

exemple les travailleurs intérimaires et les stagiaires du Pacte national pour l'emploi.

Le problème de la précarisation de l'emploi peut aussi faire l'objet d'une mobilisation, à condition qu'il soit pris en charge par les organisations représentant tout le collectif de travail et non seulement par ceux qui sont concernés par le problème immédiat. Autrement dit, ce ne sont pas les catégories les plus menacées par la crise qui seront les protagonistes d'une lutte, mais plutôt celles qui disposent de moyens d'organisation.

L'analyse des conflits du travail [22] confirme cette hypothèse : les syndicats se sont davantage mobilisés dans les luttes pour la titularisation, la durée du travail et contre les licenciements collectifs. Par contre, on voit difficilement les conditions d'une mobilisation des jeunes chômeurs qui n'ont pas l'expérience de travail, ni de l'action organisée.

Cette analyse reste cependant abstraite, puisque nous avons considéré les problèmes d'emploi comme homogènes, comme étant de même nature. Au niveau économique, ces problèmes posent des enjeux d'ordre différent : certains sont maîtrisables au niveau de l'entreprise et même de l'établissement, d'autres dépendent d'une solution au niveau national. Si le contrôle de la décision qui est à l'origine du problème d'emploi dépend de l'employeur, ce dernier peut revenir sur sa décision et mettre fin au conflit. Si la décision met en cause la situation globale du marché du travail, le problème ne pourra être résolu que par une décision de politique économique. C'est pourquoi le traitement des problèmes d'emploi varie selon les possibilités de trouver une issue à l'action et selon le niveau de la négociation [23].

En faisant l'hypothèse qu'il est plus difficile de transformer les choix en matière de politique industrielle que de faire revenir un employeur sur ses décisions de gestion, les possibilités de négociation semblent plus fortes là où la satisfaction de la revendication relève de la gestion, de l'emploi (effectifs, intensité du travail, etc.). A l'opposé, dans les situations de licenciement, la satisfaction des revendications dépend des décisions prises à un niveau où l'action des travailleurs est insuffisante pour obtenir une négociation. Ceci expliquerait les maigres résultats obtenus dans les conflits menés dans les branches en déclin, comme la sidérurgie, le textile, les chantiers navals. Ce qui nous permet de conclure que, même si le potentiel de mobilisation est

---

22. Voir notre analyse des conflits selon les revendications exprimées pour les premières années de la crise dans *L'Action collective pour l'emploi, op. cit.*, chapitre 5.
23. Les cas Lip et Manufrance ont montré que le problème d'emploi ne s'arrête pas avec la fin du conflit.

fort, les luttes n'aboutissent pas dès lors que les salariés menacés et leurs syndicats ne sont pas en condition d'exercer une pression globale suffisante pour infléchir la politique économique. Ainsi les conflits les plus durs (Lip, Parisien libéré, Imprimerie Chaix, etc.) n'ont pas toujours réussi, l'action collective localisée ne pouvant pas se substituer à l'action de classe.

## IV. Les impasses de l'action syndicale pour l'emploi

Si c'est aux syndicats que revient l'initiative de la mobilisation, leur intervention dans le marché du travail rencontre aussi des difficultés. Les blocages structurels auxquels se heurte l'action syndicale sur ce terrain [24] tiennent à ce que l'organisation syndicale issue de la période d'industrialisation et d'expansion est inadéquate pour faire face à la restructuration de l'appareil industriel et du marché du travail. Cette constatation ressort à tous les niveaux de l'action syndicale, qu'elle soit nationale, de branche, départementale ou d'entreprise.

Au niveau national, les syndicats participent à la gestion du marché du travail en tant que représentants de tous les salariés, syndiqués ou pas, employés ou chômeurs, par le biais d'une représentativité indirecte. Leur rôle à ce niveau n'est plus celui de médiateurs entre employeurs et salariés, mais plutôt celui d'un porte-parole politique chargé de veiller à ce que le partage des bénéfices entre capital et travail se fasse au profit des travailleurs. Dans ce dépassement d'une action et d'une représentation purement corporatiste, les syndicats sont amenés à agir au niveau de la politique économique. Ce rôle politique des syndicats n'est pas nouveau, mais actuellement on constate un décalage entre les moyens dont ils disposent pour développer un consensus (information et consultation de la base), la capacité réelle de mobilisation des catégories concernées et la capacité d'intervention au niveau central. Par exemple, quand les organisations syndicales participent à la négociation sur le régime d'indemnisation du chômage, leur représentativité est plus symbolique que réelle, puisque les revendications ne sont pas appuyées par une mobilisation effective de la masse des chômeurs.

L'intervention au niveau national est donc l'affaire des spécialistes, elle s'accompagne d'un discours idéologique et politique d'opposition à la politique économique, discours où les syndicats expriment un point de vue de classe.

---

24. Pour un répertoire de ces difficultés voir notre étude *Les Syndicats et l'Emploi*, CRESST. 1979.

C'est au niveau des branches industrielles que les syndicats arrivent à mieux formuler leurs propositions en matière d'emploi, mais, là encore, ils se heurtent à une difficulté : l'absence d'interlocuteur avec qui négocier les politiques industrielles. Un grand nombre de fédérations syndicales CGT et CFDT ont entrepris depuis le début du processus d'internationalisation des marchés et de redéploiement à l'étranger de réaliser des diagnostics sur les politiques industrielles et sur l'avenir de chaque branche. L'utilisation de l'information économique devient ici un des outils privilégiés de l'action. Des actions plus vastes de défense de l'emploi s'organisent au niveau des fédérations syndicales dans les branches en déclin (textile, sidérurgie, imprimerie), mais leur efficacité est de plus en plus contestée [25].

C'est néanmoins au niveau des localités dont la vie économique est menacée que l'action pour l'emploi a pris le plus d'ampleur. Autour de la consigne « vivre et travailler au pays » se développe une mobilisation générale qui déborde le champ de l'action syndicale justement du fait que le syndicat n'est pas l'unique représentant des intérêts locaux et que d'autres organisations peuvent aussi canaliser la défense collective. Les journées « ville morte » illustrent bien le fait que la crise de l'emploi est vécue comme une menace pour toute la population locale. Ces luttes sont certes une des formes d'affrontement entre les classes, mais elles mobilisent aussi des forces locales autres que la classe ouvrière, qui sont prêtes à défendre l'économie locale.

Dans les entreprises, l'action syndicale pour l'emploi prend la forme d'une action revendicative pour l'augmentation ou le maintien des effectifs, la réduction de la durée du travail, la titularisation du personnel auxiliaire et le refus des licenciements. Les conflits les plus durs sont ceux qui se déclenchent suite aux licenciements massifs. Ils suivent de près le modèle Lip : il s'agit de luttes dures et longues, avec sensibilisation de l'opinion publique, occupation des locaux, violences et séquestrations et appel à l'intervention des pouvoirs publics. Le conflit tend en effet à se déplacer du niveau de l'entreprise vers d'autres sphères du pouvoir pas toujours faciles à identifier. La tendance à faire appel à l'Etat, constatée en France depuis 1968 [26], s'inscrit dans un processus de recherche, par les syndicats, de terrains d'action où la négociation soit possible. Or, dans l'état actuel des rapports de production, c'est seulement au niveau des branches de

---

25. Notamment la CFDT. La question de l'élargissement des luttes est un point de controverse entre les deux centrales ouvrières.
26. Tendance qui ne serait pas exclusive à la France. Congrès de l'Association internationale des relations professionnelles, Paris, septembre 1979. Voir notamment l'introduction au débat de J.-D. Reynaud.

l'économie que pourrait s'envisager une négociation sur l'emploi. Cela impliquerait une planification du développement de chaque branche et des interventions régulatrices de l'Etat, ce qui ne correspond pas aux orientations libérales du modèle de développement.

## Conclusion

Pour résumer, on peut dire que le caractère même des problèmes d'emploi, les formes traditionnelles de l'action syndicale et les impasses de la négociation conduisent les syndicats à situer leur action au niveau de la négociation politique. A ce niveau, les syndicats se trouvent encore dans une position inhabituelle : ils parlent au nom de groupements vastes et mal définis qui ne correspondent pas au corps des industries et des métiers traditionnels. Ils ne peuvent plus compter sur une solidarité professionnelle, mais sur une convergence très vaste d'intérêts. A l'opposé, dans les situations favorables au développement d'une solidarité, la négociation est soit impossible (absence d'interlocuteur), soit axée sur des solutions marginales par rapport à l'emploi (horaires de travail, durée hebdomadaire, conditions de travail).

La capacité d'intervention des organisations syndicales en matière d'emploi prend plus la forme d'une lutte au niveau institutionnel que d'une action de classe. Les organisations syndicales participent plus à la gestion du chômage et de la mobilité de l'emploi qu'à une régulation du marché du travail.

Les difficultés rencontrées par les syndicats pour imposer des négociations sur l'emploi et pour mobiliser les travailleurs montrent que l'action collective est moins le résultat d'une volonté déterminée à poursuivre certains objectifs que le résultat de la confrontation d'un projet collectif avec des limites et des difficultés structurelles.

Le déplacement de l'action, de l'entreprise à la branche, ou au niveau national, rapproche l'action collective d'une action où la classe ouvrière menacerait le consensus. Mais ce mouvement n'est pas sans contradictions, dans la mesure où la différenciation des situations d'emploi brise l'homogénéité de la condition du salariat. Cependant, à force d'insister sur la fragmentation de la classe ouvrière, on risque de voir se développer les analyses où on substitue une opposition du type classes populaires/Etat à la contradiction principale entre bourgeoisie et classe ouvrière. Ce qui revient à dire que ce sont les catégories marginales dans le marché du travail qui devraient se battre pour une meilleure répartition de la plus-value.

Dans la même ligne d'analyse, peut-on conclure, comme le fait Pizzorno, que l'action collective en matière d'emploi ne peut se développer ni comme action corporatiste ni comme action de classe, mais comme action défensive de communautés ou de collectivités qui luttent pour leur survie ?

La réponse à cette question suppose que les mécanismes mis en œuvre dans le marché du travail ont eu pour résultat un changement radical dans la structure de classes, hypothèse qui reste à vérifier.

# Les luttes pour l'emploi aux USA. Les syndicats peuvent-ils revaloriser leur action ?

*Olivier Kourchid* *

## Introduction

Bien que les importantes victoires ouvrières de l'entre-deux-guerres aient apporté une vague énorme de syndicalisation d'entreprises, et avec elle l'institutionnalisation du contrat collectif dans lequel la sécurité d'emploi était au moins négociable, les syndicats n'ont pas réussi à s'imposer sur ce terrain. Avec la récession des années 1970, la situation a empiré : les restructurations, les législations du travail et les relations professionnelles individualisées par Etat créent un contexte alarmant pour les syndicats. Plus qu'en France, défense de l'emploi et défense du syndicalisme s'agrippent l'une à l'autre en cette période très difficile du mouvement ouvrier américain. Notre propos est de montrer par quels processus, sous la pression de forces conservatrices ayant une stratégie extrêmement hostile, les actions syndicales pour l'emploi n'ont jamais pu s'enraciner dans le terrain ancien de la négociation collective, et échouent le plus souvent dans les actions de gestion où elles ont essayé de se déplacer [1].

---

* Groupe Sociologie du travail.
1. Ce texte fait suite, d'une part, à une enquête empirique locale effectuée aux USA en 1978-1979, dont une partie a donné lieu à une recherche intitulée *Récession et Syndicalisme, Californie, 1967-1977. Les Contraintes de l'organisation, de l'action, de la négociation* (O. KOURCHID, 1980, CORDES, 410 p.) ; et, d'autre part, à une enquête spécifique au niveau syndical effectuée en septembre 1980 aux USA. Pour de récents articles sur le syndicalisme aux USA, voir ceux de M. DEBOUZY, dans *Politique aujourd'hui*, et *CFDT aujourd'hui*.

## I. Du contrat à la législation
## et à la gestion locale et sectorielle

Malgré un long passé négociateur et intégrateur – qui est en fait régi et fixé par la loi –, les syndicats (et surtout les syndicats d'industrie) sont devenus de plus en plus inacceptables et combattus par le « business », *a fortiori* à l'occasion de la crise actuelle. Notre thèse est que cette hostilité provient de ce que les syndicats non seulement freinent incontestablement les processus d'exploitation, mais aussi régulent considérablement l'arbitraire patronal. Cette dernière dimension, où les syndicats défendent la « dignité », devient d'autant plus « politique » qu'elle pourrait signifier à terme des regroupements autour de l'aile gauche du parti démocrate [2], puisque la constitution d'un parti de gauche n'est pas envisageable.

En effet, depuis l'institution de la négociation collective obligatoire (1935-1937), et dans une conjoncture favorable, la régulation des licenciements à l'ancienneté, l'offre d'indemnités et la défense individuelle contre les licenciements disciplinaires représentaient le maximum concevable pour les syndicats. Avec l'inflation, les clauses de sécurité ont souvent été échangées contre des avantages financiers.

La défense de l'emploi, liée aux restructurations industrielles des années 1970, représente un problème d'une ampleur nouvelle pour le mouvement ouvrier et syndical dont la survie est en jeu. La base industrielle du syndicalisme et des emplois est en passe de représenter moins de 20 % des salariés ; les Etats fortement syndiqués du Nord-Est des USA sont en perte de vitesse (surtout dans la production d'autos, d'acier, de textile), et les Etats du Sud et du Sud-Ouest, en voie d'industrialisation rapide, sont presque tous dotés de lois antisyndicales [3] expliquant en partie pourquoi le taux de syndicalisation des salariés (14 % en 1974) y était deux fois moins fort que la moyenne US.

En raison de mécanismes économiques « purs » ou de stratégies patronales clairement affirmées – consultants antisyndicaux, Congrès conservateur, puissant « lobbying » du grand capital –, les syndicats américains ont donc à faire face à une convergence de forces extrêmement hostiles. La défense de l'emploi est une atteinte inadmissible à la « liberté d'entreprise » et aux prérogatives

---

2. Réduite actuellement à l'état de moignon.
3. *« Right-to-work » states*, où est interdit l' « Union-shop », c'est-à-dire l'obligation pour tous les salariés d'une unité de production certifiée d'adhérer au syndicat ; d'où possibilité de traverser les piquets de grève, et division d'une même unité entre ceux qui luttent et payent leurs timbres, et les *free-riders* qui profitent gratuitement des avantages.

managériales. Pour les syndicats, elle est un moyen de défense à l'égard d'une importante fraction du patronat qui voudrait les voir disparaître [4] en raison des différenciations qu'ils créent sur le marché du travail et de la mobilité. Dans les dernières années, à quelques exceptions significatives près, la mise en échec de l'action syndicale en matière de sécurité d'emploi s'est faite différemment.

*a)* La création de nouvelles unités syndiquées (permettant le contrat) est de plus en plus longue et difficile en raison des coûts élevés des campagnes d'organisation, des stratégies patronales d'affrontement (« casseurs de syndicalistes », « labor consultants »), de l'accumulation de pratiques déloyales ; de la mobilité des investissements, et aussi des divisions des travailleurs [5].

*b)* A l'intérieur du territoire syndiqué – dont la part relative diminue tous les ans – la sécurité d'emploi assurée par les contrats demeure figée suivant les anciens modèles de gestion syndicale des licenciements les plus individualistes [6]. Ceux-ci favorisent l'ajustement (clauses d'assistance et d'indemnité de licenciement). Les possibilités de réaction syndicale face aux licenciements et aux restructurations sont donc rares, au regard des prérogatives patronales : la moitié des gros contrats collectifs [7] ont des clauses de préavis de licenciement, mais le préavis peut être de moins d'une journée ; et 10 % de ces contrats ont des clauses de préavis en cas de délocalisation de l'unité, de fermeture, ou de changement technologique [8], ce qui est très peu.

*c)* L'inefficacité du contrat collectif en matière de sécurité d'emploi et les difficultés d'action à ce niveau ont poussé les syndicats à soutenir de nombreux projets de loi fédérale et d'Etat. A cette occasion, certains analystes remettent en avant la contradiction bien

4. La stratégie antisyndicale agrandit le poids de l'économie non syndiquée (près de 78 % des salariés en 1980) et permet la concentration capitaliste de type « conglomérats ». Ceux-ci étant multinationaux, et multibranches, souhaitent évidemment gérer leurs filiales sur des standards maximum de rentabilité. La syndicalisation de certaines filiales empêche l'extraction maximum de profits dont le principe est la compétition interfiliales « sans handicap ».
5. Le Labor Reform Act de 1977-1978 – *non voté* – était un projet de loi fédérale destiné à faciliter l'organisation syndicale. Dans ce type de contexte, citons parmi les grands succès syndicaux l'organisation de deux usines J. P. Stevens en Caroline du Nord par l'ACTWU (Travailleurs du textile et de l'habillement), après dix-sept ans de lutte.
6. Défense individuelle en cas de plainte. Licenciements régulés à l'ancienneté.
7. Enquête Bureau of National Affairs, 1978, portant sur 1 500 contrats de plus de 1 000 personnes, soit 7 000 000 de travailleurs (qui représentent à peu près un quart des travailleurs couverts par une convention collective, et 8 % de l'ensemble des salariés).
8. Exception : préavis de deux ans et commission paritaire obtenus dans le contrat Westinghouse-International Association of Machinists ; clause de non-licenciement à vie pour les postiers (contrat entre l'US Post Office Administration et les syndicats des travailleurs des postes, confirmé en arbitrage en février 1979).

connue entre contrat et législation, et se demandent si l'innovation en matière de relations de travail ne se déplace pas à nouveau vers la production législative [9]. C'est possible, et les syndicats (comme l'UAW-automobile) ou l'AFL-CIO ont déployé de nombreux efforts : « lobbying », information, témoignages aux auditions des commissions d'enquête, au niveau des législations fédérales et d'Etat. Mais les résultats sont peu probants, pour trois principales raisons.

Premièrement, les principaux programmes fédéraux sur l'emploi sont bien sûr des programmes généraux d'ajustement et d'assistance aux chômeurs (*Unemployment Security Program, Comprehensive Employment and Training Act* de 1973), qui ne remettent pas en cause le principe même de l'insécurité d'emploi ; mais les syndicats, à travers l'AFL-CIO, bénéficient d'aides publiques importantes pour leurs propres programmes d'ajustement. Ils sont donc étroitement liés à une forme de gestion de la force de travail inemployée complémentaire de celle exercée dans le cadre des contrats collectifs. Bien évidemment, certains programmes fédéraux d'assistance aux victimes des licenciements ont été mis en place en tenant compte du caractère très revendicatif de certains syndicats (bois, auto, transports ferrés et aériens, industries de la défense), mais ces programmes sont très spécifiques.

Deuxièmement, l'action syndicale s'est exercée puissamment en direction d'une législation fédérale destinée à contrôler l'arbitraire des « patrons » (en fait des conglomérats) en matière de fermeture d'usines et de délocalisation [10]. Mais jusqu'à maintenant c'est un autre échec qu'il faut enregistrer à ce niveau (par exemple, avec l'élimination du *National Employment Priorities Act* présenté en 1974 jusqu'en 1979) [11]. Une perspective gestionnaire est ouverte dans ces textes, puisque ce projet aurait facilité le transfert de la propriété de l'entreprise défaillante aux groupements locaux, ou aux salariés eux-mêmes.

Troisièmement, les syndicats ont parallèlement appuyé au niveau des Etats [12] une douzaine de textes de loi sur les contrôles des fermetures d'usines. Deux versions peu contraignantes ont été votées

9. Par exemple KASSALOV, « Collective Bargaining in the Grip of Structural Change », Convention IIRA Denver, septembre 1980.

10. On ne peut omettre de citer ici le travail de B. BLUESTONE et B. HARRISON, *Capital and Communities, the Causes and Consequences of Private disinvestment,* publié en avril 1980 par Progressive Alliance (très étroitement liée à l'UAW).

11. Les projets de loi prévoyaient un préavis obligatoire, une enquête publique et des indemnités de licenciement à la charge de l'employeur.

12. Etats du Nord-Est bien sûr (Wisconsin, Illinois, Michigan, Ohio, Connecticut, New Jersey, New York, Rhode Island, Maine, Massachusetts, Pennsylvanie) auxquels s'ajoute l'Oregon, où l'exploitation forestière souffre de restructuration.

dans le Maine et le Wisconsin (en 1977). Cette victoire est néanmoins très ambiguë, car une loi « faible » au niveau de l'Etat fixe un standard « faible » lorsque la législature fédérale envisage un texte ; de plus, une loi de ce type, même « faible », est un bon prétexte pour que certaines entreprises ne s'implantent pas dans l'Etat concerné, ou que d'autres fuient les Etats où elle risque d'être votée. Ces lois ou projets de loi – même sans aboutir – ont cependant mis en jeu des coalitions locales avec fort noyau syndical contre une fermeture d'entreprise, ou pour faire pression sur les pouvoirs publics et la législature. Or ces coalitions (de syndicalistes, progressistes, religieux ou civils) comprennent souvent des représentants des petites entreprises et des commerces locaux vivement concernés par la survie de l'emploi. Les syndicats se trouvent donc impliqués dans la mise en place de plans de sauvetage qui sous-tendent eux-mêmes souvent la reprise des activités par la communauté ou par les salariés eux-mêmes. Inutile de dire que, là aussi, les succès sont rares.

*Notre argument* consiste donc à montrer que, parallèlement aux échecs contractuels et législatifs que nous venons d'indiquer, les contraintes économiques et juridiques qui entourent les syndicats aux USA amènent ceux-ci à renoncer – provisoirement sans doute – à une défense de l'emploi appuyée sur l'action de masse et l'action politique (législation) pour se retrancher sur une série d'actions de gestion locales ou sectorielles, qui, se situant dans des domaines économiques détériorés, accentuent les chances d'insuccès.

## II. Les syndicats peuvent-ils revaloriser leur action pour l'emploi ?

### 1. Les actions extrêmes

La mobilité forcée des travailleurs, la gestion très individualisée et compétitive de la force de travail, la brutalité et l'arbitraire de la hiérarchie mêlée à l'intoxication d'intégration dans l'entreprise, la surexploitation et la surconsommation rendent la vie de travail aux USA beaucoup plus cruelle qu'on ne l'imagine. Plus dures encore sont les circonstances de licenciements. Pour les 75 % de non-syndiqués, les freins aux licenciements sont quasi inexistants : préavis réduits ou nuls, indemnités supplémentaires minimales ou réduites à zéro. Pour les syndiqués, la situation est presque aussi difficile. Aux USA, comme en France, les syndicats ont fait campagne contre la détérioration de la santé physique et mentale des licenciés. Au-delà, l'action individuelle qui répond le plus violemment à la déstructuration de la production est le suicide, révolte et destruction d'une force de travail rejetée. Un exemple [13] donne la mesure de ce désespoir : une entreprise de roulements à billes de Detroit décida de transférer sa production en Alabama. Elle licencia deux mille personnes en 1973. Parmi elles huit se suicidèrent, dont l'un des délégués syndicaux UAW, âgé de quarante et un ans. Bien que le taux de suicides des licenciés soit trente fois plus fort que la moyenne, la presse syndicale aborde ce problème de façon plus désabusée que révoltée.

La menace de licenciement peut aussi inciter des salariés à des décisions individuelles irréversibles pour conserver leur poste et le niveau de salaire. A l'atelier de pigments au plomb de American Cyanamide, quatre jeunes femmes se font stériliser, la direction ayant suggéré que seule la chirurgie leur donnerait une chance de garder leur emploi [14].

A l'autre extrême se trouvent les actions collectives de *grèves liées à l'emploi*. Bien des facteurs tendent à déprécier, non le sens, mais les possibilités de résultats liés à ce type d'actions :

– l'inflation, qui fait augmenter considérablement la proportion des luttes pour les avantages sociaux et les horaires, au détriment de celles pour l'emploi ;

– la périodicité (triennale en général) des renouvellements de contrat, en raison de quoi le nombre de grèves par année est moins lié qu'il le devrait à la conjoncture du marché du travail ;

– l'acceptation par la hiérarchie syndicale de clauses interdisant la grève, ni plus ni moins ; ainsi les United Steel Workers et les grosses compagnies sidérurgiques ont signé en 1974 l'ENA *(Experimental Negociating Agreement)* par lequel le syndicat, en échange d'avantages financiers et d'une très relative sécurité d'emploi, s'engage à renoncer à la grève au moment des renouvellements de contrats. Les employeurs s'engageant à renoncer au lock-out [15].

13. Tiré de l'excellent article de DON STILLMANN, « The Devastating Impact of Plant Relocations », *Working Papers for a New Society,* juillet-août 1978, reproduit dans *Plant Closing,* Conference on Alternative State and Local Policies, mai 1979. L'usine est celle de Federal Mogul, qui d'ailleurs programma sa fermeture de façon à ne pas subir les coûts de la nouvelle loi sur les retraites (ERISA).

14. Cité par *Labor-Unity,* publication des Amalgamated Clothing and Textile Workers Union AFL-CIO (ACTWU), vol. 65, n° 2, février 1979, p. 6. Les postes ne pouvaient être attribués à des femmes risquant d'être enceintes, en raison des hauts risques pour le fœtus.

15. Voir *Collective Bargaining : Contemporary American Experience,* Gerarld G. SOMERS Editor, Industrial Relations Research Association Series, 1980.

Par suite, la proportion de luttes pour l'organisation et la sécurité syndicale a diminué de moitié entre 1967 et 1968. Et celle directement liée à la sécurité d'emploi stagne autour de 4 %, avec néanmoins une légère hausse après les années de forts licenciements (1971 et 1975). La proportion de grèves liées aux sanctions disciplinaires et aux licenciements individuels diminue également au cours de la décennie : de 5,1 % en 1970 à 2,9 % en 1978 [16].

## 2. Marches et démarches

Les syndicats eux-mêmes mettent en avant comme types d'action des interventions institutionnelles, dont on sait qu'elles ne pouvaient aboutir sur le fond, compte tenu de la résistance patronale à tout contrôle de la gestion. Par exemple, en réponse aux stratégies de délocalisation − liées à une technique comptable de déduction des amortissements et à une technique financière des pompages des disponibilités −, un syndicat comme l'UAW propose un programme d'action politique :

− « lobbying », afin de pousser les législateurs à adopter une loi antifermeture ;

− envoi de lettres *(letter-writing)* aux députés, aux sénateurs, à la Maison-Blanche ;

− action politique pour s'assurer que les votes des représentants aux chambres sont conformes aux plate-formes des partis [17].

Aux attaques de la droite radicale *(radical right)* le responsable AFL-CIO du programme COPE [18] répond qu'il faut lutter : *a)* à la table de négociation ; *b)* dans les assemblées législatives ; *c)* aux urnes.

Comme nous l'avons dit, toutes ces voies d'influence ou d'action, bien que très diversifiées, ont pris beaucoup de temps et produit peu de résultats. On peut ajouter qu'elles ont consommé beaucoup d'argent.

Par exemple, la campagne syndicale (victorieuse) destinée à empêcher les conservateurs de faire passer une loi « *right-to-work* » au Missouri fin 1978 a coûté 2 millions de dollars (près de 9 millions de francs) alors que les conservateurs avaient investi 3,2 millions de

16. Source : *Analysis of Work Stoppages,* 1967 à 1978, US Department of Labor Bureau of Labor Statistics, Bulletin 2066, tableau intitulé « Work Stoppages by Major issues ».
17. *Solidarity* (UAW), vol. 23, n° 5, 15 mai 1980, p. 10.
18. Committee on Political Education, organe de la fédération chargée de l'action politique. Cité par *International Woodworker* (IAW), 30 août 1978, p. 2.

dollars [19]. Selon le syndicat des machinistes, le monde des affaires entretient 15 000 *lobbyists* à Washington, qui dépensent 2 milliards de dollars par an « pour construire une Amérique des grandes entreprises *(corporate America)* qui ne serve qu'un seul client : le *big business* »... A l'opposé, les syndicats et les lobbyists des intérêts publics ne dépensent que 3 millions de dollars par an [20]. Ceci ne veut pas dire que les syndicats, même les plus actifs, renoncent aux actions de « masse ». Les organes cités renvoient à la grève et au piquet de grève lorsqu'il s'agit de défendre le contenu de la négociation collective au moment du renouvellement [21] ; ils appellent également aux manifestations. Celles-ci comprennent rarement plus d'une centaine de personnes lorsqu'il s'agit de délégations aux centres de pouvoir politique, et rarement plus de quelques milliers dans les manifestations locales [22]. Pourtant le potentiel d'action collective n'est pas mince lorsque le syndicat tout entier décide d'appuyer un mot d'ordre pour l'emploi. Par exemple, en avril 1979, les 1,4 million de syndiqués UAW débrayent quelques minutes pour protester contre le scandale des profits des compagnies pétrolières [23], en juin 1979, les Communication Workers of America organisent un « pressure day » dénonçant les heures supplémentaires obligatoires, les visites à domicile pour vérifier les absences, et surtout l'automatisation accélérée. Ces « tests » de sensibilisation ne sont pas sans portée, mais leurs effets ne dépassent pas beaucoup les frontières du syndicat ou des sympathisants.

*3. De plus en plus près d'une gestion périlleuse :*
*contradictions au niveau industriel et au niveau local*

La défense syndicale de l'emploi aux USA étant ainsi de plus en plus bloquée dans un certain nombre d'impasses, les syndicats

---

19. *AFL-CIO-American Federationist*, vol. 86, n° 1, janvier 1979, p. 18.
20. *The Machinist*, International Association of Machinists, Aerospace Workers, AFL.-CIO, vol. 25, mai 1980, n° 1.
21. N'oublions pas le fonds de grève. Pour le renouvellement des contrats avec les trois grands de l'automobile, en 1979, l'UAW montrait ses munitions dès la fin 1978 : 231 millions de dollars (plus de 1 milliard de francs actuels).
22. Dans un climat particulièrement anti-ouvrier et typiquement anti-piétonnier, ces « marches » sont pourtant bien méritoires.
23. « Shut down the line ; take time to sign » : l'augmentation du prix de l'énergie est une menace évidente pour l'emploi.

multiplient donc les tentatives en direction de la gestion sectorielle ou locale. Ce faisant, ils s'engagent aux côtés des différentes catégories de patrons (petits ou grands) qui ont en commun de ne pas vouloir être trop solitaires pendant le tangage, ou le naufrage de leur navire. Parallèlement aux efforts des leaders patronaux, les chefs syndicaux prospectent donc les marchés [24], ou tentent de les réguler [25]. Il est cependant difficile d'évaluer l'efficacité de l'action syndicale à ce niveau élevé. Sur le terrain les choses sont plus claires. Commençons donc par souligner que des actions préventives efficaces contre les licenciements, dont l'effet dure au moins pendant une année budgétaire, sont réalisées fréquemment par l'AFCSME [26]. Ces succès sont possibles parce que le syndicat est au courant des projets de budget, faits six mois à l'avance, et peut réagir à temps aux coupures de financement. Ils sont aussi évidemment liés à des pressions politiques importantes et des analyses économiques poussées. Voici quelques exemples :

– 192 emplois sauvés à White Plains (N.Y.) en janvier 1979 ; le budget de l'année est envoyé pour analyse aux économistes de l'AFCSME, qui découvrent que le calcul du coût par poste ne tenait pas compte du *turn over,* d'où économie de 2 millions de dollars (sur un budget de 410) ;

– 112 emplois sauvés à Milwaukee grâce à l'étude d'un analyste des temps recruté par le syndicat (mars 1979) ;

– 500 employés municipaux de Philadelphie évitent le licenciement lorsque les employés de l'Etat de Pennsylvanie découvrent un surplus budgétaire de 1 million de dollars (mai 1979) ;

– 230 licenciements réduits à 95 à Toledo (mai 1979) ;

– 9 000 emplois sauvés à Miami, lorsque l'AFCSME empêche qu'une loi de réduction de taxes ne soit passée.

---

24. Délégation de l'International Association of Machinists en Chine.

25. Par exemple, Solomon Chaikin, président de l'International Ladies Garment Union, va à Tokyo en juin 1979 (*Justice,* n° 9, vol. 61, juillet 1979) ; Douglas Fraser, président de l'UAW, au Japon, en novembre 1979, demande que les Japonais implantent leur industrie automobile aux USA (*Solidarity,* décembre, 10, 1979, vol. 22, n° 15). D. Fraser retourne au Japon en février 1980 et rencontre le Premier ministre ; Lloyd McBride, président de USWA, représente les « steelworkers » à l'OECD ; Lynch (V.P.) appelle, à partir du Japon, les travailleurs de l'acier à s'unir contre la crise. Enfin, une délégation de chefs syndicalistes de IAM, UAW, après un voyage d'études en Allemagne, Grande-Bretagne, Suède, a rapporté un texte destiné à « importer » éventuellement aux USA les lois contraignant les entreprises en matière de licenciement (*Economic Dislocation,* mai 1979, publié par les trois syndicats).

26. Amalgamated Federation of State, County and Municipal Employeers, un million de membres. Informations fournies par la publication *Public Employee.*

De telles actions ne sont pas toujours sans ambiguïté : lorsque la ville de Forster (Californie) décide de sous-traiter l'entretien de ses parcs, les employés municipaux décident de se mettre en concurrence avec le sous-traitant. Ils prouvent qu'ils sont 15 % moins cher, et conservent leur emploi.

Dans le cas UAW-Chrysler, la participation à la gestion de sauvetage de l'emploi s'est faite à deux niveaux : d'une part, le syndicat et les ouvriers renoncent à 243 millions de dollars (plus de 1 milliard de francs) sur le renouvellement du contrat ; le prêt fédéral de 1 milliard de dollars à Chrysler était en effet lié à la condition que l'entreprise trouve des ressources propres du même montant. D'autre part, Douglas Fraser est nommé au conseil d'administration. Le président de l'UAW justifie son acceptation en disant que c'est le seul moyen d'être au courant des projets de licenciement, ou des transferts d'emplois à l'étranger [27]. Mais tout le monde n'est pas Chrysler ou Fraser [28].

Les efforts syndicaux de protection de l'emploi se sont exercés aussi – nous l'avons dit plus haut – en direction de projets de loi antifermeture avec deux incidences : ces projets sont soutenus par des coalitions [29] progressistes – incluant souvent les PME et petits commerçants –, et conduisent à des tentatives locales de sauvetage. Mais, dans les secteurs menacés, et à une époque de restructuration, ces actions sont souvent périlleuses.

Bluestone et Harrison [30] rappellent que la propriété ouvrière ou municipale d'outils de production n'est pas nouvelle (les Knights of Labor avaient 135 coopératives à la fin du XIXᵉ siècle) : « Entre 1974 et 1979, 70 entreprises privées ont été rachetées par leurs salariés ou des organisations locales, environ 70 % de ces rachats se sont faits à la suite de fermetures. En 1979, plus de 1 000 plans [31] de propriété d'actions par les salariés étaient en opération, les ouvriers étaient majoritaires dans 100 cas. »

Malgré le petit nombre de cas, les difficultés et les échecs, la prise de contrôle locale d'une entreprise semble suffisamment intéressante

27. Le préavis pour la fermeture de l'usine Dodge Main (célèbre pour la grève avec occupation qui y avait eu lieu en 1937) était de... une heure.

28. Plusieurs syndicats envisagent d'ailleurs de former des salariés (ouvriers ou employés) destinés à les alerter de changements majeurs dans la politique de l'entreprise (désinvestissements par exemple). Cité par B. BLUESTONE et B. HARRISON, *Capital and Communities, the Causes and Consequences of Private disinvestments, op. cit.* Ouvrage fondamental sur les délocalisations.

29. Par exemple, Coalition to Save Jobs (Massachusetts) ; Delaware Valley Coalition for Jobs ; et surtout l'Ohio Public Interest Council (OPIC).

30. *Capital and Communities, op. cit.,* p. 271.

31. Sur 2 000 000 d'entreprises. Il s'agit d'*Employee Stock Ownership Plans* (ESOP).

– au-delà de la restauration de l'esprit communautaire et du défi aux mastodontes – pour la productivité d'une usine. Des programmes du Department of Commerce procurent une assistance aux PME *(Small Business Administration)*, et des aides aux régions atteintes par les fermetures *(Sudden and Severe Economic Dislocation Programm)*. L'*Economic Development Administration* peut financer des projets de sauvetage [32].

Mais ces *worker-community buy-outs,* qui sous la menace transforment d'éventuels licenciés en actionnaires d'entreprises en péril chargés bien souvent d'éponger la restructuration, ne sont pas sans danger ni sans contradiction. Face aux experts, juristes et managers qui cherchent à presser les dernières gouttes du citron, les travailleurs sont loin des rêves autogestionnaires.

Tout d'abord, certains programmes d'actionnariat de salariés (ESOP) fonctionnent partiellement avec les fonds de retraite, ce qui est à la limite de la légalité. Les syndicats sont donc extrêmement sceptiques : comme le disent Bluestone et Harrison : « le jeu qui consiste à parier votre retraite pour sauver votre emploi est un jeu dangereux [33] ».

Ensuite, les programmes ESOP ne résolvent pas l'éternelle contradiction actionnariat/gestion. Ainsi, à South Bend (Indiana), une fabrique de machines-outils, SBL [34], est rachetée en 1975 à 100 % par les salariés menacés de licenciements : en échange de leur retraite, ceux-ci reçoivent des actions dont ils sont censés toucher les dividendes jusqu'à l'âge de soixante-cinq ans. Malgré la présence d'un délégué syndical au conseil d'administration (toujours présidé par l'ancien P-DG [35] en place avant la vente), l'entreprise refuse en 1980 une augmentation : syndiqués aux Steelworkers, les ouvriers disent : « On est propriétaires, mais on n'a pas le contrôle » ; la direction répond : « La propriété des actions ne signifie pas que les employés ont accès à la gestion. » Fin septembre 1980, les syndiqués en sont à leur cinquième semaine de grève. Le syndicat, quant à lui, a poursuivi SBL pour confiscation de fonds de retraite ; bien plus, il considère que l'ancienne direction s'est servie du programme ESOP pour liquider le syndicat en jouant sur la contradiction.

Enfin, la tentative la plus fameuse de sauvetage par une action de coalition locale s'est terminée par un échec. C'est celle de Campbell Works à Youngstown (Ohio), vieille ville sidérurgique que l'on peut

32. Voir *A Guide for Communities Facing Major Lay-offs on Plant Shutdowns,* US Dept of Labor, ETA, 1980.
33. *Op. cit.,* p. 274.
34. South Bend Lathe. Voir le *Washington Post,* 30 sept. 1980.
35. Qui gagne 150 000 dollars par an.

considérer comme le Longwy ou le Denain des USA. En 1969, un chantier naval de New Orleans (Lykes), en voie de « conglomération », rachète la compagnie Youngstown, Sheet and Tube (huitième sidérurgiste des USA) et son usine de Campbell. Pendant neuf ans, Lykes utilise les liquidités de YST pour rembourser la dette d'acquisition et étendre ses activités « non-acier » [36]. YST est aussi obligé de faire ses achats à prix fort auprès d'autres filiales de Lykes. Le 19 septembre 1977, YST est fermée, et 4 100 personnes sont licenciées. La réponse locale vient rapidement : dans la semaine, 100 000 signatures sont réunies par le syndicat (Steelworkers) et envoyées à Washington. Les responsabilités – bien connues – sont dénoncées : mauvaise gestion, et inaction gouvernementale devant les importations.

L'action locale regroupe les syndicats, des hommes d'affaires, des activistes de gauche et des chefs religieux [37]. Ces derniers jouent un rôle central dans cette affaire en commençant à financer des études de rentabilité en vue d'un rachat local (Worker-Community Ownership) permettant la réouverture. Les études montrent que les entreprises à contrôle salarial sont plus productives [38] et les syndicalistes (Steelworkers) démontrent que l'on peut augmenter la productivité à Campbell. Le plan de financement prévoit la réunion de 525 millions de dollars, dont 300 à partir d'un prêt fédéral. Bien que lourde, et ramenée ensuite à 425 millions, cette somme est justifiée par le fait que les responsables locaux veulent faire du sauvetage de Youngstown un exemple national. La majeure partie de 1978 se passe en campagnes, études, démarches à Washington. L'espoir demeure. Mais la suite peut s'interpréter comme l'écrasement de cette « révolte » économique et œcuménique : on ne plaisante pas avec les conglomérats et le gouvernement est bien payé pour le savoir. C'est l'échec qui doit devenir exemplaire.

En juin 1978, une décision personnelle du ministre de la Justice annule l'action antitrust posée par le projet de fusion de Lykes avec LTV (un autre conglomérat). La fusion transforme YST en une nouvelle compagnie contrôlée par Lykes-LTV. Non seulement la concurrence sur le marché avec ce nouveau géant devient impossible, mais surtout Lykes-LTV changent d'attitude : Campbell n'est plus à vendre aux mêmes conditions : Lykes-LTV veulent conserver les

36. Voir BLUESTONE et HARRISON, op. cit., p. 204.
37. Qui forment la Coalition œcuménique pour la Mahoning Valley. Celle-ci a publié en novembre 1977, A Religious Response to the Mahoning Valley Steel crisis, qui est un chef-d'œuvre d'économisme pastoral.
38. Voir le Youngstown Demonstration Planning Project, Final Report, septembre 1978, publié par le National Center for Economic Alternatives, Washington D.C.

fours à coke et les hauts fourneaux, encore rentables mais nécessaires pour assurer la jonction avec l'installation des fours électriques prévus par le plan de sauvetage ; ils refusent d'inclure la liste de clients dans la vente du complexe.

En mars 1979, l'administration Carter refuse d'accorder les 245 millions de prêt, coulant ainsi le projet.

En décembre 1979, l'usine de Brier Hills, toujours à Youngstown ferme (1 300 emplois).

En janvier 1980, l'usine McDonald de US Steel, précédemment à 10 000 emplois, liquide ses 3 500 derniers salariés. L'usine est à vendre, les communautés locales se portent acquéreur. US Steel met une condition : interdiction de demander des prêts fédéraux garantis ! Cas rarissime : les travailleurs occupent cependant le siège social de US Steel à Youngstown. Au bout d'une journée, ils libèrent les lieux sur promesse que l'on discutera du rachat de l'entreprise.

### Conclusion

Les points d'appui de l'action syndicale pour l'emploi aux USA se sont déplacés, au cours des années 1970, du contrat collectif à des tentatives de législation fédérale et d'Etat, restreignant les délocalisations ; un déplacement parallèle s'est effectué vers des tentatives de gestion salariale et communautaire, sur lesquelles nous avons insisté ici. Les restructurations et l'agressivité patronale et politique croissante contre les syndicats (c'est-à-dire contre leur sécurité et celle de leurs membres) rendent la situation du mouvement ouvrier de plus en plus inquiétante.

Faute de succès notables, les possibilités d'action syndicale pour l'emploi semblent actuellement extrêmement dépréciées, au moins dans les terrains contractuel, législatif et économique. Certes, les syndicats en tant que tels ont encore des moyens pour prolonger leur action.

*a)* Sur le plan organisationnel, les fusions *(mergers)* entre syndicats sont peu nombreuses (21 sur les sept dernières années), mais elles peuvent être extrêmement significatives [39].

*b)* Sur le plan financier, les syndicats comptent utiliser beaucoup plus qu'ils ne l'ont fait le poids des fonds de retraite (250 milliards de

---

39. Voir « Union Mergers in the 1970's : Look at the Reasons and Results », *Monthly Labor Review,* octobre 1978, vol. 101, n° 10. Les fusions se situent dans les secteurs en profonde restructuration de technologie (verreries, chimie, imprimerie), d'implantation (textiles), d'organisation (transports).

dollars, en 1979, le double dans dix ans). L'AFL-CIO [40] a montré que ces fonds sont gérés par trop d'intermédiaires, rapportent peu, et trop souvent financent des entreprises hostiles aux syndicats. Un meilleur contrôle syndical sur ces investissements permettrait de mieux préserver l'emploi en régulant les délocalisations.

Il reste néanmoins que les luttes pour l'emploi n'ont jamais pris les formes radicales produites par exemple par le mouvement ouvrier français ; ces formes d'action, où la base joue le rôle essentiel ont permis des succès considérables, sabotés parfois sur le plan politique. Avec le temps, elles se sont aussi usées. Inemployées depuis l'entre-deux-guerres aux USA, ces formes d'action sont encore « neuves » dans ce pays. Face à une répression croissante, les syndicats et la base aux USA prendront peut-être un jour les mêmes risques que ceux pris par l'UFW [41], non seulement pour sauver l'emploi, mais pour sauver leur existence.

40. Voir *Pensions, a Study of Benefit fund Investment Politics, IUD - AFL-CIO*, mai 1980. *AFL-CIO - Pension Fund Investment study* par la firme Ruttengergs *et al.*, Washington, août 1980.
41. United Farm Workers, qui a réussi à organiser, après de longues années de luttes, les travailleurs migrants et immigrés de l'agriculture, essentiellement en Californie. Sans aucun doute, le phénomène coalition a joué : élan progressiste des années soixante, engagement politique et religieux auprès des syndicats.

# La violence dans un conflit d'emploi : Longwy 1979

*Claude Durand* .

A une époque qui passe pour caractéristique d'une recrudescence de la violence, que celle-ci soit le fait de minorités extrémistes, de groupes délinquants ou, plus couramment, la responsabilité des Etats et des polices, la recrudescence des conflits d'emploi pose la question de la violence ouvrière. Entre organisations ouvrières légitimistes et révolutionnaires, le débat, depuis la naissance du mouvement ouvrier, est permanent sur l'utilité et la légitimité du recours à l'action violente.

Celle-ci pourrait par certains côtés apparaître comme constitutive du mouvement ouvrier. Le rapport de forces n'est-il pas constitutif d'une identité qui n'a pas le choix de s'affirmer autrement dans un ordre social répressif et dominateur.

Dès sa naissance, le mouvement ouvrier s'est affirmé dans l'illégalisme de la grève et de la création d'organisations non reconnues. C'est par la violence des luttes et souvent à travers le sang de la répression qu'il a conquis sa légitimité.

---

* Groupe de Sociologie du travail, CNRS, université Paris-VII.

Encore maintenant, dans un ordre social qui cherche à l'intégrer, le mouvement ouvrier ne paraît pouvoir créer de nouveaux rapports sociaux qu'à travers la rébellion : Mai 1968 n'existerait pas sans les occupations d'usines et les combats de rues. Et les mouvements d'OS qui l'ont suivi ont gagné leur célébrité par l'ampleur et la violence de leurs formes de luttes plus que par l'originalité de leurs objectifs revendicatifs : séquestrations de cadres, défenestrations de machines.

C'est sur la signification de cette violence ouvrière que, de nouveau, la lutte des ouvriers de Longwy nous interroge.

La violence, à plusieurs reprises, a exprimé la lutte des sidérurgistes de Longwy. Ses manifestations ont été diverses : saccage des locaux et du mobilier de l'Union patronale de la métallurgie et de locaux de direction des usines, affrontements sévères avec les forces de l'ordre lors des attaques répétées du commissariat et de la séquestration du directeur de La Chiers, nuit d'émeute du 17 au 18 mai, les affrontements dans la ville entraînant plusieurs dizaines de blessés et le saccage de plusieurs officines de banque et de presse, sabotages et interruptions d'approvisionnement des usines, destructions de dossiers administratifs... Qu'elle soit assumée comme moyen nécessaire d'action ou qu'elle soit répudiée, appréhendée ou expliquée, la violence a joué un grand rôle dans le conflit de Longwy, dans son déroulement, dans son climat, dans l'évolution des attitudes de la population. Elle a alimenté les débats qu'elle a suscités entre militants, les critiques entre organisations et les discussions au sein de chacune d'entre elles.

Dans un premier temps, nous analyserons la violence à travers les témoignages des responsables et des militants syndicaux. La façon dont ils ont couvert et parfois animé les actions violentes n'exclut pas chez eux critiques et autocritiques.

Des divergences ont éclaté entre organisations ouvrières à propos de certaines actions violentes telles les attaques du commissariat, la CGT accusant la CFDT d'aventurisme et d'irresponsabilité. Mais le débat sur la violence s'est déroulé à l'intérieur même de la CFDT comme à l'intérieur de la CGT (exprimant notamment des désaccords entre jeunes et responsables).

Voyons à travers les témoignages recueillis sur le conflit [1] quels sont les thèmes de légitimation et de critique de la violence.

---

1. Cent vingt interviews réalisées en cours de conflit en collaboration avec Michelle Durand et Ginette Le Maître, recherche publiée sous le titre *Chômage et Violence, Longwy en lutte,* aux Editions Galilée, 1981, 290 p.

## I. Les raisons de la violence

Même lorsqu'elle était désavouée, la violence durant le conflit de Longwy était toujours expliquée et même légitimée. Plusieurs argumentations interviennent pour l'expliquer.

### *1. La violence comme réponse aux provocations*

La première interprétation donnée par les syndicalistes à la violence est qu'elle est une réponse aux provocations policières. Il est certain qu'une grande partie des violences ont été exercées à l'encontre des forces de police dont la seule présence était considérée par les ouvriers de Longwy comme une provocation.

Quelques témoignages sur les affrontements lors de la marche sur Paris sont significatifs de cette hostilité naturelle aux CRS : « C'est place de la République que ça s'est déclenché. On était là, encore en stationnement. Et subitement on a vu des CRS arriver et taper dessus. Il y avait bien les autonomes qui se trouvaient là devant nous avec leurs drapeaux noirs et rouges ; quand ils ont vu arriver les CRS, je sais pas moi, moi le premier, si je vois un CRS devant moi, je peux pas les voir déjà à l'avance. Alors s'il vient pour me taper dessus, eh bien je me défends. Je crois que c'est ce qu'il faut dire. C'est une provocation policière. Ils voulaient couper la manif. Donc ils voulaient la faire foirer. Ils voulaient couper la manif. De toute façon, tout ce qui a un képi, tout ce qui a un casque, ça représente la majorité. On est contre la majorité, on peut pas les voir. Et puis de toute façon, on n'aime pas ces gens-là. On a déjà eu affaire à eux, hein. Bon alors on les aime pas. On les connaît vraiment bien. » (Militants CFDT et CGT d'Usinor, interview collective.)

La thèse de la provocation est tout aussi bien évoquée dans le récit des affrontements de Longwy : « Quand on est allé pour la première fois au commissariat, c'est qu'il y avait eu violences policières avant : dans la nuit, ils étaient venus nous déloger des bureaux de La Chiers parce que soi-disant qu'on séquestrait le directeur. Il rigolait avec nous, et puis quand les flics sont arrivés, il a dit : "Libérez-moi !" Ils nous ont virés. Et il y avait la police de Longwy. Bon, la réaction elle a été immédiate : on est descendu au commissariat pour leur foutre sur la gueule. »

Même thèse pour les affrontements qui suivirent la manifestation du Bois-de-Cha : « Si les forces de l'ordre nous rentrent dedans, on va pas se laisser faire. On est monté au Bois-de-Cha ; on y a été

195

pacifiquement pour leur demander l'arrêt du brouillage de l'émetteur Lorraine-Cœur d'acier. On avait des femmes et des enfants avec nous. Donc on n'y allait pas pour se bagarrer. Il y a eu provocation policière. Ils ont blessé des copains. Je crois qu'on peut pas rester là, les mains dans les poches quand on voit une chose pareille. » (Militant CFDT d'Usinor.)

Un responsable CGT d'Usinor donne la même version : « Dès l'annonce de l'arrêt des émissions, il y eut une réaction de défense de la radio. On savait que ça brouillait à l'antenne (située au Bois-de-Cha). On a exigé de la préfecture d'arrêter le brouillage. La discussion avec le responsable des forces de police a duré plus d'une heure à l'extérieur du relais. Sans sommation, ils ont tiré des grenades. Il y a eu le mouvement de repli en bas, dans la mesure où ce n'était pas possible de tenir là-haut, et ensuite des heurts avec les forces de police présentes dans le centre ville où ils ont usé du tir tendu : un journaliste de l'AFP a eu une fracture ouverte. »

Mais la thèse de la provocation policière n'est pas seulement événementielle. Elle est interprétée comme le reflet d'une stratégie générale : « A ce stade de l'affrontement, c'est le pouvoir qui utilise l'affrontement à son profit. » (Assemblée générale CFDT.) « La violence tient à la situation : six mois de luttes courageuses, intenses qui les mettent en difficulté. L'enjeu pour le gouvernement et le patronat est très important : c'est la mise en échec du plan décidé à Bruxelles. » (Responsable CGT d'Usinor.)

## 2. Les véritables responsables

Les vrais responsables de la violence ne sont donc pas les ouvriers menacés dans leur emploi, mais ceux qui ont créé une telle situation. La responsabilité en revient au gouvernement et au patronat « qui plongent dans la misère des milliers de familles » (responsable CGT d'Usinor).

« On est né ici, on a travaillé ici et puis on a relevé la France après la guerre et, subitement, ils foutent tout en l'air, des usines en l'air, des milliards en l'air. Et, aujourd'hui, on est en train de nous reprocher qu'on est des casseurs parce qu'on a cassé deux ou trois vitrines. Alors il faudrait quand même être gentil. Qui c'est les casseurs ? C'est nous ou c'est eux ? C'est ce qu'il faudrait savoir. » (Militants CFDT-CGT d'Usinor, interview collective.)

L'idée s'exprime également lors d'une assemblée générale de la CFDT sur la violence que les opérations coup de poing, les déchargements de trains, les blocages de gares ou l'investissement de

196

la sous-préfecture représentent une certaine violence qui répond à une autre violence : « La véritable violence c'est les usines par terre et pas la casse des bureaux. »

Des échanges sans aménité sur la responsabilité de la violence se feront entre un directeur séquestré et l'un des syndicalistes responsables de sa séquestration : « Le perdant entre nous deux ce sera nous. Vous restez ici quelques heures, mais nous on sera perdants pendant des années si on est licenciés... Il a dit : "Ce n'est pas avec plaisir qu'on le fait. Je reçois des ordres." Ceux qui ont été pendus à Nuremberg en ont reçu aussi. Vous deviendrez directeur divisionnaire en écrasant 1 800 familles. »

Même s'ils affirment ne pas l'avoir encouragée, les responsables syndicaux refusent de condamner la violence ouvrière : « On est le dos au mur. Il n'y a pas deux solutions. On nous enlève le droit de vivre. Une région va être dévitalisée. » (Responsable CFDT, Union interprofessionnelle.) « La violence de Longwy vient au départ des travailleurs. C'est leur colère qui s'est exprimée. » (responsable CGT, Usinor.)

La perspective du chômage explique cette violence : « Etre un chômeur est une tare : ils sont perçus comme des cas sociaux. » (Militant CFDT.)

L'animateur de l'AG CFDT sur la violence remarque que le style de vie de l'ouvrier sidérurgiste le conduit à la violence, et un responsable CFDT de La Chiers précise : « Il faut resituer la violence : six mois d'insécurité, sans perspective d'avenir, c'est une sacrée violence. Sans compter les salaires de misère et la violence des blessures et de la fatigue physique. »

Le conflit dans son déroulement même paraît avoir manifesté une escalade de la violence dans les mentalités. Lors de la première action violente, à la chambre patronale, « les gens avaient mal au cœur de voir les meubles vidés par les fenêtres ». Mais le 7 mai (lors de la séquestration des cadres d'Usinor) 800 CRS étaient alignés devant 5 000 à 6 000 personnes. Les ouvriers avaient sorti les bulldozers en première ligne et les femmes disaient : "Qu'est-ce que vous attendez ? Ecrasez-les !" On voyait la haine dans les yeux des femmes. » (Responsable CFDT.)

### 3. La violence comme stratégie ouvrière

L'efficacité de la violence consiste d'abord à révéler le conflit à l'opinion publique. Grâce à la violence les mass media parlent de Longwy : « Il faut reconnaître que s'il n'y avait pas eu d'attaques, s'il

n'y avait pas eu de coup dur, Longwy on n'en parlerait pas. »
(Militant CGT d'Usinor, interview collective.)

Interprétation plus élaborée, la violence raccourcit la distance avec
le pouvoir, dans un conflit où le système de décision est insaisissable :
« Barrer les routes on voulait le faire une semaine, quinze jours (pour
obliger le gouvernement à réagir). On a affaire à des lieux de pouvoir
qui sont insaisissables. » (Responsable CFDT, Union Interprofessionnelle.)

D'autre part, la violence réveille la combativité : à l'AG CFDT
quelqu'un a remarqué que s'il y a tant de monde c'est grâce aux
affrontements récents. Les affrontements ont réveillé une lutte qui
s'assoupissait.

Cette force de mobilisation de la violence est clairement expliquée
dans le conflit de La Chiers, usine où les ouvriers ne bénéficiaient
pas, jusqu'alors, de traditions de lutte. L'un des organisateurs de la
séquestration du directeur explique qu'il était important de la faire
durer jusqu'au lendemain matin, ce qui donnait la certitude de voir
intervenir la police. L'espoir était que l'affrontement avec la police
créerait sur la population l'impact psychologique mobilisateur. Et en
effet, « le lendemain tout le monde est rentré au boulot, mais avec
l'espoir que la lutte allait continuer. Les gars se sentaient forts, les
chefs n'étaient plus chefs » (responsable CFDT).

Le lendemain, l'intersyndicale décide une manifestation sur la place
de Longwy-Bas. « Par simple annonce de bouche à oreille, on a
ramassé à La Chiers 5 000 personnes, ce qu'on n'avait jamais pu
faire avec toute une propagande... C'est dans des actions comme ça
que les gens prennent de la force et de l'espoir et arrivent à imposer
des choses. » On vit par la suite les ouvriers de La Chiers participer
activement aux opérations coups de poing.

### 4. Les limites de la violence

Les militants ont conscience d'être avec la violence à la limite d'un
jeu dangereux. Au lendemain de la manifestation du Bois-de-Cha, la
CFDT a critiqué la CGT d'avoir envoyé les gens « au casse-pipe les
mains nues ». Le combat avec les forces de l'ordre est inégal, et la
préoccupation s'exprime de ne pas se faire piéger dans un engrenage
de la violence où le pouvoir chercherait à entraîner le mouvement
ouvrier pour désamorcer le conflit. Après le 17 mai, la conviction des
responsables était que monter d'un cran provoquerait mort d'hommes
et la fin du mouvement. L'assemblée générale CFDT de réflexion sur
la violence montre la recherche impossible d'une « non-violence de

masse ». L'action illégale de refus de l'impôt qui avait obtenu le soutien de 30 % de la population serait un exemple de ce type d'action.

Dans les discussions sur la violence, parallèlement à la perception des risques encourus, les syndicalistes affirment avoir toujours eu, sinon la maîtrise totale, du moins le contrôle d'ensemble des actions : « On a toujours tenu en main le mouvement : il y avait des fusils. » (Responsable CFDT, Union interprofessionnelle.) Et la CFDT qui a suscité trois attaques du commissariat s'enorgueillit « de n'avoir jamais rien cassé » (allusion polémique aux saccages de mobilier auxquels aboutirent plusieurs actions impulsées par la CGT).

La CGT insiste également sur le fait qu'il n'y a pas eu de violences à l'égard des personnalités séquestrées.

Les militants de base sont moins affirmatifs sur les moyens de contrôler la violence : « Vous savez ce que c'est, la violence. Vous ne lancez pas de cailloux. Vous recevez une grenade lacrymogène. Vous pleurez un coup. Vous dites : "Ah les salauds !" Vous prenez un caillou. Vous vous excitez. On commence. On devient un peu fou. » (Militant d'Usinor, interview collective.) Et ils reconnaissent à la CGT le mérite d'avoir détourné les manifestants du commissariat vers la chambre patronale de la métallurgie : « Si on veut analyser ce coup-là, c'était mieux de casser la métallurgie que de tuer les flics. Parce que les flics, ils étaient cuits. Il y en avait pas pour longtemps. Alors les délégués se sont dits : si jamais les gars ils entrent dans le commissariat, les agents sont armés ; ils vont tirer ; ça va mal se terminer. Alors pour retirer les forces de là ils ont dit : "Tous à la métallurgie ; faut tout casser." Alors la moitié du groupe qui était là, au commissariat, s'est retiré ; ça a sauvé le commissariat. » (Entretien collectif, militants d'Usinor.)

A l'assemblée générale de la CFDT sur la violence, au lendemain de la nuit d'émeute du 12 mai, l'idée s'exprime que jusqu'à maintenant l'escalade de la violence a pu être maîtrisée, mais que des risques existent si les manifestations ne sont pas mieux encadrées : « Si on va trop loin, c'est la catastrophe. Des cailloux sur la gueule, ce n'est pas marrant. Il vaudrait mieux répondre aux CRS en les ridiculisant : leur envoyer de la peinture. » Un responsable demande qu'on organise un service d'ordre pour que les gens faibles ne prennent pas de risques.

## 5. La violence et l'opinion publique

La plus grande inquiétude des syndicalistes à l'égard de la violence est qu'elle aliène le soutien de l'opinion publique. Il n'est pas certain que l'opinion publique soutienne la violence, et on risque, par la violence, de voir la population se désolidariser de la lutte. Les commerçants sont cités comme le baromètre de l'opinion publique locale : « Ils étaient au début avec nous, même s'il y avait ambiguïté sur leurs motivations. »

Certains répondent que dès lors qu'on explique la violence du pouvoir la population accepte la violence. Mais la question se pose de l'audience à l'intérieur du bassin : les parents commencent à annuler la venue des enfants pour une nouvelle manifestation des « flammes de l'espoir ». Le recours à la force a permis de faire connaître le conflit à l'opinion publique, « mais le pouvoir essaye de retourner ça contre nous » ; « la presse lie la CFDT à l'affrontement ». L'image de marque de l'organisation en souffre : « Pour l'opinion publique, on passe pour des bagarreurs. »

D'où la recherche d'actions qui permettent de populariser la lutte, qui attirent la sympathie des gens et permettent d'entraîner le plus grand nombre, la recherche « *d'une non-violence de masse* ».

L'idée est lancée de débats avec la population dans la ville, sous forme de réunions de quartier. Pour sensibiliser l'opinion publique extérieure, des compétitions sportives régionales, un concours hippique ont déjà été organisés. Il faut montrer « qu'à Longwy ce n'est pas la révolution tous les jours ». Une idée très platonique est lancée : « Des sorties de caravanes, avec trente à quarante bagnoles en emmenant nos femmes et nos gosses. »

## II. Les ouvriers et la violence

La séparation que nous faisons entre l'opinion des syndicalistes et des ouvriers est essentiellement méthodologique. La première partie de cette communication s'appuyait principalement sur des interviews libres conduites auprès des responsables syndicaux ; cette seconde partie s'appuie sur des entretiens plus systématiques conduits auprès de trois populations : ouvriers menacés, ouvriers stables (tôlerie) et chômeurs. Mis à part les chômeurs, une majorité des ouvriers interrogés sont syndiqués et plusieurs d'entre eux sont des militants, et il serait sur le fond arbitraire de vouloir opposer ainsi base et sommet. Cependant, cette population ouvrière tout venant reflète mieux la moyenne des opinions exprimées sur la violence, et on pourra y reconnaître cet écho de « l'opinion publique » qui était l'une des préoccupations des responsables syndicaux.

L'influence prise par la violence dans le conflit se révèle dans les interviews par le fait que les gens en parlent à propos de questions générales où le problème de la violence n'était pas explicitement posé.

Ainsi, à la question sur les meilleures formes d'action, 20 % des chômeurs expriment leur désaveu de la violence.

De même, à la question générale qui introduisait la partie du questionnaire portant sur le conflit (« Qu'est-ce qui vous a frappé dans le conflit actuel ? »), 20 % des ouvriers de la tôlerie parlent de la violence pour déplorer que les ouvriers s'y engagent : « Ce qui m'a frappé c'est les bagarres, la casse qu'il y a eue. C'est inadmissible. On peut se défendre, mais ils vont vraiment trop loin. » (Répartiteur tôlerie.)

On pouvait s'attendre à cette réaction contre la violence de la part des ouvriers de la tôlerie moins immédiatement menacés par les fermetures et moins engagés personnellement dans le conflit en cours. Il peut paraître plus surprenant que les chômeurs, directement victimes de la crise économique, s'avèrent moins violents que les sidérurgistes menacés [2].

La composition socio-professionnelle du groupe des chômeurs interrogés peut-elle expliquer cette modération ? Un tiers seulement d'entre eux sont d'anciens ouvriers sidérurgistes ou appartenant à des entreprises directement liées à la sidérurgie. Un autre tiers est issu d'activités diverses : bâtiment, industries diverses, artisanat ou jeunes inactifs. Le dernier tiers des chômeurs est issu de professions administratives ou tertiaires (services, commerce) qui ne correspondent pas généralement à des secteurs très combatifs.

|  | OUVRIERS MENACÉS | OUVRIERS STABLES | CHÔMEURS |
|---|---|---|---|
| Désaveu de la violence | 12 % | 48 % | 40 % |
| Légitimation de la violence | 88 % | 52 % | 60 % |
|  | 100 % (N = 35) | 100 % (N = 44) | 100 % (N = 44) |

Mais, s'il existe des différences de réaction à la violence dans les différents groupes interrogés, la condamnation de la violence reste le fait d'une minorité, comme le prouve l'analyse détaillée de la question

---

2. Ce sondage sur l'ensemble de la population n'exclut pas que l'on retrouve une proportion importante de jeunes chômeurs parmi la minorité des violents.

explicitement posée : « Comment expliquez-vous l'aspect violent de certaines manifestations ? »

Ce sont les *ouvriers sidérurgistes* dont l'entreprise ou l'atelier sont menacés de *fermeture* qui sont le moins hostiles à la violence : 88 % d'entre eux la trouvent légitime ou explicable. L'explication la plus souvent avancée rejoint celle donnée par les syndicalistes : la violence est le résultat de provocations policières (56 % des réponses). Ainsi sont légitimées les différentes attaques du commissariat : « Le commissariat a été attaqué, mais il y a toujours eu une forme de provocation des forces de l'ordre. La première fois, la police a attaqué la radio, a confisqué les diapos et les appareils. Il fallait bien les récupérer. La deuxième fois, la police a attaqué pendant la séquestration du directeur. Ils ont cassé la porte. On leur a dit : "Vous voulez parler au directeur ?" Ils ont dit : "Oui." Le directeur a demandé à être libéré, alors ils nous ont bousculés et ils ont tout cassé. C'étaient des CRS venus de Paris. On ne supporte pas de voir la police venir ici. On a attaqué le commissariat pour que ça cesse. On ne veut pas qu'ils viennent à Longwy. » (Soudeur à l'arc, La Chiers.)

Une nouvelle interprétation surgit des violences parisiennes du 23 mai : « Il n'y a pas que les autonomes qui ont foutu le bordel à Paris : on avait des matraques et des lance-pierres. Le gouvernement pousse les gens à devenir méchants. Quand on mobilise 30 000 CRS, je n'appelle plus ça de la liberté. Ça excite les gens. » (Ouvrier menacé, La Chiers.)

La violence comme réponse légitime à la violence patronale est une forme de légitimation également évoquée : « La violence on la subit dans tout notre être, par le salaire... Nous jeter à la rue, nous supprimer le travail. » (Ouvrier d'entretien, La Chiers.)

L'efficacité de la violence est, à la base, une réponse moins courante : « J'ai trouvé malheureux qu'on démolisse des bâtiments comme la chambre patronale de la métallurgie. Ça a choqué. Mais il a peut-être fallu ça pour qu'ils s'occupent de nous : ça nous a fait connaître jusqu'à Paris. »

Le groupe des *chômeurs* vient au second rang des réponses légitimant la violence. Moins engagés dans les différentes phases de la lutte, les chômeurs évoquent moins les provocations policières. Leurs réponses se centrent davantage sur la légitimité de la violence comme réponse à la situation faite aux ouvriers et, d'autre part, sur son efficacité : « Je suis pour l'occupation, avec de la casse, parce qu'il faut montrer le mécontentement. On n'est pas entendu. Paris n'a jamais entendu parler de Longwy. C'est tout juste si on savait où c'était Longwy. » (Ancien ajusteur en chômage.)

« Séquestrer les directeurs d'usine, je trouve que c'est bien. Ils ne leur font pas de mal. Les ouvriers veulent dialoguer ; les patrons ne veulent rien écouter. Ils sont obligés de prendre des mesures. Si les ouvriers cassent les bureaux, c'est qu'ils ne savent plus quoi faire. Les patrons nous poussent à devenir méchants.» (Echantillonneur, licencié de La Chiers.) Ou cette réponse plus politique : « S'attaquer aux structures du pouvoir central, c'est nécessaire.» (Directeur commercial, en chômage.)

La légitimation de la violence par la situation faite aux ouvriers, c'est la première explication qui logiquement vient à l'esprit lorsqu'on se trouve soi-même chômeur : « Les violences, je pense que ce sont des jeunes qui sont dépassés par les événements, qui sont sans travail, et sont à bout, parce qu'ils ne trouvent pas de travail.» (Femme, agent d'assurance en chômage, cinquante-deux ans.) « Des gens menacés en chômage qui ne trouvent pas d'autres moyens pour se faire entendre.» (Clerc de notaire, chômeur.)

Les chômeurs, même s'ils appartiennent au secteur tertiaire, sont donc à même de comprendre la violence du désespoir. D'autres se réfèrent à la situation des ouvriers : « La violence était inéluctable vu la façon dont on a disposé des ouvriers.» (Etudiant en chômage, vingt-quatre ans.) « C'est le climat. Les gens sont à bout. J'ai des amis dans les usines. Il paraît que c'est intenable.» (Employée licenciée de La Chiers, vingt-quatre ans.)

Cependant, une importante minorité de chômeurs (40 %) restent hostiles à la violence : « C'est dangereux et inutile. Certains actes ne mèneront à rien, sauf au désastre.» (Electromécanicien, chômeur.)

On déplore les saccages consécutifs aux affrontements : « Tout casser comme hier. Je ne pense pas que c'est avec ça que ça ira mieux.» (Chômeur, peinture industrielle.) Et plus prosaïquement : « C'est toujours nous qui allons payer : les impôts seront plus élevés pour tout ce qui est cassé.» (Vendeuse au chômage, vingt-deux ans.)

Le thème des provocateurs apparaît : « Des petits groupes, des meneurs qui poussent » (électromécanicien), « des Parisiens autonomes, provocateurs » (technicien commercial en chômage).

Cette explication de la violence par la thèse des provocations et des éléments étrangers est plus courante chez les *ouvriers de la tôlerie* non directement menacés par la crise. Près de la moitié d'entre eux (48 %) sont hostiles à la violence et 28 % accréditent cette thèse, de la grande presse, des groupes provocateurs. Mais cette interprétation peut être aussi bien accusatrice à l'égard d'éléments minoritaires politisés que défensive, dédouanant les ouvriers des actions violentes condamnables : « Je ne crois pas que ce soit les ouvriers. Il y a beaucoup d'étrangers à la société qui profitent de la situation pour saccager, surtout beaucoup de jeunes, par exemple hier au palais de justice. »

(Agent de maîtrise, tôlerie.) « Les carreaux cassés lors de la marche sur Paris, ce n'était pas les gars de Longwy. C'étaient les gens de Paris : ils cassaient et ils se sauvaient. » (Pontonnier, tôlerie.)

L'interprétation n'est pas très éloignée de celle de la provocation policière. Cette thèse représente la plus grande partie des explications de ceux des ouvriers de la tôlerie qui ne condamnent pas la violence : « Ce sont les CRS qui viennent nous casser les pieds. S'il y a des conflits, c'est à cause d'eux. Les CRS foutent la pagaille et se mêlent de ce qui ne les regarde pas. » (Pontier, tôlerie.)

Mais ils ne sont pas là par hasard : « A mon avis, ce sont des provocations pour envoyer les forces de l'ordre et empêcher la lutte. » (Lamineur, tôlerie.) « Le préfet y est pour beaucoup. C'est la présence des forces de police. Les gens prennent ça pour un défi. » (Graisseur visiteur.)

Un pas de plus et l'explication se politise ; la responsabilité du patronat et du gouvernement sont mises en cause : « La violence, elle vient des patrons, du fait de nous envoyer les forces de police. Car il n'y a pas d'ouvrier qui le supporte. Les CRS ont été mis là pour casser le mouvement, pour intimider. Les guerres, elles ne viennent jamais des gens, elles viennent des gouvernements. » (Brigadier, tôlerie.) « Les CRS, ils représentent le pouvoir. Je me trouvais à la chambre patronale lors du saccage. On a refusé à la CFDT de condamner ça. Ça symbolisait le pouvoir patronal. » (Opérateur agglomération.)


## Conclusion


Les témoignages des responsables et des militants syndicaux ne sont pas fondamentalement différents des commentaires et réflexions des ouvriers et des chômeurs. La violence est analysée dans sa *légitimité*. Réponse aux provocations policières, expression de la colère ouvrière, la violence ouvrière répond à la violence patronale : par les fermetures d'usines, le patronat et le gouvernement plongent les gens dans la misère. A la base, ouvriers et chômeurs, sans assumer personnellement la violence, ne la condamnent pas pour autant : elle est légitime et en tout cas explicable. L'intervention des CRS exaspère et excite les gens.

La violence provoquée par la situation est très vite appréhendée comme *stratégie*. En tant que stratégie de lutte, la violence est l'objet d'interprétations plus divergentes : la violence a révélé le conflit à l'opinion publique : les mass media parlent de Longwy. Elle entretient la combativité. Elle oblige le pouvoir inaccessible et indifférent à répondre. Mais c'est aussi un jeu dangereux. Son engrenage peut conduire loin. Et les responsables syndicaux tiennent à garder en main le mouvement. La violence accroît leur vigilance et leur responsabilité. Car la violence fait passer le conflit du terrain de la légalité à celui de l'illégalité. Si elle révèle le conflit, la violence, également, risque d'aliéner le soutien de l'opinion publique. Elle peut être un piège du pouvoir pour faire glisser le conflit sur un terrain qui lui soit favorable. Les ouvriers les moins impliqués dans le conflit et une partie des chômeurs sont hostiles à la violence comme stratégie de lutte : c'est tomber dans la provocation, ça discrédite la lutte. Mais les ouvriers directement menacés sont plus compréhensifs et n'hésitent pas à s'identifier à certaines formes de violence qui leur paraissent légitimes dans une situation désespérée.

Cette interprétation de la violence à la lumière de l'expérience ouvrière revient-elle à la distinction que fait W. J. M. Mackenzie [3] entre violence instrumentale et violence fondamentale ? Dans sa première forme, analogue à la violence politique, la violence ouvrière serait instrument de pouvoir, ou dans notre cas, plus exactement, de contre-pouvoir. En effet, dans le champ politique le pouvoir dans bien des cas s'installe par la violence (qu'elle soit révolution ou coup d'Etat) avant de devenir ordre en s'autolégitimant. La violence ouvrière, dans les luttes pour l'emploi, exprime le contre-pouvoir des rapports de forces dans la situation d'impuissance et d'impasse où se trouve le système de négociation. Devant le coup de force patronal de la fermeture d'usine qui rend tout *bargaining* impuissant, les ouvriers n'ont plus de ressource que de proclamer leur existence, leur identité en mettant en cause l'ordre social qui les nie. La violence est l'instrument d'une lutte dont les règles légales sont inexistantes. Le droit au travail proclamé dans la Constitution n'a pas de répondant dans l'organisation économique de la société. Sous cet aspect, la thèse de la violence instrumentale paraît jouer : la violence cherche à faire reconnaître un droit.

En revanche, le thème de la violence fondamentale paraît moins bien convenir à la caractérisation de la violence des luttes. La violence ouvrière ne se donne pas comme inhérente à l'homme et à la société. Ce n'est pas de la délinquance. Elle éprouve le besoin de se justifier en reportant la responsabilité sur l'adversaire, sur ceux qui cassent les usines et suppriment le travail et qui, de plus, envoient les CRS contre les ouvriers en colère. La colère ouvrière (violence expressive) n'est que légitime. Elle exprime des valeurs : l'attachement au travail, le

---

3. W. J. M. MACKENZIE, *Pouvoir, Violence, Décision*, PUF, 1979.

droit à l'existence, le droit de vivre au pays. La violence délinquante est destructrice d'un ordre. La violence des luttes pour l'emploi attire l'attention sur un dysfonctionnement du système, sur le non-respect des règles du jeu. C'est le refus de l'impasse au nom de la morale. Elle n'est pas brutale, elle se veut signifiante. D'ailleurs, cette violence continue, à travers les organisations, à se vouloir force organisée et contrôlée.

# IV

## Formation et emploi

# Introduction

Si la question de l'éducation et de la formation est au cœur des interrogations sociales depuis le début des années 1960, elle se pose aujourd'hui dans des termes très différents de ceux dans lesquels elle était formulée il y a vingt ans. A cette époque, on parlait d'éducation et non de formation, et l'éducation était unanimement considérée comme un facteur de croissance ou d'accumulation intensive du capital, alors qu'aujourd'hui elle tend à être examinée dans les seuls rapports qu'elle entretient avec l'emploi. C'est que la crise économique se conjugue avec celle d'institutions comme l'école, dont la séparation d'avec la production engendre un certain nombre de contradictions qui sont à l'origine de la réorganisation de l'appareil de formation selon le principe de l'alternance. Cette réorganisation se fait en rupture avec l'état antérieur de ce système, celui qui prévalait jusqu'à la fin des années 1960. L'idée d'alternance qui dirige ce processus renvoie, de prime abord, aux notions de temps et de lieu : il y aurait alternance entre des périodes d'études et des périodes de travail, entre l'école ou une autre instance de formation et l'entreprise. Mais cette dualité de temps et de lieu est aussi une dualité de pouvoir, parce que le principe d'alternance implique un partage de pouvoir entre les autorités dont relèvent l'école et l'entreprise : l'Etat et le patronat dans ses différentes fractions. Pour la première fois dans l'histoire contemporaine d'après-guerre, les organisations patronales, sous la direction du CNPF, revendiquent en effet d'intervenir directement dans le champ de la formation et autrement que comme acteur de seconde zone agissant par intermédiaire. Il faudrait, pour le montrer, rappeler et analyser l'ensemble du dispositif juridique qui réorganise l'appareil de formation, depuis la loi de juillet 1971 qui restaurait l'apprentissage en entreprise en même temps qu'elle instituait la formation professionnelle continue jusqu'à la dernière loi de juillet 1980 sur les formations alternées, sans oublier les décrets et circulaires comme ceux qui organisent les séquences éducatives en entreprises pour les élèves de lycée d'enseignement professionnel (LEP) [1]. Ainsi s'affirme progressivement le droit pour les détenteurs des moyens de production de prendre part à l'organisation et à la direction du procès de formation et non plus seulement à contrôler une partie de son exécution. Ce fait nouveau est d'importance. Il tend à modifier le statut de l'école, à instaurer d'autres rapports de pouvoir dans le champ de la formation, voire même à mettre en cause la définition sociale du savoir légitime (celui qui est transmis par l'école). Autant de mouvements qui s'accomplissent sous la poussée des différentes forces sociales qui sont en présence et qui cherchent à diriger, infléchir ce processus de refonte de l'appareil de formation ou à s'y opposer. C'est sur cette toile de fond que s'inscrivent les questions soulevées par les quatre études qui suivent et qui s'appliquent toutes à saisir et analyser les pratiques de formation nouvellement instituées dans des situations différentes et avec des modes d'approche non moins différents.

Les problèmes d'insertion professionnelle des jeunes sont devenus, dans ces dernières années, l'objet d'interventions politiques diverses, principalement de l'Etat. Au cœur de celles-ci, la formation apparaît comme l'un de ces instruments assurant ce que José Rose appelle la transition professionnelle, notion qu'il oppose à celle d'insertion professionnelle, parce que celle-ci se présente désormais comme une phase caractérisée par « une succession enchevêtrée de séquences de formation, d'activité et de chômage ». Au-delà de ce nettoyage de concepts auquel il procède, J. Rose propose une analyse des institutions qui contribuent à organiser cette transition professionnelle et, parmi elles, les nouveaux modes de formation en alternance.

---

1. Circulaire du 16 juillet 1979. Cette rétrospective devrait comprendre l'étude des « Journées d'études emploi-formation » (Deauville, 3 décembre 1978) organisées par le CNPF, où celui-ci revendique le droit pour l'entreprise de former, d'éduquer et en définit les modalités d'accomplissement.

Les trois autres analyses présentées ici laissent apparaître que les pratiques de formation continue instituées voici dix ans ne se réduisent pas au rôle d'instrument de régulation de l'emploi qui leur est généralement reconnu. L'étude menée par Claude Dubar dans deux zones de la région Nord, où la crise économique se manifeste avec force dans l'une et l'autre, mais sous des formes différentes, est de ce point de vue fort instructive puisque, dans un cas, la zone textile, les enjeux économiques et professionnels surdéterminent la formation, alors que, dans l'autre, la zone minière, les enjeux culturels tendent à prévaloir.

S'agissant des rapports entre les pratiques de formation instaurées par les entreprises et leurs politiques de l'emploi, les études rapportées ici ne permettent certes pas de répondre d'une manière définitive à cette question ; elles appellent plutôt à soumettre certaines analyses à l'épreuve des faits. Mireille Dadoy le fait à partir d'un exemple particulier, mais cette particularité justifie son choix dans la mesure où il représente une situation privilégiée pour observer les changements produits par la mise en place de nouvelles pratiques de formation (dans le cadre de la loi de juillet 1971) dont la logique s'oppose sur bien des points à celle du mode de formation qui existait antérieurement dans ce secteur. De fait, les compagnies de transport maritime qui cherchent à utiliser l'appareil de formation conformément aux nouveaux caractères du procès de travail sont obligées de contourner cette place forte du personnel et des syndicats – ou, plus précisément, d'une fraction d'entre eux – qu'est la formation et d'avoir recours à d'autres stratégies. Nicole de Maupéou-Abboud nous invite au même questionnement par la critique qu'elle fait de l'usage incontrôlé de cette notion communément admise aujourd'hui, la formation outil de gestion de la force de travail, pour conclure à la nécessité d'une analyse du travail de formation qui s'accomplit dans les entreprises, mais aussi à l'échelle plus vaste des régions et des nations.

Ces études ouvrent sur de nouvelles investigations à mener (la mise en place d'institutions de formation assurant la transition professionnelle, l'identification des organismes qui distribuent la formation, les modes sous lesquels s'opère cette distribution, etc.) pour comprendre comment se réorganise l'appareil de formation, pour saisir la signification des conflits et les enjeux dont il est l'objet.

Lucie TANGUY
CNRS. Université René-Descartes

# Pour une analyse de l'organisation de la transition professionnelle

*José Rose* \*

Depuis quelques années, l'insertion professionnelle fait l'objet de soins multiples, tant au niveau de la recherche que de la politique économique. L'OCDE lui consacre de nombreuses recommandations [1] qui inspirent les interventions des gouvernements des pays membres. En France, les pouvoirs publics, par la création du CEREQ, décident de regrouper et de systématiser l'information sur l'insertion professionnelle en constituant en 1976 l'Observatoire national d'entrée dans la vie active [2]. Dans le même temps, ils mettent en place des mesures — telles que le Pacte pour l'emploi — visant explicitement à modifier les formes de l'insertion. Enfin, la plupart des équipes de recherche spécialisées dans l'emploi et la formation ont étudié certains aspects de ce problème [3].

Mais, curieusement, cette question — souvent réservée aux sociologues et aux spécialistes des sciences de l'éducation — est

---

\* Groupe de recherche éducation et emploi, faculté de droit, Nancy.
1. Voir notamment *Les Ministres du Travail et les Problèmes de l'emploi* (1976), *L'Insertion des jeunes dans la vie active* (1977), OCDE, Paris.
2. Consulter les multiples travaux du CEREQ publiés à la Documentation française et en particulier les séries des cahiers et des tableaux de l'Observatoire national d'entrée dans la vie active.
3. L'orientation des travaux des équipes intégrés dans l'Action programme formation-emploi de la DGRST en est une illustration parmi d'autres bien connues maintenant : Colloque des âges, travaux du CEE, études des ERET...

encore mal maîtrisée [4], et son interprétation reste à faire [5]. L'accès à l'emploi reste difficile à étudier en raison des lacunes de l'information statistique, de la multiplicité des facteurs à prendre en considération, de la diversité des cadres théoriques explicatifs. Et cette incertitude réapparaît logiquement au plan terminologique. Pour étudier ce sujet, les auteurs utilisent – sans justification et parfois même conjointement – des termes aussi distincts quant à leur optique que « insertion professionnelle », « entrée dans la vie active », « accès à l'emploi », « devenir professionnel », « transition entre l'école et le travail ».

L'objectif principal de cet article [6] est la justification d'un changement d'objet, susceptible de mieux interpréter les « problèmes d'insertion ». A partir d'une lecture critique des travaux disponibles et de l'observation des caractéristiques actuelles de l'insertion (I), nous légitimerons l'abandon de l'objet traditionnel d'étude et indiquerons l'intérêt de ce changement dans la reformulation des problèmes théoriques, notamment celui des liaisons formation/emploi (II).

## I. Les conceptions courantes de l'insertion professionnelle sont insatisfaisantes

### A. Présentation

De nombreuses études descriptives ont été consacrées ces dernières années à l'insertion professionnelle [7]. En résumé, la plupart d'entre elles raisonnent de la manière suivante : l'insertion professionnelle est avant tout un « problème de jeunes » ; les jeunes ont des « difficultés d'insertion » considérées implicitement comme spécifiques et nouvelles ; elles trouvent leur origine dans les « comportements juvéniles » et les carences du système éducatif ; les jeunes constituent donc « de

---

4. Insuffisance révélatrice du statut marginal attribué au travail dans l'analyse économique et du fait qu'à aucun moment il n'est envisagé que le travail puisse jouer un rôle moteur (cause et non plus seulement effet) dans les transformations sociales.

5. C'est l'opinion de F. BLOCH-LAINÉ, qui considère dans son *Bilan des aides publiques directes et indirectes à l'emploi*, rapport au ministère du Travail, octobre 1978, que « la pénétration des formules appelle sans aucun doute une réflexion d'ensemble sur l'organisation de la "transition" en France » (p. 9).

6. Qui résume certains aspects d'une thèse en cours de rédaction et portant sur la transition professionnelle.

7. Voir notamment les travaux suivants : CEE, *Cahiers*, n°s 2, 7, 15 et 20 ; CEREQ, *Dossier sur l'accès à la vie professionnelle*, n°s 5, 7, 14 ; *Études sur le devenir professionnel* du CEJEE et de l'IREDU.

213

toute évidence » un groupe particulier ; et ceci confirme la validité des théories de la catégorisation.

Partant, le plus souvent, d'une conception du marché du travail fondée sur l'indépendance de l'offre et de la demande, elles ne peuvent concevoir l'existence d'un véritable processus d'insertion. Elles ont par ailleurs tendance à privilégier l'offre de travail – ceci est net pour les études de cohorte qui dominent encore nettement les travaux sur l'insertion [8], mais l'est également pour des travaux sur l'orientation professionnelle [9] et, dans une moindre mesure, pour certaines études adoptant le point de vue des emplois [10] – ce qui les conduit nécessairement à privilégier certaines catégories de population définies de façon exogène. Elles aboutissent alors le plus souvent à des analyses formulées en termes de difficultés, de spécificité, d'inégalité d'insertion. Un tel point de vue, renvoyant nécessairement à une optique théorique individualiste, tend à obscurcir les interactions entre systèmes éducatif et productif, alors qu'elles sont mal connues en économie comme en sociologie [11]. Il n'offre qu'une vision très partielle du problème, puisqu'il s'intéresse aux seuls résultats de l'insertion sans analyser les formes de son déroulement ; il est donc peu susceptible d'expliquer la diversité des insertions.

De plus, une optique en termes de « difficultés d'insertion » est obligatoirement normative ; elle ne peut imaginer que les formes actuelles de l'insertion puissent être fonctionnelles. Enfin, la plupart du temps, ces études n'analysent pas l'évolution des formes d'insertion ni leur organisation sociale.

### B. Une telle démarche est cohérente avec les théories classiques

Dans leur formulation initiale, ces théories conçoivent le fonctionnement du marché du travail à partir du système global et

---

8. Les multiples travaux sur l'insertion des jeunes sont maintenant bien connus pour la plupart des chercheurs : travaux du CEE, de l'INED, des ERET, du CEREQ, du CEJEE, de la CGT, recherches par P. Sartin, Y. Galambaud, F. Michon, J. Rousselet, M. Partrat..., Colloque des âges.

9. Voir les travaux de l'IREDU sur l'orientation et notamment ceux de Duru-Galode et Mingat.

10. Lorsque le Répertoire français des emplois homogénéise ses résultats au niveau du métier, il aboutit nécessairement à gommer les stratégies d'entreprises et à privilégier un critère individuel qui finalement correspond à la spécialité de la formation.

11. Ainsi N. de MAUPEOU-ABBOUD, dans *Entre l'école et l'entreprise,* indique que peu de choses ont été faites sur les liaisons entre école et entreprise et dit explicitement dès la première page : « Nous défrichons un terrain d'étude à la charnière du système éducatif et de l'entreprise. »

selon les règles analogues à celles des autres marchés. La construction formelle d'un équilibre général de marché concurrentiel, assorti de mécanismes de rééquilibrage automatique, ne permet pas d'intégrer la question des formes d'entrée sur le marché du travail : elle devient secondaire dans l'analyse.

Plus récemment, l'intégration de cette question s'est faite par le biais de l'étude des processus d'ajustement/désajustement sur les marchés. C'est le cas notamment des théories du *job search*[12], popularisées récemment en France[13], qui s'interrogent sur les phénomènes qui rendent difficile cet ajustement. Ainsi elles expliquent certains phénomènes d'insertion par un défaut d'information (manque de fluidité du marché) ou par des comportements individuels (les jeunes auraient des durées de recherche d'un emploi plus longues parce qu'ils sont plus exigeants ou moins pressés) fondés sur des catégories externes à l'analyse économique (les jeunes, les femmes).

Dans tous les cas, ces théories ne peuvent mettre en doute l'existence d'un marché du travail régulateur. Elles ne peuvent donc prendre l'insertion comme objet unifié, spécifique et ayant certaines formes autonomes. Au mieux, elles l'analysent comme la comparaison statique entre un avant (la formation) et un après (l'emploi). Mais en aucune façon elles ne peuvent rendre compte de phénomènes tels que les mécanismes d'insertion, les disparités d'insertion selon les emplois, l'organisation sociale du passage à la vie active.

### C. Un tel point de vue est-il confirmé par les données disponibles aujourd'hui sur l'insertion professionnelle ?

La démarche dominante rencontre de sérieuses difficultés pour répondre aux questions qui nous paraissent essentielles quand on veut interpréter les formes actuelles de l'insertion professionnelle.

*1. Peut-on catégoriser la main-d'œuvre à partir d'un critère naturaliste comme l'âge ? Peut-on considérer que les jeunes constituent « à l'évidence » une catégorie à part ?*

---

12. D. MORTENSEN, « Job search, the duration of unemployment and the Phillips Curve », *American Economic Review*, 1970 (4).
13. A. FOURCANS, *Sauver l'économie*, Calmann-Lévy, 1979.

Dans la plupart des études, insertion est synonyme de jeunesse. Les jeunes sont alors considérés *a priori* comme un groupe particulier. Il n'est donc plus nécessaire de définir rigoureusement les jeunes, puisque cela va de soi [14], au mieux, on se contentera d'une définition purement chronologique et administrative (les seize - vingt-quatre ans)... L'objet devient alors imprécis, hétérogène (notamment du point de vue de l'expérience) et empirique. Son analyse s'appuie sur des postulats contestables : naturalisme d'une définition à partir de l'âge, point de vue ahistorique sur la jeunesse éternelle, perspective individualiste et abstraitement unificatrice d'une étude des comportements indépendante des rapports sociaux.

Dans de telles conditions, on peut bien présenter les jeunes comme un groupe unifié [15]. La jeunesse tirerait de son aspect transitoire des difficultés d'intégration bien connues et à l'origine de comportements juvéniles dûment répertoriés : instabilité, absence de conscience professionnelle aux relations personnelles. Il y aurait donc une unité de la jeunesse autour de son âge et de son aspect provisoire de période d'indétermination entre l'arrêt des études et l'emploi stable. Il y aurait même à certains égards homogénéité culturelle vécue subjectivement par les jeunes. Et tout ceci légitimerait des catégories abstraites telles que marché secondaire ou main-d'œuvre instable.

Une telle analyse est critiquable d'un double point de vue. Tout d'abord il n'y a pas de « planète des jeunes [16] », car ils ne forment un groupe ni homogène ni spécifique. Les jeunes ne constituent pas un groupe unifié : leurs statuts, situations professionnelles, pratiques culturelles, sont très variés. Les facteurs qui les différencient (sexe, âge, expérience, niveau des qualifications, type d'insertion) sont plus importants que ceux qui les unifient. D'autres catégorisations sont plus décisives : par exemple, le sexe a une influence discriminatrice sur le chômage beaucoup plus importante que l'âge [17]. Il n'y a pas de politiques d'entreprises unifiées vis-à-vis de l'ensemble des jeunes. Enfin, les jeunes ne constituent pas un groupe distinct isolable ayant une mentalité spécifique différente de celle d'autres groupes d'âge. Les travaux du CEE ont beaucoup insisté sur cette idée : « Il ne semble pas que l'on puisse faire état d'une mentalité spécifique,

---

14. La description des spécificités de la jeunesse sera alors expliquée par les « particularités de la jeunesse », cf. P. SARTIN. *Jeunes au travail, Jeunes sans travail.*

15. Sur les jeunes, voir notamment les travaux déjà cités de P. Sartin, J. Rousselet, Y. Galambaud, le Colloque des âges.

16. Pour reprendre le titre de l'ouvrage connu de J. Duvignaud. Voir à ce propos M. RIVIERE (*La Pensée*, nº 184) : « Le concept de jeunes sert, d'une part, à gommer les rapports de production et, d'autre part, à estomper gravement les particularités du travail concret, source de mentalités différentes. »

17. CEREQ. *Cahiers de l'ONEVA*, nº 3, p. 68.

caractéristique d'un groupe d'âge aux limites plu₎ ou moins tranchées. Rien dans l'analyse que nous avons faite des diverses opinions concernant le travail, la réussite ou l'échec ne permet en effet de retrouver les reflets d'une idéologie jeune homogène qui s'opposerait en tout ou partie à celle des adultes [18]. »

D'autre part, on ne peut pas catégoriser la main-d'œuvre à partir de critères naturalistes et individuels. En effet, s'il y a catégorisation de la main-d'œuvre, c'est du fait d'un double mouvement affectant à la fois les caractéristiques des individus et celles des emplois et des entreprises. Les mécanismes mêmes de la catégorisation et les agents la mettant en œuvre deviennent alors plus importants à étudier que les critères individuels, qui sont censés *a priori* la fonder.

*2. La catégorie jeune peut-elle être considérée comme homogène ? Est-il possible de ramener la « situation des jeunes » au diagnostic habituel des « difficultés croissantes d'entrée dans la vie active » ?*

Il faut d'abord noter qu'il ne s'agit pas de difficulté mais de singularité de l'insertion, et que c'est moins l'accès proprement dit au premier emploi que le déroulement de la période d'insertion qui est singulier. Peut-être vaudrait-il mieux parler de déstabilisation fonctionnelle de certaines populations (dont les jeunes) que de difficulté d'insertion juvénile.

La situation que décrivait F. Michon en 1975 est encore valable aujourd'hui : « Les jeunes ont des taux de chômage très élevés et semblent pourtant ne souffrir d'aucune difficulté particulière d'embauche [...] quel que soit le mode d'entrée en chômage (premier emploi, licenciement). Les jeunes conservent leur risque élevé d'y tomber, leurs chances d'embauche et leur infériorité générale [19]. » Le désormais célèbre « premiers embauchés, premiers débauchés » résume bien la situation. Le chômage des jeunes serait donc un chômage d'adaptation, intermittent, qui exprimerait en même temps une préférence pour l'emploi des jeunes et pour un emploi très fluctuant valorisant en cela les aptitudes de mobilité de cette main-d'œuvre. Cet ajustement quasi instantané du niveau de l'emploi aux besoins de l'activité et cette possibilité d'adapter la main-d'œuvre aux exigences du travail par un tri dans la population seraient particulièrement faciles à réaliser par les jeunes dans la mesure où ils sont nombreux, ont peu d'expérience et sont moins coûteux.

Ensuite, la situation est moins nouvelle que ne le disent certains théoriciens de la crise. Dès la fin des années soixante, les principales

18. *Cahiers du CEE*, n° 7, p. 95. et n° 15. p. 21.
19. F. Michon. *Chômeurs et Chômage*, p. 54. 196.

spécificités du chômage des jeunes étaient répertoriées [20] : une sélectivité du chômage au détriment des jeunes, mais pas particulièrement des primo-demandeurs, un plus fort risque de mise au chômage et en même temps un avantage d'employabilité, enfin, comme expression de cette double tendance, une phase d'insertion professionnelle caractérisée par son instabilité. Ainsi, la crise n'a pas véritablement créé la sélectivité du chômage à l'encontre des jeunes : elle a eu un rôle amplificateur d'une tendance déjà ancienne.

Enfin, il convient plutôt de parler de singularité des débutants (et même certains débutants) que de particularité des jeunes. L'inexpérience est probablement plus déterminante que l'âge, même si les deux vont souvent ensemble. Bien que le constat soit difficile à établir avec certitude, on peut estimer que le vrai responsable de l'infériorité spécifique des débutants et de leur non-stabilisation est le manque de pratique professionnelle. Sur ce plan, l'absence d'apprentissage des comportements de production et d'assimilation des conditions de vie du collectif de travail serait plus décisive que la simple insuffisance d'accumulation de savoirs techniques concrets. Le problème majeur serait donc celui de la première mobilisation. Il y aurait une relative singularité de la « force de travail primale », c'est-à-dire celle qui n'a pas encore été utilisée, qui n'est pas encore entrée dans des rapports concrets de production ; en tout cas, elle serait nettement plus singulière que la force de travail juvénile. A cela, il convient d'ajouter une seconde caractéristique, fréquente chez les jeunes, mais pas uniquement chez eux, ayant un effet non négligeable sur les conditions d'achat-vente de la force de travail : les conditions particulières de reproduction.

### 3. Ces particularités sont-elles imputables uniquement et directement au système éducatif ?

La plupart des interprétations renvoient à l'offre de travail et en particulier à ses caractéristiques de formation, selon des arguments tout à fait contestables dès qu'on fait une analyse dynamique. Ainsi on ne peut pas dire que les jeunes sont discriminés parce qu'ils sont trop nombreux à accéder aux emplois, car cela dépend des offres d'emploi correspondantes, et surtout cette tendance à l'augmentation du nombre de jeunes entrants s'atténue au cours des années soixante-dix, alors même que l'on considère que les difficultés d'insertion s'accentuent.

---

20. Voir notamment le livre de R. LEDRUT, *Sociologie du chômage*, et l'article de Cl. DELCOURT dans le numéro 18 d'*Economie et Statistiques*.

On ne peut pas non plus expliquer ces difficultés par la faiblesse de la formation initiale, uniquement comme le font les théoriciens de la crise (de l'école).

Certes, dans l'absolu et de façon statique, il y a bien sous-formation des jeunes dans la mesure où la proportion de non-diplômés et de non-bénéficiaires de formation professionnelle est encore très forte. Mais ceci ne peut servir d'argument puisque, d'une part, cette tendance est de moins en moins valable, alors que les difficultés s'accroissent, que, d'autre part, elle n'est pas spécifique aux jeunes, et que, bien au contraire, le niveau de formation des jeunes est nettement supérieur à celui des actifs. Ainsi les textes préparatoires au VIIIᵉ Plan [21] indiquent nettement que le niveau de formation des jeunes s'améliore depuis 1973, et à tous les niveaux on observe un développement de la part des formations techniques dans les sorties du système éducatif. De même, l'enquête « Emploi » de mars 1977 montre que les diplômes constituent bien un critère de discrimination du chômage, mais indépendamment de l'âge : « La formation initialement acquise ne serait donc associée qu'à une sélection de second rang et non spécifique du chômage des jeunes [22]. » Le type de diplôme ou l'absence de diplôme ne seraient pas à l'origine de phénomènes sélectifs. Ainsi, les difficultés d'insertion des jeunes ne peuvent être attribuées à leur manque de formation ; bien au contraire, les employeurs ont bénéficié ces dernières années d'une main-d'œuvre juvénile aussi abondante que par le passé, mais plus formée et notamment dans les domaines techniques.

### 4. Quel rôle attribuer au système productif dans les formes actuelles de l'insertion ?

Les caractéristiques de l'offre de travail ne prennent selon nous leur signification que du point de vue de la demande.

Ainsi les comportements des jeunes, apparemment subjectifs, sont l'expression de la place qu'ils occupent dans la vie sociale et professionnelle. Leurs « singularités » ne sont pas naturelles, mais datées et acquises socialement. Ainsi, s'il y a marginalisme, c'est qu'il y a eu marginalisation : le désengagement professionnel des jeunes n'est pas en soi ; il est l'expression subjective de la place limitée accordée aux jeunes dans les entreprises et des formes multiples de

---

21. « L'insertion des jeunes sortant du système éducatif en 1973 et 1977 », annexes 2, 3 aux *Bilans emploi-formation*, documents ronéotés à l'usage du Groupe technique emploi-formation du VIIIᵉ Plan, 1980.
22. F. Michon, *Education permanente*, n° 30, p. 43.

leur mise à l'écart [23]. Ainsi, l'allergie au travail serait en même temps l'expression au niveau de l'individu de la place accordée aux jeunes et au niveau social de l'idéologie nécessaire à la justification de cette place. De la même façon, la plus grande mobilité des jeunes exprimerait tout autant le fait que les entreprises offrent de plus en plus d'emplois précaires et les proposent plus volontiers aux jeunes que le fait que ces jeunes intègrent mieux que d'autres cette qualité professionnelle.

De même, l'inadaptation de l'école provient fondamentalement des transformations du système productif. Le fait que les difficultés d'insertion soient très variables selon les spécialités de la formation confirme le rôle déterminant des politiques d'entreprise et leur nature sélective et diversifiée selon le type d'emploi offert. De plus, on constate qu'entre 1973 et 1977 la propension à être ouvrier qualifié a fortement augmenté pour les non-diplômés et nettement diminué pour les titulaires de CAP et BEP (cette tendance est inverse pour les OS et valable également pour les postes employés). Ainsi, les écarts entre jeunes sans diplôme, titulaires d'une formation générale ou possédant un diplôme professionnel, quant à l'accès aux emplois, semblent s'estomper. Tout se passe comme si les différences entre postes qualifiés et non qualifiés s'estompaient et comme si la formation acquise n'était pas déterminante pour l'accès à l'emploi.

La singularité de l'insertion des jeunes, si elle existe, trouve sa source dans la façon dont la force de travail est mobilisée et utilisée. Le système productif remplit donc un rôle dominant, même s'il s'appuie sur certaines particularités déjà acquises. Les conditions d'insertion dépendent donc des divers aspects des politiques des firmes : le processus de fabrication, la division du travail et les rapports de production. Plus précisément, les entreprises ont intérêt à la catégorisation de la main-d'œuvre : tout à la fois, elles contribuent à produire ces catégorisations par leur politique interne, leur intervention sur l'extérieur et notamment le système éducatif, et elles bénéficient de certaines particularités déjà acquises. Les disparités entre types de main-d'œuvre sont donc fonctionnelles et expression des diverses « fonctions » attribuées à la main-d'œuvre : réserve, emplois stratégiques, catégories surexploitées.

De ce point de vue, certains jeunes [24] s'adaptent bien aux

---

23. BOURDIEU (*Actes de la recherche en sciences sociales*, n° 24, 1978, p. 9) et RIVIÈRE (*La Pensée*, n° 184) rejoignent à certains égards ce point de vue, le premier reliant décalage entre aspirations et chances à la désaffectation à l'égard du travail et le second considérant la notion de marginalisme professionnel comme mystificatrice dans la mesure où elle masque chômage et déqualification des jeunes.
24. Mais pas seulement les jeunes.

conditions actuelles de gestion du personnel : main-d'œuvre moins coûteuse du fait de ses conditions de reproduction, abondante permettant un tri, mieux formée et plus apte à la mobilité. C'est ce qui explique le recours variable aux jeunes selon les caractéristiques des entreprises. Ces dernières années, plusieurs études ont bien montré que les jeunes n'occupaient pas n'importe quel emploi : emplois réservés aux débutants ou les excluant chez L. Mallet [25] ; activités marginales (occasionnelles, interchangeables, polyvalentes) chez J. Rousselet [26] ; « une certaine spécialisation d'emplois "à vocation jeune", qui sont le plus souvent proposés par des employeurs eux-mêmes relativement marginaux », selon l'enquête du Centre d'étude de l'emploi [27]. Et, de fait, beaucoup de jeunes ne sont pas insérés au centre du système productif et sont surreprésentés dans les petits établissements et dans certains secteurs très particuliers.

Enfin, il est important de souligner qu'il n'y a pas homogénéité des comportements dans l'ensemble du système productif. Le recours au marché externe, le type de recrutement et le personnel recherché sont très variables selon les secteurs d'activité notamment.

## II. Un objet d'étude différent :
## l'organisation de la transition professionnelle (OTP)

Le bilan rapide des études d'insertion aboutit à une situation paradoxale. D'un côté, il y a accumulation de données qui révèlent une complexification de la phase d'insertion et une multiplication des interventions. De l'autre, il y a persistance à poser théoriquement l'insertion comme phase « neutre », évidente, à se satisfaire d'une définition imprécise qui ne prend pas en compte des mécanismes d'insertion et les agents susceptibles de l'influencer, à poser le problème en termes très contestables de difficultés d'insertion ou de catégorisation.

Et, pourtant, la seule lecture synthétique des diverses données partielles, empiriques ou théoriques, disponibles sur l'insertion des jeunes suffit selon nous à poser l'insertion professionnelle comme un moment spécifique, une forme particulière de mobilité non totalement assimilable à l'insertion initiale, et qui tend à s'autonomiser et à

---

25. L. MALLET, *Les Modalités d'accès aux emplois*, bibliothèque du CEREQ. n° 7.
26. Par exemple, J. ROUSSELET, *L'Allergie au travail*.
27. Et ceci confirme que les mouvements d'emploi ont un rôle déterminant dans l'interprétation de l'emploi des jeunes. Cf. ROUSSELET, DUBRULLE, *Cahier du CEE*. n° 2. p. 66.

s'organiser de plus en plus. C'est ce qui justifie le déplacement d'objet que nous allons maintenant présenter.

### A. *La notion courante d'insertion professionnelle est discutable et ne permet pas de rendre compte des constats faits précédemment*

L'insertion professionnelle reste encore une notion imprécise et variable selon les études. Son contenu, plus opératoire que rigoureux, est très extensible. Les moyens d'obtention d'un emploi (relations, ANPE...) et la durée d'accès en constituent le noyau. En amont, on lui adjoint parfois tout ce qui a trait à l'information et à la formation de la main-d'œuvre [28]. Enfin, sont souvent assimilées à l'insertion les modalités d'accès à l'emploi, c'est-à-dire les lieux de l'insertion [29] et même la qualité de l'insertion au regard de la formation initiale acquise.

Le plus souvent, la notion est assimilée à l'insertion initiale. Cette limitation est sans doute justifiée par l'importance quantitative des flux à la sortie de l'école (par rapport aux flux de réinsertion et de mobilité), et par la plus grande facilité d'accès aux données. Mais elle n'est jamais explicitée, et il n'y a aucune raison *a priori* de considérer que l'insertion initiale est de nature complètement différente des insertions en cours d'emploi.

Malgré l'apparence des termes utilisés, l'insertion est plutôt saisie comme « moment » dont on étudie les formes et les résultats que comme « processus » [30]. Même la notion d'emploi d'attente [31] qui marque un progrès dans la mesure où elle attribue à l'insertion initiale une certaine durée, un caractère transitoire, n'a pas encore été suffisamment développée pour éviter cette critique. On connaît donc bien le poids respectif de chaque modalité d'accès aux emplois, la

---

28. Dans le rapport de la Commission emploi et travail du VIIᵉ Plan, le paragraphe intitulé « Les Politiques d'insertion et de réinsertion professionnelle » évoque à la fois l'information et le conseil professionnel, les aides à la mobilité, la formation et le placement (p. 223).

29. Dans l'Observatoire d'entrée dans la vie active, la description des conditions de l'insertion regroupe les préalables à l'embauche (durée de l'inactivité, moyen d'obtention de l'emploi) et les emplois occupés (spécialité, classification, rémunération, activité économique des employeurs).

30. A titre d'exemple, on peut signaler le *Cahier* n° 15 du Centre d'études de l'emploi, qui, sous le titre « Conditions et mécanismes d'insertion », établit simplement une série de faits bruts sur les *résultats* de l'insertion, mais n'analyse pas du tout les mécanismes mêmes de l'insertion et le rôle des agents concernés.

31. Cf. les travaux du CEJEE sous la direction de J. Vincens.

durée de l'insertion et sa diversité selon les caractéristiques socio-économiques des chercheurs d'emploi, les emplois occupés et la qualité de l'insertion, mais on ne connaît guère le fonctionnement même de cette phase d'insertion, les mécanismes mis en œuvre et les institutions intervenantes.

Enfin, et c'est la conséquence logique, le point de vue est restrictif quant aux agents économiques envisagés. Le plus souvent, ce sont les individus qui sont au centre de l'analyse [32], et l'insertion est conçue comme le trait d'union individuel entre la sortie du système éducatif et l'entrée dans la vie active. Il n'a donc pas de véritable existence sociale. Les institutions et en particulier l'Etat sont bien absents de ces travaux [33], alors même qu'ils sont très actifs sur la récente période. Au mieux, les références sont exogènes et interviennent soit pour indiquer le cadre concret dans lequel se déroulent les phénomènes étudiés, soit pour marquer l'impuissance de l'explication économique et évoquer l'influence de mystérieuses forces extérieures. Il y a eu pourtant tout récemment une évolution dans les intentions, puisque de nombreux auteurs conviennent aujourd'hui de la nécessité d'analyser les interrelations entre les stratégies des divers agents (individus, Etat, entreprises). Mais cela reste à faire.

### B. *Les corps théoriques, autres que néo-classiques, nous offrent des points d'appui pour l'étude de ces phénomènes*

Les « théories de la segmentation » [34] offrent un intérêt réel pour l'interprétation des phénomènes d'insertion. Elles ont suscité d'intéressantes études empiriques. En mettant au centre de l'analyse les stratégies d'entreprise, elles permettent un point de vue plus explicatif que celui des néo-classiques et une meilleure compréhension des mécanismes de recrutement et de formation.

De leur côté, les dichotomies maintenant bien connues – marché primaire/secondaire, emplois stables/instables, vrais/faux salariés –

---

32. Et les méthodes d'investigation sont également individuelles.

33. Et ceci est vrai de manière générale en économie du travail comme en économie de l'éducation : *L'Economique de l'éducation,* sous la direction de J. EICHER et I. LEVY-GARBOUA, n'évoque pratiquement pas les problèmes institutionnels, même dans la partie pourtant intitulée « Les Politiques de l'éducation ». De même, le bilan des recherches en économie du travail de B. MERIAUX (*Revue économique,* n° 1, 1978) ne parle pas du tout de l'Etat ou d'autres institutions susceptibles d'influencer le processus d'insertion.

34. Les guillemets expriment simplement le fait que l'on n'est pas aujourd'hui en présence d'un corps théorique unifié, mais plutôt de diverses explications hétérogènes quant à leur base théorique, rangée pour des raisons pratiques sous le vocable de théorie de la segmentation.

présentent un réel intérêt pour le classement des observations ayant trait à l'insertion, et ceci malgré le caractère nécessairement simplificateur de toute bipolarisation.

Mais ces théories ne peuvent rendre compte de l'ensemble des observations pour plusieurs raisons : elles sont partielles, leur point de vue est avant tout micro-économique, leur dualisme rend difficile l'appréhension des mouvements.

Ainsi elles ne parviennent pas à lier marché interne et externe, à concevoir qu'il puisse y avoir substitution/complémentarité entre ces deux modes d'affectation, alors que la question est décisive du point de vue de l'insertion.

En privilégiant à outrance l'organisation du marché interne, elles ont tendance à sous-estimer le rôle du critère de position relative de la firme sur le marché du travail ou la diversification des politiques de personnel. De même, elles ont nettement négligé les politiques d'intégration, n'affectant que certains types d'entreprises ; du fait de l'analyse dichotomique, elles ne peuvent pas non plus, sur cette question de la dualité stable/instable, penser qu'il puisse y avoir mouvement entre les deux aspects.

Et, surtout, en postulant de nombreuses contraintes extérieures, elles ne permettent pas une analyse pertinente de la mobilisation globale de la main-d'œuvre. C'est ce qui explique l'absence de tout ce qui a trait à l'organisation sociale de l'insertion : rôle des agents d'insertion et plus généralement rôle de l'Etat et des organismes institutionnels.

La problématique marxiste présente des limites analogues. En insistant trop sur le rôle déterminant du système productif – qui régit à la fois l'offre et la demande de travail [35] –, elle est amenée à négliger le rôle du marché du travail et sa possible autonomie, à considérer que la distribution de la main-d'œuvre va de soi.

Il ne suffit donc pas de postuler l'existence de déséquilibres chroniques sur le marché du travail, de rompre sur ce point avec les néo-classiques, pour interpréter correctement les phénomènes d'insertion [36]. Encore faut-il supposer que la période d'insertion professionnelle a une certaine existence, relativement autonome, et une certaine fonction spécifique.

---

35. K. MARX, *Le Capital*, livre 1er, tome III, Editions sociales, p. 83. « Le capital agit des deux côtés à la fois. »

36. L'analyse de Keynes, qui assure cette rupture, n'a pas pour autant apporté d'éléments décisifs pour l'analyse des phénomènes d'insertion.

*C. Si l'on veut rendre compte des constats précédents, il convient donc de poser le problème autrement et en particulier de définir un nouvel objet d'étude*

C'est ce que nous tentons de faire en parlant d' « organisation de la transition professionnelle ».

Le marché du travail ne peut être conçu comme un lieu transparent de correspondance entre une offre et une demande.

Il semble au contraire qu'on observe ces dernières années l'apparition d'une phase relativement longue caractérisée par un enchevêtrement complexe de formation, d'activité et d'inactivité. Cette période semble s'organiser en particulier sous l'effet de la politique étatique. Elle possède une relative homogénéité et apparaît plus comme un processus global aux formes multiples que comme un ensemble de procédures hétéroclites à étudier séparément. Certains de ses éléments ont un fort degré d'indépendance : ainsi les mécanismes de placement sont relativement autonomes par rapport aux procès de travail et de formation.

C'est ce que nous avons appelé « l'organisation de la transition professionnelle [37] ». Elle dépasse l'analyse des seuls résultats de l'insertion (c'est-à-dire l'appréciation qualitative des emplois occupés) et la simple comparaison entre un avant (la formation) et un après (l'emploi). Dans cette étude, nous avons considéré qu'il s'agissait d'un véritable processus ayant des lieux et des temps d'existence autonomes ; il recouvre donc aussi bien les préalables à l'insertion (formation notamment) que les moyens ou les lieux d'accès. La transition ne relève pas exclusivement de la circulation de la force de travail, et son interprétation ne peut se faire qu'en tenant compte également des conditions d'usage et de reproduction de la force de travail et en conjuguant les pratiques de l'ensemble des agents concernés (individus, Etat, firmes, système éducatif, système de placement). Enfin, elle ne peut se confondre avec l'insertion initiale ou l'insertion des jeunes, car cette phase concerne bien d'autres types de population.

Ainsi l'objet de notre recherche actuelle est l'étude des mécanismes qui organisent la transition vers l'emploi et de l'apparition/transformation des « *agents d'insertion* » chargés de cette organisation. Elle concerne toutes les *formes de transition,* intermédiaires entre individus et entreprises, qui modifient directement ou non le passage à l'emploi. Plus concrètement, nous étudions donc tout à la fois les *intermédiaires d'insertion* (ANPE, APEC, cabinets de recrutement, entreprises de travail temporaire, associations professionnelles,

---

37. Préférant le terme de transition à celui d'insertion pour mieux insister sur l'aspect mouvement.

d'anciens élèves, établissements scolaires), les *systèmes de formation-insertion* (contrats emploi-formation, stages d'alternance, apprentissage, AFPA), et les *incitations étatiques à l'insertion* (exonérations de charges sociales, aides à la mobilité, Pacte pour l'emploi, transformations internes du système éducatif).

Sans que l'on puisse, dans un article aussi court, fournir les résultats de cette nouvelle démarche, on peut malgré tout évoquer les constats les plus nets. L'insertion n'est pas un moment rapide, neutre, automatique. L'observation de l'évolution montre que la transition professionnelle se fait de moins en moins « toute seule ». Il y a apparemment organisation et institutionnalisation accrue de cette phase particulière qui tend à se recomposer au rythme des transformations du système productif. Sous l'effet du rôle accru de l'Etat dans la gestion de la main-d'œuvre et du fait du mouvement d'extériorisation de certaines activités mis en œuvre par les entreprises, il semblerait que l'on assiste à une socialisation du processus de distribution de la main-d'œuvre. Mais ceci ne signifie pas pour autant que le problème soit entièrement nouveau [38]. Ainsi, au XIXᵉ siècle, il existait déjà des formes sociales de mise au travail (place de grève, marchandage, organisation de l'enseignement) qui correspondaient à une période de mise en place du salariat et de la mobilisation accélérée d'une forte réserve de main-d'œuvre. Mais cette tendance générale ne couvre pas de la même façon toutes les situations. Les agents d'insertion assurent entre eux une certaine division du travail d'insertion et constituent un ensemble diversifié selon les caractéristiques des individus, des emplois et des entreprises concernés qui en font un usage sélectif. Enfin, ces agents remplissent des fonctions diverses qui marquent bien l'évolution des formes de gestion et de la main-d'œuvre : circulation des actifs, transformation des conditions de recrutement du personnel et des conditions sociales de distribution de la main-d'œuvre, participation au mouvement global de reproduction de la main-d'œuvre par modification des flux quantitatifs et des qualités de la main-d'œuvre (mobilité, formation et coût).

*D. L'intérêt de l'étude de l'OTP réside dans la reformulation de plusieurs questions et en particulier celle des liaisons entre formation et emploi*

Le déplacement d'objet effectué vers la notion de transition

---

38. Bien que l'analyse historique soit difficile du fait de la faiblesse des données décrivant les processus d'insertion aux diverses époques.

professionnelle, l'analyse conjointe des divers agents d'insertion, de leurs fonctions de placement et de préparation, de leurs relations avec les entreprises et les pouvoirs publics, doivent permettre plusieurs avancées par rapport aux travaux actuels sur l'insertion professionnelle et plus généralement sur les problèmes d'emploi et d'éducation.

1) Du fait de l'importance accordée aux changements dans le processus productif et au rôle attribué à l'Etat, la lecture synthétique des données, multiples et dispersées, disponibles sur l'insertion professionnelle, suggère de nouvelles hypothèses interprétatives. Ainsi, en mettant au centre de l'analyse les problèmes de mobilité, on peut dire que c'est le fait que la gestion de la surpopulation relative se joue aujourd'hui *à l'intérieur* de la main-d'œuvre salariée qui donne aux politiques d'organisation de la phase d'insertion leur aspect essentiel et aux processus de sélection de la main-d'œuvre et de transformation de ses qualités leur rôle déterminant. De la même façon, l'insistance sur les transformations du procès de travail éclaire mieux certains mouvements récents affectant l'insertion : formes précaires d'emploi, exigences d'adaptation de la main-d'œuvre plus idéologique et moins technique, affectation de la main-d'œuvre par réduction de l'écart entre formation et insertion.

2) Un regard nouveau est apporté également à la question de la liaison formation-emploi. La problématique de l'adéquation – qui domine sur ce sujet – reste profondément imprégnée d'une analyse en termes d'offre et de demande définies indépendamment. L'intérêt d'une analyse de la « période intermédiaire » réside justement dans le fait qu'elle permet de rompre avec cette problématique en prenant pour objet même l'imbrication de la formation et de l'emploi.

De nombreuses études sur l'adéquation continuent à dissocier l'offre et la demande, et à les comparer ensuite en négligeant les processus d'interactions et les mécanismes d'accès aux emplois. Il s'agit aussi bien d'études macroéconomiques s'inspirant encore de la *man power approach* [39] que d'études micro-économiques [40]. Les constats d'inadéquation sont alors considérés comme le résultat d'inadaptations des comportements individuels ou de l'appareil de formation, mais jamais des entreprises puisque les besoins du système productif sont déterminés de façon exogène.

---

39. Voir par exemple J. AFFICHARD (*Économie et Statistiques*, n° 81) et les critiques qu'elle apporte à la méthode.
40. Selon J.-L. PIGELET (*in*, Colloque de Dourdan, « La division du travail : la problématique formation-emploi : note pour un bilan ») « les méthodes qui appréhendent l'emploi au niveau individuel [...] accréditent de fait la théorie d'une indépendance réciproque des systèmes éducatif et productif ».

Certaines évolutions ont pourtant lieu aujourd'hui, et c'est dans leur perspective que se situe le travail évoqué ici : « Une mutation est en train de se faire dans le champ des rapports formation/emploi [41]. » Elle apparaît dans la mise en place d'un nouveau modèle d'insertion fondé sur l'imbrication entre formation et emploi selon le principe de l'alternance [42]. Elle se retrouve également dans les études qui aujourd'hui parlent plus volontiers d'interdépendance entre agents [43], de réduction du décalage temporaire et spatial entre formation et emploi [44], et qui définissent la qualification par l'individu *et* le poste, c'est-à-dire comme le résultat simultané du système de formation et de la division du travail [45].

Une telle problématique s'applique entièrement à notre sujet. Ainsi c'est à une conception extensive de la notion de qualification que nous nous référons lorsque nous considérons que certaines mesures du Pacte pour l'emploi (le contrat emploi-formation par exemple) sont qualifiantes. Il y a bien processus qualifiant dans la mesure où ces procédures assurent une meilleure « socialisation de la force de travail [46] ». Certes, ces actions n'offrent qu'une formation technique très limitée et de ce seul point de vue ne permettent pas d'acquérir des compétences techniques nouvelles. Mais elles sont qualifiantes au sens large dans la mesure où ces nouvelles formes d'insertion/formation font acquérir des qualités nouvelles d'intégration au procès de travail. Même si ces stages permettent d'accéder surtout à des emplois peu qualifiés et/ou nettement en dessous des potentialités techniques des stagiaires, on peut dire qu'il y a qualification nouvelle du fait de

---

41. N. de MAUPEOU. *Recherches économiques et sociales*, n° 13. janvier 1979. p. 22.
42. « Il faudrait sans doute admettre que les premiers mois, voire les premières années de la vie active d'un individu, constituent une période de recherche et de stabilisation. » (*Rapport du comité emploi et travail du VIIe Plan*, p. 187.)
43. Selon B. FOURCADE et Y. de RICAUD : « Pour la plupart, les analyses des relations entre formations initiales et marché du travail étaient jusqu'à maintenant sous-tendues explicitement ou implicitement par une conception instrumentaliste de l'éducation par rapport à l'emploi [...]. Les recherches nouvelles s'orientent plutôt vers un schéma des articulations entre formations et emplois en termes d'interdépendances variées, médiatisées par des instances et institutions multiples. »
44. P. BOURDIEU. *in Actes de la recherche en sciences sociales*, n° 24. 1978. p. 18 : « Aux discontinuités brutales du tout ou rien, entre les études et la profession se substituent des passages par glissements insensibles et infinitésimaux du système scolaire au système économique. »
45. LAUTIER-TORTAJADA, *Ecole, Force de travail et Salariat*, « La qualification est le rapport du travailleur au procès de travail. rapport déterminé lui-même socialement. »
46. N. de MAUPEOU. *Entre l'école et l'entreprise*. Son étude sur les stages de formation révèle « une faible importance de l'inculcation de savoirs et de savoir-faire [...]. un poids relativement considérable de l'entrainement à des comportements sociaux et à des ''savoir-être'' de la sensibilisation culturelle au milieu de travail. de la socialisation professionnelle ».

l'acquisition par la pratique de capacités nouvelles de s'intégrer dans le collectif de travail.

3) Enfin – mais cela n'est encore qu'à l'état d'ébauche –, le caractère organisé de l'affectation de la main-d'œuvre et sa relative indépendance vis-à-vis des comportements des individus, du système éducatif *et* des pratiques d'entreprise pose de sérieuses questions théoriques. Peut-on considérer la force de travail comme une marchandise s'il n'y a pas de marché pour l'échanger et si elle est souvent affectée par des interventions extérieures ? Peut-on parler encore de travailleur libre alors qu'il est souvent intégré socialement au processus productif ? Peut-on pour autant négliger le problème de l'affectation de la main-d'œuvre comme le font les marxistes, alors qu'elle a tendance aujourd'hui à s'organiser ?

# Formation continue et effets sur l'emploi : comparaison de deux actions de formation collective dans le Nord - Pas-de-Calais

*Claude Dubar* *

Que peut la formation continue contre la crise de l'emploi ? Si les théories, les études empiriques et les données statistiques abondent lorsqu'il s'agit de saisir les liens entre formation initiale et accès à l'emploi – ou plus généralement lorsqu'il s'agit de penser les relations entre éducation et développement –, les recherches sur les effets de la formation dans un contexte de récession économique sont beaucoup plus rares. La question est d'ailleurs particulièrement complexe : elle se pose à la fois au niveau individuel (un niveau élevé de formation préserve-t-il du chômage ?) et au niveau collectif (les entreprises, les zones, les régions mieux dotées en potentiel éducatif sont-elles moins vulnérables à la crise de l'emploi ?), pour la formation initiale et pour la formation continue, pour les crises conjoncturelles et pour les crises structurelles de l'emploi, à l'intérieur des divers marchés du travail, etc. Dans ces conditions, il est peu probable que les théories existantes puissent proposer des modèles explicatifs généraux transposables à l'ensemble des situations.

* Université Lille-I.

Notre propos sera beaucoup plus modeste. Nous nous limiterons à deux terrains étudiés en profondeur par notre groupe de recherche 1 et situés dans le Nord - Pas-de-Calais, région de vieille industrialisation particulièrement touchée par la crise de l'emploi 2. Nous n'aborderons qu'un seul exemple de formation continue : les Actions de formation collective (ACF) se déroulant sur ces deux zones, et dont l'objectif est de développer une approche globale des problèmes éducatifs en direction des populations adultes. Nous nous concentrerons enfin sur un aspect prioritaire des recherches que nous avons menées : la question des effets individuels et collectifs des formations sur les situations d'emploi. Le problème des effets culturels ne sera abordé que pour autant qu'il est directement lié à celui des effets professionnels.

Après une brève présentation des terrains étudiés et du « modèle » ACF conçu comme un système d'action éducative, nous présenterons les méthodes d'analyse et les résultats qui nous paraissent les plus significatifs dans le domaine de l'emploi pour déboucher sur quelques questions polémiques touchant aux liens formation-emploi.

## Premier préalable : deux zones en crise, identités et différences

La première zone, celle de Sallaumines - Noyelles-sous-Lens, se situe au cœur du bassin minier du Pas-de-Calais, touché par la récession charbonnière. Le plan Bettencourt, dès 1966, prévoyait la fermeture des derniers puits en 1983, justement dans cette zone centrale proche de Lens 3. Communes minières, Sallaumines et Noyelles ont connu, entre 1968 et 1975, une diminution sensible et un vieillissement spectaculaire de leur population : le taux de mineurs dans la population active a baissé de moitié, et le pourcentage des femmes de plus de soixante-cinq ans a plus que doublé...

La seconde zone concerne quatorze communes autour de Roubaix-Tourcoing dans une zone à dominante textile en crise endémique et

---

1. Laboratoire de sociologie du travail de l'éducation et de l'emploi (LASTREE) de l'université de Lille-I. Les recherches sur le bassin minier ont été financées essentiellement par l'Etablissement public régional du Nord - Pas-de-Calais, l'enquête sur Roubaix-Tourcoing l'a été dans le cadre de l'ATP du CNRS « Besoins de formation » (ATP 3157).

2. Le nombre de demandeurs d'emploi dans le Nord - Pas-de-Calais est passé d'environ 70 000 en 1974 à environ 130 000 en 1980, ce qui représente l'une des plus fortes progressions de l'ensemble des régions françaises.

3. Récemment, la fermeture des derniers puits a été repoussée au-delà de 1985 (sans autre précision), à l'occasion du dernier voyage du chef de l'Etat dans le Nord - Pas-de-Calais.

comprenant un taux croissant de chômeurs licenciés pour raison économique (fermeture d'entreprises, réduction d'effectifs, chômage partiel...). La création d'emplois tertiaires a été insuffisante, entre 1968 et 1975, pour compenser la perte des emplois industriels à majorité non qualifiés.

Les deux contextes de crise, au sein d'une même région, ont des points communs : zones de mono-industries datant du XIXᵉ siècle, sous-scolarisées et à majorité ouvrières, avec des taux élevés de travailleurs sans qualification et sans diplôme [4], le bassin minier du Pas-de-Calais et la zone textile de Roubaix-Tourcoing sont d'ailleurs reliés par un flux de main-d'œuvre très ancien : les filles des mines vont traditionnellement travailler dès la fin de la scolarité obligatoire dans les filatures et les tissages de la métropole. On sait par ailleurs qu'une partie importante des patrons des compagnies minières était composée, dès le XIXᵉ siècle, de patrons textiles.

Mais la crise de l'emploi prend des aspects différents dans chacune des deux zones : elle ne possède ni la même origine, ni le même rythme, ni les mêmes formes dans les deux situations étudiées.

Dans le bassin minier, la stratégie de l'Etat a été celle du « désengagement progressif sans heurts sociaux ». Malgré la grande grève de 1963, les grèves de 1968, les longues occupations de puits (de 1970 à 1980), la liquidation progressive du charbon n'a pas – jusqu'à présent – provoqué de mouvements sociaux de très grande envergure (comparable, par exemple, à ceux de la sidérurgie). Selon notre dernière enquête de 1979, *dans la zone considérée,* la majorité absolue des habitants semble résignée à la disparition de la mine actuelle, et les vieux mineurs misent avant tout sur la retraite anticipée et le maintien des avantages liés au statut du mineur. L'angoisse se reporte sur les jeunes, qui doivent partir, quitter la région, rompre avec ses traditions. Quant aux adultes, la récession les amène à développer ou à faire renaître des formes de *sociabilité intégrative* autour de certains éléments de la *« culture minière »* et dans un cadre essentiellement municipal. En une sorte de sursaut culturel devant la menace de mort économique, la vie communautaire et associative prend des significations nouvelles.

Dans la zone textile, les difficultés du marché mondial et les stratégies patronales souvent particulièrement agressives induisent une sorte de « récession sauvage avec multiplication des conflits

---

4. En 1975, les taux de personnes de plus de dix-sept ans n'ayant pas d'autre diplôme que le CEP étaient de 72,5 % à Sallaumines - Noyelles-sous-Lens, et 69,6 % à Roubaix-Tourcoing, contre 67,4 % dans la France entière. L'écart des taux de scolarisation à partir de dix-sept ans ne faisait que croître entre les deux zones étudiées et la moyenne nationale.

locaux ». Les liquidations, fusions, absorptions, mises en faillite multiples se traduisent par des restructurations permanentes accompagnées de fermetures d'entreprises parfois freinées par des mouvements de grèves longues avec occupation. L'importance des licenciements collectifs [5] pose, souvent de façon brutale, la question de la reconversion et donc de la formation des travailleurs licenciés. L'incertitude de l'avenir touche les adultes eux-mêmes (pour les jeunes, la vision est paradoxalement moins pessimiste), qui se sentent incapables d'anticiper une solution cohérente à la crise du textile. De ce fait, les problèmes économiques — et surtout les questions d'emploi — dominent la vie collective dans la zone : les stratégies *défensives et conflictuelles* s'organisent contre les fermetures d'usines, contre l'exode des travailleurs et autour de la recherche de perspectives professionnelles immédiates.

## Second préalable : le modèle ACF, un système d'action éducative

Sur ces deux terrains, touchés de façon différente par la crise, existent, depuis 1971, deux Actions collectives de formation (ACF) impulsées par le CUEEP (Centre université-économie d'éducation permanente rattachée à l'université de Lille-I) et caractérisées par :

– l'existence d'un sous-comité gestionnaire regroupant l'ensemble des partenaires économiques (patronat, syndicats), politiques (administrations, municipalités), éducatifs et culturels (organismes de formation, associations) ;

– la mise en place de formations, gratuites, éclatées dans l'espace, très diversifiées, découpées en modules (60 h environ), entrant ou non dans des diplômes par unités capitalisables ;

– la présence de formateurs en partie non enseignants, mais jugés « proches du milieu » (syndicalistes, militants associatifs, techniciens, agents de maîtrise...) et bénéficiant de formations de formateurs spécifiques mises en place par le CUEEP ;

– une prise en compte des demandes plus ou moins spontanées du public, notamment dans des domaines dits pratiques (coupe-couture, mécanique-auto, soudure) ou réputés culturels (histoire locale, formation économique...) et la possibilité de se constituer des

---

5. Au mois de février 1978, au moment de notre enquête par questionnaire, l'ACF de Roubaix-Tourcoing accueillait 64,1 % du nombre total des bénéficiaires d'indemnités de formation de la circonscription Assedic, 41,6 % de ceux de la région Nord, et 4,2 % de l'ensemble des bénéficiaires de la France entière.

« itinéraires de formation » avec des objectifs soit professionnels (CAP par unités capitalisables), soit culturels (expression, langues, sciences humaines...), soit pratiques (méca-auto, soudure, électricité...), soit combinant divers types.

A l'origine de la mise en place de ce système, la tentative de faire coexister sinon converger trois « modèles » de formation permanente autour de l'exigence « d'élever le niveau culturel » de populations particulièrement sous-scolarisées et sous-qualifiées :

– le modèle « formation professionnelle continue » (FPC) centré sur les entreprises et régi par les lois de 1971 ;

– le modèle « promotion sociale rénovée » avec le triptyque : unités capitalisables, diplômes nationaux, pédagogie rénovée (objectifs-évaluation) ;

– le modèle « éducation permanente », issu à la fois de l'éducation populaire et de l'animation culturelle, et organisé autour des objectifs de prise en charge, participation, vie associative, etc.

La question centrale de l'emploi constitue l'arrière-fond de nombreux débats entre décideurs autour de l'idée dominante que l'élévation de la formation générale (rattrapage scolaire pour les uns, élévation du niveau de conscience pour les autres) accroît les chances de faire face aux problèmes posés par la récession. Cette croyance représente une *base de consensus* essentielle : même si le lien est rarement conçu comme direct, il est toujours présupposé comme indiscutable. Le développement de la formation continue « de base » soit à partir de modules de formation générale (maths, français, vie économique et sociale), soit d'une préformation axée sur des matières pratiques (mécanique-auto, coupe-couture...) est considéré unanimement comme un préalable au développement de la formation professionnelle et donc, indirectement, un élément favorable à l'emploi. Que l'effet de la formation sur l'emploi soit conçu en terme de frein à la récession, de facilitation des reconversions ou simplement d'aide pour supporter les périodes de chômage, tout se passe comme si les décideurs, ne pouvant agir directement sur l'emploi, développaient des formations dans l'espoir – parfois un peu magique – qu'elles finiraient par produire indirectement des effets sur l'emploi lui-même.

On peut approfondir l'analyse des mécanismes de décision en considérant les ACF comme des modalités d'un même système d'action éducative dont les principaux acteurs (institutions de formation, forces économiques et politiques locales et pouvoirs publics) ont, entre eux, suffisamment de points d'interférence pour adopter des objectifs communs d'ordre éducatif malgré de profondes divergences sur le plan économique ou politique. Ce consensus éducatif est possible tant que la « réponse du public » reste importante [6] et que les moyens nécessaires demeurent assurés. Il apparaît néanmoins beaucoup plus fragile dans la zone textile, qui affronte la crise de plein fouet, que dans la zone minière, où la récession dure depuis vingt ans et a déjà atteint son point de non-retour. A Roubaix et Tourcoing, les affrontements les plus graves ont eu lieu à propos de l'afflux des chômeurs licenciés pour motif économique en formation : au-delà du problème immédiat du financement de leur formation, c'est toute la question de l'avenir économique de la zone – et, en premier lieu, de l'industrie textile – qui était posée : fixer les chômeurs sur place par la formation impliquait un modèle de reconversion qui n'était pas partagé par tous les partenaires. A Sallaumines-Noyelles, au contraire, les conflits beaucoup moins profonds ont porté sur les orientations culturelles et politiques de certaines formations proposées par des représentants d'associations partisans du modèle « éducation populaire » liant étroitement le contenu des formations et les méthodes pédagogiques à l'action culturelle et à la sensibilisation politique. La question des débouchés professionnels des formations n'a jamais fait l'objet d'affrontements véritables au sein du système ACF dans le bassin minier, où le désengagement des Houillères n'est relayé par aucune force patronale nouvelle et où les municipalités jouent un rôle prépondérant dans l'action collective.

### L'analyse des effets professionnels : méthodes et premiers résultats

La dernière phase de nos recherches sur les ACF nous a confrontés au problème difficile de l'évaluation précise des résultats professionnels des formations suivies par les adultes. Quoique les recherches empiriques commencent à se multiplier en France, y compris dans le cadre de la formation continue [7], tous les problèmes méthodologiques sont loin d'être résolus. Le plus redoutable est sans doute celui que pose la relation entre les changements objectifs constatables après la

---

6. Le flux des personnes s'inscrivant en formation (il existe deux sessions par an au cours desquelles on peut suivre une ou plusieurs unités de 60 h) est de l'ordre de 1 000 à 1 500 adultes par an dans chaque ACF. On n'enregistre pas pour l'instant de fléchissement significatif dans la demande de formation.

7. Cf. la bibliographie sur les effets individuels de la formation continue parue dans *Éducation permanente*, n° 53, juin 1980, p. 130-139.

formation et les effets subjectifs de la formation ressentie par les stagiaires. Il est tout aussi abusif de considérer tous les changements d'emploi ou dans l'emploi comme des effets directs des formations suivies que de restreindre les effets professionnels des formations aux seuls changements d'emploi liés explicitement à des titres acquis à l'issue des stages... Entre une définition très large (effets subjectifs) et une délimitation très étroite (changements d'emploi et de salaire formellement liés à la formation) des résultats professionnels, tous les degrés existent et peuvent se justifier empiriquement. La question est encore compliquée par le fait que la plupart des formations continues ne sont pas sanctionnées par un diplôme et ne peuvent donc être traitées comme les formations initiales. Le recours à l'appréciation subjective apparaît donc difficilement évitable.

Nous sommes résolus à ne pas choisir une définition particulière des « résultats professionnels », mais à confronter les mesures correspondant à plusieurs définitions distinctes. A Roubaix-Tourcoing, nous avons procédé à une analyse par questionnaire sur un échantillon d'anciens stagiaires choisis au hasard sur le fichier d'inscription. Nous avons posé une batterie de questions sur les changements intervenus depuis leur entrée en formation et sur les opinions concernant les effets, professionnels ou non, des formations suivies. En combinant statistiquement les principales variables ainsi construites, nous avons dégagé une première typologie des résultats associant « changement objectif » et « effet subjectif ». Nous avons ensuite pu croiser cette variable synthétique avec toutes les caractéristiques individuelles qui nous ont semblé pertinentes.

A Sallaumines-Noyelles, la dernière enquête menée a procédé différemment : à partir d'un tirage au hasard sur fichier municipal, nous avons constitué un échantillon représentatif à l'intérieur duquel des comparaisons systématiques ont été effectuées entre public et non-public de l'ACF. Les changements intervenus chez les anciens auditeurs ont pu être systématiquement comparés à ceux qu'avaient connus les adultes n'ayant suivi aucune formation. Cette procédure permet de limiter l'erreur classique consistant à attribuer à la formation des changements qui peuvent avoir bien d'autres causes.

Les résultats analysés par ailleurs [8] font apparaître, à Roubaix-Tourcoing, un taux relativement faible de changements profession-nels, quels qu'ils soient, deux ou trois ans après le démarrage d'une formation continue : 23 % des auditeurs ont retrouvé un emploi à la suite d'une période de chômage, 9 % ont changé volontairement

8. Cf. notre rapport d'ATP. *Les Besoins de formation continue dans un contexte de crise économique*, janvier 1980, à paraître.

d'emploi et 3 % ont amélioré leur situation dans leur emploi, soit un peu plus du tiers des auditeurs analysés. Signalons que la moitié seulement des enquêtés ont répondu avoir eu, à l'origine, des objectifs professionnels explicites, ce qui nuance quelque peu l'appréciation précédente : parmi ceux-là, les deux tiers des stagiaires ont connu un ou plusieurs changements professionnels.

Si l'on passe à l'analyse des effets subjectifs, la proportion globale d'effets professionnels constatés est du même ordre que celle des changements précédents : 38 % des auditeurs jugent que « la formation a eu, pour eux, des effets professionnels », dont 11,5 % une promotion ou une augmentation de salaire, 13,5 % une meilleure maîtrise de leur travail et 6,5 % une meilleure intégration à leur entreprise. Parmi ceux qui avaient des objectifs personnels, la moitié seulement répondent positivement à la question des effets ressentis.

La concordance entre les deux modes de mesure des résultats peut être considérée comme assez bonne : 40 % des stagiaires n'ont signalé ni changement ni effet professionnel (19 % indiquent des effets extra-professionnels et 21 % aucun effet d'aucune sorte) ; 22 % ont eu des changements, mais n'ont signalé aucun effet ; 14 % indiquent des effets sans signaler de changement et 23 % répondent positivement aux deux dimensions retenues. En retenant cette typologie, on obtient une variable « résultat professionnel individuel de la formation » comprenant quatre classes ordonnées de « l'absence de résultat » aux « résultats vérifiables ».

En croisant cette variable synthétique avec la plupart des caractéristiques socio-professionnelles et socio-culturelles, on obtient des corrélations particulièrement significatives.

La première concerne l'insertion dans le marché du travail : plus elle est forte et plus les résultats professionnels sont fréquents ; le taux de « résultats vérifiables » passe de 28,2 % chez les actifs ayant un emploi au moment de l'inscription, à 5,6 % chez les demandeurs d'emploi et à 3,8 % chez les femmes au foyer ; inversement, l'absence de résultats concerne 28,7 % des « actifs », 50 % des demandeurs d'emploi et 88 % des femmes au foyer.

La seconde met en jeu la formation initiale : plus le niveau initial de diplôme est élevé, plus les résultats professionnels sont fréquents. Il faut d'ailleurs remarquer que cette variable scolaire est en forte interaction avec la variable sexe : chez les femmes, l'influence du niveau scolaire est nettement moins forte que chez les hommes, pour qui le fait de posséder déjà un CAP accroît beaucoup les chances de tirer partie de la formation continue.

La troisième est liée à la trajectoire antérieure : ce sont les adultes en ascension sociale qui valorisent professionnellement le plus la formation continue qu'ils reçoivent : 48,5 % des hommes ayant obtenu des promotions dans le passé ont des « résultats vérifiables », contre 22,7 % des « stables » et 10 % des salariés en régression sociale. La variable « sexe » intervient moins dans cette dernière relation : les taux sont respectivement de 35 %, 16,4 % et 13,6 % pour les femmes.

La dernière que nous ayons étudiée est la relation entre les résultats professionnels obtenus et la nature et la durée des formations suivies. Paradoxalement, c'est dans ce domaine que les corrélations sont les plus faibles. Concernant la durée, seules les formations les plus longues (au-delà de 160 h) aboutissent significativement à des résultats plus intenses, la liaison statistique restant plus faible que les précédentes. Concernant les matières, la corrélation entre matières techniques et effets professionnels est à peine significative ; là encore, la corrélation reste beaucoup plus faible que les précédentes.

Un premier dépouillement des résultats obtenus dans le bassin minier fait apparaître des taux beaucoup plus faibles de résultats professionnels liés d'ailleurs à une moindre intensité des motivations professionnelles (à peine le quart des auditeurs contre la moitié à Roubaix-Tourcoing). Ici, les objectifs dominants sont d'ordre domestique (réparer sa voiture, coudre ses vêtements, arranger son logement...), purement personnel (confiance en soi, expression, rattrapage...) ou du domaine de la sociabilité (sortir de chez soi, rencontrer d'autres femmes, communiquer, préparer des fêtes...). D'une manière ou d'une autre, l'accès à la formation et les résultats exprimés concernent l'univers culturel. Qu'il s'agisse d'une assimilation intensive de la culture scolaire permettant d'accroître ses chances de mobilité où d'une recherche de formes nouvelles de sociabilité par une réactivation de certains éléments de la « culture minière », les enjeux de la formation collective concernent davantage la survie culturelle que l'avenir économique. Dans une zone où l'exode des jeunes et les retraites anticipées provoquent un vieillissement brutal de la population, la formation devient une arme de résistance individuelle ou collective à un processus de déclin social et culturel. La question centrale qui y est posée est celle des chances d'une résistance culturelle dans un contexte de récession économique : il semble bien qu'elle soit beaucoup plus complexe qu'on ne le pense habituellement.

Quoi qu'il en soit, la comparaison des deux terrains étudiés fait apparaître deux types d'articulation très différents entre crise économique et formation continue, d'une part, entre mode de formation et processus culturel, d'autre part. Dans une phase de crise aiguë, les enjeux économiques et professionnels tendent à surdéterminer les processus de formation, tandis que dans une phase ultérieure d'amortissement de la crise les enjeux culturels tendent à prendre le dessus. Mais, dans les deux cas, la formation se situe bien au confluent des problèmes professionnels et culturels ; la crise de l'emploi révèle à quel point ces deux domaines sont inextricablement liés.

## Quelques remarques terminales

### *1. Effets individuels et effets collectifs*

Les premières percées dans l'analyse des effets individuels des formations continues laissent entière la question des procédures d'étude des effets collectifs. Dans le cadre des entreprises, on peut caractériser de manière assez précise l'effort de formation et étudier les relations entre l'intensité de cet effort et les principales performances économiques et sociales des entreprises [9]. Mais, s'agissant de communes, de zones ou de régions, les mesures précises des efforts de formation accomplis et des résultats éventuels sont beaucoup plus complexes. On manque cruellement d'indicateurs pertinents et plus encore de réflexions théoriques et d'études empiriques sur la pertinence des indicateurs disponibles.

### *2. Effets professionnels et culturels*

Comment définir de manière à la fois opératoire et non restrictive les résultats possibles des formations continues. Entre les deux solutions extrêmes consistant à se limiter aux effets sur le salaire ou à se fier à une appréciation subjective globale, comment appréhender rigoureusement des phénomènes aussi complexes que l'amélioration des compétences professionnelles ou l'accroissement des capacités culturelles ? La procédure traditionnelle, consistant à choisir comme indicateur privilégié voire unique de « niveau culturel » le diplôme obtenu et comme mesures principales de l'emploi occupé le salaire ou la qualification officielle, ne devient-elle pas foncièrement insuffisante, voire inadaptée, pour saisir les mouvements actuels de la formation et

---

9. Cf. les études menées par le GREE et notamment *Formation continue, Gestion du personnel et Marché de la formation,* Editions du CNRS, 1978.

de l'emploi ? La multiplication de formations sans diplôme et d'emplois sans garantie ni définition stricte ne conduit-elle pas à revoir sérieusement nos grilles de classifications antérieures ?

### 3. Effets prévus et effets pervers

L'une des conclusions les plus controversées de notre enquête sur Roubaix-Tourcoing consiste à dégager les effets pervers − à la fois inattendus et maléfiques − de la formation collective sur les chômeurs licenciés. Alors que les effets sur l'emploi sont considérés unanimement comme une priorité de l'ACF, les chômeurs, premières victimes de la crise de l'emploi, ne parviennent pas à s'insérer (financièrement mais aussi pédagogiquement) dans le système éducatif et risquent même d'en être rejetés. Plus généralement, la formation des chômeurs représente un risque sérieux de détournement du fonctionnement antérieur de la formation continue.

Dans le même cadre d'idée, la formation continue des manœuvres, des OS ou des employés non qualifiés ne risque-t-elle pas d'avoir comme unique effet de leur rendre plus insupportable leur condition actuelle de travail, sans augmenter pour autant leurs chances d'accès à d'autres emplois ? C'est en tout cas une interrogation que l'on rencontre très fréquemment dans certains milieux patronaux.

De la même manière encore, privilégier la formation des salariés menacés dans leur emploi ne risque-t-elle pas de vouer à l'échec les luttes pour le maintien de l'emploi en considérant comme fatales toutes les suppressions envisagées et par là même contribuer à faire baisser le niveau global d'emploi ? C'est, en tout cas, un ensemble de questions que se posent de nombreux responsables syndicaux.

Toutes ces réflexions nous orientent dans une direction nouvelle qui est celle de l'analyse dialectique des effets contradictoires de la formation en matière d'emploi et de qualification [10]. Les liens n'étant ni directs, ni nécessaires, et chaque domaine ayant sa logique propre, les répercussions sur l'emploi de certains processus éducatifs prennent de plus en plus souvent des formes inattendues et relativement contraires aux intentions initiales. C'est un champ de recherche qui paraît, au stade actuel atteint par la crise, particulièrement fécond.

---

10. Cf. C. DUBAR, *Formation permanente et Contradictions sociales*, Editions sociales, ch. I et VI, et C. DUBAR, P. MEHAUT, « Pratiques de formation continue et politiques d'emploi : de nouveaux enjeux », *Education permanente*, numéro spécial « Chômage et Formation », juin 1981.

# Les politiques
# de formation professionnelle continue
# au niveau des entreprises
# des transports maritimes

*Mireille Dadoy**

Le dispositif concernant la formation permanente en France va fêter son 10ᵉ anniversaire, puisque la loi « portant organisation de la formation professionnelle continue dans le cadre de l'éducation permanente » date de 1971.

La loi visait clairement à institutionnaliser le contrôle des entreprises sur la formation, en faisant espérer aux syndicats des avantages pour le personnel : d'une part, des possibilités nouvelles de promotion, dans une gestion de personnel qui jusque-là avait considérablement diminué les possibilités dans ce domaine ; d'autre part, une possibilité de rattrapage pour des personnels défavorisés par leur origine sociale. Enfin, peut-être, le calcul que, si le niveau de formation du personnel augmentait, le patronat, dans une logique d'optimisation des ressources humaines, modifierait sensiblement l'organisation du travail et la gestion de la force de travail. Ces espoirs se confortaient par l'attente d'une évolution des technologies qui, semblait-il, requerrait du personnel des qualifications de haut niveau.

* Groupe Sociologie du travail, CNRS, université Paris-VII.

Des deux côtés, la formation professionnelle continue devait constituer un mécanisme important dans la politique d'emploi, au niveau national et au niveau de l'entreprise.

La crise économique, par son incidence sur l'emploi, a considérablement modifié cette logique. L'évolution technologique n'a pas été aussi foudroyante qu'on l'attendait. Par contre, les politiques de gestion de personnel ont joué un rôle capital dans la restructuration de l'emploi.

L'étude présentée ici concerne un secteur tout à fait particulier dans l'économie nationale. Cependant, ses caractéristiques spécifiques en faisaient un champ particulièrement intéressant pour étudier l'incidence de la formation professionnelle continue sur l'emploi.

## I. Quelques préalables indispensables

L'expression « politiques de formation professionnelle continue » ne manquera pas de surprendre les spécialistes de la vie de l'entreprise. Si l'on entend par cette expression l'ensemble d'un dispositif comprenant la définition des objectifs de formation, le choix des stratégies pour les réaliser, la mise en place des mécanismes d'analyse des besoins et d'évaluation des résultats, il est clair que peu d'entreprises peuvent se prévaloir d'une véritable politique de formation permanente. La place du service de formation dans l'organigramme de l'entreprise et la modestie des effectifs chargés de définir et d'appliquer la politique de formation témoignent du rôle non stratégique de la formation dans l'ensemble de la politique de gestion de la main-d'œuvre. Les études sur la formation dans l'entreprise mettent en évidence la pauvreté de l'information contenue dans les plans de formation soumis à l'avis consultatif des comités d'entreprise. Les documents statistiques sont également rares, en dehors des déclarations d'employeurs n° 2483, obligeant les entreprises à justifier auprès des institutions fiscales leurs dépenses en matière de formation professionnelle continue dans le cadre de la loi du 16 juillet 1971.

Cependant, des pratiques de formation professionnelle continue existent dans les entreprises, et s'il n'est pas toujours facile d'en dégager les lignes de force, qui définiraient une politique au plein sens du terme, il n'en demeure pas moins que ces pratiques s'inscrivent dans une politique de gestion de la force de travail, dont il importe d'analyser les composantes.

La gestion du personnel dans l'entreprise passe par un certain nombre de pratiques concernant la définition des besoins de personnel, le recrutement, la sélection, la formation, la définition de profils de carrières, la promotion, l'organisation du travail, la rémunération, etc. Une bonne gestion du personnel supposerait l'insertion de chacune de ces pratiques dans une programmation rationnelle et systématique des besoins de l'entreprise à moyen terme (environ dix ans), avec des mécanismes d'évaluation et d'ajustement pour le court terme (environ trois ans). En réalité, rares sont encore les entreprises capables d'instaurer des instruments de gestion de leur personnel visant à une planification sur une période aussi longue, même parmi les plus grandes. Les pratiques en ce domaine se réduisent souvent à la fixation du niveau des effectifs à court terme. Il peut donc paraître abusif, à certains égards, de considérer ces pratiques comme autant d'éléments d'une politique de gestion de la force de travail. Pourtant, il ne fait pas de doute que ces pratiques, malgré leur caractère empirique, parfois improvisé et incohérent, constituent les composantes d'une certaine forme de politique de gestion de personnel. A ce titre, il importe d'analyser le rôle et la signification de la politique de formation professionnelle continue au sein de la politique de gestion de la force de travail.

## II. La formation professionnelle continue au niveau national

La loi du 16 juillet 1971 sur la formation professionnelle continue fait obligation à tout employeur, occupant au minimum dix salariés, de concourir au développement de la formation professionnelle continue en participant chaque année au financement d'actions de formation.

L'obligation légale est passée de 0,8 % de la masse salariale en 1971, à 1 % en 1974 et à 1,1 % en 1978.

Les résultats de la loi du 16 juillet 1971 sont loin d'être négligeables. lorsque l'on examine l'évolution des indices définis par le CEREQ pour le dépouillement des déclarations 2483 [1].

---

1. Le CEREQ a défini quatre indices principaux de la dépense des entreprises en matière de formation professionnelle continue :
   – le taux de participation financière : dépenses consenties au titre de la FPC/masse salariale totale ;
   – le taux de bénéficiaires de la FPC : nombre de stagiaires/nombre de salariés ;
   – le nombre d'heures de stages annuels moyen par salarié : nombre total d'heures de stages/nombre de salariés ;
   – la durée moyenne des stages : nombre total d'heures de stages/nombre de stages.

EVOLUTION DES INDICATEURS DE LA **FPC** DE 1972 À 1980
CEREQ DÉCLARATIONS 2483

| | 1972 | 1973 | 1974 | 1975 | 1976 | 1977 | 1978 | 1979 | 1980 |
|---|---|---|---|---|---|---|---|---|---|
| Taux de partici-pation finan-cière (%) ..... | 1,35 | 1,49 | 1,63 | 1,63 | 1,62 | 1,76 | 1,82 | 1,84 | 1,79 |
| Taux de bénéfi-ciaires (%).... | 10,7 | 14,6 | 17,1 | 17,6 | 17,4 | 17,7 | 17,6 | 18 | 17,5 |
| Nombre d'heu-res de stages an-nuel moyen par salarié (en h) .. | 8 | 10,1 | 10,7 | 10,8 | 10,24 | 10,16 | 9,92 | 9,85 | 9,51 |
| Durée moyenne des stages (en h) | 74 | 69 | 62,2 | 59,95 | 58,88 | 57,47 | 56,56 | 54,67 | 54,35 |

Les résultats de cette enquête nationale du CEREQ permettront de situer les pratiques de formation professionnelle continue de la marine marchande dans le contexte national.

### III. La formation professionnelle continue
### dans les transports maritimes

Les transports maritimes se découpent en plusieurs branches, dans la nomenclature des activités de l'INSEE :
– 7101 : les transports maritimes autres que de produits pétroliers, qui comprennent le transport des passagers et des marchandises, au long cours et en cabotage ;
– 7102 : les transports maritimes de produits pétroliers ;
– 7103 : la navigation côtière et d'estuaire, passagers et marchandises ;
– 7303 : les activités annexes et entrepôts dans les ports maritimes, y compris la gestion des ports ;
– 7401 : la collecte de fret maritime (commissionnaires de transports maritimes, commissionnaires agréés en douane, transitaires) ;
– 7404 : la manutention portuaire ;
– 7406 : les activités spécifiques d'auxiliaires des transports maritimes (courtiers maritimes, agents maritimes, consignataires maritimes).
L'ensemble des effectifs pour les sept activités des transports maritimes représentait en 1975 57 054 personnes, soit 23 278 pour les transports maritimes autres que produits pétroliers, 5 554 pour les

transports maritimes de produits pétroliers, 585 pour la navigation côtière et estuaire [2], 10 923 pour la collecte du fret, 6 751 pour les activités annexes des ports maritimes, 6 112 pour la manutention portuaire et 3 851 pour les activités spécifiques d'auxiliaires des transports maritimes. En 1978, les effectifs étaient passés à 54 723, soit une diminution de 4 % en trois ans.

Les sept branches sont loin d'être homogènes. Un facteur est particulièrement important dans la mise en œuvre d'un service de formation dans une entreprise : la taille.

**A. Evolution des principaux indicateurs de la formation professionnelle continue dans les entreprises des transports maritimes**

EVOLUTION DES INDICATEURS DE LA **FPC** DANS LES ENTREPRISES
DES TRANSPORTS MARITIMES ET ANNEXES

| | 1975 | 1976 | 1977 | 1978 |
|---|---|---|---|---|
| *I. Taux de participation financière (%) :* | | | | |
| Transports maritimes autres que produits pétroliers | 1,84 | 1,95 | 2,28 | 1,98 |
| Transports maritimes des produits pétroliers | 2,87 | 2,42 | 2,65 | 2,94 |
| Navigation côtière et estuaire | 1 | 1 | 1,59 | 0,31 |
| Activités annexes dans les ports maritimes | 1,50 | 1,60 | 1,57 | 1,37 |
| Collecte de fret maritime | 0,98 | 1,00 | 0,97 | 1,03 |
| Manutention portuaire | 1 | 0,98 | 1,1 | 1,01 |
| Activités spécifiques d'auxiliaires des transports maritimes | 1,19 | 0,94 | 1,02 | 1,13 |
| *II. Taux de bénéficiaires (%) :* | | | | |
| Transports maritimes autres que produits pétroliers | 13,95 | 11,73 | 12,22 | 13,31 |
| Transports maritimes des produits pétroliers | 19,16 | 17,35 | 18,40 | 17,16 |
| Navigation côtière et d'estuaire | 10,94 | ? | 10,86 | ? |
| Activités annexes dans les ports maritimes | 21,98 | 20,12 | 23,33 | 18,87 |
| Collecte de fret maritime | 10,56 | 13,25 | 12,80 | 10 |
| Manutention portuaire | 12,04 | 17,15 | 11,92 | 17,44 |
| Activités spécifiques d'auxiliaires des transports maritimes | 16,54 | 9,82 | 11,78 | 14,51 |

2. Les chiffres nous semblent sous-estimés, en raison de la méthode de sondage utilisée.

| | 1975 | 1976 | 1977 | 1978 |
|---|---|---|---|---|
| *III. Nombre d'heures de stages annuels moyen par salarié :* | | | | |
| Transports maritimes autres que produits pétroliers .................. | 43,06 | 40,91 | 41,13 | 57,95 |
| Transports maritimes des produits pétroliers ......................... | 113,42 | 76,90 | 63,23 | 66,01 |
| Navigation côtière et d'estuaire ...... | 22,52 | | 23,82 | |
| Activités annexes dans les ports maritimes ........................... | 12,20 | 12,21 | 12,06 | 10,69 |
| Collecte de fret maritime ........... | 5,53 | 5,77 | 5,06 | 4,65 |
| Manutention portuaire ............. | 4,14 | 3,95 | 5,39 | 3,97 |
| Activités spécifiques d'auxiliaires des transports maritimes .............. | 8,23 | 5,47 | 9,93 | 7,37 |
| *IV. Durée moyenne des stages (en heures) :* | | | | |
| Transports maritimes autres que produits pétroliers .................. | 308,61 | 348,73 | 336,50 | 435,46 |
| Transports maritimes des produits pétroliers ......................... | 592,06 | 443,24 | 343,74 | 384,73 |
| Navigation côtière et d'estuaire ...... | 205,81 | – | 219,27 | – |
| Activités annexes dans les ports maritimes ........................... | 55,50 | 60,71 | 51,67 | 56,66 |
| Collecte de fret maritime ........... | 52,42 | 43,54 | 39,51 | 46,52 |
| Manutention portuaire ............. | 23,75 | 33,14 | 31,41 | 32,96 |
| Activités spécifiques d'auxiliaires des transports maritimes .............. | 49,75 | 55,64 | 84,29 | 50,78 |

Source CEREQ.

En 1978, la structure des tailles présentait le caractère suivant : sur les 33 entreprises des transports maritimes autres que produits pétroliers, 7 avaient plus de 500 salariés ; dans les transports maritimes de produits pétroliers, sur 16 entreprises, 4 avaient plus de 500 salariés. Dans la navigation côtière et fluviale, 4 entreprises, dont aucune de 500 salariés et plus. Dans la collecte de fret, 115 entreprises, dont 2 de 500 salariés et plus. Dans les activités annexes dans les ports maritimes, 4 entreprises sur 20 ; dans la manutention portuaire, 4 entreprises sur 41 ; dans les activités spécifiques d'auxiliaires des transports maritimes, 1 entreprise sur 68.

Le tableau présentant l'évolution des indices de la formation professionnelle continue met en évidence l'importance de l'effort réalisé, relativement à la masse salariale, dans les transports maritimes de produits pétroliers (de 50 à 75 % supérieur à la moyenne nationale), puis dans les transports maritimes autres que produits pétroliers (de 14 à 30 % supérieur à la moyenne), puis dans les activités annexes dans les ports maritimes (assez proche de la moyenne nationale). Ces trois branches bénéficient d'un effectif annuel moyen par entreprise assez important relativement aux autres : en 1978, 614,3 dans les transports maritimes autres que produits pétroliers, 333,3 dans les transports maritimes de produits pétroliers et 338,4 dans les activités annexes dans les ports maritimes. Les autres branches d'activités consacrent à la formation des sommes sensiblement égales à l'obligation légale. Leurs effectifs moyens sont généralement assez faibles (30,8 pour la navigation côtière et estuaire, 70,5 pour les activités spécifiques d'auxiliaires des transports maritimes, 83,98 pour la collecte du fret ; sauf pour les entreprises de manutention, dont les effectifs moyens se situent à 190 personnes).

Du point de vue du taux de bénéficiaires, l'impact de la formation professionnelle continue est surtout important dans les activités annexes des ports maritimes, qui ont connu des modernisations tant au niveau des équipements du port (entrepôts) qu'au niveau de la gestion (informatisation) ; viennent ensuite les transports maritimes des produits pétroliers, qui ont également modernisé leur flotte et leur gestion administrative. Les autres activités économiques sont en dessous de la moyenne nationale, malgré l'informatisation des modes de gestion. Il est vrai que le taux de féminisation des effectifs est particulièrement fort dans les activités spécifiques d'auxiliaires des transports maritimes (43 % des effectifs en 1978), et dans la collecte du fret (36 % en 1978), tandis qu'il est faible dans les autres activités : 5 % dans les transports maritimes de produits pétroliers, entre 12 et 14 % dans les autres sous-secteurs.

Les deux autres indices confirment la tendance dégagée : ce sont les transports maritimes des produits pétroliers qui bénéficient du plus grand nombre annuel moyen d'heures de stages par salarié et de la durée des stages la plus longue, encore qu'un net fléchissement de l'effort de formation professionnelle continue se manifeste à partir de 1976. D'une manière générale, les compagnies qui effectuent les transports maritimes se caractérisent par des stages très longs au regard de la moyenne nationale.

Cette caractéristique appelle une remarque. La marine marchande présente une spécificité en ce qui concerne les politiques d'embauche. En effet, au contraire des autres secteurs industriels, les entreprises se recrutent pas leur personnel navigant qualifié (officiers et subalternes) à la sortie des écoles de formation. La formation initiale des marins résulte d'un long processus de formation théorique en école, entrecoupé de formation pratique en mer. En raison de la longueur inhabituelle du cycle de formation complet, et de la rareté de la main-d'œuvre qualifiée qui en résulte, les entreprises ont été amenées à payer leur personnel lors de ses périodes de formation théorique en école. Cette pratique, mise en place dès la Seconde Guerre mondiale, profite essentiellement aux personnels qualifiés et même plus particulièrement aux officiers. Lors de la mise en place de la loi sur la formation professionnelle qualifiée du 16 juillet 1971, les entreprises ont simplement intégré ces dépenses au budget de la formation professionnelle continue. Cette particularité explique en grande partie l'importance de la participation financière dans ce secteur.

Les autres sous-secteurs où domine la gestion (activités annexes dans les ports maritimes, collecte du fret, activités spécifiques des auxiliaires) sont juste à la moyenne ou un peu en dessous en ce qui concerne le nombre d'heures de stages annuel moyen par salarié et la durée moyenne des stages.

## B. *Pratiques et politiques de formation professionnelle continue dans les entreprises de la marine marchande*

Comment se présente la formation professionnelle continue dans la marine marchande ?

Les deux grands secteurs qui ont le plus bénéficié de la formation continue sont la gestion administrative, qui a été informatisée, et la navigation maritime, dont la flotte a été modernisée et automatisée.

L'informatisation de la gestion administrative résulte d'une politique systématique de concentration des entreprises, de rationalisation des marchés, de groupage du fret, d'accroissement de la productivité, notamment par la réduction des effectifs. Longtemps, le personnel administratif a été recruté sans formation professionnelle spécifique de haut niveau. Les CAP administratifs et les bacheliers dominaient dans la population. L'activité de gestion exigeait cependant de bonnes connaissances sur la clientèle et sur le travail lui-même, qui s'acquéraient sur le tas, par l'expérience. La loi sur la formation professionnelle continue a été l'occasion de mettre en place des formations pour le personnel de bureau ; cet effort a été amplifié à partir de la crise économique et de la concurrence accrue qui en est résultée sur le plan national et international. Il s'agit cependant là, généralement, de stages d'adaptation à l'emploi, très courts, et non de stages de très haut niveau.

La mise en place de l'informatique entraîne le plus souvent deux types de stages : des stages d'informatique de haut niveau, longs et coûteux, pour une poignée d'informaticiens ; et des stages de sensibilisation à l'informatique pour le personnel appelé à travailler sur les postes informatisés. Le plus souvent, ces stages de sensibilisation sont totalement insuffisants pour assurer l'adaptation au poste. Ces stages de sensibilisation de deux-trois jours, qui sont effectués chez les fabricants de matériel, sont généralement gratuits (leur coût est intégré au prix de vente des matériels). Ils devraient normalement être suivis de stages d'adaptation, plus longs et plus coûteux, qui eux devraient émarger au budget de la formation professionnelle continue. Mais il est fréquent qu'après l'achat des matériels les entreprises n'aient plus les moyens d'assurer les frais de ces stages.

Il y a quelques années, les problèmes se posaient différemment. Les ordinateurs coûtaient des sommes fabuleuses, et la formation de la poignée d'informaticiens chargés de leur fonctionnement représentait un coût relativement très modeste, qui pouvait sans difficulté être inclus dans le prix de vente des matériels. Aujourd'hui, le prix des matériels a baissé, mais le nombre de gens destinés à travailler sur les postes informatisés a beaucoup augmenté. Aussi, le coût des formations qui seraient nécessaires représente, proportionnellement au prix de vente des matériels, des sommes considérables. Aussi les fabricants, soumis à une concurrence féroce, se contentent-ils de faire juste trois jours de sensibilisation symbolique et attendent-ils les plans de formation pour proposer de vrais stages de formation. Ce n'est donc qu'au compte-gouttes que les entreprises envoient leur personnel administratif en formation.

Pour le personnel navigant, le problème est sensiblement différent. La marine marchande bénéficie d'un statut particulier en ce qui concerne la gestion des personnels, en raison d'une réglementation stricte et nationale. Les formations initiales gardent un rôle essentiel au moins pour les officiers, qui, il ne faut pas l'oublier, constituent environ un tiers du personnel navigant. La formation initiale présente, on l'a vu, un caractère tout à fait particulier, par rapport aux autres industries. La formation initiale alternée est organisée sur une longue durée (douze ans environ pour devenir capitaine ou chef mécanicien). En raison de ce processus de formation très long et d'une certaine rareté de la main-d'œuvre qualifiée, les sociétés de la marine marchande prenaient largement en charge les personnels, aussi bien à terre qu'en mer, en leur versant des salaires fixés par accord national. Cette organisation de la formation avait eu pour effet de démocratiser l'accès aux carrières d'officiers.

Un certain nombre de problèmes s'est présenté ces dernières années, qui a tendu à créer une situation moins favorable. Tout d'abord, en 1967 s'est mise en place une nouvelle politique de formation et de gestion du personnel, tendant à homogénéiser les officiers pont et les officiers machines. En effet, trois filières de promotion existent pour le personnel navigant : la filière pont pour la conduite du bateau, la filière machine pour la conduite et l'entretien des machines et appareils divers, la filière du service général (à tous égards moins favorable et moins valorisée que les deux autres). Afin de développer la polyvalence pont-machine, pour réduire les effectifs à bord [3] – en vingt ans, les effectifs sont passés de quarante à vingt-cinq personnes – et introduire une certaine flexibilité dans la gestion de la main-d'œuvre et dans l'organisation du travail à bord, les armateurs sont parvenus à imposer la même formation théorique pour les officiers machines et les officiers pont. La filière de formation, qui est aussi une filière de promotion, prévoit cependant une spécialisation de fait, soit au pont, soit à la machine, par les périodes de stages pratiques plus longues selon la destination désirée. Les syndicats ont utilisé cette faille du système pour freiner au maximum le processus d'homogénéisation, qui présente à leurs yeux de nombreux risques : outre la disparition d'une catégorie professionnelle, qui dans un syndicat de métier se traduit par la disparition d'un syndicat (en l'occurrence le poste de chef mécanicien est visé par la réforme), la polyvalence entraîne une réduction de l'expérience liée à chaque fonction, pont ou machine, une intensification du travail, un risque de dépassement des horaires quotidiens et une réduction de la sécurité à bord. Elle tend également à réduire l'emploi. Dans la situation actuelle, la polyvalence est entrée au niveau de la formation, mais non dans la pratique, en raison du refus syndical. Autrement dit, les personnels polyvalents se voient affecter à un poste, lorsqu'ils sont embarqués, et ils n'en changent pas au cours du voyage.

Cette réforme de la formation a amené les entreprises à mettre en œuvre des formations complémentaires, pour les anciens personnels, dans le cadre de la formation permanente. Ces formations, étant cependant des formations de mise à niveau et donc des formations déconnectées du processus de promotion classique, n'ont jusqu'à présent pas eu un caractère très attractif pour le personnel, encore que les personnels les plus jeunes craignent que la polyvalence ne rentre un jour dans les faits et que leur spécialisation les prive d'une promotion attendue.

Jusqu'à présent, la formation professionnelle continue n'a pas

---

3. Lors de la mise en service d'un nouveau navire, l'organisation du travail à bord et le niveau des effectifs sont négociés entre sociétés et syndicats, et donnent lieu à un accord spécifique au navire.

attaqué l'appareil de formation initiale ni le processus de formation en alternance, comme on aurait pu le craindre lors de la création de la loi sur la formation professionnelle continue. Au contraire, dans le cas des personnels navigants, la loi du 16 juillet 1971 s'est inscrite complètement dans le cadre du processus de formation traditionnel. Cependant, l'obligation de formation continue faite par la loi a permis d'étendre les actions de formation de l'entreprise à l'ensemble du personnel qui, jusque-là, n'en bénéficiait pas, notamment les personnels tertiaires et les personnels techniques à terre.

Cette résistance du système de formation s'explique certes par les traditions du milieu, mais aussi par la coercition de la réglementation nationale et la puissance du syndicat de métier de la marine marchande. Les directions ont bien cherché à résoudre certains problèmes de gestion de personnel par des actions de formation, soit pour mieux adapter les personnels subalternes à l'évolution technologique de certains appareils, soit pour améliorer la sécurité sur le bateau par des formations spécifiques (lutte contre l'incendie), soit parfois pour résoudre des problèmes de main-d'œuvre : la marine marchande recourt à la main-d'œuvre à terre pour décharger ou charger les navires et pour l'entretien et le nettoyage. Or, dans certains ports étrangers, la main-d'œuvre appropriée n'existe pas ou n'est pas suffisamment formée. Aussi certaines sociétés auraient-elles souhaité faire remplir ces fonctions au personnel navigant, qui s'y est farouchement opposé.

La résistance de l'appareil de formation est donc indéniable dans la dernière décennie, malgré l'introduction de la polyvalence pont-machine. Cette résistance a d'ailleurs été confortée par l'effet relativement modeste de l'évolution technologique des navires. En effet, l'automatisation de plus en plus poussée des navires et l'accroissement du tonnage n'ont pas jusqu'à présent entraîné de réel bouleversement du système de travail. Le niveau élevé des formations a probablement permis d'absorber et de suivre l'évolution technologique. De plus, étant donné le niveau culturel élevé des officiers, le personnel arrive assez bien à définir ses besoins de formation, et plutôt que de solliciter des stages de perfectionnement, qui de toute façon seraient déconnectés de la promotion et qui poseraient de grands problèmes dans la rotation des équipes, préfère s'acheter directement les livres nécessaires et se former lui-même en utilisant les périodes de repos à bord. Certes, des stages pratiques chez les constructeurs seraient appréciés, mais des freins puissants en empêchent la réalisation : étant donné les conditions de travail très difficiles des marins en mer (éloignement de la famille, du domicile, pas de périodes de repos réel à bord, ennui, promiscuité, etc.), de nombreuses primes s'ajoutent au salaire de base pour les périodes de navigation. La formation permanente s'accompagne d'une telle perte de salaire qu'elle ne peut être attractive que lorsqu'elle s'inscrit dans le processus de promotion. Les autres stages ne sont acceptés que dans la mesure où les armateurs compensent les pertes de salaires.

Il n'est pas impossible, cependant, que la formation professionnelle continue soit amenée à constituer un mécanisme important dans l'aménagement jugé actuellement nécessaire du processus de formation traditionnel.

Cette remise en cause du système de formation résulterait moins du bouleversement du système de travail sous l'effet de l'évolution technologique que des modifications importantes de la gestion du personnel.

Tout d'abord, les sociétés souhaitent renforcer le transfert à terre de certaines tâches jusque-là réalisées à bord : il s'agit principalement des fonctions « machines », qui, grâce à l'automation et à la fiabilité du matériel (ou au doublage systématique de tous les appareillages stratégiques), nécessiteraient moins de personnel ; de l'entretien et du nettoyage du bateau systématiquement sous-traités à des entreprises à terre ; et de l'élaboration du chargement du navire, traditionnellement affectée au second capitaine, secondé par le capitaine d'armes. Ces transformations entraîneraient déjà une réduction des effectifs, qui commence à atteindre un seuil limite où risque de se déséquilibrer la répartition des tâches entre les catégories et l'organisation fonctionnelle [4].

Mais, de plus, les armateurs auraient dans l'idée de modifier profondément le système de formation des officiers. En effet, il faut noter, avec la concentration et la restructuration de la branche, l'arrivée de nouveaux dirigeants extérieurs à la profession et moins soucieux d'en respecter les traditions, qu'ils considèrent comme coûteuses. Par ailleurs, le contenu des formations dans la marine marchande est relativement rigide et contrôlé par les pouvoirs publics. Leur évolution est donc très problématique et longue, au moment même où, grâce au chômage actuel, des catégories de personnel sortant de grandes écoles (d'aéronautique ou de gestion) avec des diplômes plus adaptés aux nouvelles technologies seraient prêtes à tenter l'aventure de la mer. Dans le contexte actuel, il est pratiquement impossible d'embaucher ces personnels, qui s'attendent – comme dans l'industrie – à des promotions rapides à des postes de responsabilité et à des rémunérations correspondantes. Comme par

---

4. Les projets actuels envisagent des effectifs de dix-huit personnes. La tentative – cet été – d'imposer cette réduction du personnel dans la marine de pêche a été à l'origine du plus grand conflit de l'année.

ailleurs la fuite des personnels en cours de processus de formation, pour aller dans l'industrie où les conditions de vie sont plus attractives, accentue les difficultés de gestion et les coûts de formation, les entreprises ne veulent plus prendre à leur charge la rémunération des élèves-officiers en cours de formation. Pour la première fois, cette année, l'Etat a dû prendre la relève, en donnant des bourses de formation aux entreprises, pour alléger leurs charges. Le système de formation actuel est donc menacé. Une hypothèse serait de lui substituer un système identique à celui des industries, c'est-à-dire avec un blocage sur une courte période de la formation théorique et avec formation pratique dans l'entreprise après embauche. Ce nouveau système offrirait l'avantage que la formation serait à la charge de l'Etat et des particuliers, et permettrait de sélectionner sur le marché du travail des formations plus larges et plus polyvalentes. En outre, ce nouveau système aurait pour conséquence de modifier l'origine sociale des personnels et de rendre ceux-ci plus perméables à une problématique du profit. Parmi les scénarios proposés actuellement, l'un d'entre eux concerne le commandant, qui changerait très sensiblement de fonction. Le commandant n'aurait plus la responsabilité directe de la conduite du navire, qui reviendrait au second capitaine. Le commandant deviendrait un vrai directeur d'entreprise, responsable surtout de la gestion du navire, qui jusqu'à présent était totalement contrôlée depuis la terre. La formation deviendrait donc moins spécifiquement technique, et plus administrative et économique. La gestion serait ainsi décentralisée au niveau des navires.

Cette formation théorique classique et plus courte s'appuierait nécessairement sur un rôle également plus classique de la formation professionnelle continue, centrée sur l'expérience pratique et déconnectée de la promotion. Les différents scénarios actuellement élaborés reviendraient ainsi à modifier sensiblement chaque fonction de la structure professionnelle à bord. Elle aurait immanquablement de grandes conséquences, non seulement sur l'emploi en termes quantitatifs, mais également sur l'emploi en termes qualitatifs. En effet, une déstructuration de la division du travail traditionnelle entraînerait la suppression des anciens métiers et par la même occasion la disparition de l'organisation syndicale fondée sur ces métiers. En conséquence, la capacité d'organisation et de défense du milieu risquerait d'en être également considérablement affecté : cette situation ne manquerait pas d'avoir de nouvelles répercussions sur l'emploi, dans la mesure où les scénarios les plus audacieux cherchent à mettre en place des effectifs très réduits (le bateau japonais avec douze hommes à l'effectif).

## Conclusion

L'exemple de la marine marchande présente l'intérêt de mesurer l'incidence de la loi du 16 juillet 1971 sur un appareil de formation original et orienté sur la promotion. Contrairement à ce qui s'est passé dans l'industrie, la formation professionnelle continue n'a pas permis aux employeurs de la marine marchande de maintenir le niveau de formation des personnels indépendamment de toute promotion professionnelle pour les navigants.

Alors qu'un des grands succès du patronat de l'industrie de ces dix dernières années est d'être parvenu à susciter dans l'entreprise une demande et une pratique de formation complètement déconnectées de la promotion professionnelle. Dès lors, la formation ne constitue plus un risque en soi pour le patronat, et contrairement à sa stratégie des années 1960, qui consistait à soumettre la formation et les diplômes à un processus de reconnaissance dans et sous le contrôle de l'entreprise, la formation peut prendre une nouvelle dynamique, dans le cadre des besoins de l'entreprise. Le système de contrôle sur les diplômes, pour soumettre le personnel et rabaisser les coûts de main-d'œuvre, est plus efficacement relayé aujourd'hui par la pression directe sur l'emploi (externalisation des fonctions périphériques du procès de production et recours à la sous-traitance). Il est remarquable en effet que l'examen des publics de la formation professionnelle continue dans l'entreprise montre que ce sont les personnels les plus jeunes et les plus formés qui sont également les plus demandeurs de formation. Au-delà des niveaux culturels plus élevés, qui portent plus facilement ces personnels vers la formation, cette demande de formation traduit clairement le souci de réactualiser sa formation, pour la maintenir monnayable sur le marché du travail, malgré l'évolution technologique.

Au-delà de la qualification et de la rémunération, la formation professionnelle continue peut devenir rapidement le lieu d'un enjeu sur l'emploi et sur le pouvoir de contrôle de l'appareil de production...

254

# La formation continue comme « nouvel outil de gestion » : critique d'une idée floue

*Nicole de Maupéou-Abboud* *

A la lumière d'une recherche récente sur les politiques patronales de formation continue, j'ai été amenée à considérer, entre autres aspects des problématiques mises en action, l'idée suivante qui, à l'époque de l'enquête, paraissait toute naturelle, surtout chez les économistes : l'instauration de la loi de 1971 sur la formation continue concrétiserait et accélérerait une tendance déjà latente dans les entreprises les plus concentrées et les plus avancées sur le plan du management, consistant à utiliser la formation continue comme « un nouvel outil de gestion ».

Ma communication se propose de rappeler un ensemble de recherches aujourd'hui partiellement oubliées, qui ont montré que les pratiques de formation n'ont pas une vocation univoque dans les entreprises, même dans les plus grandes, que l'intégration des pratiques de formation aux autres systèmes d'action sociale et économique de l'entreprise ne va pas systématiquement de pair avec le degré de concentration et le degré de sophistication des méthodes de gestion de l'entreprise. Je me référerai pour ce faire à la littérature sociologique d'hier et d'avant-hier.

* Groupe Sociologie du travail, CNRS, Paris-VII.

Dans le texte que je présente au colloque, je voudrais également faire part de quelques intuitions touchant précisément la variabilité du statut des pratiques de formation continue dans les entreprises visitées et les conditions du rapprochement ou de l'éloignement de ces pratiques du modèle idéal « formation nouvel outil de gestion ».

## I. La collaboration entre sociologues et économistes et les pièges du dogmatisme

Nous avons entrepris notre recherche à une époque où fleurissaient des thèses très radicales sur les nouvelles modalités de gestion de la force de travail dans le mode de production capitaliste avancé. Les économistes de l'ACSES [1] présentaient alors des modèles théoriques brillants dans leurs ouvrages et dans leurs communications. La thèse de Philippe Méhaut sur la formation continue [2] est imprégnée des idées de ces nouveaux théoriciens.

A propos du « tournant » de 1966 [3], dont bien des sociologues [4] ont reconnu l'importance, Ph. Méhaut parle de « l'émergence d'un dispositif d'ensemble centrant la formation sur l'entreprise » (il explique qu'auparavent la formation continue était, dans la majorité des cas, un phénomène individuel, un projet personnel du travailleur). Il démystifie « le paravent égalitariste amené en même temps que le modèle adaptatif et que le modèle de développement éducatif ». *L'enjeu du nouveau dispositif institutionnel est,* selon lui, un ensemble de changements dans l'appareil productif : « *L'accroissement de la malléabilité des travailleurs, nécessaire dans la perspective des changements technologiques, des restructurations économiques et de l'introduction de transformations dans le procès de travail »* (« en même temps, ajoute-t-il, que la poursuite d'un projet ancien : l'amélioration des relations sociales dans l'entreprise »).

---

1. Association pour la critique des sciences économiques et sociales (en particulier au colloque de septembre 1978 sur « Le Procès de travail »).
2. Philippe MÉHAUT, *Formation continue : stratégies d'entreprises et structuration du marché (essai d'interprétation de la législation du 16 juillet 1971 et de ses effets dans un cadre régional),* thèse pour le doctorat de 3ᵉ cycle en sciences économiques, spécialité socio-économie des ressources humaines, université Paris-X, Nanterre, UER sciences économiques, novembre 1978.
3. Epoque où commencent les grandes concentrations financières et les restructurations parallèles du capitalisme français (CARRÉ et MALINVAUD, *La Croissance française,* Seuil).
4. Sabine ERBÈS-SEGUIN, en particulier dans sa thèse de doctorat, *Les Relations collectives de travail : pour une sociologie économique du conflit industriel,* 2 tomes, université Paris-VII, 1980 (en particulier, p. 339).

Ph. Méhaut apporte à l'appui de cette hypothèse les résultats d'une très grosse enquête menée auprès des organismes dispensant des programmes de formation continue dans la région lorraine. La mise en rapport d'une série de paramètres caractérisant les entreprises clientes (entre autres, le taux de concentration du capital, la taille de l'entreprise, la branche à laquelle elle appartient, son rapport au marché externe, l'importance de son marché interne) et d'un ensemble de dimensions caractérisant les stages du point de vue quantitatif (durée des stages, nombre de stagiaires, dépenses engagées, etc.) et du point de vue qualitatif (catégories de bénéficiaires, et place dans l'entreprise, nature et finalité explicite des stages, contenu de la formation, type d'organisme de formation) aboutit à une typologie (quatre types idéaux sont dégagés) dont le principe de différenciation central est la *concentration du capital « élément déterminant dans ce qu'il implique sur les possibilités multiples de formalisation de la gestion du personnel »* (d'une part), et *« dans l'effet de domination qu'exercent les établissements sur le marché externe du travail »* (d'autre part). La typologie de Ph. Méhaut est en fait beaucoup plus riche que le schéma que nous venons de présenter dans un résumé nécessairement très succinct, mais nous en avons indiqué les traits essentiels.

Il va sans dire qu'au vu d'éléments de démonstration aussi convaincants nous avons gardé en tête tout au long de notre recherche ces hypothèses et, plus généralement, le corps théorique d'ensemble insérant la pratique patronale de formation dans la gestion de la force de travail.

Nous ne pensions pas toutefois nous en tenir là. Nous considérions qu'il devait y avoir une interférence complexe entre, d'une part, le caractère planifié ou non du passage d'un système de travail (mécanisé classique) à un autre (automatisé/informatisé), passage qui marque généralement le progrès de l'entreprise capitaliste d'aujourd'hui et, d'autre part, l'évolution croissante des possibilités de formalisation de la gestion de la force de travail avec l'accroissement de la concentration du capital. Nous pensions par ailleurs que les exigences et les pratiques patronales en matière de formation continue ne pouvaient pas être totalement comprises si l'on ne prenait pas en compte l'histoire du système de formation dans son ensemble (articulation de formations professionnelles premières et de formations professionnelles continues – la plupart du temps promotionnelles) au niveau de chaque branche, parfois au niveau de chaque entreprise : jusqu'à présent, il n'est pas démontré qu'il y ait capillarité parfaite entre l'ancien système et le nouveau système de formation né de l'application de la loi sur l'obligation de financement par les employeurs de la formation continue et suscitant des actions de formation professionnelle continue d'un type nouveau (conduisant à une meilleure adaptation au travail, voire à un perfectionnement perfectionnel, mais pas à des titres de qualification), même si elle est préfigurée, au sein de l'enseignement technique et dans certaines branches, par de nouvelles institutions inspirées par les modèles de l'enseignement en alternance et de l'éducation récurrente. Il ne nous semblait pas impensable que le poids des formes passées du système de formation (de la branche, de l'entreprise,...) aille dans certains cas à contre-courant des processus évolutifs envisagés dans le cadre de la théorie des nouvelles modalités de gestion de la force de travail (formalisation croissante, importance grandissante d'un marché interne toujours mieux contrôlé, main-d'œuvre plus mobilisable, plus souple et donc moins coûteuse).

Il ne nous semblait pas possible de préjuger de la façon dont la nouvelle révolution industrielle viendrait disloquer peu à peu les anciens systèmes de formation dans les secteurs d'activité encore soumis aux traditions des vieux métiers et des vieilles professions, encore moins comment les mouvements de concentration du capital dans ces secteurs reconstruiraient des hiérarchies socio-professionnelles nouvelles sur la base des systèmes anciens disloqués, quelles conséquences en découleraient au niveau de l'analyse des besoins de formation et de l'élaboration des plans de formation.

## II. Fragilité des hypothèses radicales sur la fonction de la formation continue, à la lumière de recherches récentes et plus anciennes

Il suffit de lire attentivement les monographies d'entreprises réalisées par des chercheurs tels que Colette Verlhac [5] en 1972, et plus récemment par Claude Dubar [6] et par Philippe Méhaut [7] lui-même, pour réaliser à quel point les pratiques patronales de formation au niveau des entreprises sont variables, tributaires qu'elles sont des contraintes, elles-mêmes extrêmement variables, auxquelles

---

5. C. VERLHAC, *Politiques d'entreprises et formation professionnelle. Quelques expériences grenobloises*, université des sciences sociales, IREP, 1975, 174 p., offset.
6. Claude DUBAR, « La Formation continue dans les entreprises », *in La Formation et l'Emploi, 1977-1979*, Action programme DGRST, compte rendu de fin d'études, Institut de sociologie de l'université de Lille, 1980.
7. Philippe MÉHAUT, *op. cit.*

elles ont à faire face, en leur sein propre (rapports de forces, mais aussi qualités et manques propres aux différentes strates socio-professionnelles) et dans leur environnement extérieur (débouchés, caractéristiques du marché externe du travail, concurrence). Les premières recherches de Claude et Michelle Durand sur le thème de la formation [8] puis l'étude ultérieure de Michelle Durand [9] sur les politiques patronales de formation ont mis en évidence la diversité des options présidant aux politiques de personnel, options qui doivent moins à la nature des problèmes auxquels les entreprises sont confrontées qu'à des styles délibérés de gestion du personnel (oppositions entre patronat empiriste agissant au coup par coup, patronat organisateur et patronat planificateur).

Cette dernière recherche de Michelle Durand est particulièrement intéressante en ce qu'elle propose une échelle de niveaux d'intégration de la politique de formation et du personnel à la politique générale de l'entreprise. Nous lui préférons cependant la typologie qualitative présentée par G. Ourliac *et al.* [10] ; partant de constatations très voisines de celles de M. Durand, les auteurs distinguent trois formules :

1. Subordination complète de la pratique de formation (assumée par la hiérarchie de commandement ou par une direction du personnel sommaire) aux exigences de la hiérarchie technique (« il faut tant de personnes avec telle formation pour tel secteur : satisfaites notre demande au moindre coût... »).

2. Autonomie relative des décisions « formation » de la direction du personnel, qui s'efforce, face aux exigences de la hiérarchie technique, de résoudre ou d'atténuer les « problèmes de personnel » (prise en compte du facteur humain).

3. Liaison organique de la direction du personnel à la hiérarchie technique à laquelle elle propose des plans de formation cohérente avec les conclusions d'une gestion prévisionnelle des ressources humaines élaborées en concertation au niveau de la direction générale.

---

8. C. et M. DURAND, *De l'OS à l'ingénieur : carrière ou classe sociale ?* Editions ouvrières, collection Economie et Humanisme, 1971.

9. Michelle DURAND, *La Rationalisation des politiques de formation, indice d'évolution des politiques de personnel,* Colloque de la Société française de sociologie « Les Transformations sociales de la France contemporaine », 1965, ronéotypé, 19 p.

10. G. OURLIAC, C. CASASSUS, J. CARAGUEL, *Les Nouveaux Aspects de la gestion du personnel,* étude bibliographique effectuée pour le CORDES, Institut d'étude de l'emploi, Toulouse, décembre 1973.

### III. Intuitions au cours de la recherche sur les pratiques patronales de formation continue dans les entreprises

Dans les limites imparties à cette communication, je n'aborderai que ce qui a trait aux rapports entre les réalités observables au niveau des entreprises et la théorie de « la formation continue, nouvel outil de gestion », laissant un peu dans l'ombre les questions, pourtant nullement gratuites, de l'impact du caractère planifié ou non des changements structurels et technologiques, d'une part, du poids des anciens systèmes de formation professionnelle première/continue préexistant à la loi de juillet 1971, d'autre part.

Plus précisément, j'examinerai le rendement de l'hypothèse de Philippe Méhaut [11] selon laquelle il y aurait liaison entre le degré de concentration du capital et le degré de rationalisation de la gestion de la force de travail dans l'entreprise.

Si, dans nos observations d'enquête, nous mettons à part les entreprises d'imprimerie et les petites ou moyennes entreprises auxiliaires du transport indépendantes qui ne sont que faiblement concentrées, toutes les autres entreprises étudiées peuvent être considérées comme très concentrées : celles de la cimenterie, celles de la chimie, celles de la banque, les compagnies d'armement maritime, les grandes entreprises de transit.

Les entreprises de cimenterie ont, semble-t-il, comme l'a montré Mireille Dadoy [12], réussi à intégrer leur politique de formation dans une gestion du personnel dynamique orientée à la fois vers le développement des connaissances et des qualifications des travailleurs, vers l'amélioration de leurs conditions de travail, et vers le développement de l'appareil productif. Il n'en est pas tout à fait de même dans la banque, dont les pratiques de formation s'inscrivent quasi exclusivement vers la carriérisation et vers l'intégration sociale de ses personnels ; le tableau est encore plus brouillé dans les compagnies d'armement maritime que j'ai personnellement étudiées : il faut distinguer ici ce qu'elles-mêmes appellent les compagnies « de capitaux » (celles qui arment les pétroliers géants) et les entreprises « de main-d'œuvre » (armant des cargos classiques) ; apparemment, dans les compagnies dites « de capitaux », la formation du personnel navigant ne fait l'objet d'aucune politique cohérente, et l'on ne cherche pas même à intégrer les demandes des marins et des officiers

---

11. *Op. cit.*
12. Dans sa communication au Colloque de Lodz (Pologne), 1980.

dans des « plans de formation » : dans la compagnie C[13], le pétrole passe avant les hommes. Il n'en est pas du tout de même dans les entreprises de « main-d'œuvre » que sont les compagnies de navigation A[14] et B[15] : là, pour des raisons très différentes (en A, exigences de redressement économique très impératives et forte poussée des syndicalistes du comité d'entreprise ; en B, exercice d'une politique très paternaliste), la formation continue est utilisée pour maintenir en bonne marche, sur un mode bureaucratique dans un cas, sur un mode charismatique dans l'autre, soit un marché interne vivant soit à la fois un bon marché interne et un bon climat dans l'entreprise (communauté de navigants).

La recherche sur l'évolution des besoins et des pratiques de formation dans les métiers du transport maritime montre qu'il y a plusieurs façons (très disparates) pour la formation continue d'être un outil de gestion dans l'entreprise. Sa pratique peut s'inscrire dans une pseudo-gestion sociale, nuisible pour le personnel (subalterne surtout).

De même que dans les imprimeries de labeur frappées par les révolutions technologiques que sont la photocomposition et l'impression en offset on voit la formation continue bel et bien associée à une politique de rationalisation de la main-d'œuvre basée sur une soumission accrue de la main-d'œuvre ouvrière au procès de production (polyvalence de bas niveau ou intensification du travail), on trouve, dans les compagnies de navigation maritime, des pratiques de formation continue (sur le tas plus souvent qu'en école) liées, outre à des diminutions massives d'emplois (de matelots plus que d'officiers), à des pratiques de réorganisation des tâches qui accroissent la charge de travail des marins et les soumettent plus totalement que jadis aux exigences de bonne marche et de bonne conduite des navires. On retrouve sur les navires automatisés d'aujourd'hui la tendance au développement des tâches polyvalentes décrites par M. Dadoy dans d'autres secteurs d'activité ; notons toutefois que l'élévation du niveau et le polytechnicisme accru des formations initiales données aux matelots dans les écoles d'apprentissage maritime (sous l'impulsion de la Fédération des syndicats de marins CGT, de l'AGEAM, association paritaire, et même de

---

13. Filiale navigation maritime d'une grande compagnie pétrolière à capitaux mixtes (provenant de l'Etat et d'une grande banque d'affaires).

14. Compagnie d'Etat résultant de la fusion de deux grandes compagnies en difficulté, spécialisée dans le transport par containers et ayant largement recours à la télématique.

15. Compagnie de navigation maritime, filiale d'un groupe financier détenu par une puissante famille d'armateurs, possédant une flotte diversifiée et inégalement modernisée.

certains armateurs) peuvent intervenir comme facteurs de requalification réelle des emplois réorganisés sur les grands navires.

La pratique de formation continue dans les différents sous-secteurs d'activité contribuant à faire fonctionner la chaîne du transport maritime peut, au contraire de ce qu'on vient d'évoquer, être un outil de gestion du personnel qui ne surexploite pas systématiquement la force de travail, qui n'accroît pas automatiquement sa soumission aux exigences du système de production. Mais on ne peut pas classer sous la même étiquette les différents modèles de gestion sociale « positive » ou du moins non nocive que nous rencontrons dans le champ professionnel considéré. Ainsi, il n'y a rien de commun entre les pratiques de formation continue appliquées en direction des officiers par la plupart des compagnies d'armement et celles qui sont destinées aux personnels sédentaires des secteurs terrestres des grandes compagnies de navigation, ou par les grands transitaires et gros commissionnaires en douane.

Nous l'avons vu, les plans de formation pour les officiers de la marine de commerce sont, lorsqu'ils sont réellement pensés par les directions de l'armement (dans la plupart des cas directions de personnel ancien modèle, soucieuses de réduire les « problèmes humains » dans les entreprises et de faire coïncider autant que possible les besoins formulés par les individus et les programmes de développement de la flotte), des séries de plans de carrières à l'intérieur du marché interne de l'entreprise [16], insérés parfois dans des plans de gestion prévisionnelle du personnel (décompte des futurs départs en retraite, des embauches de jeunes officiers sortant des écoles nationales de la marine marchande). Cela n'a rien à voir avec les politiques associant gestion sociale et gestion économique, développement des ressources humaines et planification des performances techniques de l'entreprise telles que les pratiquent les secteurs où, pour diverses raisons (haut niveau de concentration, fort

---

16. Comme dans toutes entreprises des branches (imprimerie, banque, etc.) qui, avant 1971 et souvent depuis fort longtemps, contrôlaient directement (en liaison avec l'Etat et les syndicats) leur système de formation (englobant formations professionnelles premières et formations promotionnelles du travail), dans les compagnies de navigation maritime, l'irruption de la loi sur l'obligation de financement patronal d'une formation continue conçue dans un esprit nouveau n'a pas changé le cours des choses. L'ancien système de formation, orienté vers la délivrance de diplômes et de brevets de marins reconnus sur le marché du travail, est demeuré en place, n'appliquant pas les principes de l'institution nouvelle, qui vise à entamer, voire à détruire, les titres inégaux de qualification et à transformer au coup par coup les qualifications anciennes en faisant prévaloir la logique de l'adaptation aux changements structurels et technologiques imposés par les dirigeants du transport maritime. La formation continue conforme à cette logique ne s'est imposée, comme on le verra, que dans les grandes entreprises auxiliaires du transport et dans les services terrestres informatisés des compagnies de navigation.

degré d'automatisation et diffusion ancienne de techniques de management hautement sophistiquées), la formation continue est véritablement utilisée comme un outil moderne de gestion (cimenterie, chimie, par exemple).

On peut, dans une certaine mesure, considérer que les pratiques de formation continue destinées aux personnels sédentaires travaillant pour les grands armateurs, les grands transitaires et commissionnaires en douane se rapprochent du modèle idéal de la « formation outil moderne de gestion » ; mais, en y regardant de plus près, on s'aperçoit qu'il s'agit de quelque chose d'assez différent d'une gestion rationnelle moderne de la force de travail. La finalité des plans de formation destinés aux personnels à terre est, plutôt qu'un accroissement de rationalité dans l'utilisation de cette force de travail, l'incitation de cette dernière à contribuer à la dynamisation du système, largement ouvert à la télématique, qu'est l'appareil de production du service transport, à parfaire la chaîne de transport en continu terre-mer-terre qu'il tend à devenir (on se rapproche ici du modèle de l'industrie de process).

Bien que chaque compagnie de navigation maritime (d'armement) ait, en raison de traditions ou de contraintes, qui lui sont propres, des pratiques spécifiques de formation continue à l'égard de ses personnels sédentaires, la tendance qui s'esquisse dans les secteurs les plus engagés dans le « système de transport en continu terre-mer-terre » [17] est la réalisation du modèle idéal suivant.

De quelque façon qu'évolue le système des transports maritimes, il est à prévoir que les navigants ne seront plus les acteurs centraux, stratégiques de ce système, ceux pour lesquels on se posera particulièrement des problèmes en termes d'enseignement et de formation [18] ; une nouvelle organisation du transport maritime tendra, en revanche, à faire du monde des sédentaires, travaillant à terre et non en mer, un champ privilégié pour l'application des stratégies modernes de formation professionnelle continue. Les grands transitaires et les grands commissionnaires de transports internationaux sont fermement convaincus du fait que la formation

---

17. Pour plus de détails concernant la formation continue dans les transports maritimes et l'évolution du système dans son ensemble, voir mon rapport d'enquête *L'Evolution des besoins et des pratiques de formation dans les métiers du transport maritime*, groupe de Sociologie du travail, 1980, 185 p.

18. Avec des flottes de plus en plus automatisées et gérées en partie par des services terrestres, les navigants tendent à occuper une place moins stratégique que par le passé dans la chaîne du transport maritime, soit qu'ils deviennent des équipages réduits, surexploités et rabaissés en dignité professionnelle, soit qu'ils deviennent des exécutants en grande partie déqualifiés (un petit noyau qualifié seul subsistant), absorbés et banalisés dans une chaîne de transport systématisée, télématisée et contrôlée par les groupes dominants de l'économie.

professionnelle est un outil indispensable pour la dynamisation et la rentabilisation de la « chaîne-transport-en-continu » qui se met en place sur le plan international et dont le bon fonctionnement est de plus en plus essentiel dans une économie d'échanges fortement concurrentielle. Cette conviction se traduit par l'importance accordée à l'AFT [19], puissante ASFO patronale extremement active, qui applique avec le soutien de l'Etat une politique de formation visant le développement non seulement de la compétence, mais aussi de la vivacité intellectuelle, de l'esprit de décision et du dynamisme professionnel des individus à tous les niveaux de la chaîne transport. L'AFT veut bousculer les vieilles habitudes de formation sur le tas ancrées dans les entreprises auxiliaires du transport et cherche à développer une nouvelle mentalité, un nouveau comportement basé sur « l'esprit de service » : « Ce que nous voulons c'est que chaque homme engagé dans la "production du transport" se sente un peu comme son propre patron, c'est qu'à travers nos formations (où les aspects gestionnaires, la comptabilité, l'analyse financière, les prix de revient tiennent une grande place) se développe une prise de conscience à tous les niveaux de l'impact commercial que n'importe quel employé d'entreprise de transport peut avoir auprès de la clientèle, que chacun prenne conscience qu'il est plus important de vendre que de produire, que la fonction commerciale/marketing c'est cela qui est important. »

Dans la compagnie A de navigation, la plus proche du modèle idéal que nous venons de décrire, les personnels terrestres sont effectivement les bénéficiaires privilégiés de l'effort de formation professionnelle continue fait par l'entreprise, surtout ceux (la grande majorité) qui utilisent le système de gestion informatique, appliqué au contrôle du traitement du fret, à celui de l'acheminement des conteneurs (technique de conditionnement du fret privilégiée par l'entreprise) et non seulement à la gestion commerciale et à la gestion du personnel. Dans cette compagnie, la pratique de formation dépasse largement le programme d'adaptation de chacun, à son niveau, aux nouvelles tâches et fonctions produites par l'informatisation et la télématisation de la gestion du procès de transport (et comprenant essentiellement l'apprentissage du travail de saisie et de traitement de l'information par le biais des écrans cathodiques). On peut en effet définir l'essentiel du travail de formation continue mené auprès des personnels sédentaires comme un effort d'entraînement de toutes les

---

19. Association pour le développement de la formation professionnelle dans les transports, fondée en 1957, mais ayant pris toute son ampleur après la législation de 1971 sur la formation professionnelle et ayant créé en 1976 un département de formation continue dotée de la personnalité juridique et financière.

catégories à la maîtrise des techniques de marketing et de commercialisation, à l'occasion de *stages mixtes, toutes catégories confondues*. Une telle politique de formation continue à laquelle la compagnie A consacre 1,8 % de la masse salariale (salaires des sédentaires) s'explique à la fois par une élévation en niveau des qualifications requises de tous les personnels travaillant avec l'ordinateur et le système complexe d'analyses de données qu'il rend possible et un style de management axé vers la mobilisation de tous les cerveaux de l'équipe des « terrestres » pour la recherche des méthodes et des formules organisationnelles susceptibles d'améliorer le service du transport en continu, sa rapidité, sa compétitivité.

On le voit, dans les secteurs terrestres de grandes compagnies maritimes, chez les grands transitaires et commissionnaires en douane de l'avenir, la formation continue est utilisée comme outil moderne de gestion (de commercialisation dans le cas présent) et non pas comme pièce d'un plan de planification de la gestion économique et sociale de l'entreprise.

## IV. Conclusion : à la place d'une idée floue, des modèles différenciés à construire

A moins de donner une acception très lâche à l'expression « formation outil de gestion », force est de constater que la formation continue ne s'insère pas systématiquement dans une logique univoque visant à gérer de plus en plus rationnellement la force de travail. Il existe une multitude de logiques pratiques orientant les utilisations que font les entreprises capitalistes (même souvent les plus concentrées) de l'institution de la formation continue obligatoire.

Il paraît donc urgent de faire éclater le concept « formation continue nouvel outil de gestion » qui revient comme un leitmotiv dans le discours des économistes et des sociologues du travail depuis plusieurs années. On ne doit plus trouver pêle-mêle, comme actuellement, sous ce concept le modèle de systèmes d'action socioprofessionnels et économiques dynamiques planifiés, celui de système de promotion pour les personnels dans le marché interne de l'entreprise, celui de moyen de « gestion rationnelle des ressources humaines au mieux des besoins des travailleurs et de l'entreprise », celui d'instrument de soumission accrue de la force de travail aux impératifs de la gestion capitaliste de l'entreprise. Ce travail méthodologique et classificatoire pourrait être un point de départ pour une analyse d'ensemble du travail de formation à l'œuvre non seulement au niveau des entreprises, mais également des régions et des nations.

Deuxième partie

# ITINÉRAIRES PROFESSIONNELS PROFESSIONNELS ET QUALIFICATION

*V*

*Itinéraires professionnels et emploi*

# Introduction

Les textes réunis sous cette rubrique ont tous cette particularité qu'ils essaient de traiter les problèmes de travail et d'emploi en utilisant des méthodes longitudinales et présentent une réflexion sur l'utilisation de cette méthode. Ce qui semble sous-tendre de façon plus ou moins explicitée leur démarche, c'est la vertu heuristique des itinéraires professionnels, vertu qui trouve son origine dans trois présupposés :

1. L'interaction des institutions (éléments de l'appareil d'Etat, entreprises) organise une structuration du champ social qui est à la fois spatiale et temporelle.

2. Cette organisation est à la fois révélée, incarnée dans des codes explicites, mais ceux-ci révèlent ou incarnent les règles les plus abstraites et les plus légitimes de cette structuration.

3. C'est l'interaction des individus, ménages, catégories dans cet univers préstructuré et préorganisé qui engendre le mouvement concret que le sociologue cherche à décrire. Mais, pour le faire, il ne peut utiliser ni l'abstraction rationnelle du marché libéral (temps et espace abolis), ni la tautologie englobante du fonctionnalisme. Sa démarche doit être foncièrement empirique, dans la mesure où aucune des articulations ne doit être présupposée. Il faut saisir donc les activités dans le temps et dans l'espace où elles se sont déroulées, ce qui est possible puisqu'on présuppose qu'il y a structuration-organisation, donc similitude.

271

L'instrument privilégié de cette démarche est l'itinéraire professionnel, dans la mesure où il restitue à la fois le temps et l'espace concrets.
L'agrégation d'itinéraires permettant de reconstruire la structuration
du champ social à un moment donné dans un lieu donné.

Mais cette reconstruction n'est pas tout l'objet de la démarche,
chacun des itinéraires reconstruit l'interprétation que l'individu où le
ménage donne de sa situation dans ce champ structuré.

Ainsi, travailler sur des itinéraires professionnels permet de
résoudre l'opposition entre sociologie compréhensive et sociologie
positive qui a bercé notre jeunesse.

La vertu heuristique des itinéraires professionnels est illustrée par
plusieurs approches qui en démontrent tout au moins partiellement le
bien-fondé.

L'analyse statistique de Pierre Rivard sur des données longitudinales permet de bien saisir comment s'organise le processus de
qualification des cadres. Destinée décrite comme étant régie par un
marché parfait où l'utilité du cadre serait jugée à l'aune de son mérite,
cette vision est largement intériorisée par le cadre lui-même ; mais
destinée régie de façon imperturbable par l'âge et le diplôme d'entrée
dans la vie active. Ici, les itinéraires permettent de mettre à jour la
structuration préalable et d'expliquer en même temps la raison pour
laquelle elle devient invisible et peut être interprétée par un discours
qui la nie.

C'est à un résultat analogue qu'aboutit par d'autres voies
Jacqueline Laufer. Ici, la codification sociale n'est pas née d'une
interaction récente, mais ce qui apparaît dans le traitement à multiples
facettes qui nous est présenté c'est la richesse des variations des
stéréotypes reliant sexe et emploi. Les multiples interactions
s'accompagnent d'agencements stéréotypiques différents qui émergent
en fonction de la situation de celui qui les dit de façon tout à fait
régulière, révélant les multiples procédures de stigmatisation d'autrui
et d'autostigmatisation qui se traduisent dans des destinées
professionnelles particulières : « Dans cet univers [...] le travail de la
femme a un statut bien précis : il s'agit moins d'un "travail" que d'une
"activité" qui permette à la femme de s' "épanouir" de s' "occuper"
[...], mais le caractère fondamental de cette "occupation" c'est d'être
définie par rapport à l'équilibre essentiel du foyer, par rapport à
l'éducation des enfants... » Ainsi voit-on ici apparaître en plein ce qui
chez Rivard apparaît en creux : la codification sociale permet de
s'interpréter et d'interpréter autrui, d'expliquer des destinées tout en
cachant leur fondement général.

Cette même complémentarité dans l'analyse, cette même utilisation
de l'itinéraire pour démontrer l'interaction, on les trouve en œuvre

dans les textes de d'E. Campagnac, B. Ganne et D. Motte, et I. Bertaux-Wiame.

E. Campagnac nous semble insister sur une double interaction dont un élément est primordial et le second dominé. Examinant à la suite de H. Coing les formes d'utilisation par le salariat industriel de catégories sociales qui lui préexistent, elle démontre comme se noue l'échange entre ces catégories et l'entreprise, quels en sont les termes et comment cela se traduit dans le temps et l'espace. Sa démarche lui permet de situer l'importance de l'organisation familiale comme révélateur des termes de la négociation, qui concerne à la fois la vie de travail et la vie hors travail.

Analysant une région semi-rurale, B. Ganne et D. Motte ajoutent aux explications d'E. Campagnac une perspective locale qui permet d'enrichir notre conception de l'interaction. En parlant de tissu socio-industriel, mais en étendant la signification de cette notion aux liens d'interconnaissance locaux, ils peuvent analyser le double paradoxe que traduit la résistance à la mobilité spatiale et l'inefficacité des institutions de reclassement professionnel. C'est parce que ce tissu social régit le cycle de vie local et organise la relation à l'entreprise qu'il permet de comprendre cet échange qui apparaissait directement dans la recherche d'E. Campagnac, c'est-à-dire dans une situation où ces mêmes liens ont disparu.

La double interaction, locale et professionnelle, centrée, elle aussi, sur le noyau familial, organise, selon I. Bertaux-Wiame, l' « installation » comme patron d'un ouvrier boulanger, clé de voûte du système français de boulangerie artisanale. Et sa démonstration révèle l'existence d'un système de « synthèse collective de toutes les praxis » qui organise la succession des générations dans un système en perpétuelle adaptation.

Ainsi l'itinéraire professionnel révèle bien, de façon positive ou négative, ce qui a trop longtemps été conçu comme deux mondes isolés (la famille, le travail), qui interagissent sans cesse et donnent sens à l'ensemble des comportements privés et publics. Ces cinq communications nous conduisent donc, grâce à cette démarche empiriste que nous évoquions, à rejoindre une grande tradition sociologique longtemps enfouie dans les manuels, celle de l'école de Chicago. C'est à une relecture des travaux de cette école que nous invitent C. Paradeise et P. Tripier, en reprenant le terme veblénien de « sociologie génétique », et en esquissant, à la suite de Gouldner, une explication sociologique de la prééminence de Columbia sur Chicago.

Pierre Tripier

273

# Chômage et filières sociales de reclassement

*Bernard Ganne, Dominique Motte* *

La recherche que nous allons présenter [1] se situe à la charnière des deux thèmes programmés pour la deuxième journée de nos rencontres : elle traite en effet du chômage (thème retenu pour la première moitié de la journée), tâchant d'analyser les processus qui permettent ou non d'en sortir et de se reclasser ; elle le fait en utilisant la méthode biographique (sujet central de la seconde partie de la journée), qui comporte l'avantage d'intégrer dans l'analyse des reclassements tout le cursus social et professionnel antérieur, peu présent jusqu'alors semble-t-il dans ce type d'approche.

Pour être fortuite, cette position de jonction entre les divers thèmes à l'ordre du jour n'en est pas pour autant purement accidentelle. Au-delà de la concomitance conjoncturelle favorable, nous voudrions en effet souligner qu'il s'agit là d'une *conjonction d'abord méthodologique* entre un thème de recherche et un type d'approche, ce sur quoi nous aimerions précisément pouvoir nous expliquer. Il ne saurait être question de reprendre en détail l'ensemble des résultats de nos analyses concernant le reclassement ou non-reclassement des cinq cents salariés étudiés victimes de licenciements collectifs ; c'est plutôt donc sur le type d'approche déployé et sur certaines conclusions importantes à nos yeux obtenues par cette méthode que nous souhaiterions centrer notre intervention.

Avant même de tracer le cadre de l'étude, il convient de signaler les principales perspectives qui contribuent à le déterminer.

---

* Groupe lyonnais de sociologie industrielle.
1. Cette communication s'appuie essentiellement sur la recherche de H. PUEL, D. MOTTE, B. GANNE et G. DUREL, menée pour le CORDES, *Licenciements collectifs et Reclassements*, 1980, 312 p.

## I. La cible visée

La recherche visait à obtenir une compréhension un peu approfondie des processus selon lesquels les salariés mis au chômage réussissent ou non à retrouver un emploi et à « se reclasser ». Problème majeur, s'il en est, dans la conjoncture actuelle, mais pourtant totalement ignoré des systèmes d'observations jusqu'alors mis en place, se contentant de gérer conjoncturellement les stocks de demandeurs et d'offreurs, d'affiner au besoin les systèmes d'adaptations au niveau des qualifications, en réduisant souvent l'ensemble à un problème d'information.

Cette compréhension des processus de reclassement requérait donc que l'on ne s'en tienne pas à l'analyse des seuls déterminants de l'offre, mais que l'on centre au contraire nos analyses sur un *suivi des demandeurs,* ceux-ci ne pouvant pas par ailleurs être réduits à un seul rôle de réponse passive face au marché.

Corrélat indissociable à nos yeux de cette première option : ce rôle actif et différencié des demandeurs ne semblait pouvoir être bien cerné que s'il se trouvait *mis* en quelque sorte, et pour faire vite, en *« situation locale »* et non référé à un environnement économique et social abstrait ou général : si les demandeurs déterminent en effet des types de réponse différents à leur situation de chômage, entraînant par conséquent des modes différents de reclassements, c'est bien en réponse à un certain type d'environnement par rapport auquel ils se positionnent : que cet environnement soit effectivement « local » est une autre affaire dont la discussion dépasserait largement le cadre de ce papier : disons à tout le moins que, dans notre cas, effectuer les analyses sur un même bassin d'emploi s'avérait précisément la modalité pratique pour démontrer comment un même espace censé donc constituer un même type d'environnement objectif relevait en fait de multiples appréhensions et dynamiques sociales.

Il y avait donc nécessité, pour percevoir les processus de licenciements-reclassements, à centrer nos approches sur les demandeurs d'emplois replacés dans leur contexte propre, ceci afin d'éviter la double abstraction débouchant sur une double impasse : soit celle qui consisterait à ne considérer que la seule logique de l'offre, érigée de condition nécessaire en cause déterminante ; soit celle plus pernicieuse, encore que symétrique de la précédente, qui consisterait à bien faire droit à la dynamique de la demande, considérée en elle-même − et c'est bien précisément le problème − comme abstraite de son contexte.

Nous aurons d'ailleurs à revenir sur ces différents points. Contentons-nous de remarquer pour l'instant que ces options ont déterminé la forme qu'a prise notre recherche, à savoir celle d'analyser les processus de reclassements d'une population de salariés licenciés dans un même bassin d'emploi.

Le terrain d'enquête retenu fut une agglomération d'un peu plus de cent mille habitants, au cœur de la vallée du Rhône moyen, Valence, ville moyenne au tissu industriel assez notablement diversifié : l'électronique ainsi que les fibres synthétiques, de développement relativement récent, y côtoient des industries de biens d'équipement s'étant affirmées depuis la guerre, tandis que se maintient − encore que de façon parfois difficile, c'est d'ailleurs là qu'auront lieu les licenciements collectifs objet de notre étude − tout un secteur relativement traditionnel dans le textile, la petite mécanique et le papier-carton.

L'étude des reclassements devait s'opérer à partir du suivi de cinq cents salariés victimes de licenciements collectifs survenus en 1974, 1975, 1976 et 1977 dans quatre entreprises (deux entreprises de la confection, deux dans la sous-traitance automobile, dont une en mécanique et une classée en papier-carton). Quelles ont été les phases de la démarche adoptée et quels en furent les résultats ?

## II. Une démarche graduée

Il ne pouvait être question, on l'a dit, de comprendre les processus de reclassement à partir des seuls critères externes classiques partant essentiellement des entreprises ou de la confrontation stochastique des OENS-DENS, ce recensement fût-il effectué de façon fine sur le bassin d'emploi considéré. Cause nécessaire des reclassements, les offres ne s'avèrent pas suffisantes pour expliquer comment c'est précisément tel demandeur d'emploi qui va occuper tel poste ou se reclasser. Les raffinements opérés par une analyse fine, tant des branches où ces emplois se trouvent offerts que de leur qualification (adéquation formation-emploi) ou même que des stratégies de recrutement déployées par telle ou telle firme, ne s'avèrent pas plus performants : procédant de la même logique, ils aboutissent au même type d'impasse, ils ne sauraient dépasser le seul stade d'*inventaire des potentialités* auquel ils se trouvent de fait ordonnés, et laissent entier le problème de la dynamique de la demande face à ces potentialités.

Partir des salariés alors ? C'est ce qui fut fait selon une double démarche : une enquête épistolaire exhaustive auprès de la totalité de la population victime de ces quatre licenciements collectifs, et une gerbe de quatre-vingts interviews approfondies, auprès d'un échantillon assez bien représentatif permettant, entre autres résultats, de reconstituer le cursus social et professionnel éclairant les reclassements.

## 1. L'enquête épistolaire

On connaît l'intérêt et les limites de ce type d'approche, qui permit cependant d'opérer un premier repérage des reclassements ou non-reclassements opérés. Situons-en brièvement les principaux apports en signalant également les interrogations qui subsistaient eu égard au problème traité.

Cette première approche externe constitua en effet un premier apport sur la situation des travailleurs licenciés, assorti de quelques indications sur les conditions dans lesquelles s'effectuait la recherche ou l'obtention d'un emploi : une première série de recoupements permettait d'isoler les grandes caractéristiques globales ou locales, semblant constituer la trame selon laquelle s'opéraient les reclassements.

Sur les 400 des 500 salariés licenciés ayant ainsi répondu à l'enquête, 236 (soit 59 %) déclaraient avoir retrouvé un travail : le taux des non-reclassés constituait ainsi un raté relativement considérable. L'étude des reclassés et non-reclassés, selon leurs diverses caractéristiques individuelles d'âge, de sexe, de nationalité, de qualification..., permettait de discerner quelques grandes tendances dans les processus à l'œuvre actuellement, les femmes trouvant par exemple nettement moins facilement un nouvel emploi que les hommes (pratiquement deux hommes reclassés pour une femme), les vieux que les jeunes, les étrangers que les Français, les non-qualifiés que les qualifiés (sauf en ce qui concerne les cadres).

La prise en compte des CSP faisait bien apparaître des phénomènes de *tassement par le bas et de déqualification,* aucune des catégories ne semblant y échapper : un tiers des OQ reclassés en particulier ne retrouvait qu'un travail déqualifié, tandis que près de la moitié des ETAM se trouvait plus ou moins déclassée.

D'une façon générale, l'analyse des déterminants du reclassement – qui se reclasse ? – renvoie à la question du *renforcement de la stratification sociale* (ceux qui sont déjà les plus vulnérables pour la conservation de leur emploi quand ils sont au travail sont aussi les moins employables quand ils ont perdu leur emploi).

Concernant les *modalités d'accès à un nouvel emploi,* on notera le faible rôle de l'ANPE (60 % des reclassés ayant trouvé par eux-mêmes ou par relation, et 11 % seulement par l'ANPE), la priorité se trouvant ainsi donnée aux *modes de recherche les plus traditionnels et les moins institutionnalisés ;* un corollaire à cette remarque pouvant d'ailleurs être trouvé dans le fait que les délais d'obtention d'un nouvel emploi ne correspondent que faiblement à la logique des temps de couverture des aides (ASA) : couvert ou pas couvert, on tente de se débrouiller...

A propos du lieu des reclassements, on n'observe qu'une *très faible délocalisation ;* ce dernier phénomène se conjuguant avec la plus grande difficulté des salariés habitant le tissu urbain, et en particulier le centre, à retrouver un emploi induit l'hypothèse d'une *résistance massive à la mobilité.* Autre caractéristique massive enfin, renvoyant au type de structuration locale : les reclassements semblent s'opérer de façon totalement éclatée, dans toutes sortes d'autres entreprises et de toutes branches industrielles, sans qu'il paraisse possible d'isoler l'une ou l'autre filière plus privilégiée [2].

En bref, on semblait donc globalement reconnaître là les principales caractéristiques des blocages actuels du marché de l'emploi affectant plus particulièrement certaines catégories de salariés (femmes, personnels âgés, salariés peu qualifiés), le tout se trouvant encore suractivé par d'autres résistances plus spécifiques imputables peut-être à la situation locale, à savoir le caractère éclaté des reclassements, la prédominance des prospections effectuées de façon autonome, la forte résistance à la mobilité.

Par rapport au premier type d'approche à partir des entreprises, un progrès avait certes été accompli : on était ainsi passé d'un inventaire des *potentialités* offertes à celui des *probabilités* pour tel ou tel type de catégorie de salariés de pouvoir finalement occuper ces emplois offerts (encore que la cohérence des reclassements opérés laisse encore subsister d'importantes interrogations).

Ceci dit, la question des processus d'accès à tel ou tel type d'emploi continuait de rester entière. Se focalisant sur les salariés mis au chômage, mais les isolant à un moment donné dans leur situation de demandeurs d'emploi abstraite pratiquement de tout autre contexte, l'enquête ne pouvait dépasser là le stade de l'inventaire des principales caractéristiques externes, bien vite érigées en déterminant de cette population : déterminants globaux ou locaux trop vite identifiés dans tous les types d'enquête de ce genre comme autant de blocages ou de dysfonctionnements faisant obstacle au « bon déroulement » des processus, amenant donc à prôner la réduction successive de chacun

---

2. Par exemple, 167 reclassés se répartissent entre... 110 employeurs.

de ces dysfonctionnements afin de restituer les processus dans leur dynamique véritable, voire leur transparence...

Mais une telle démarche, dans la mesure où elle cède au double coup de force d'*individualiser* des « cas » et de les *homogénéiser* à un moment donné, ne se coupe-t-elle pas précisément de toute possibilité d'interprétation dynamique des processus dans lesquels ils s'inscrivent ? En réduisant les acteurs concernés à leurs caractéristiques « déterminantes », on s'interdit en effet de considérer leur marge de réponse réelle, qui dépasse largement ce seul cadre, et n'en qualifie pas moins pour autant – et bien au contraire – les processus de reclassements ; en ne considérant le poids du local que sous l'angle d'une série de blocages ou d'illogismes successifs semblant faire obstacle à l'obtention d'un nouvel emploi (éclatement des reclassements, autonomie des recherches, résistance à la mobilité...), on s'interdit de comprendre en quoi ces dits blocages s'articulent, pour peut-être précisément déterminer ensemble un certain *mode de fonctionnement propre du bassin d'emploi,* sorte de matrice sociale des reclassements.

## 2. L'utilisation de la méthode biographique

C'est bien à sortir de ces diverses impasses que contribua le recours à la méthode biographique. Une de nos hypothèses de travail consistait en effet à reconnaître que, sérié comme on l'a vu par les entreprises et dominé de cette sorte, le marché de l'emploi ne laissait pas place qu'à une réaction passive des dominés, mais que son fonctionnement se trouvait également déterminé par les stratégies diverses adoptées par ces derniers : avec des incidences directes sur les reclassements opérés et leurs modalités.

Comprendre ces reclassements et faire droit à ces stratégies impliquait donc qu'on réinscrive les reclassements opérés à l'intérieur des cursus professionnel et social permettant précisément de les repositionner, non pas tant d'ailleurs pour saisir les stratégies individuelles de chacun que pour percevoir les processus sociaux pouvant sérier ces divers choix, les logiques sociales traversant ces « destins personnels » pour reprendre l'expression de D. Bertaux. L'homogénéité sociale n'était plus alors postulée, comme dans la phase précédente, au niveau des situations ponctuelles de chômage/reclassement, mais à celui de toute la trajectoire sociale marquée par ces derniers événements.

Nous avons ainsi centré nos entretiens sur l'étude des destins professionnels des salariés licenciés, avec une attention particulière portée non plus aux seules caractéristiques externes des entreprises (branche, taille, etc.), mais à leur mode d'organisation interne permettant donc de mettre en relief les types de poste successivement occupés. Le vécu du chômage et de la recherche d'un emploi faisait par ailleurs l'objet d'une investigation toute particulière réintroduisant dans les analyses tous les facteurs importants d'environnement ayant pu intervenir dans les modalités déployées pour la recherche d'un emploi.

Nous ne rentrerons pas ici dans le détail des investigations opérées : nous voudrions simplement souligner à partir de quelques-uns des points précédemment relevés que ce qui pouvait apparaître jusqu'alors comme blocages, illogismes, résistances à réduire ou à cantonner, mis en perspective de cette sorte, prenait une tout autre cohérence.

Reclassement *éclaté,* remarquions-nous à la fin de la phase précédente : lorsque l'on considérait en effet les secteurs d'activité où s'étaient opérés les reclassements aussi bien que les types d'entreprises, on ne semblait pas déceler de filière clairement privilégiée : sans doute étions-nous là en face de l'expression d'un certain sauve-qui-peut professionnel – bien confirmé par les entretiens – amenant à ne pas être trop regardant sur les postes d'accueil. Mais il apparut aussi très vite dans ces entretiens que les reclassements étaient loin de s'opérer n'importe où et selon n'importe quel type de processus. C'était n'importe où, au regard des critères externes d'analyse, postulant une continuité d'emploi dans la branche et jusque dans la description formelle des postes ou dans des branches ou des postes situés dans une dérive voisine explicitement repérable. Mais ces critères dissimulaient la cohérence de fait des reclassements opérés, dans la mesure où les entretiens révélaient dans nombre de cas la concordance profonde existant – au-delà des différences externes – entre les *cursus professionnels suivis,* les *types d'entreprises fréquentées* et les *types de reclassements opérés.*

Dans une des entreprises analysées, sous-traitante dans l'appareillage automobile et fonctionnant selon un modèle social du XIXᵉ siècle, tant dans l'organisation du travail que dans les relations professionnelles, on constatait par exemple que tous les salariés, sans formation ou diplômes reconnus, se trouvaient de fait employés à des tâches formellement surqualifiées pour eux, les OS s'avérant « polyvalents » et adaptables à de multiples postes de travail, les ouvriers qualifiés ayant à assumer la responsabilité de l'entretien, les techniciens faisant office d'ingénieurs ou un dessinateur se trouvant tout simplement chef de projet. Cahin-caha, le travail était pourtant fait avec toute la somme de connivences, d'arrangements et de rigidité qu'impliquait une telle situation : on découvrait ainsi que l'on ne demeurait pas fortuitement dans cette entreprise, mais qu'on ne le faisait que si l'on avait l'occasion d'actualiser là des savoir-faire non reconnus que l'on pouvait encore enrichir en conservant une certaine marge d'autonomie au travail, quitte effectivement à être sous-payé (mais la marge avec un salaire lié rigoureusement à la qualification ou non-qualification officielle se serait-elle avérée si importante ?). On découvrait donc là une *filière de recrutement* tout à fait typée, invisible au regard des critères habituels d'analyse du marché, mais qui ne s'en avérait pas moins réelle. Elle l'était d'autant plus que les reclassements opérés ou les recherches effectuées se situaient tout à fait dans la même dynamique, les salariés licenciés de cette entreprise cherchant à se recaser dans *d'autres entreprises du même type,* entreprises pouvant être situées dans d'autres branches d'activités, avec peut-être d'autres systèmes de classification (d'où l'impression « d'éclatement » des reclassements), mais relevant du même type d'organisation pragmatico-paternaliste archaïque.

### III. L'émergence de filières sociales

Ainsi apparaissaient de *véritables filières sociales d'emploi* sériant le marché local de l'emploi, cette stratification sociale du marché local de l'emploi semblant en particulier se manifester par l'absence de passerelles entre des strates entières d'activité ; il semblait ainsi n'exister aucun passage de fait entre certains des réseaux dessinés par ces entreprises « archaïques » et les entreprises nouvelles de l'électronique et des biens d'équipement développées récemment et organisées selon un tout autre modèle social : la distance entre deux OS de ces divers types d'entreprises apparaissait ainsi bien plus importante que celle relevée entre un OS de l'électronique et un OQ du même établissement : ça n'est qu'en ignorant cette distance sociale, marquée par des réseaux et des filières de placement fortement différenciés, que l'on pouvait présumer de l'interchangeabilité de ces divers postes...

Premier apport important donc de la méthode d'analyse centrée sur les cursus professionnels, permettant de déceler la logique sociale à l'œuvre dans les processus de reclassements, par mise à jour des filières sociales et réseaux régulant le fonctionnement du marché de l'emploi.

## IV. Comprendre la résistance à la mobilité

Un changement de perspective s'opérait à propos des modalités selon lesquelles s'effectuaient les reclassements, caractérisées, on l'a vu, par la résistance à la mobilité et le recours à la débrouille personnelle : incontournables d'évidence, ces attitudes semblaient difficilement compréhensibles à toute perspective ne visant à considérer que le seul élargissement des potentialités de reclassement, et devant par conséquent inclure mobilité et recours aux outils institutionnels mis en place pour cela : illogiques de ce point de vue, ces diverses attitudes laissaient pourtant transparaître toute leur profonde cohérence interne au cours des entretiens effectués. Par le biais des récits concernant l'organisation de la vie au travail, c'est aussi tout le rapport à la vie hors travail qui s'avérait présent ; la description de la recherche d'un emploi en constituait une sorte de vérification *a contrario* et indiquait quels éléments de l'environnement s'avéraient pris en compte.

Ce qui apparaissait peut-être au premier abord comme un phénomène de résistance irréfléchi pesant sur le processus de reclassement se trouvait restitué dans sa logique vécue : une fois cassée en effet la communauté de travail (tout à fait réelle pour le type d'entreprises que nous avons étudiées), *le repli sur les réseaux primaires de sociabilité* immédiats (famille, connaissances, voisinage) constitue en quelque sorte le dernier recours pour garder le contact avec les divers réseaux et le dernier espoir de voir aboutir les filières ; prôner la mobilité à ce moment-là, c'est en quelque sorte demander au chômeur amputé déjà par son licenciement d'une partie de son réseau relationnel de se couper en quelque sorte volontairement de la dernière chance de voir aboutir un éventuel reclassement...

D'autant, et c'est là que cette deuxième observation peut-être reliée à la première et former avec elle un tout, qu'en recherchant un nouvel emploi de cette sorte par des intermédiaires connus et qui le connaissent le chômeur pourra espérer être mis sur des pistes où son « adaptabilité professionnelle et sociale » sera en quelque sorte comme présupposée ou « pré-sentie », et se trouver donc ainsi sur les filières sociales d'emploi qui lui sont proches, phénomène dont il sait bien qu'aucune organisation institutionnelle de placement ne pourra tenir compte. Ça n'est donc que dans des cas extrêmes de besoin ou d'indifférence qu'il sera fait recours à ces institutions dont les critères formels ne permettent en aucune façon de garantir l'adaptabilité dont il vient d'être parlé.

## Conclusion

Logique des reclassements et logique de recherche d'emploi s'avèrent ainsi dans notre cas fortement liées, selon des processus qui semblent bien avoir cohérence : mais il est clair que ces logiques sociales, à l'œuvre également sur le marché de l'emploi et marquant fortement les processus de reclassement, n'auraient pu être mises à jour sans l'adoption d'une méthode permettant de dépasser le caractère formel des premières approches effectuées.

Sans entonner l'hymne à la méthode biographique, disons que c'est bien la mise en œuvre de cette approche des cursus professionnels qui nous permit de dépasser les seules analyses en termes de potentialité ou de probabilité pour saisir en acte les dynamiques sociales constituant comme la matrice des reclassements opérés. Il n'existe certes pas de méthode miracle, et si nous nous félicitons de voir se développer, comme nous avons en tout cas cherché à le faire au GLYSI, de nouvelles pratiques de terrain, nous restons soupçonneux à l'égard des engouements soudains qui affectent aussi notre corporation ; ne risquent-ils pas toujours de ne constituer en effet qu'un avatar supplémentaire de l'absence réelle de réflexion méthodologique ? Pas de méthode miracle donc, biographique ou non, mais seulement des méthodes plus ou moins bien proportionnées à leur objet. Dans notre cas, centré sur la compréhension des processus sociaux de reclassements, il est clair que le recours à cette approche a permis de dépasser la simple démarche déductive se sécurisant dans la mise en œuvre de catégories externes reconnues. Valeur heuristique de la méthode, mais pas uniquement, dans la mesure où nous avons eu le souci de *coupler l'approche biographique avec l'analyse du fonctionnement des entreprises* permettant de mieux positionner les récits recueillis ; dans la mesure également où ces récits ne s'avéraient pas éclatés, mais précisément regroupés autour de mêmes lieux (les entreprises ayant licencié), permettant donc d'enregistrer les variations s'articulant sur cette trame donnée et d'en reconstruire l'histoire sociale.

Une réserve à nos travaux, précisément à partir de ce dernier point : le type d'échantillon d'entreprises retenu constituait un pôle d'activités plutôt traditionnelles se restructurant ou disparaissant et donnant donc lieu à des licenciements collectifs : c'est sur cette toile de fond qu'il convient de comprendre les diverses dynamiques décelées, concernant la résistance à la mobilité, le repli sur les réseaux primaires de sociabilité, etc.

Il est clair que l'analyse d'autres salariés d'autres entreprises, par exemple les techniciens d'une entreprise électronique de pointe, aurait sans doute donné lieu à l'établissement d'autres types de filières d'emploi couplées à d'autres types d'attitudes indicatifs cette fois de réseaux dépassant largement le seul échelon local de l'agglomération... Mais ceci serait une autre étude où la même méthode ici exposée pourrait cependant tout à fait s'appliquer.

# Récits de vie, itinéraires professionnels, trajectoires structurelles : la boulangerie artisanale

*Isabelle Bertaux-Wiame**

## Introduction

En France, plus de quarante mille boulangeries artisanales fabriquent et vendent 93 % du pain consommé. Si cette forme artisanale de production paraît bien archaïque, ce n'est qu'en apparence : la boulangerie puise dans son environnement des ressources qui nourrissent sa vitalité. C'est en multipliant le recueil de récits de vie auprès des boulangers, artisans et ouvriers, et des boulangères que nous avons tenté de saisir les raisons de cette vitalité [1].

Nous avons recueilli les récits de vie non comme discours autobiographiques, mais comme récits de pratiques essentiellement professionnelles, avec l'idée que, ces pratiques étant déterminées par des rapports socio-structurels spécifiques à la profession, la connaissance de ces pratiques nous permettrait d'en inférer une représentation des rapports socio-structurels sous-jacents. Les cent et quelques récits de vie recueillis nous ont effectivement permis d'atteindre le niveau socio-structurel ; mais, en même temps, ils ont fait apparaître que ce niveau pourtant si contraignant laisse à des projets divers, portés par des hommes concrets, la possibilité de se déployer.

---

* Groupe Sociologie du travail, CNRS, Paris-VII.
1. Daniel BERTAUX et Isabelle BERTAUX-WIAME, *Une enquête sur la boulangerie artisanale par l'approche biographique,* rapport CORDES, vol. I, 1980, 401 p.

Chaque récit de vie vise à reconstituer un *itinéraire professionnel.* Nous avons cherché à varier au maximum les itinéraires recueillis. Ceux-ci, au-delà de leur variété, présentent de nombreux éléments communs. La raison en est que les rapports socio-structurels ne déterminent pas seulement des pratiques dans la synchronie, mais, également, dans la diachronie, des *trajectoires structurelles.* Ce sont ces trajectoires, inscrites dans la structure de la branche, que nous nous efforçons de présenter ici. Nous l'avons déjà tenté ailleurs pour les boulangères [2] ; ici, nous ne prendrons en considération que les hommes, artisans et ouvriers.

Il ne s'agit pourtant pas de présenter quelques trajectoires structurelles distinctes sous-tendant autant de types d'itinéraires professionnels. Il s'agit plutôt de concentrer l'attention sur les moments cruciaux, à la fois points de choix décisifs et points d'articulation des itinéraires ; ainsi, l'entrée en apprentissage, le retour du service militaire (où beaucoup de jeunes quittent le métier), le mariage, le moment de l'installation (passage du statut d'ouvrier à celui d'artisan), les choix de développement d'un fonds, la transmission du patrimoine aux enfants ou la réalisation de la valeur du fonds en fin d'activité. Plutôt qu'une analyse typologique, nous voudrions mettre en évidence les points d'entrée, les passages ou transitions, les points de sortie, par rapport à une trajectoire structurelle centrale : celle qui mène finalement un jeune apprenti au statut d'artisan à travers l'installation.

Un choix parmi le corpus recueilli est nécessaire. Pourtant, il serait plus juste de faire état de tout le corpus, car, dans l'approche biographique, nous ne séparons pas le recueil des données du moment de l'analyse, et chaque itinéraire, dans la mesure où précisément il est singulier, apporte un éclairage nouveau, un élément de connaissance, sur l'ensemble de la profession.

Une difficulté plus grave est constituée par la contradiction entre, d'une part, la spécificité des matériaux biographiques (leur caractère longitudinal), et, d'autre part, le fait que nous serons amenés à segmenter les itinéraires concrets afin de pouvoir examiner un à un les principaux points d'articulation de la trajectoire structurelle. Ce faisant, nous donnons l'impression de travailler à contrefil du matériau biographique.

L'installation nous semble être au cœur même du métabolisme de la branche. Elle est possible dans les conditions socio-historiques

---

2. Isabelle BERTAUX-WIAME, *Femmes dans une entreprise artisanale familiale : les boulangères,* communication présentée aux journées d'études « Institutions familiales et travail de femmes », Société française de sociologie, Nantes les 6-7 juin 1980.

actuelles. Ce possible à son tour engendre chez la plupart des jeunes ouvriers un projet d'installation qui anime la première partie de leur vie professionnelle. Tous ne s'installeront pas, loin de là ; mais ceux-là même qui seront restés ouvriers toute leur vie ont à se situer par rapport à l'installation, qui en quelque sorte les concerne négativement.

Il reste que les orientations et les projets de vie varient d'un homme à l'autre. Ainsi, chacun marque de sa singularité la trajectoire structurelle de la branche ; les intérêts personnels, les intérêts des autres membres de la famille, l'intérêt représenté par une vie de famille équilibrée que menacent sans cesse les contraintes du métier, viennent fréquemment en contradiction avec le projet d'installation sécrété par la branche et nécessaire à la survie. L'aventure de chaque boulanger est la sienne propre. Produit par les rapports d'apprentissage et de travail quotidien, il exerce en retour par sa praxis une action sur ces rapports. C'est la synthèse collective de toutes ces praxis qui fait vivre et évoluer la branche.

## I. Qui devient boulanger ?

Au début de notre enquête, nous nous attendions à rencontrer des lignées de boulangers se transmettant de père en fils métier et patrimoine. Or, ces lignées existent, mais nous avons été frappés du nombre de boulangers qui disaient s'être débrouillés seuls. Fils d'ouvriers agricoles, de petits paysans, d'artisans ou de commerçants ruraux, ils s'étaient « faits » eux-mêmes : placés par nécessité comme apprentis boulangers à quatorze ans, ils avaient ensuite travaillé plusieurs années comme ouvriers ; puis s'étaient mariés et finalement « installés » à leur compte. Par ailleurs, nous constatons qu'assez peu nombreux étaient les artisans qui envisageaient de faire de leurs enfants des boulangers ; et moins nombreux encore ceux dont un fils avait accepté ce projet.

Une hypothèse s'est peu à peu dégagée : dans le continuum des tailles de fonds, des plus petits aux plus gros, ce seraient les extrêmes surtout qui fourniraient de futurs boulangers − mais de types très différents.

La boulangerie associe l'activité artisanale (fabrication) et l'activité commerciale (vente). Dans les fonds les plus petits, boulangeries de quartier ou boulangeries en milieu rural, l'esprit artisanal domine. Le père a investi du travail et du temps, mais n'est pas arrivé au résultat voulu. La maison n'est pas assez forte. Il

287

faudrait poursuivre l'effort à la génération suivante pour qu'alors le travail investi soit finalement payé en retour. Or, dans ces fonds trop petits pour pouvoir embaucher un ouvrier, il y a néanmoins besoin de main-d'œuvre gratuite, pour donner « un coup de main ». Ce peut être un apprenti. Mais, lorsque les enfants grandissent, ils viennent tout naturellement aider le père ou la mère. Et, à la fin de la scolarité obligatoire, leur place est déjà prête. Le fils commence son apprentissage aux côtés de son père, tandis que la fille secondera sa mère à la boutique. Une nouvelle génération se forme ainsi au sein de familles artisanales souvent très soudées.

A l'autre extrême, dans les boulangeries les plus grosses, c'est le pôle commercial qui domine. Au-dessus d'un certain seuil, le boulanger ne met que la main à la pâte, et se contente de gérer son affaire, qui perd son caractère artisanal et devient une affaire commerciale. Dans ce cas, ce que le boulanger entend transmettre à son fils, ce n'est plus un métier ni même la propriété de moyens de production, mais un capital commercial (et la position sociale qu'il confère). Et ce n'est plus une formation de boulanger dont aura besoin le fils, mais d'une formation commerciale pour gérer ce capital.

Entre ces deux pôles extrêmes de la petite boulangerie artisanale et de la grosse boulangerie commerciale se déploie tout l'éventail des boulangeries moyennes. On y travaille très durement. Beaucoup d'enfants qui y grandissent ne reprendront pas le métier, leurs parents eux-mêmes, souvent, les en détournent ; car si cela avait pour eux un sens d'investir leur vie dans un métier exigeant, mais permettant de s'élever socialement, les enfants assurés déjà de par leur naissance d'un certain niveau social ont bien d'autres possibilités profession-nelles.

Il n'en a pas toujours été ainsi. A l'époque des corporations, les maîtres boulangers cherchaient à réserver à leurs seuls fils la voie d'accès à un statut protégé et envié. Les profondes transformations économiques et sociales de la deuxième moitié du XIXᵉ siècle font apparaître les limites d'expansion d'un secteur resté artisanal. Les conditions de travail liées au mode de production artisanal deviennent de plus en plus archaïques, face par exemple à la réduction de la semaine de travail, qui commence à se généraliser dans l'industrie.

Cet ensemble de facteurs dont les imbrications et les effets sont complexes conduit à une baisse relative du statut de la boulangerie. C'est la conscience qu'en acquièrent les boulangers eux-mêmes qui les pousse en pratique à détourner leurs enfants de leur métier. Ce faisant, ils posent de manière nouvelle le problème de la réalisation de la valeur de leur fonds quand viendra le moment de la retraite.

Si chaque famille encourage ses enfants dans d'autres voies que la boulangerie, c'est en vain que pour céder son fonds le boulanger cherchera chez tel ou tel collègue un fils formé au métier. Or, la nature même du fonds fait que seul un boulanger ou un pâtissier, et non un coiffeur ou un marchand de vêtements, pourra l'acheter à sa valeur pleine. Qu'est-ce qui fait la valeur d'un fonds de commerce comme la boulangerie ? Ce ne sont ni les murs dont le commerçant est rarement propriétaire, ni même les aménagements intérieurs : c'est l'emplacement, mais c'est surtout la clientèle. Plus le fonds est important, plus il est nécessaire de trouver un boulanger à qui le vendre.

Certes, de par la dynamique interne de la branche, un boulanger propriétaire d'un petit fonds trop limité commercialement peut se porter acquéreur d'un fonds plus important. Mais ce boulanger à son tour aura à chercher un successeur pour son propre fonds. Le problème n'est ainsi que reporté. Et il ne reste plus aux boulangers désireux de vendre qu'à se tourner vers les seuls susceptibles d'acheter le fonds à sa vraie valeur : les ouvriers boulangers. Mais ceux-ci n'ont pas d'argent.

Ce n'est pas en économisant sur son salaire qu'un jeune ouvrier peut acheter un commerce. Le couple vendeur va donc lui-même, en même temps qu'il vend son fonds à l'ouvrier, lui « avancer » l'argent en échelonnant les remboursements ou « billets de fonds » sur plusieurs années. Grâce à cette situation où les intérêts des propriétaires rencontrent ceux des ouvriers candidats à l'installation, la boulangerie artisanale est le lieu d'un flux réel de promotion sociale.

Encore faut-il que l'ouvrier corresponde à ce qu'en attendent les vendeurs : car, dans cette forme de vente, il existe pour eux un risque ; celui de perdre la valeur du fonds si le jeune couple ne parvient pas à faire ce qu'il faut. En négligeant le fonds, il peut en quelques mois perdre une clientèle patiemment constituée et entretenue au fil des années, et ainsi faire baisser considérablement la valeur du fonds. Lorsque la faillite survient, le couple vendeur reprend un fonds fortement diminué. Ce risque n'est pas un vain mot.

Si l'ouvrier pressenti par un intermédiaire tel que le représentant en farines doit savoir travailler et ne pas compter ses heures, il faut de surcroît qu'il se présente muni d'un atout essentiel : sa femme. Voilà un itinéraire de plus que la boulangerie va aspirer par la médiation du mariage. Ensuite, on attend qu'elle devienne une bonne boulangère. Or, si son mari sait ce qui l'attend, puisqu'il est depuis l'âge de quinze ans dans le métier, pour sa femme (sauf si elle était vendeuse en boulangerie), tout est nouveau. Et pourtant, si l'installation ne marche pas bien, c'est à elle qu'on attribuera la mauvaise marche de la maison.

Le jeune ouvrier qui met en œuvre son projet d'installation voit soudain ses intérêts converger exactement avec ceux des « patrons », lui qui a travaillé pendant des années comme salarié. C'est cette convergence d'intérêts prenant consistance pendant la période où s'effectue la passation des pouvoirs qui achèvera de transformer le couple ouvrier en couple artisan.

C'est donc la période cruciale, déterminante pour le cours de la vie des deux couples : les boulangers qui partent en retraite réalisant le capital amassé au cours de leur vie ; l'ouvrier qui s'installe passe de l'autre côté du rapport de production dans lequel il se trouvait jusque-là.

Au-delà l'attend un nouveau champ des possibles.

## II. Trajectoires de boulangers

### 1. Le démarrage

Qu'il soit fils d'artisan ou ancien ouvrier, tout boulanger qui s'installe n'a qu'une chose en tête, imposée par la situation : foncer. Le temps n'est plus à la réflexion mais à l'action.

Pour le jeune couple qui a tout emprunté, ce qui est un cas fréquent, c'est particulièrement vital ; car il aura à supporter la très lourde charge supplémentaire des « billets de fonds », remboursements trimestriels de l'emprunt. Le fonds est en général très petit, et l'objectif est de le remonter à force de bras en augmentant sa clientèle en magasin et/ou par fournitures aux collectivités.

### 2. Croissance et stabilisation

La phase de démarrage est la plus délicate, c'est là que se produisent les faillites. Une fois passés les premiers obstacles, l'alternative qui se présente est la suivante : soit rester dans le fonds, soit mettre en vente et prendre un fonds présentant un potentiel supérieur. Ce n'est pas au seul boulanger de décider de telle ou telle stratégie ; ainsi, l'environnement urbain pose des limites à la capacité de développement du fonds ; l'évolution du marché des fonds pèse aussi sur la stratégie choisie. Mais le principe de la réussite reste simple : il faut « monter » le fonds que l'on tient, c'est-à-dire en accroître la clientèle et le chiffre de ventes. On le revend alors bien plus cher qu'on ne l'a acheté, et l'on est en mesure d'entrer dans un fonds plus gros que l'on développe à son tour, et ainsi de suite.

Tous les fonds ne se prêtent pas également à une stratégie de croissance. Mais, surtout, nous avons laissé entrevoir à quel point la mise en œuvre d'une telle stratégie exigeait la totalité des forces du couple : il ne reste plus rien pour la vie de famille, pour les enfants surtout. Aussi de nombreux couples pris dans la contradiction vie de travail/vie de famille s'efforcent-ils de sauvegarder une plage de temps familial.

Rien n'est joué d'avance pour eux ; le travail, l'innovation, peuvent permettre de monter, si l'on a avec soi la santé et un peu de chance. En même temps qu'ils poursuivent leurs intérêts personnels, ces boulangers travailleurs et innovateurs font beaucoup pour la branche dans son ensemble, en consolidant le rapport de la population au pain artisanal plutôt qu'au pain industriel. La praxis individuelle, visant des buts individuels, a donc des conséquences collectives.

### 3. Faire une fin

Les familles de boulangers vivent sur le revenu de leur fonds. Mais ce n'est que lorsque la valeur du fonds est réalisée par la vente que le résultat de l'accumulation se concrétise. Or, la façon dont les boulangers vont envisager de quitter la profession dépend beaucoup des projets qu'ils ont pour leurs enfants, et de la réponse des enfants à leur projet. Selon qu'un enfant est prêt à reprendre ou non la boulangerie de ses parents, la stratégie de réalisation change.

Nombreux sont d'ailleurs les parents qui ne souhaitent pas voir leurs enfants mener la vie qu'ils ont eue. C'est le cas de nombreux petits artisans qui ont placé l'intérêt de leurs enfants avant le leur propre.

### III. Les ouvriers boulangers

Si les artisans cherchent des ouvriers pour leur transmettre leur fonds, ils ne prennent pas n'importe lequel. Ce sont ceux qui sont déjà orientés vers l'installation qui sont choisis ; ceux qui ont déjà réuni les conditions nécessaires à l'installation, qui s'y préparaient alors même que le projet semblait encore loin de sa réalisation. Ces jeunes ouvriers sont aussi ceux qui ont eu la patience de rester dans la branche assez longtemps pour trouver l'occasion de prendre un fonds.

L'abandon de ce métier si dur est en effet chose fréquente. La pyramide démographique de la population ouvrière et artisanale en boulangerie-pâtisserie repose sur une large base d'effectifs de jeunes âgés de quinze à dix-neuf ans : apprentis et jeunes ouvriers. Le rétrécissement observé pour la tranche d'âge suivante, celle des jeunes âgés de vingt à vingt-cinq ans, traduit un flux d'abandons massifs du métier par ces jeunes.

L'enquête de terrain nous permet de préciser le sens de ces abandons. Ils sont en réalité de deux types. Les uns sont le fait d'apprentis d'origine urbaine, issus en général de familles ouvrières. Ceux-ci, ou du moins ceux d'entre eux que nous avons rencontrés à Paris, rejettent unanimement ce métier qu'ils n'ont pas choisi, où il faut se lever à trois heures du matin, travailler six jours sur sept, et cinquante-quatre heures par semaine ; dès qu'ils en auront l'occasion, ils le quitteront ; au plus tard, peu après le retour du service militaire. Eux ne seront jamais vraiment « rentrés » dans le métier.

Ce n'est pas le cas des apprentis originaires de la campagne ou de petites bourgades. Eux ont le plus souvent intériorisé le métier et surtout le projet d'installation. Ils savent cependant qu'il faut s'installer jeune. Ils ont tout accepté dans la mesure où cela avait le sens d'une préparation à une installation future. Par contre, lorsque le rêve de l'installation s'avère irréalisable, le métier peut soudain leur apparaître insupportable ; il perd son sens principal, et seuls ses inconvénients subsistent. Beaucoup le quittent alors entre vingt-cinq et trente ans.

Parmi ceux qui sont restés ouvriers toute leur vie, tous nous ont dit leur amertume face à des conditions de travail très dures et un salaire horaire trop bas, même ceux qui aimaient leur métier − surtout ceux là ! Certains ont exprimé le regret de ne pas avoir su quitter le métier à temps ; d'autres − parfois les mêmes − souffrent encore de ne pas s'être installés.

Une raison est souvent invoquée par les ouvriers pour expliquer leur non-installation : c'est l'épouse. Il suffit en effet pour faire échouer le projet d'installation du mari qu'elle refuse de s'y engager : soit pour des raisons de santé, ou parce qu'elle n'a pas voulu mener la vie très contraignante d'une commerçante, ou encore par refus d'abandonner son métier.

Il semble que l'échec du projet d'installation conduise les ouvriers que la vie force à rester dans le métier à chercher un projet de substitution.

292

D'autres s'engagent dans le mouvement syndical. La structure artisanale rend la lutte syndicale très difficile : non seulement parce qu'elle place les ouvriers dans des rapports de travail doublés de relations interpersonnelles, mais aussi parce qu'elle induit les jeunes à se considérer non comme des ouvriers, mais comme de futurs artisans.

Mais peut-être cela ne vaut-il pas seulement pour les jeunes ouvriers ; peut-être le regret de ne pas s'être installé, que certains adultes plus âgés ont exprimé, hante-t-il la plupart des autres ; peut-être, si les jeunes se pensent comme futurs artisans, les vieux se considèrent-ils en leur for intérieur comme des artisans manqués. En tout état de cause, lorsque dans une branche donnée l'installation est objectivement possible, la condition ouvrière ne peut pas être vécue de la même façon que dans une branche où elle est tout à fait impossible. Sans doute n'est-il pas facile, lorsqu'on reste toute sa vie ouvrier dans une branche artisanale, de ne pas le percevoir soi-même comme un échec personnel ; ou du moins de ne pas penser que les autres le perçoivent comme un échec. Contradiction d'autant plus difficile à vivre que ceux qui sont restés sont précisément ceux qui étaient le plus attachés à leur métier.

## IV. L'apprentissage

Si la boulangerie artisanale se révèle aujourd'hui dynamique, c'est parce que des jeunes, hommes et femmes, sont assez acharnés à passer du statut d'ouvrier à celui d'artisan-commerçant pour y consacrer et y mobiliser toutes leurs énergies. Pourtant, si l'origine socio-familiale pèse sur la destinée sociale d'un individu, elle ne suffit pas pour autant à expliquer l'investissement et la mobilisation énormes que nécessite l'installation. Cette catégorie de jeunes acharnés n'existe pas *a priori :* elle s'est produite par les rapports de production artisanaux eux-mêmes, en particulier à partir des enfants de milieux ruraux prolétarisés.

La seule manière d'apprendre à faire le pain, c'est en tant qu'apprenti chez un boulanger. Ce mode de formation reste aujourd'hui encore la voie unique. Institués depuis plusieurs années, les cours d'apprentissage obligatoires à l'école une semaine sur deux ne supplantent nullement l'apprentissage dans le fournil ; on peut même dire qu'ils jouent un rôle de frein dans la formation pratique des jeunes apprentis.

Que se passe-t-il donc au cours de l'apprentissage chez un artisan qui aboutisse à la formation d'une vocation à l'installation ? Il faut examiner de plus près le processus.

Parmi les patrons, tous ne veulent pas « faire » des apprentis, comme on dit en termes de métier. L'apprenti fournit une force de travail quasi gratuite, corvéable à merci, mais peu expérimentée. Ce sont les plus petits artisans qui en ont l'usage. Dans les petits fonds, où le boulanger se relaie au fournil avec un ouvrier, un apprenti est toujours le bienvenu, non seulement pour aider à faire le pain, mais aussi pour le livrer et pour faire bien d'autres tâches qui n'ont rien à voir avec la fabrication du pain. Plus précisément, ce sont dans les petits fonds des boulangers *de campagne* que l'on trouve les apprentis. Et c'est là aussi que le jeune travaille constamment avec l'artisan, et a donc les mêmes horaires que lui.

Or, c'est aussi à la campagne que se trouvent en grand nombre des enfants prêts à entrer en apprentissage. Pour les familles rurales en situation « précaire », c'est une nécessité que de placer très tôt leurs enfants. Les possibilités de trouver du travail sont par ailleurs restreintes. D'où une préférence pour une place « logé-nourri », où on apprend un métier qualifié et où l'on vous embauche très jeune, souvent avant l'âge de la fin de la scolarité obligatoire.

C'est dans ces fonds de campagne de petite taille qu'en travaillant continuellement avec le patron, en prenant le même rythme, le jeune voit l'ensemble du travail de la boulangerie, non seulement au fournil, mais aussi à la boutique. C'est là que peut prendre forme le projet de se mettre à son compte, d'autant que la plupart de ces petits boulangers l'ont fait eux-mêmes. Pour les jeunes qui sont devenus apprentis parce qu'originaires de familles pauvres, ces mots prennent une forte résonance. Tout concourt à faire de cette possibilité future une réalité quasi immédiate : le mode de vie des artisans, le terme « boulanger » qui désigne indifféremment un artisan ou un ouvrier, car il renvoie non à un statut social, mais à un savoir incorporé : est boulanger celui qui est passé par l'apprentissage. Et c'est parce qu'une identité autre que prolétarienne, une identité de futur patron, est possible que les jeunes sont prêts, pour que ce projet reste viable, à assumer la surexploitation en tant que jeunes ouvriers et l'auto-exploitation extrême en tant que jeunes installés.

Ce sont également ces petites boulangeries rurales qui, ne pouvant payer le salaire d'un ouvrier, renvoient – laissent partir – les apprentis capables de passer ouvriers. Les jeunes vont là où il y a de l'embauche et où les salaires risquent d'être meilleurs. C'est-à-dire en ville.

En ville, il y a aussi des apprentis boulangers. Mais la diversité plus grande du marché du travail urbain permet aux enfants de familles ouvrières de s'embaucher d'abord dans des places où les horaires correspondent au rythme de vie urbain, et de n'entrer qu'en dernier ressort dans un métier où le travail de nuit est systématique, le nombre d'heures ahurissant, les conditions de travail souvent déplorables, et où les fins de semaine apportent un surcroît de travail. De plus, être placé comme apprenti dans un gros fonds qui marche au rendement avec des ouvriers qui n'ont ni le temps ni le désir de former des jeunes, c'est être la cinquième roue du carrosse dans une situation où l'idée d'installation ne peut pas se développer. Jamais l'apprenti, qui n'est dans ce cas bien souvent qu'un manœuvre, n'apprendra la conduite du travail, ne saisira la relation entre production et vente, n'aura une vue d'ensemble du métier.

La plupart de ces jeunes quitteront le métier avant le service militaire, ou à leur retour s'engageront dans une autre filière de travail, laissant ainsi un vide dans les fournils ; vide que viendront combler les jeunes ruraux, demandeurs d'emplois « logés-nourris », et habitués à travailler durement.

C'est pendant leur apprentissage que ces jeunes ont acquis non pas tant une technique (il leur faudra réapprendre le travail « à la parisienne ») qu'une aptitude à travailler vite et longtemps. Et cette capacité à tenir un rythme, acquise très tôt, et qui est incorporée à tous les apprentis, leur servira surtout lorsqu'en tant que jeune installé il leur faudra aller au bout de leur énergie.

C'est dans la mesure où les jeunes apprentis d'origine rurale acceptent cette formation et finissent par s'installer à leur compte au prix d'un investissement considérable de travail que la boulangerie artisanale subsiste encore aujourd'hui.

D'origine urbaine, la boulangerie l'est restée pendant des siècles, jusqu'au moment où les campagnes ont cessé de produire le blé pour leur propre consommation, où les familles paysannes ont cessé de cuire leur pain, entraînant la disparition des moulins locaux. Les boulangeries rurales se sont alors multipliées dans les bourgs et les villages, ouvrant ainsi une nouvelle filière pour les fils de paysans. C'est à partir de ces boulangeries rurales qu'un second souffle fut donné à l'artisanat boulanger dans des villes en l'alimentant en ouvriers, mais aussi en futurs artisans.

La figure de l'ouvrier boulanger qui s'installe devient une figure centrale dans cette branche artisanale. C'est la clé qui permet non seulement de saisir le problème complexe de la transmission des fonds d'une génération à l'autre, mais aussi de comprendre la survie de la forme artisanale. En effet, les jeunes couples d'installés s'imposent à eux-mêmes ainsi qu'à leurs salariés un rythme forcené. Et, en l'imposant à leur entreprise familiale, ils l'imposent également, par le —

jeu de la concurrence, à l'ensemble de la branche. Là se trouve sans doute le secret de la vitalité de cette forme artisanale et la raison profonde pour laquelle elle a résisté jusqu'à présent aux assauts de la boulangerie industrielle.

On peut mieux comprendre maintenant cette phrase sibylline entendue chez le patron d'une importante boulangerie parisienne :

« Nous ne voulons plus prendre le temps de former des apprentis ; mais, si on n'en forme plus, qui rachètera nos fonds ? »

# Division du travail, trajectoires socio-professionnelles et modes de vie : les ouvriers d'Usinor-Dunkerque

*Elisabeth Campagnac**

L'évolution de la recherche urbaine s'est incontestablement caractérisée, au cours de ces dernières années, par un déplacement des thèmes d'investigation : l'étude des grands mécanismes généraux de la planification, de la production du cadre bâti, de la ségrégation sociale de l'espace, du rapport des entreprises à la ville, a fait place à l'analyse des pratiques sociales, des modes de vie et de leur rapport aux structures sociales d'ensemble.

Si ce glissement est résulté largement de l'évolution de la « demande sociale », telle qu'exprimée par les commanditaires de la recherche, il a répondu, dans bien des cas, au développement des logiques internes aux problématiques de recherche elles-mêmes.

C'est ce que je voudrais montrer ici à travers l'historique d'une recherche qui, partie de l'étude des stratégies d'entreprise et des bassins de main-d'œuvre, en est venue à s'interroger sur les liens qui unissent la division du travail aux caractéristiques sociales de la main-d'œuvre et à ses modes de vie.

* Centre d'études et de recherche sur la technique et la société, Ecole nationale des Ponts et Chaussées.

Cette évolution, rendue nécessaire pour l'approfondissement d'une problématique, n'a pas été sans remise en cause de schémas quelque peu mécanistes, comme par exemple celui de « modèles d'urbanisation » accompagnant le développement des grandes entreprises ou encore celui de déterminants étroitement unilatéraux des modes de vie ouvriers par les conditions de travail et la place dans la division du travail.

Elle n'a pas été non plus sans remettre en cause la séparation disciplinaire entre les différents champs de la sociologie (sociologie urbaine ; sociologie du travail ; sociologie de la famille), comme leur coupure avec d'autres disciplines : l'histoire, l'ethnologie.

C'est donc la logique de ces remises en cause comme le résultat de ces réajustements que cet article se propose d'exposer à travers l'exemple d'une recherche menée cinq ans durant sur Dunkerque, et notamment sur Usinor-Dunkerque [1].

Il s'ordonne, après une brève présentation du terrain étudié et des conditions d'émergence de notre problématique, autour de deux grands axes :

1. Division du travail et trajectoires socio-professionnelles ;
2. Catégories ouvrières et modes de vie.

### i. Dunkerque, de la croissance à la crise : bref rappel

La première étape de notre travail à Dunkerque avait consisté à repérer les bouleversements entraînés sur le marché du travail comme dans le champ de la production urbaine par l'implantation du grand complexe sidérurgique d'Usinor.

Rappelons que le groupe Usinor, en décidant de s'installer à Dunkerque au début des années soixante, optait pour une politique nouvelle d'approvisionnement en minerai et en charbon et pour un développement des exportations, le conduisant, comme le deuxième grand groupe sidérurgique français, à une localisation « au bord de l'eau ». La réalisation de l'usine de Dunkerque, l'une des plus

---

1. Ce travail a donné lieu à trois rapports de recherche :
   – E. CAMPAGNAC sous la direction scientifique de H. COING, *Le Ramassage dans la politique de main-d'œuvre des grandes entreprises à Dunkerque*, AIP socio-économie des transports, 1976 (Beture).
   – E. CAMPAGNAC, *Espace régional, Filières de consommation et Pratiques de transports : les ouvriers de la sidérurgie et de la métallurgie à Dunkerque*, AIP socio-économie des transports, 1978 (Beture).
   – E. CAMPAGNAC, L. TABARY-TAVEAU, *Nouveau Modes de gestion industrielle, Habitat ouvrier et Transformation des modes de vie*, Plan-construction, 1979. (A paraître sous le titre : *Nouveaux Quotidiens ouvriers*, Ed. Plan-construction.)

modernes dans le domaine sidérurgique, recourant largement à l'automation, s'inscrivait dans le même temps dans le cadre de la restructuration du groupe. Commencée dans les années soixante avec le plan Etat-sidérurgie, cette restructuration s'est poursuivie puis accélérée avec la crise jusqu'aux décisions que l'on sait.

Ouverte en 1962, l'énorme usine de Dunkerque atteint le maximum de sa production et de ses effectifs en 1974, avec quatorze mille salariés (Usinor-Mardyck compris) ; en quelques années, et à elle seule, elle parvient à doubler la main-d'œuvre industrielle traditionnellement employée dans l'agglomération. A ces chiffres doivent s'ajouter les milliers de travailleurs du BTP mobilisés pour la construction même de l'usine et pour l'aménagement de la nouvelle zone industrialo-portuaire.

Ces bouleversements industriels, qui atteignent leur paroxysme entre 1968 et 1973, conduisent responsables et planificateurs locaux à prévoir un boom urbain corrélatif, concentré notamment sur l'agglomération. La politique d'Usinor, en matière de recrutement de la main-d'œuvre, comme en matière de ramassage et de logement du personnel, tournera largement le dos à ces prévisions.

Et l'une des conclusions de ce premier travail était de montrer le caractère profondément structurel du recours privilégié d'Usinor à d'autres espaces que l'agglomération dunkerquoise (hormis le cap de la ZUP de Grande-Synthe, construite à la demande et pour les besoins d'Usinor à ses débuts) ainsi que le caractère profondément structurel du ramassage ouvrier, qui concernait, fin 1975, 70 % du personnel.

Or, le caractère structurel de ces deux phénomènes ne manquait pas de soulever la question de son « pourquoi ? », alors que, depuis 1974, la situation à Dunkerque s'était inversée par rapport au boom des années 1968-1970, tant dans le domaine de l'emploi (développement du chômage) que dans celui du logement (accélération de la construction à partir des années 1970, mettant fin à la pénurie caractéristique de la période antérieure).

Par ailleurs, ce caractère structurel du recrutement et du logement ouvriers hors agglomération s'accompagnait du recours à des espaces très différenciés. Dans son immense bassin de main-d'œuvre en forme de demi-cercle d'un rayon de 80 kilomètres, l'entreprise englobe aussi bien des bourgs ruraux que d'anciens villages de pêcheurs, des agglomérations en crise comme Calais ou les villes du bassin minier, plus une multitude de lotissements péri-urbains dont l'accès constitue à partir de 1970 l'un des thèmes forts de la propagande et de l'aide patronales en matière de logement.

Aussi, aux termes de ce premier travail, nous posions-nous la question de ce qui pouvait déterminer le rapport d'Usinor-Dunkerque à ces espaces de résidence de la main-d'œuvre. A l'appui d'une seconde étape du travail, nous posions alors l'hypothèse d'un lien entre niveaux de qualification ouvrière, insertion dans la division du travail, et accès à tel ou tel type d'habitat et de conditions urbaines. Les résultats d'un travail statistique croisant ces diverses données nous ont alors apporté un large démenti.

## II. Division du travail et trajectoires socio-professionnelles : les processus de catégorisation de la main-d'œuvre

Contrairement donc à nos hypothèses initiales, il n'y avait pas de corrélation évidente entre un niveau de qualification ouvrière et un type d'insertion résidentielle et urbaine [2].

Ce premier constat nous a alors conduit à revenir sur cette notion même de qualification, en analysant de plus près, d'une part, le procès et les postes de travail dans l'entreprise, en interrogeant d'autre part un échantillon d'ouvriers occupant les postes numériquement les plus importants, et caractéristiques des différents secteurs de l'usine.

### 1. Procès de travail et significations différentes des niveaux de qualification

Le premier aspect centré sur l'analyse critique de la qualification nous a conduit à distinguer des significations différentes au type de qualification reconnue dans les divers secteurs et postes de travail de l'usine.

---

2. D'une part, nous trouvions aussi bien des OS que des P 1 - P 2 ou des P 3 OHQ dans pratiquement toutes les configurations résidentielles, et dans des proportions assez voisines, même s'il est vrai que les OS étaient quelque peu surreprésentés en zone rurale, et beaucoup plus largement sous-représentés en lotissements d'individuels.

D'autre part, à chaque niveau de qualification ne correspondait pas un type d'habitat privilégié.

En revanche, si nous ne nous appuyons pas sur le niveau de qualification, mais sur le poste de travail, se dégageaient des combinaisons de deux ou trois types d'habitat privilégiés.

Nous ne saurions insister ici sur l'énorme travail que représente le test d'une telle corrélation : le calcul statistique n'intervient qu'après un long travail préparatoire d'obtention des données relatives au personnel (situation dans l'entreprise, date et lieu de naissance, adresse, etc.), puis de la traduction des adresses en types de logement, ce que nous n'avons pu faire qu'avec le précieux concours des agences d'urbanisme de Calais et de Dunkerque.

Nous ne prendrons comme exemple que le cas des OS et des P 1 - P 2.

*Le cas des OS tout d'abord :* deux grands types d'OS doivent être distingués à Usinor-Dunkerque.

D'une part, ce que l'on peut appeler les *« OS à l'embauche »*. Chaque nouvel embauché passe forcément par la qualification d'OS. La période pendant laquelle il le demeure est plus ou moins longue selon les secteurs, variant de quelques mois à deux ou trois ans. Or c'est sans aucun doute le secteur de l'entretien qui regroupait au moment de notre enquête le plus grand nombre de ces « OS à l'embauche », présents dans l'entreprise depuis un, deux ou trois ans. Ces « OS à l'embauche » étaient pourtant qualifiés, puisqu'ils avaient tous suivi une formation d'électricien ou de mécanicien. En revanche, ce qui les distinguait des autres secteurs de l'usine, c'est sans contexte leur jeune âge : de vingt à vingt-cinq ans, alors que la moyenne d'âge de l'ensemble de l'usine était de trente-trois ans. Nul doute qu'à leur égard ce critère d'âge jouait à plein dans l'attribution de la qualification d'OS.

Toute différente est la situation des ouvriers affectés sur les *postes types d'OS*. L'un des postes à cet égard le plus représentatif est celui de *« surveillant »*. L'un des secteurs les plus caractéristiques de cette concentration de postes types d'OS est sans contexte le *matagglo,* c'est-à-dire toute la partie de l'usine qui se situe entre les quais de déchargement des navires et les hauts fourneaux. C'est là qu'est stocké le charbon avant le passage à la cokerie, c'est là qu'est stocké et aggloméré le minerai avant enfournement dans les hauts fourneaux. Ce secteur se caractérise à la fois par le haut degré d'automatisation des installations et la pénibilité des conditions de travail : la majorité du travail a lieu en plein air, à tous vents ; la surveillance des bandes transporteuses est une tâche des plus monotones.

Ces divers types de situations rencontrés parmi les OS ne leur sont pas exclusifs. Il en va de même pour les P 1 - P 2 qui constituent la majorité des ouvriers dans les secteurs de fabrication. Nous avons montré dans notre travail comment aux *hauts fourneaux et aciéries* le travail de *fondeur* et de *couleur,* c'est-à-dire des ouvriers affectés au traitement de la fonte et de l'acier liquide, se voyait reconnaître, à travers la qualification de P 1 - P 2, *une prime aux dures conditions de travail* (chaleur, gaz, poussière) *et au danger.* Ce sont ces secteurs qui concentrent la fréquence et le taux de gravité les plus importants dans les accidents de travail de l'usine. Différent est le fondement de la qualification reconnue aux *pontonniers.* Ces ouvriers qui conduisent les ponts roulants transportant les charges se voient davantage reconnaître *une prime à la responsabilité* vis-à-vis du matériel transporté comme vis-à-vis des vies humaines et des installations au-dessus desquelles ils travaillent.

Pour autant, ces significations différentes des niveaux de qualification d'un secteur à l'autre, d'un poste de travail à l'autre, n'épuisent pas ce qui fonde les divers types de qualification ouvrière.

## 2. Trajectoires socio-professionnelles et caractéristiques sociales de la main-d'œuvre

En effet, les interviews menées auprès d'un échantillon d'ouvriers occupant les postes de travail numériquement les plus importants et représentatifs des différences dans les fondements de la qualification montrent bien que pour *chacun de ces postes correspondent une ou quelques trajectoires socio-professionnelles types*. Et, de fait, l'affectation dans les différents secteurs de l'usine, aux différents postes de travail, mais aussi la manière dont s'établit officiellement la reconnaissance du niveau de qualification s'appuient, de manière plus ou moins implicite, sur la prise en compte de ce que l'on peut appeler, après M. Pinet et B. Convert [3], des « qualifications sociales » différentes, attachées notamment à ces trajectoires socio-profession-nelles.

C'est ainsi que, pour reprendre l'exemple des quelques postes de travail cités ci-dessus, on obtient la corrélation suivante avec les trajectoires socio-professionnelles de la main-d'œuvre :

– Surveillants : ouvriers d'origine agricole ou ouvriers âgés ayant travaillé auparavant dans les industries textiles ou agro-alimentaires des bourgs ruraux de la plaine flamande. La crise de l'agriculture comme la fermeture de nombre de ces industries rurales placent ces ouvriers dans une situation particulière de captivité face à Usinor.

– *Les jeunes OS de l'entretien* sont en large majorité issus du milieu ouvrier traditionnel de Dunkerque, lié à la construction et à la réparation navales. Une petite partie d'entre eux vient du bassin minier.

– Les *couleurs* et les *fondeurs* concentrent une grande part d'ouvriers originaires des mines, habitués au travail d'équipe, aux trois huit, mais aussi aux dures conditions de travail : danger, chaleur, poussière et gaz.

– Enfin les pontonniers, comme d'ailleurs les ouvriers du

3. Bernard CONVERT et Michel PINET, *Logiques industrielles de reconversion et Politiques de mobilisation,* LARU, IDN, 1978.

mouvement, c'est-à-dire tous les ouvriers affectés à la conduite d'engins roulants ou de levage, ont souvent suivi la filière : agriculture-*BTP*-pontonniers.

Si l'on porte l'analyse non plus sur les postes de travail pris un par un, mais sur l'organisation de la division du travail dans les différents secteurs, on voit alors apparaître quelques configurations types de la composition de la main-d'œuvre de ces secteurs, que l'on peut ainsi grossièrement décrire :

– Mataggio : ouvriers d'origine agricole ou ayant travaillé dans des industries traditionnelles liées au milieu rural ;

– Hauts fourneaux : travailleurs immigrés, ouvriers originaires des mines ;

– Aciéries : ouvriers originaires des mines, ouvriers originaires des anciennes usines sidérurgiques du groupe Denain-Valenciennes ;

– Laminoirs : ouvriers originaires des anciennes cités sidérurgiques du groupe. Ouvriers de Calais ;

– Entretien : jeunes sortis des CET et liés à la classe ouvrière traditionnelle de Dunkerque. Ouvriers plus âgés originaires des bourgs du littoral (anciens villages de marins-pêcheurs).

Ces résultats montrent bien que la politique de main-d'œuvre d'une entreprise comme Usinor ne se détermine pas, face à un marché du travail abstrait, par la mobilisation d'une « force de travail » elle-même abstraite ; mais qu'elle opère, sur *la base de l'ancienne division sociale du travail à l'échelle régionale,* selon un processus de « catégorisation » de la main-d'œuvre, pour reprendre l'expression de H. Coing [4].

Ce processus lui-même renvoie pour sa compréhension à la manière dont, pour répondre, d'une part, aux contraintes d'un système de production et, d'autre part, à son mode de gestion des rapports sociaux, une entreprise comme Usinor utilise ou réutilise des caractéristiques, techniques et sociales, qui apparaissent attachées à une catégorie de main-d'œuvre particulière.

Chacune de ces catégories de main-d'œuvre se définit par la manière dont elle a été « socialement » produite dans le cadre d'une certaine configuration des rapports sociaux, dans la production et la consommation. Et la différenciation de trajectoires socio-profession-nelles types ne constitue que l'un des éléments résultant de ces différences de configurations. Un autre de ces éléments peut être fourni par l'analyse des trajectoires résidentielles.

En effet, les entretiens menés avec les ouvriers ont également fait apparaître la manière dont chacune des catégories ouvrières ainsi

---

4. H. Coing, *Le Marché du travail et la Ville,* thèse de doctorat d'Etat, 1980.

dégagées s'insérait de manière spécifique dans les rapports sociaux de consommation du logement et de l'espace résidentiel. Cette insertion spécifique, qui se traduit par des trajectoires résidentielles types (celle des ouvriers d'origine agricole ; celle des ouvriers liés au milieu traditionnel de Dunkerque ; celle des ouvriers mineurs, des anciens pêcheurs, des anciens ouvriers du textile, etc.), ne renvoie pas aux seuls effets sociaux ségrégatifs du « marché » du logement, mais aussi à tout un ensemble de pratiques et représentations sociales qui caractérisent ces ouvriers et débordent largement le seul domaine du logement.

Aussi n'est-il pas étonnant qu'une tentative de mise en corrélation quelque peu mécanique entre niveau de qualification, niveau de salaire et type d'habitat soit vouée à l'échec.

En revanche, la prise en compte du lien qui unit division du travail et catégories de main-d'œuvre, que caractérisent trajectoires socio-professionnelles et modes de vie, offre à notre avis de sérieuses chances de compréhension tant des stratégies d'entreprises que des pratiques sociales ouvrières.

### III. Catégories de main-d'œuvre et modes de vie

Des premières interviews ainsi réalisées auprès des ouvriers, il résultait en outre que les trajectoires socio-professionnelles n'étaient jamais indépendantes d'une certaine organisation sociale des modes de vie, définis comme articulation entre vie au travail et vie hors travail.

Dès lors, se posait la question d'une analyse plus fine de ces modes de vie.

Aussi notre troisième recherche [5] s'est-elle orientée sur l'étude comparative de deux catégories ouvrières parmi celles qu'avait dégagées notre travail précédent : les anciens mineurs, d'une part, affectés prioritairement dans les secteurs des hauts fourneaux et des aciéries ; les anciens pêcheurs, d'autre part, affectés prioritairement dans les secteurs d'entretien.

Parmi les ouvriers que nous avons interrogés, les premiers (anciens mineurs) se trouvaient massivement concentrés dans un lotissement d'individuels locatifs réalisé par le CIL ; les seconds vivaient dans différents lotissements, réalisés par plusieurs promoteurs, en périphérie du bourg maritime d'origine.

Les interviews menées auprès de ces ouvriers se sont déroulées sur un *mode biographique* : nous leur avons demandé de retracer leur

---

5. Commanditée par le Plan-construction dans le cadre d'un appel d'offres portant sur les transformations du mode de vie en habitat individuel péri-urbain.

histoire personnelle, professionnelle, familiale, sociale ; de nous décrire leurs expériences de travail, leur mode de consommation, leur organisation familiale, leurs réseaux de relations sociales, passés et actuels.

Très rapidement, ces histoires individuelles se sont largement recoupées chez les anciens mineurs, d'une part, chez les anciens pêcheurs, d'autre part.

Et bien que l'ensemble de ces ouvriers travaille à Usinor-Dunkerque depuis plus de huit ans et habite en lotissements individuels depuis plus de cinq ans, anciens pêcheurs et anciens mineurs continuent de présenter entre eux de profondes différences, et le mode de vie des uns et des autres a évolué de manière spécifique.

De fait, on peut considérer *les anciens pêcheurs comme un exemple type des nouveaux ouvriers venus récemment à la grande industrie, et les anciens mineurs comme l'une des grandes filières d'ouvriers traditionnels.*

## 1. Le cas des anciens pêcheurs

Les pratiques et les représentations actuelles des anciens pêcheurs, devenus ouvriers à Usinor, ne sauraient se comprendre sans référence à leur passé, au mode d'organisation professionnelle, familiale et sociale qui les a marqués.

Au *plan professionnel,* la variété du travail et l'autonomie professionnelle allaient de pair, dans la pêche, avec une très forte irrégularité des rythmes de travail comme des revenus.

Dans ce village, la pêche était organisée sur le mode artisanal. Les équipages se formaient sous l'égide des patrons-pêcheurs, largement soumis à la loi des armateurs (qui avançaient les fonds) et à celle des mareyeurs (qui contrôlaient le marché du poisson).

Les conditions de travail et l'équipement des bateaux variaient en fonction des saisons (saison du hareng, saison du merlan, etc.). A bord, le marin-pêcheur, qui avait suivi toute une filière d'apprentissage sur le tas depuis son entrée comme mousse, était affecté à diverses tâches qui allaient de la pêche elle-même à l'entretien et à la réparation des moteurs. Fort de la diversité de sa qualification, le marin-pêcheur était accoutumé à ce qu'on « lui fasse confiance » dans le travail.

Aucun ne se voulait attaché à un patron de bateau en particulier. En effet, les résultats de la pêche sont par nature fluctuants. Or, lorsqu'on sait que les marins-pêcheurs n'étaient rémunérés que sur la base du produit de la pêche (avec notamment la pratique du partage du poisson), pouvoir quitter sans contrainte un « mauvais patron », celui qui n'avait pas « la bonne étoile », apparaissait comme un droit élémentaire auquel ils étaient fortement attachés [6].

Cette organisation professionnelle des marins-pêcheurs s'appuyait largement sur une *organisation familiale* fonctionnant sur le mode de la famille élargie.

D'un côté, la communauté des hommes, entièrement tournée vers l'entraide dans le métier : le mousse entrait dans la profession avec pour premier équipage celui où travaillait son père, son frère ou son oncle. C'est ce parent qui le formait ; il y était d'ailleurs souvent à plus rude école, dans la mesure où le parent qui le parrainait se sentait pleinement responsable de ses faits et gestes. D'une façon générale, la formation des équipages recouvrait souvent des réseaux familiaux, avec une contradiction toujours présente : s'il était intéressant de faire venir le maximum de membres de la famille sur un « bon » bateau, qui rapportait bien, en cas de naufrage, la communauté familiale n'en était que plus éprouvée.

De l'autre côté, la communauté des femmes dont le lien était nécessaire compte tenu de la fréquence et de la durée de l'éloignement des hommes en mer, mais aussi du risque permanent du veuvage. On comprend alors pourquoi la prédominance était accordée, dans nombre de domaines, à la famille de la femme.

Les tâches de ces femmes étaient elles aussi des plus diverses : notamment, compte tenu de l'absence des hommes, de la faiblesse et de l'irrégularité des ressources de la pêche, elles étaient nombreuses à effectuer toutes sortes de petits travaux saisonniers, du ramassage des vers au travail des champs. Les enfants étaient alors confiés à l'une ou l'autre des parentes, et la garde en variait selon les opportunités de travail de chacune.

*La vie sociale* tout entière était marquée par ce recoupement entre la mono-activité qu'était la pêche et ses travaux annexes, et l'existence de ces grandes communautés familiales, de ces « clans », bien souvent regroupés dans une même rue, ou dans des rues voisines. L'organisation sociale du temps se coulait dans les grands rythmes de la pêche, des départs et des retours, des fêtes de partage du poisson. Mais elle était aussi scandée par le calendrier religieux, qu'accompagnait tout un répertoire de croyances superstitieuses où « la bonne étoile », le « mauvais sort », le pouvoir des femmes sorcières semblaient traduire, dans l'imaginaire collectif, les conditions de

---

6. On sait d'ailleurs comment des marins-pêcheurs, venus de ce village, se sont opposés aux premiers contrats de travail apparus avec la pêche semi-industrielle de Boulogne-sur-Mer.

travail et de vie liées à la pêche, à son caractère irrégulier autant que hasardeux, mais aussi au pouvoir réel des femmes qui régentaient largement la vie à terre.

Le déclin puis la mort de la pêche, intervenus au milieu des années soixante, ont été largement précipités par l'industrialisation du littoral, et notamment la mobilisation massive d'anciens pêcheurs vers Usinor, sur la base de salaires plus élevés et plus réguliers, comme l'aspiration à une vie familiale plus « normale ».

On assiste dès lors à toute une série de ruptures et à un remodelage du mode de vie.

Au travail, tout d'abord, les anciens pêcheurs s'adaptent particulièrement mal aux conditions de la grande industrie.

C'est sans aucun doute sur la base de leurs compétences techniques acquises dans la pêche, notamment de toutes celles qui ont trait à l'entretien et à la réparation de moteurs, que les anciens pêcheurs sont dirigés vers les services d'entretien de l'usine. Mais alors qu'ils sont affectés aux postes de travail « qualifiés », ces nouveaux ouvriers vivent leurs nouvelles conditions de travail comme une déqualification, une perte de leur liberté et de leur autonomie professionnelles. Ils supportent très difficilement la rigidité des horaires, le rythme des feux continus, mais aussi la répétitivité des tâches. Pour eux, le travail industriel est synonyme d'enfermement.

Vivant très mal leurs nouvelles conditions de travail, ces ouvriers se désinvestissent totalement de la vie dans l'entreprise. Peu syndiqués (quand ils le sont, c'est davantage à la CFDT), ces ouvriers se disent surtout sensibles aux revendications portant sur la réduction du temps de travail comme sur l'amélioration des conditions de travail.

Du point de vue de l'organisation familiale, l'abandon de la pêche pour le travail en usine entraîne l'éclatement de la famille élargie.

Avec le retour quotidien au foyer, le rythme des feux continus, les nouvelles formes de fatigue, l'ouvrier aspire très largement à une plus grande régularité de sa vie familiale, au sein de la famille nucléaire. De même que l'élévation du niveau de ses revenus justifie moins le recours à la famille élargie, qui apparaît au contraire comme un obstacle au nouveau mode de gestion du temps et de l'argent. Et l'accès à l'habitat individuel dans les nouveaux lotissements du bourg précipite cette rupture en consacrant l'éclatement entre les « anciens », demeurés dans le noyau villageois, et les plus jeunes, devenus ouvriers.

Mais le repliement sur la famille nucléaire s'accompagne de certaines résistances de la part des femmes, jusqu'ici habituées à se prendre très largement en charge et à tout régenter à terre, en l'absence des hommes. Aussi, les anciens pêcheurs sont-ils mis à contribution dans le partage des tâches ménagères, comme dans l'éducation des enfants.

De même, face au développement des consommations marchandes, les femmes des anciens pêcheurs cherchent en majorité à travailler et occupent divers emplois, plus ou moins stables, malgré le très fort sous-emploi féminin qui marque la zone dunkerquoise.

Accédant massivement à la propriété du logement, les anciens pêcheurs s'investissent à fond dans la consommation de leur habitat. S'endettant pour l'aménagement de la maison et l'embellissement du jardin, ils passent une grande partie de leur temps hors travail à bricoler, cherchant à faire de ce travail une œuvre inachevée, sans cesse à perfectionner.

Mais l'arrivée en habitat individuel s'accompagne aussi d'une transformation des consommations : c'est l'achat de tout l'équipement ménager, mais aussi d'une voiture, utilisée essentiellement pour l'accès aux grandes surfaces commerciales, qui constituent le lieu quasi exclusif de leurs achats, et pour les promenades familiales. C'est aussi les premiers départs en vacances, jusque-là inconnus.

Avec la transformation de leur mode de vie, la majorité des familles interrogées ne souhaitent et n'ont pas plus de deux enfants.

Enfin, on assiste chez ces anciens pêcheurs à la dissolution de toute forme de sociabilité en dehors de la famille nucléaire. Alors que le village, du temps de la pêche, connaissait une vie sociale très forte avec une séparation marquée entre les espaces et les temps des femmes, d'une part, ceux des hommes, d'autre part, les différents réseaux de sociabilité n'existent plus. La famille élargie est fuie, sauf par les femmes, qui continuent d'entretenir avec leur mère et leurs sœurs des relations plus suivies, et les ouvriers cherchent à éviter tout contact dans le lotissement ou le village, sachant que s'ils en ont ce ne sera plus avec la pêche mais avec l'usine.

## 2. *Le cas des anciens mineurs*

Ce ne sont pas du tout les mêmes expériences professionnelles, familiales et sociales qu'ont connues les anciens mineurs, et c'est cette différence qui explique largement leur spécificité aujourd'hui.

Toute l'ancienne organisation de leur mode de vie à la mine se structurait autour de trois grands éléments : l'imposition d'une *discipline de travail très stricte* qu'accompagnait un réseau de contrôle et d'assistance patronales débordant largement le seul cadre du travail (et les houillères ont largement repris à leur compte, après la nationalisation des mines, ce mode de gestion du personnel) ;

l'existence d'une très *forte communauté ouvrière,* à laquelle renvoient les représentations et les pratiques quotidiennes au travail, comme sur les lieux d'habitat ; enfin, des conditions de consommation échappant pour une bonne part aux rapports marchands, et qui s'appuyaient à la fois sur la politique d'assistance patronale (dont la contrepartie était les bas salaires), l'autoproduction, le travail gratuit des femmes et l'entraide.

Dans le cas des mineurs, l'entreprise Usinor n'a pas réutilisé seulement certaines compétences professionnelles (l'accoutumance à la chaleur, au gaz, au danger), mais largement aussi l'habitude d'une forte discipline de travail. L'éthique du travail qui caractérise les mineurs, et qui se traduit par le très faible absentéisme de ces ouvriers, comme leur accoutumance au rendement étaient sans doute des « qualités » appréciées notamment dans les secteurs où ils sont affectés.

Et, contrairement aux anciens pêcheurs, les mineurs se sont bien adaptés aux conditions de travail à Usinor. Connaissant déjà le système des trois huit à la mine, ils s'habituent avec une relative facilité aux feux continus. Par ailleurs, le travail dans une entreprise automatisée leur paraît beaucoup moins dur et moins pénible qu'à la mine, où s'étaient développés, aux dires de tous les mineurs interrogés, les risques de silicose, avec la modernisation des mines.

En revanche, ils vivent très mal les transformations de leur environnement social de travail. Ils dénoncent avec force la disparition de la solidarité ouvrière et d'une certaine éthique du travail. L'attachement à ces valeurs ne saurait se comprendre sans référence à leur fondement dans les mines : le mode de rémunération au rendement et le rôle du travail d'équipe, y compris après la modernisation ; l'importance des réactions collectives face au danger, mais aussi pour la défense des intérêts communs.

Aussi ces ouvriers sont-ils beaucoup plus largement syndiqués, notamment à la CGT, et les secteurs où ils sont regroupés sont aussi parmi les plus combatifs. C'est aussi très largement aux revendications salariales que ces ouvriers sont les plus sensibles (leur salaire est inférieur à celui des anciens pêcheurs pour diverses raisons que nous avons explicitées dans notre travail).

Pour eux, l'accès à l'habitat individuel péri-urbain se pose en de tout autres termes que pour les anciens pêcheurs.

Pour eux, habitués au logement gratuit d'entreprise, le logement doit échapper aux rapports marchands. Aussi n'envisagent-ils aucunement d'accéder à la propriété du logement, et c'est à Usinor qu'ils s'adressent pour obtenir un logement. Alors que la politique de l'entreprise vise depuis 1968 à favoriser l'accession ouvrière à la propriété, elle devra néanmoins utiliser sa contribution patronale légale à obtenir des logements individuels locatifs auprès du CIL. On y retrouve un très grand nombre d'anciens mineurs (et d'anciens ouvriers venus des cités sidérurgiques traditionnelles du Nord).

L'usage même du logement ne donne pas lieu aux mêmes pratiques que chez les pêcheurs. L'investissement dans l'aménagement et le bricolage demeure à un niveau largement inférieur à celui des anciens pêcheurs. En revanche, les mineurs ont très tôt revendiqué et obtenu la location de jardins ouvriers pour la culture potagère.

Contrairement aux grandes tendances repérées par ailleurs, ces ouvriers sont nombreux à ne pas avoir de voiture. L'existence de réseaux de ramassage par l'entreprise, l'habitude prise de vivre et consommer sur les lieux mêmes de l'habitat, avec une large part d'autoproduction, expliquent en partie cet élément.

Mais, de façon plus générale, ces ouvriers présentent de fortes résistances à l'extension des rapports marchands sur la consommation. Ils abandonnent d'ailleurs certaines pratiques qu'ils avaient pourtant à la mine, comme le départ en vacances. D'autre part, ne pouvant plus épargner comme à la mine, du fait de l'abandon de tous les avantages sociaux qu'ils connaissaient et du fait du développement des rapports marchands, ils utilisent davantage leurs jours de congés annuels à éponger les pertes dues aux chômages techniques ou aux conflits sociaux.

Mais ni leur relative adaptation aux conditions de travail, notamment aux feux continus, ni leurs résistances aux consommations marchandes ne sauraient se comprendre sans référence à leur *organisation familiale*.

De ce point de vue, les femmes de mineurs que nous avons interrogées continuent à effectuer un travail domestique très intense. Outre l'attention très forte qu'elles portent aux conditions de repos de leur mari, à la préparation et aux horaires de leurs repas, elles assument le plus souvent toutes seules l'ensemble des tâches ménagères, cherchant à minimiser les dépenses en équipements ou en services.

Et, de ce point de vue, elles soulignent que l'habitat individuel péri-urbain représente pour elles un surcroît de travail.

Et si devant le développement des rapports marchands ces femmes se posent la question du travail salarié, peu d'entre elles l'envisagent comme solution. C'est que pour la plupart elles ne sont pas prêtes à confier la garde de leurs enfants, qu'elles souhaitent élever elles-mêmes. Si beaucoup disent avoir voulu moins d'enfants que leurs parents, elles ne souhaitent pas pour autant n'en avoir que deux, tant les enfants sont une part essentielle de leur vie.

Cette valorisation du rapport à l'enfant se traduit dans la composition familiale beaucoup plus importante de ces ouvriers, qui ont au minimum trois et quatre enfants.

Mais cette place particulière de la femme, l'importance de son travail domestique ne signifient pas pour autant un repliement sur la famille nucléaire. Toutes les femmes interrogées nous ont rapporté comment, dans les mines, elles vivaient greffées quotidiennement sur l'univers professionnel, et à travers les relations et pratiques de voisinages sur la communauté minière. Dans les nouveaux lotissements, elles essaient de maintenir ce rapport, qui répond pour une large part à des besoins d'entraide, mais aussi à une certaine conception de l'habitat et des loisirs. Or les anciens mineurs et leurs femmes se font au décalage de mode de vie d'autres ouvriers, qui n'ont ni les mêmes traditions ni les mêmes attentes. Aussi les réseaux de sociabilité se reconstituent-ils, mais ils se limitent aux anciens mineurs entre eux, parce qu'ils se reconnaissent dans des pratiques de travail comme dans des pratiques d'habitat et que, même s'il a changé, leur mode de vie les spécifie.

## Conclusion

Ainsi il nous est apparu dans le développement même de notre travail que la prise en compte des modes de vie constituait un élément essentiel de la compréhension des politiques de main-d'œuvre des entreprises comme des rapports sociaux liés au travail.

Cela ne signifie pas pour autant que les entreprises aient, de ce point de vue, une stratégie toujours consciente, voire manichéenne, dans ce domaine. Bien souvent, d'ailleurs, elles agissent davantage par empirisme. Il n'en demeure pas moins qu'à leurs yeux les différents segments de la main-d'œuvre ne constituent pas une force de travail toujours et partout homogène et interchangeable. Ce constat est une évidence concernant quelques grandes catégories de main-d'œuvre comme les jeunes, les femmes ou les travailleurs étrangers. Il nous paraît non moins vrai concernant des groupes sociaux définis par une origine et une histoire sociales particulières, marqués par une configuration spécifique de rapports sociaux.

Ce que nous avons tenté de montrer dans cet article, c'est le rapport qu'entretiennent division du travail et modes de vie. Ce rapport n'est jamais équivoque, ni ne se détermine de façon unilatérale. Il se fonde sur des interrelations réciproques entre ces deux éléments. Et, pour sa compréhension, la prise en compte de la dynamique historique est essentielle. Elle seule, en effet, permet de saisir l'empreinte des rapports sociaux passés à partir desquels s'engendre le présent.

C'est pourquoi la méthode biographique nous paraît largement adéquate au traitement des modes de vie dans le cadre de notre problématique. Mais l'enjeu pour nous était bien de saisir, à travers des histoires individuelles, des biographies sociales. Or la méthode biographique ne constitue qu'un outil qui, pour devenir opératoire de notre point de vue, nécessite un cadre théorique et méthodologique des groupes sociaux à partir desquels s'opèrent les processus de catégorisation de la main-d'œuvre.

# Itinéraires professionnels des femmes cadres

*Jacqueline Laufer* *

La forte augmentation des femmes cadres ne se traduit pas par une insertion harmonieuse des femmes dans la hiérarchie des emplois, en particulier des emplois impliquant une responsabilité technique ou humaine au sein de l'entreprise, la féminisation des effectifs de salariés n'étant pas forcément un facteur favorisant l'accès des femmes aux postes de cadres [1].

L'objectif de cette recherche a été de cerner, sur un échantillon [2] de soixante femmes cadres, ce qu'il pouvait y avoir de spécifique dans la situation des femmes cadres dans l'entreprise, à la fois du point de vue de leurs carrières et de leurs orientations par rapport à l'entreprise, alors qu'elles sont encore largement minoritaires dans un environnement dominé par les hommes.

---

* La recherche « La femme cadre : carrière et vie dans l'organisation » a été réalisée dans le cadre du CESA (HEC, ISA, CFC) avec la collaboration de Nicole Aubert.

1. Ainsi, dans les secteurs du textile, des banques, des assurances, secteurs fortement féminisés, on ne trouve qu'une proportion relativement faible de cadres féminins. Dans le secteur bancaire, par exemple, 50 % du personnel est féminin, mais les femmes ne représentent que 15 % des cadres et 3 % des cadres supérieurs.

2. L'échantillon inclut des femmes cadres moyens et supérieurs, travaillant dans des secteurs et fonctions diversifiés : secteur bancaire, clinique, électronique, cosmétique, alimentaire, distribution, publicité. Quant aux postes occupés, ils se situent dans les fonctions production, finance, marketing, ventes, études, achats, informatique, etc. Parallèlement, nous avons interviewé un échantillon d'hommes cadres moyens et supérieurs travaillant dans ces mêmes entreprises et dans ces mêmes fonctions, dans la mesure du possible.

Minoritaires, exerçant leurs activités dans les fonctions d'études ou de recherches, dans des filières fonctionnelles ou dans des postes d'assistanat, très rares aux niveaux supérieurs de la hiérarchie, absentes pour la plupart des fonctions d'encadrement, les femmes cadres apparaissent donc comme des *cadres différents,* même si elles sont relativement plus nombreuses dans des fonctions comme le marketing ou dans des secteurs plus récents comme la publicité à faire des carrières semblables à celles des hommes, ces deux activités étaient moins marquées par le poids des structures et des images traditionnelles.

Différentes, elles le sont aussi du simple fait qu'elles sont *cadres et femmes.* A travers la juxtaposition des deux termes se trouve située d'emblée la spécificité de la situation de la femme cadre, qui à notre avis ne peut s'analyser qu'en référence à une double réalité :

– d'une part, celle de l'entreprise, la position du cadre y étant déterminée par sa formation et sa qualification, organisation neutre et n'impliquant pas de référence au genre masculin ou féminin autrement qu'à travers une logique qui s'exprime en terme d'aptitudes à occuper un poste ;

– d'autre part, celle de la féminité, qui renvoie à un tout autre aspect de la réalité, celle de la division et de la complémentarité entre rôles masculins et rôles féminins.

Evoquer les cadres féminins, ce n'est donc pas seulement les *classer par opposition* aux cadres masculins pour étudier leurs carrières indépendamment de celles des hommes, c'est surtout les *situer* dans deux ordres de réalité différents et souvent hétérogènes, l'un sexué, la réalité de la répartition des rôles masculins et féminins ou du moins ce qui en est vécu à un niveau culturel ou symbolique, l'autre neutre, la réalité de l'organisation, du moins telle qu'elle est formulée à travers les discours et les pratiques qui règlent l'affectation du personnel aux différents postes, le diplôme et la qualification étant alors considérés comme les seuls déterminants du statut dans l'entreprise.

Comme les cadres masculins, le groupe des cadres féminins se segmente en autodidactes et diplômées, et leurs espérances de carrière sont largement déterminées par leur formation initiale, mais à chaque niveau leur statut de femme détermine des logiques d'actions qui ne sont pas identiques à celles des hommes. De plus, à chaque niveau, elles sont confrontées avec un environnement masculin dont les attentes à leur égard sont fortement marquées d'ambiguïté, puisque précisément elles sont à la fois cadres (semblables aux hommes) et différentes (femmes).

314

## I. Des filières différentes

Si la carrière des femmes cadres pose des problèmes spécifiques, c'est en raison, d'une part, d'une localisation particulière des emplois des femmes cadres qui conduisent à rendre une carrière plus difficile et, d'autre part, en raison des images préexistantes quant aux aptitudes plus spécifiques des femmes pour tel ou tel type d'emploi.

En effet, traditionnellement, des femmes ont pu accéder à des postes relativement élevés dans l'entreprise, grâce, peut-on dire, à l'utilisation de la différence. Il faut ici insister sur ce fait caractéristique des carrières féminines que dans la très grande majorité des cas le facteur « sexe » vient s'ajouter à toutes les autres déterminations sociales et se traduit comme un handicap quand il s'agit de la progression hiérarchique, même s'il peut jouer comme un atout important sous d'autres aspects du statut que les femmes se voient reconnaître dans certains secteurs et dans certaines fonctions.

En particulier, il faut analyser la représentation des métiers féminins ou féminisables qui existent au sein de la culture des entreprises et qui limitent l'accès des femmes à d'autres fonctions. Ainsi, il est intéressant de constater que, dans des secteurs tels que les activités administratives, les secteurs de l'habillement, du travail, des étoffes, produits d'hygiène, de beauté, etc., le statut de la femme cadre est fondé bien sûr sur une compétence professionnelle, mais aussi sur la reconnaissance de qualités spécifiquement féminines proches de rôles traditionnellement attribués aux femmes, que ce soit dans l'entreprise ou hors de celle-ci : capacité à comprendre la mode et son évolution, capacité à utiliser les qualités maternelles de dévouement et de compréhension dans certaines activités d'encadrement ou d'activités à caractère social. En cela, les « femmes cadres de la tradition » − plus souvent autodidactes mais pas exclusivement − ne se distinguent pas totalement de leurs congénères ouvrières. En effet, les qualités féminines ont toujours été reconnues dans l'entreprise, et on a souvent souligné leur utilité : patience, dextérité, précision, acceptation de tâches plus routinières et plus répétitives pour les ouvrières, dévouement, permanence, loyauté, discrétion pour les secrétaires. La liste serait longue de ces qualités appréciées par les hommes, contremaîtres ou patrons ; néanmoins, on peut penser que les vanter dispense de les payer, et il est un fait que pour appréciables que soient les qualités des femmes, on les a toujours considérées comme ayant moins de *valeur* (la moindre valeur se traduisant par un moindre *salaire*) que les qualités des hommes.

D'ailleurs, n'est-il pas normal de peu rétribuer ces qualités ou de les considérer comme devant être associées à des qualifications

315

systématiquement plus basses que les hommes, alors même qu'elles sont considérées comme des qualités « *naturellement féminines* » ?

## Des postes complémentaires de ceux des hommes

Dans d'autres cas, c'est le statut de la femme par rapport à son supérieur hiérarchique immédiat qui, plus encore que sa compétence, sera à la fois le secret et la limite de sa réussite : suivre l'un des « grands directeurs » dans sa carrière peut amener une femme à occuper un statut important, mais qui sera toujours subalterne par rapport à des paramètres essentiels dans la nature même de carrière, ceux de responsabilité et de décision ou d'autorité. Ici, ce qui joue dans la logique de la carrière de la femme cadre, c'est moins une référence à une qualification particulière que la complémentarité de son poste avec le poste hiérarchique immédiat : le couple de postes appelle un couple masculin et féminin, et seule la référence au système de carrière masculin peut expliquer la logique des postes féminins.

Ainsi, l' « éminence grise » sera caractérisée par :

– un poste qui exige une certaine stabilité et où une femme a précisément des chances de réussir parce qu'elle sait, et que tout le monde sait qu'elle sait, qu'elle ne peut pas rentrer en compétition avec des hommes qui l'entourent et qui ont un statut nettement plus élevé qu'elle ;

– un statut élevé, car elle est rattachée hiérarchiquement à un personnage important dans l'entreprise ;

– une compétence distincte dans un domaine considéré comme important, prospectif ou confidentiel ;

– des capacités relationnelles importantes, mais plutôt discrètes, et n'impliquant pas une influence directe sur les gens. Le charme doit agir même à un niveau élevé ;

– une participation officieuse à des décisions, mais pas de participation aux prises de décisions officielles ;

– l'obtention de certaines satisfactions psychologiques, en particulier être proche du pouvoir sans y participer, et par là même maintenir une relation homme-femme qui soit à une certaine image harmonieuse de cette relation où la femme contribue par ses qualités d'analyse, de contacts et de discrétion, mais où l'homme décide.

La position de la « secrétaire élargie » sera caractérisée par :

– un poste élevé dans une fonction administrative, financière ou de personnel ;

316

– une compétence distincte dans un domaine particulier, mais pas de rapport véritablement autonome à son travail, car elle ne participe pas à l'élaboration de politiques et reste cantonnée dans un rôle de préparation de dossiers utilisés par le supérieur hiérarchique direct ;

– une définition de son travail qui changera en fonction des conceptions des différents directeurs qui occupent ce poste ;

– une exigence de stabilité qui doit justement permettre une continuité dans le fonctionnement de la direction en dépit de nombreux changements à sa tête.

Ces exemples de position caractéristiques de nombreuses femmes cadres illustrent cette forte interaction entre la position acquise dans une échelle de compétences et de statut et le fait de jouer un rôle – le rôle féminin, le second rôle, situation qui renvoie à toutes les autres facettes du rôle de la femme dans notre société. Fonctions maternelles, fonctions de routine et de permanence, fonctions d'aide et de soutien, la femme cadre en cela rejoint l' « éternel féminin ».

## *Des filières fonctionnelles et spécialisées*

L'entrée massive des femmes dans l'éducation supérieure a modifié les conditions d'accès des femmes au marché du travail et leur a permis d'entrer dans l'entreprise à un niveau plus élevé.

Néanmoins, l'égalité théorique acquise à travers la formation supérieure aboutit en fait à une *égalité dans la différence,* les femmes diplômées se retrouvant massivement dans des filières où le contenu des postes qui leur sont offerts et les filières de carrières auxquelles ils mènent s'avèrent sensiblement différents de ceux des hommes, sans que cela soit toujours explicable par la nature du diplôme – licences en droit, HEC-JF, mais aussi licenciées de sciences économiques, diplômées de l'Ecole des sciences politiques ou même ingénieurs.

C'est en particulier à travers le développement et l'ouverture de fonctions nouvelles – études, organisation, informatique, publicité, marketing, recherche, formation, relations publiques – que les femmes diplômées peuvent donc acquérir une compétence qui peut les amener à occuper des postes d'un niveau relativement élevé dans l'entreprise. Elles agissent alors en tant que spécialistes d'une activité et d'une technique.

Ainsi la position de l' « universitaire prolongée » sera caractérisée par :

– un poste d'étude et de recherche ;

– un savoir spécialisé et une compétence distinctive ;

317

– un travail régulier, intéressant, sans risque, que ce soit au niveau rationnel ou décisionnel, dans la mesure où elle n'a de participation à aucune décision ;
– une orientation dans le travail avant tout intellectuelle et individuelle et quelque peu marginale par rapport à l'entreprise ;
– une carrière pas très bien définissable.

Pour ces femmes cadres, une certaine réussite a été recherchée et obtenue, mais elle se trouve alors bloquée à un certain niveau en raison même de la compétence très spécialisée qui les a amenées sur le chemin de cette réussite.

Bien entendu, ce problème peut se poser de manière similaire à des hommes occupant les mêmes postes à formation et à compétence égales. Néanmoins, dans le cas des hommes, les filières de carrière sont plus souvent évidentes et passent fréquemment par un démarrage à travers, précisément, des postes opérationnels ou des postes d'encadrement. Par conséquent, s'ils en viennent à occuper des postes dans les fonctions, telles que la fonction personnel ou la fonction formation, ils auront en général suivi la trajectoire inverse et pourront de nouveau être mobiles, si tel est leur désir.

Dans le cas des femmes cadres, il s'agit plus souvent de situations où le choix n'a pas été possible. Engagées en tant que spécialistes fonctionnelles, elles éprouvent beaucoup plus de difficultés à rejoindre la « voie royale ». La fonction commerciale chez les uns, la fonction d'encadrement technique chez les autres.

### Des secteurs plus nouveaux et plus ouverts aux femmes

Un nombre important de femmes cadres ont pu développer des carrières plus semblables à celles des hommes dans des secteurs moins marqués par les images traditionnelles du travail féminin, et en particulier dans des fonctions comme le marketing ou la publicité. Mais, là encore, et bien que leurs qualités de « relations », de « créativité » ou d' « innovation » soient reconnues, le passage à des niveaux de décision ou de responsabilité est toujours problématique, et ne peut se faire qu'à travers un coup de force.

### Demain les femmes diplômées des grandes écoles

L'ouverture des grandes écoles d'ingénieurs ou de gestion aux femmes ainsi que les politiques plus volontaristes d'un certain nombre d'entreprises – multinationales en particulier –, désireuses d'utiliser un réservoir de motivations et d'énergies nouvelles ainsi que l'émulation qui peut en résulter pour les hommes, sont susceptibles de modifier sensiblement le type de carrières offertes aux jeunes diplômées. Notre échantillon en contient un certain nombre, mais leur durée de vie dans l'entreprise – deux à trois ans – au moment de l'enquête ne permet pas de tirer des conclusions très précises. Ce qui apparaît, c'est que, dans la mesure où les diplômées des grandes écoles se voient proposer des plans de carrière toujours plus rigoureux que les autres types de diplômées, les femmes diplômées bénéficieront certainement de ce traitement plus attentif de leur évolution de carrière.

## II. Les logiques d'action des femmes cadres face à leur carrière

Appréhender les logiques d'action des femmes cadres face à leur carrière, c'est d'abord comprendre un processus *d'apprentissage de rôle* dans une situation où les modèles et les filières sont envisagés pour les hommes ou sont structurés de manière contraignante pour les femmes, la carrière pouvant alors se définir par la manière dont la femme cadre pourra dépasser les contraintes afférentes à son statut de femme.

M. Henning et A. Jardim [3] ont tenté d'analyser les composantes de ce processus du point de vue des femmes : une femme qui entre dans une entreprise et qui ne sait pas encore si elle veut travailler toute sa vie et faire une carrière aura tendance à se concentrer sur l'acquisition d'une compétence dans son travail actuel en laissant de côté les préoccupations liées spécifiquement à l'avancement et à la carrière. La transition est alors difficile quand, progressivement, l'implication de la femme dans son travail ou la liaison vie-travail deviennent telles que se pose le problème de l'avenir et précisément de la carrière. « Celles qui font carrière sont celles qui sont capables de développer une dimension stratégique, un objectif à long terme, et qui acquièrent également la flexibilité qui leur permet de mettre en balance le coût présent contre le bénéfice futur. » Réussissent en particulier celles qui parviennent à ne plus se concentrer exclusivement sur la tâche immédiate et sont capables de ne pas négliger des variables politiques, stratégiques, dont l'importance est essentielle.

---

3. *The Managerial Woman,* Doubleday Press.

Même pour les femmes munies d'un diplôme d'enseignement supérieur ou même de grande école et donc *a priori* munies de l'« habitus » de tout jeune cadre face à sa carrière, il y aura apprentissage de rôle. En effet, la rareté des cadres féminins, la nécessité de combiner de multiples rôles, rôle professionnel, rôles personnels, mère, épouse, le choix qui est fait constamment de privilégier soit la disponibilité nécessaire à une carrière identique à celle des hommes, aux dépens bien souvent de la recherche d'un équilibre affectif, les attentes contradictoires des hommes à leur égard, tous ces facteurs posent aux cadres féminins, quels que soient leur personnalité, âge ou formation, un problème d'agencement de rôles beaucoup plus complexe que ce n'est le cas pour le cadre masculin.

De ce point de vue, il n'est pas abusif de considérer que l'ensemble des cadres féminins ont par rapport à l'ensemble des cadres masculins une position sensiblement semblable à celle des cadres autodidactes (masculins) face aux cadres diplômés.

En effet, dans la mesure où les femmes se trouvent dans un univers essentiellement masculin, c'est-à-dire dans un système où elles ne peuvent pas avoir d'emblée une vision claire de leur avenir, ou des attentes que l'on a vis-à-vis d'elles, ou des représentations attachées à leurs rôles et à leurs fonctions, leur système de carrière peut apparaître essentiellement comme un système dominé où les images, les normes de comportement, l'éthique du travail et les critères d'efficacité seront avant tout déterminés par un système dominant, celui des hommes qui sont leurs égaux ou leurs supérieurs. Or, c'est à peu près ce mode de représentation de la réalité qui semble pouvoir rendre compte du vécu spécifique des cadres autodidactes sur un marché du travail dominé par les cadres sortant des grandes écoles. « Démuni d'une représentation de soi, ajustée à la position qu'il occupe, hésitant sur la nature et les propriétés de cette position, il ne sait pas bien ce qu'on attend de lui ni ce qu'il peut attendre, jusqu'où il peut aller, c'est-à-dire à la fois ses chances de carrière et la portion d'autorité permise, le degré de liberté, la marge de jeu acceptable dans la position qu'il occupe, particulièrement dans le domaine des relations hiérarchiques [4]... »

Face à cette situation, les femmes cadres semblent définir de manière plus ou moins explicitée des logiques d'action qui se déterminent à partir d'une part, de *contraintes objectives,* tel que le niveau de formation, par exemple le fait d'être autodictate ou diplômée, tel que le secteur définissant des opportunités de carrière

4. Luc BOLTANSKI, *Les Cadres autodidactes,* Actes de la recherche en sciences sociales, 1979.

plus ou moins ouvertes, mais aussi à partir de *représentations* subjectives et culturelles liées à leur statut de femmes et qui déterminent *la représentation qu'elles se font de leur identité de femme à travers l'accomplissement d'un certain nombre de rôles* plus ou moins compatibles et plus ou moins contradictoires, rôles face aux hommes de l'entreprise, mais aussi rôles face aux hommes à l'extérieur de l'entreprise, maris et compagnons réels ou désirés, rôles liés à la maternité, etc.

## Les autodidactes ou la soumission à la différence

Ce qui caractérise ces femmes cadres qui travaillent en général dans des secteurs ou dans des fonctions traditionnellement féminins − grands magasins, services administratifs, postes administratifs dans des fonctions telles que la finance ou le personnel, postes très spécialisés tels que acheteuses dans les grands magasins, postes routiniers tels qu'assistante du directeur des achats −, c'est précisément l'absence de perspectives de carrière. Cette difficulté, elles la partagent avec les autodidactes masculins, mais elles semblent y avoir réagi différemment dans la mesure où elles réinterprètent leur statut en tant que cadre à travers la logique du rôle féminin et de ses attributs, logique qui associe au travail féminin depuis toute éternité un rôle subordonné, dépendant, un rôle routinier, un rôle de permanence et d'aide. A travers cette réinterprétation, ces femmes cadres témoignent d'ailleurs d'une satisfaction relativement élevée dans leur travail. Elles estiment en général avoir eu beaucoup de chances, eu égard à leur satut de femme peu ou pas formée.

Elles se disent intéressées par le « concret ». Elles sont peu intéressées par la progression hiérarchique et plus concernées par une progression en salaire. Elles ont le « respect d'une certaine hiérarchie » ; il n'y a pas, selon elles, de misogynie dans l'entreprise. Même à un niveau relativement élevé en statut, les femmes cadres qui se « soumettent à la différence » reconnaissent qu'en dernière instance il est normal et « naturel » que l'autorité soit exercée par les hommes, et de ce fait c'est bien volontiers qu'elles inscrivent d'elles-mêmes leur carrière dans un champ limité circonscrit par l'autorité de l'homme, c'est-à-dire en général celui qui est juste au-dessus d'elles, ce qui évidemment restreint d'emblée et considérablement le regard qu'elles peuvent porter sur leurs chances de progression.

Ainsi, dans cette façon de vivre le rôle professionnel, nous retrouvons beaucoup de caractéristiques du modèle du travail féminin traditionnel impliquant l'utilisation de qualités féminines liées à la différence : polarisation sur la tâche, application dans le travail, absences d'objectifs de carrières propres. A travers cette combinaison de contraintes objectives – liées au statut d'autodidactes – et de positions subjectives – liées au statut de femme –, un certain nombre de femmes cadres vivent leur carrière à travers la nécessité ressentie par elles de vivre une féminité qui soit en accord avec les représentations et les discours que l'organisation à dominante masculine peut produire à propos des femmes.

*Des carrières dans des filières spécifiques. La recherche d'un équilibre dans la vie privée et la reconnaissance de la différence*

La « reconnaissance de la différence » caractérise des femmes qui ont généralement pu accéder à un statut relativement élevé à travers des carrières fonctionnelles, par exemple dans des services de personnel ou de formation, ou dans des services d'études économiques ou juridiques, ou encore dans des carrières liées à l'informatique, en particulier dans le secteur bancaire. Elles ne s'identifient pas au schéma traditionnel des carrières masculines impliquant une progression hiérarchique et une recherche de responsabilités croissantes. Elles ne recherchent pas non plus le pouvoir et se montrent plutôt concernées par le fait d'exercer une certaine influence à travers un rôle de conseil ou à travers une compétence technique relativement spécialisée. Elles se polarisent volontiers sur une tâche d'expertise et ne s'identifient pas à l'entreprise en tant qu'entité globale. La gestion, l'autorité, l'encadrement ne les intéressent que rarement.

C'est à travers des carrières de spécialistes, où la compétence technique et les qualités de relations interpersonnelles sont plus valorisées que le goût du pouvoir et des responsabilités, que peuvent se situer ces femmes cadres qui, tout en recherchant l'égalité et une certaine autonomie, expriment leur distance quant au modèle de carrière masculin.

L'égalité, c'est l'égalité en statut et en salaire, l'importance attachée à une progression « normale », à une juste rétribution du travail comparé à celui des hommes en position homologue.

Reconnaître la différence, c'est souligner de manière constante que l'univers de l'entreprise est masculin et que les femmes y ont un rôle relativement spécifique à jouer, rôle spécifique n'impliquant pas d'identification au rôle de l'homme, mais exprimant au contraire la difficulté de s'y identifier et d'ailleurs en ayant assez peu le désir de le faire dans la mesure où cela impliquerait de rentrer dans un univers de relations plus tendues, plus contraignantes et plus compétitives.

Mais, à travers ce rôle spécifique et à travers ce refus de s'identifier à l'homme, il y a la possibilité d'équilibrer clairement l'aspect professionnel de l'identité et l'aspect privé. Selon les femmes qui reconnaissent la différence, les femmes doivent faire un choix : ce n'est pas aussi radical que dans les cas de soumission à la différence, mais c'est un choix entre un travail et un rôle de type masculin – impliquant carrière, prise de risque, disponibilité, travail en dehors des horaires – et un rôle professionnel s'équilibrant avec un rôle familial – le travail étant alors source d'équilibre, d'autonomie, de sécurité, mais ne devant pas gêner ou compromettre l'épanouissement des autres rôles que la femme a à jouer vis-à-vis de sa famille. Il est caractéristique que la totalité des femmes que nous avons regroupées ici soient mariées et aient des enfants, ce qui n'est pas le cas de nombre de femmes cadres.

*Des carrières dans des « secteurs » où l'on écoute les femmes et la recherche d'expression de sa féminité à travers le travail : exploiter la différence*

Pour exploiter la différence, il faut se sentir aussi femme que cadre, être de passion et de création et d'implication. Les femmes cadres qui exploitent la différence ont fondé leur carrière sur une très grande implication dans un travail, dans un secteur, où elles avaient d'emblée le sentiment qu'elles pourraient être non seulement reconnues comme pouvant être utiles à leur place subordonnée de femmes diplômées ou autodidactes, mais écoutées. Elles sont convaincues qu'elles peuvent apporter quelque chose de spécifique, d'irremplaçable, non pas seulement à travers des activités de conseil ou d'études, mais dans la manière même de considérer les problèmes et de les résoudre. Il est donc normal que l'on trouve ces femmes dans des secteurs et dans des métiers qui, d'une part, ne sont pas figés dans leurs structures et qui, d'autre part, se caractérisent par le fait qu'ils utilisent des qualités plus « féminines » à la fois chez les hommes et chez les femmes : secteurs de produits de beauté, métiers de la publicité et du marketing.

Munies de cette conviction, elles sont par excellence les femmes douées pour se glisser dans les interstices d'une situation mal structurée, pour utiliser leur capacité créatrice – et destructrice – de créer l'événement et de faire bouger les choses. Un peu sorcières ?

Elles le refuseraient certainement, mais elles reconnaissent volontiers qu'elles se sentent « différentes » et plus encore à part. Par opposition aux femmes qui « reconnaissent » la différence et s'y adaptent à travers une recherche d'équilibre, les femmes qui « exploitent » la différence témoignent souvent d'un rapport plus complexe à leur féminité, en particulier dans leur vie privée : femmes seules, femmes sans enfant, femmes sans mari, mais femmes aussi qui rêvent, qui rêvent à un couple idéal. Femmes qui se cherchent à travers une expression plus complète d'elles-mêmes dans leur travail et qui parallèlement risquent un peu de s'y perdre, femmes qui s'affrontent volontiers aux hommes mais qui recherchent « l'homme » dans sa signification symbolique, comme celui qui viendrait mettre un butoir à une quête d'identité et de sens qui ne peut se réaliser pleinement à travers un métier, féminité oblige.

Dans leurs histoires de carrières, c'est en effet l'aspect conflictuel ou potentiellement conflictuel des relations avec les hommes qui frappent le plus. A travers des structures peu établies ou des fonctions en évolution rapide, des possibilités de conflit sont ouvertes, et celles-ci sont retraduites dans le langage de l'opposition entre femmes et hommes, les femmes étant décrites comme celles qui réussissent parce qu'elles ont procédé par intuition, par créativité, par innovation, alors que les hommes se raccrochaient à des règles, des schémas, des chiffres, etc.

*Les carrières des femmes diplômées des grandes écoles :*
*un désir de faire carrière mais une revendication de la différence*

Faire carrière comme un homme, mais vivre comme une femme, c'est-à-dire *revendiquer une différence* avec les cadres masculins de l'entreprise, c'est l'attitude des femmes qui ont d'abord cherché l'égalité avec les hommes en général à travers l'obtention d'un diplôme élevé, mais également à travers le choix d'entreprises où elles savaient pouvoir faire carrière dans des filières identiques à celles des hommes.

Avant tout, elles désirent faire carrière et elles s'identifient donc aux hommes dans leurs comportements de managers, ce qui les amène d'ailleurs à lutter contre la différence dans un premier temps, précisément pour acquérir cette crédibilité, pour ne pas avoir de comportements « *trop* féminins », « *trop* soumis », ou « *trop* agressifs », ou « *trop* maternels », ou « *trop* séducteurs », ou « *pas assez* décidés », ou « *pas assez* fonceurs ».

C'est en partie à cette lutte contre la différence qu'elles doivent la possibilité de faire des carrières semblables à celles des hommes dans des secteurs qui se sont ouverts aux femmes – par exemple les fonctions marketing très structurées des multinationales de la lessive ou de l'alimentation –, ou à travers les opportunités ouvertes par les politiques volontaristes d'autres entreprises – par exemple, des carrières technico-commerciales ou commerciales dans une multinationale de l'informatique, ou dans le secteur des pétroles.

Revendiquer la différence, c'est donc vouloir être cadre à part entière, c'est-à-dire faire une carrière hiérarchique, avoir un certain pouvoir, « prendre des décisions tout en ne s'identifiant pas à la carrière, comme le font les hommes qui évaluent leur vie à travers leur carrière ». On pourrait parler d'attitude instrumentale face à la carrière dans la mesure où le désir d'identification aux hommes s'arrête aux aspects d'efficacité et de réussite, mais n'englobe pas une quête d'identité à travers la carrière, cette identité devant aussi se réaliser à travers les rôles féminins traditionnels, épouse et mère.

Cette recherche de conciliation entre deux fondements différents de leur identité amène ces femmes cadres à avoir des attitudes ambiguës quant au déroulement de leur carrière ; à chaque étape elles s'interrogent, elles doutent, elles refusent ou elles acceptent le chemin, en tout cas elles se culpabilisent.

Toutes les femmes cadres vivent à un degré ou à un autre la tension entre le rôle professionnel, et ce qu'il exige de disponibilité et d'implication pour y réussir, et les rôles « privés » ; mais alors que les autres femmes cadres raisonnent en termes de « choix » plus ou moins radical, quitte à regretter ce qu'elles ont « sacrifié », les femmes cadres que nous évoquons ici revendiquent la possibilité de concilier l'ensemble des rôles, y compris à travers leur propre capacité à gérer leur angoisse et leur culpabilité, en particulier face à leurs enfants.

Face à l'entreprise, elles manifestent une volonté de s'intégrer dans les structures, les manières et les normes de l'entreprise, à la différence des femmes cadres, qui « exploitent la différence » et qui sont perpétuellement prêtes à remettre en cause « la manière masculine de faire les choses ». Néanmoins, les femmes cadres qui revendiquent la différence ont tendance pour le moment à ne pas s'identifier à leur *projection de carrière,* en dépit du fait que, si l'on regarde objectivement leur carrière, elles en font une : « La carrière n'est pas vraiment une motivation, je ne me projette pas si loin... je n'ai pas de volonté particulière d'aller chercher dans ce poste quelque chose que j'attends... je ne suis pas contre, mais je ne l'ai pas planifié... je ne suis pas une carriériste féroce... »

### III. Rôles sociaux et carrières : le cas des femmes cadres

L'étude des attitudes et des comportements des femmes cadres amène assez logiquement à remettre en cause une fois de plus le paradigme traditionnel à travers lequel sont communément envisagées deux institutions fondamentales de notre société : l'entreprise, qui serait un lieu « autonome », lieu de la vie professionnelle, univers du travail et de la production, univers enfermé sur ses propres règles et ses propres normes : statut et autorité fondés sur la compétence, compétition, efficacité, etc., et la famille, qui serait le lieu de la vie privée, de l'affectivité, du repos, du loisir surtout pour l'homme.

Certes, il est reconnu et évident que l'entreprise est également le lieu de relations « informelles » ou affectives et sociales qui influent sur le processus de travail, tandis que la famille est un lieu largement aussi « économique » qu'« affectif », mais il n'en reste pas moins que les deux univers sont plutôt présentés comme étanches, tendance qui reflète d'une part une division institutionnelle réelle qui permet de distinguer le lieu de la « production » du lieu de la « reproduction », et d'autre part le vécu des membres d'une société développée où les individus subissent de manière croissante la séparation entre le monde du travail et le monde de la famille.

Or l'analyse du rapport homme-femme dans l'entreprise ne peut s'établir qu'à travers une compréhension des interelations fondamentales qui existent entre ces univers institutionnels. En particulier, nous comprenons mieux l'interaction femmes-hommes dans l'entreprise si nous pouvons la situer par rapport à l'interaction femmes-hommes dans la famille. Plus précisément, il s'agit de cerner les rôles dominants et les contraintes propres à chaque institution, afin de comprendre comment l'accès de femmes à des postes potentiellement égaux à ceux des hommes oblige les uns et les autres à se resituer vis-à-vis des rôles traditionnels et des clivages habituels entre travail et famille.

*Les contraintes propres à l'entreprise*

L'entreprise est un monde masculin où les rôles et les compétences sont situés par rapport à « l'homme » dans son rapport spécifique au travail, rapport qui peut s'analyser dans une double finalité du travail : action de transformation sur les choses et sur les gens, où l'individu est censé pouvoir épanouir ses talents et son énergie créatrice, et nécessité économique liée à l'entretien matériel de la cellule familiale. L'homme s'attend depuis l'enfance à travailler et à gagner sa vie. Dans une société développée, toute l'enfance et l'adolescence représentent, à travers l'éducation, une préparation à l'âge adulte, forcément lié au travail lui-même, source d'indépendance économique. Il est donc très logique que les hommes séparent beaucoup moins que les femmes les buts personnels et les objectifs de carrière, puisque nous parlons ici des cadres.

Tandis que les hommes ont tendance à spontanément planifier leur carrière en termes stratégiques impliquant des objectifs étalés dans le temps, en termes également d'une certaine programmation incluant théoriquement le risque et la mobilité, les femmes ont tendance à avoir une attitude plus attentiste, qui reflète à la fois une incertitude plus grande quant à leur propre rapport à la carrière − mise en balance avec la vie d'épouse et/ou de mère − et une incertitude liée à celle de l'avenir que leur réserve l'entreprise.

Du point de vue de l'entreprise, en particulier de la grande entreprise, la notion de carrière implique un certain nombre de principes essentiels, certains d'entre eux explicites et d'autres qui le sont moins. Explicitement, la notion de carrière implique la progression hiérarchique, le changement, la mobilité. Implicitement, la notion de carrière signifie aussi qu'à travers ce chemin, cette pyramide de positions, le cadre va développer son capital culturel et social, améliorer son statut, son salaire, son pouvoir. Certes, tous les cadres ne misent pas sur la carrière, et certains se contentent d'une progression en salaire à l'intérieur de filières particulières − mais, dans l'ensemble, la « croyance » en la logique du système et le degré d'adhésion qu'on lui porte représentent l'une de ses sources importantes de légitimité et représentent donc une condition de son fonctionnement. Travail et carrière sont donc des éléments très fondus dans la pratique sociale du cadre et dans la représentation qu'il a de lui-même, de son statut, de son identité.

Face à cet ensemble d'éléments qui constituent la carrière, la femme cadre se trouve en situation d'« handicapée », soit qu'elle ne puisse, pour des raisons déjà évoquées, se plier aux contraintes de la carrière, soit que l'opportunité ne lui en soit pas donnée, soit que, par le fait d'être enracinée différemment dans la sphère de la « reproduction », elle ne puisse aussi directement s'impliquer dans le projet d'identité sociale que les entreprises offrent à leur cadre.

Certes, notre enquête devrait être étendue et prolongée pour tester l'ampleur réelle des comportements que nous avons repérés à ce premier stade, mais cette différence d'approche des problèmes constatée entre cadres féminins et masculins apparaît en tout cas directement au niveau de l'échantillon actuel : si le moindre goût des femmes pour la compétition ou pour le pouvoir est souvent évoqué, sans que rien ne permette d'évaluer la profondeur de cette différence de « tempérament » avec les hommes, c'est en fait les pratiques sociales liées à la vie privée et à la famille qui constituent la raison essentielle de cette différence d'implication dans la carrière.

## Les contraintes propres à la vie familiale

Il est en effet très clair que c'est en terme de choix − ou en tout cas en termes d'une gestion de la contradiction entre carrière et famille − que les femmes pensent le problème de leur carrière. Pour les femmes célibataires, c'est la disponibilité qui est invoquée comme facteur de succès principal dans la carrière.

La carrière comme exutoire à une vie privée insatisfaisante ? C'est une question qui est perpétuellement posée. Il est certain que la plupart des femmes célibataires ont souvent le sentiment d'avoir trop investi dans leur travail, et la plupart, passé un certain stade ou un certain âge, seraient prêtes à ralentir beaucoup leur rythme de progression si cela était rendu nécessaire par une vie de famille.

En ce qui concerne les femmes mariées, le problème se pose à un autre niveau, qui est celui du nombre d'enfants et de l'intégration de la maternité et de la carrière. Il y a en tout cas un choix permanent qui doit être fait, et quand les femmes interrogées veulent concilier les deux leur vie ressemble le plus souvent à une gestion de crises ou de « mini-crises » permanentes qui ne se résolvent qu'à travers une « gestion » du temps très rigoureuse et un soutien actif du mari. Bien souvent aussi, il se dégage une certaine culpabilité vis-à-vis du ou des rôles qu'on n'arrive pas bien à remplir, débordée par les exigences et les conflits de chacun des rôles occupés : cadre, épouse, mère.

De ce choix ou de ces tentatives de conciliation dépendent plusieurs choses qui retentissent sur la carrière. En premier lieu, la nature du poste occupé ou revendiqué est liée à la nature des contraintes familiales. Un poste stable, n'impliquant pas trop de responsabilités, pas trop de « surtravail » en dehors des horaires normaux, ou pas trop de voyages, sera souvent apprécié par les femmes cadres. Par définition, ce choix impliquera de renoncer à cette disponibilité ou à cette attitude « active » qui incitent l'entreprise à favoriser la carrière d'un cadre, surtout si par ailleurs − ce qui est bien sûr le cas − des hommes sont eux disponibles pour le même poste.

Du point de vue des hommes, la possibilité qu'ont les femmes cadres de « choisir » leur vie − en tout cas quand elles sont mariées

– les rend *a priori* moins crédibles, comme si le fait d'avoir un rôle d'épouse ou de mère les rendait moins motivées ou du moins rendait moins nécessaire leur « investissement » psychologique dans une carrière à part entière. Cette perception peut entraîner des jugements sévères, car les hommes peuvent avoir le sentiment que les femmes « veulent tout ».

De ces points de vue qui conduisent même à un niveau élevé à ne pas considérer la carrière d'une femme comme celle d'un homme, il faut aussi trouver le fondement dans le rôle que joue la famille pour les cadres.

Les cadres supérieurs masculins, pour la très grande majorité mariés, sont tributaires pour leur équilibre de vie de la stabilité des rôles familiaux. Le maintien de la cellule familiale, l'éducation des enfants, le fait d'établir le cadre de vie et les relations sociales correspondant au niveau du cadre, tous ces aspects de la « reproduction » sont très souvent pour les cadres moyens et supérieurs la tâche spécifique de la femme.

A la maison, le cadre veut trouver le repos, la détente, « ne plus se poser de problèmes ». Il faut « couper » avec le travail. C'est à travers la cellule familiale que le cadre pourra retrouver « l'équilibre » entendu comme une source « gestion » de vie personnelle et professionnelle. La réussite d'un cadre, c'est finalement l'équilibre atteint au sein de trois pôles à la fois contradictoires et complémentaires : la vie de travail, la vie familiale, la vie professionnelle. Si la femme n'est pas disponible pour la vie familiale et son équilibre, une source de tension supplémentaire s'introduit dans la vie du cadre [5].

Il y a donc une contradiction assez forte entre une orientation libérale favorisant une « certaine libération » de la femme, orientation caractéristique d'un certain niveau culturel, et une orientation plus conservatrice visant à maintenir la femme dans son rôle traditionnel, surtout, bien entendu, dans le cas des cadres dont la femme ne travaille pas. Car ces cadres auront bien sûr tendance à justifier la situation qu'ils connaissent dans leur propre foyer.

Devant des femmes dont la « mobilisation » face à la carrière peut être mise en doute, à moins que ces femmes n'aient conservé le célibat jusqu'à un âge avancé, mais alors il s'agit souvent là d'une autre génération, les hommes, surtout ceux qui sont placés dans un milieu assez compétitif, auront tendance à avoir un discours finalement ambigu où les orientations conservatrices dominent.

---

5. Voir en particulier H. Raymond, *Espace social et Habitat des cadres*, Institut de sociologie urbaine.

Dans cet univers de tensions propres aux cadres, le travail de la femme à un statut bien précis : il s'agit moins de « travail » que d'une « activité » qui permette à la femme de « s'épanouir » de « s'occuper », mais le caractère essentiel de « l'occupation » c'est d'être défini par rapport à l'équilibre fondamental du foyer, par rapport à l'éducation des enfants. C'est seulement après cette phase achevée que la femme de cadre peut envisager un travail, mais il s'agit plus là d'une carrière au sens propre du terme, en tout cas dans l'état actuel des choses.

Elles trouvent d'ailleurs dans cette répartition des rôles une sorte de satisfaction qui vient faire écho aux jugements des hommes évoqués plus haut, concernant la moindre mobilisation de la femme sur le plan de la carrière, et c'est souvent chez les femmes ayant bien réussi que l'on peut trouver ce désir de maintenir − au-delà de l'égalité face au travail − cette « différence », ne serait-ce que sous forme mythique. « Je crois que les hommes, souvent, quelles que soient leurs qualités intellectuelles et les études brillantes qu'ils ont faites, sortis de leur métier, sont assez pauvres en centres d'intérêt. Ils ont rarement des centres d'intérêt précis, accaparants..., alors que les femmes, elles, s'occupent par ailleurs de leur maison, leurs enfants, elles aiment lire, voir des expositions, elles ont des centres d'intérêt extérieurs à leur métier qui paraissent beaucoup plus existants que chez un homme. Vous avez des tas d'hommes entre trente et quarante ans par exemple qui, en dehors de leurs métiers, ne s'intéressent à rien, ils misent tout sur le boulot... »

## Conclusion

A travers l'analyse des carrières des cadres masculins, c'est un certain nombre de paramètres qui ont été particulièrement explorés (formation, marché du travail, insertion des cadres dans les différentes fonctions ou structures de pouvoir, etc.), bien qu'on se soit penché aussi sur la manière dont la carrière structure le mode de vie de cadre et récemment sur les rapports entre investissement dans la carrière et cycles de vie.

A travers l'analyse des carrières des cadres féminins, on est amené à se pencher sur l'ensemble du projet social qui détermine l'investissement dans la carrière de la part d'un cadre, ainsi que sur la manière dont il va aborder les contraintes de l'entreprise à partir d'une identité et des rôles qui se définissent en partie hors d'elles, dimensions qui ont été peu explorées pour les cadres masculins alors que leur poids est probablement important pour déterminer comment il aborde et structure sa situation de travail.

# Sociologie génétique
# et utilisation de données longitudinales

*Catherine Paradeise* *, *Pierre Tripier* * *

L'expérience commune qu'a le sociologue de la vie sociale, le regard le plus naïf qu'il jette sur sa propre existence, lui démontrent que le temps concret de la vie, succession et enchevêtrement de moments de la vie privée et professionnelle, joue un rôle majeur dans l'élaboration de sa vision du monde, la construction de son univers de relations sociales, l'évolution de sa carrière. S'il se remémore son histoire personnelle, il lui apparaît que sa formation intellectuelle, les expériences de sa vie préprofessionnelle et professionnelle, ont eu une influence prépondérante sur ses orientations et ses réorientations successives. Bref, il lui apparaît derechef que l'instrument idéal de compréhension des conduites individuelles est l'analyse génétique, dont la matière est constituée par les données longitudinales de la vie publique et privée, rassemblées typiquement par entretien biographique ; il peut en déduire que les collectifs formés d'individus ayant connu des expériences de vie similaire, parce qu'organisée par les mêmes données de base et des cheminements analogues, dans un contexte institutionnel semblable, peuvent utilement être analysés par le même procédé.

* Université de Nantes, Laboratoire de recherches sur la classe ouvrière.
** Université Paris-X. Groupe Sociologie du travail.

Force est pourtant de constater que cette vision naïve a très peu imprégné les conduites savantes. Un recensement bibliographique montrerait facilement que l'immense majorité des recherches empiriques se donne à expliquer les phénomènes dans un univers soit intemporel, soit synchrone, et cela même dans les cas où le temps – où plutôt la durée – est pris en compte comme variable explicative.

Cette bizarrerie apparente de plus en plus fréquemment dénoncée dans ses conséquences, a excité la curiosité des auteurs de cet article, qui ont cherché à en comprendre les causes. Ce sera l'objet de la première partie de ce texte, qui, dans une seconde partie, indiquera quels bienfaits et quelles limites il faut attendre de l'analyse longitudinale.

**Le réductionnisme temporel de la sociologie « normale »**

Si l'on accepte de dire avec Gouldner [1] que le discours sociologique ne peut être analysé sociologiquement qu'à la condition de le traiter comme une représentation symbolique, c'est-à-dire comme un produit parmi d'autres de l'activité intellectuelle, on doit en déduire avec lui que :

1) La sociologie de la sociologie a pour tâche de mettre en évidence les « non-dits [2] » des discours sociologiques, ce qu'il appelle leur *subsociologie,* c'est-à-dire l'ensemble des présuppositions ontologiques implicites qui rendent possible le discours explicite des postulats et des hypothèses.

2) La sociologie de la sociologie doit rendre compte des conditions qui, dans l'organisation sociale, assurent l'hégémonie d'une sociologie donnée dans un système académique donné et à un moment donné [3], c'est-à-dire qui inclinent la communauté scientifique à accueillir favorablement ou défavorablement de nouvelles hypothèses explicites, selon qu'elles sont ou non congruentes avec la subsociologie dominante.

On doit alors poser qu'il n'y a pas d'approche méthodologique de la société, comme système de traitement explicite de la réalité, qui ne soit inséparablement ontologie, consonante ou dissonante par rapport à l' (aux) ontologie (s) dominante (s).

---

1. GOULDNER, *The Coming Crisis of Western Sociology*, N.Y., 1970, et *The Dialectic of Ideology and Technology*, Londres, 1976.
2. Le terme est couramment utilisé en analyse du discours. Cf. Pêcheux, Gardin, Ducrot, Austin ; cf. aussi Bourdieu.
3. A. W. GOULDNER, *op.cit.*, 1970.

Appliquant ces préceptes à l'étude de l'histoire de la sociologie américaine, Gouldner a montré comment le groupe de Harvard et ceux qu'il appelle les « ensemenceurs » (Henderson, Parsons, Moore, Merton, K. Davis) ont pu y devenir prééminents, voire quasi hégémoniques, en mettant en évidence la congruence entre leurs présuppositions et celles de la société globale, amplifiée par le contexte organisationnel du système académique américain.

Sans entrer dans les détails de la démonstration, retenons-en le principe pour analyser la « subsociologie » fondatrice de la domination du couple contradictoire et pourtant complémentaire que représente l'orthodoxie sociologique aux Etats-Unis : Parsons et Lazarsfeld, dont la synthèse la plus achevée est réalisée par Merton [4]. Couple contradictoire s'il en est, puisque les postulats théoriques explicites du structuro-fonctionnalisme de Parsons sont organicistes et culturalistes (sous des formes et à des degrés d'élaboration divers [5]), alors que ceux de Lazarsfeld sont, dans le droit fil de la grammaire de la preuve scientifique du cercle de Vienne, atomistes et naturalistes. Contradictoire mais complémentaire, car la sociologie de l'un est ce qui rend possible celle de l'autre. Expliquons-nous : pour Lazarsfeld, toute l'information sociologique pertinente peut être saisie au niveau des individus. Le social est constitué par agrégation de données individuelles. L'individu est l'atome fondamental de la vie sociale, fondamentalement distinct et équivalent à tous les autres, puisqu'il peut légitimement leur être additionné. On reconnaîtrait la représentation libérale de l'individu, si l'on n'en était empêché par l'impossibilité logique d'obtenir une agrégation stable socialement pertinente dans le cadre de cette représentation. En effet, la représentation libérale donne un monde a-structuré, dans lequel les associations interindividuelles dépendent de la seule utilité (de l'accident d'un intérêt commun, pourrait-on dire) et sont donc fondamentalement instables, imprédictibles, et donc inaptes à fonder une psychosociologie des agents ou acteurs. La présupposition qui rend possible cette dernière opération, c'est Parsons qui la fournit. Pour lui, la culture est une et structurée, comme l'est bien l'idée implicite de la culture qui permet à Lazarsfeld de traiter comme des invariants transsociaux les attributs structurants des conduites

---

4. MERTON, *Social Theory and Social Structure*, N.Y., 1949, Cf. en particulier trois des quatre premiers articles traduits en français par H. MENDRAS « Apport de la théorie sociologique à la recherche empirique », « L'Apport de la recherche empirique à la théorie sociologique » et « L'Analyse fonctionnelle en sociologie ».

5. Pour aller vite, de « The Structure of Social Action » à « The System of Modern Societies » en passant par « The Social System ». Parsons nous semble passer d'un holisme absolu à base culturelle à la Pareto à un systémisme de plus en plus complexe, incluant même le conflit.

individuelles. Ce qui présuppose nécessairement l'existence d'une codification sociale des actes individuels, c'est-à-dire une structure sociale continue et homogène. Inversement, partant de Parsons, on pourrait montrer que Lazarsfeld lui permet de faire de l'individu l'atome irréductible de l'organisation sociale, alors même que l'organicisme devrait logiquement conduire à le dissoudre dans le cosmos, en le considérant comme un système composé d'autres sous-systèmes.

L'association Parsons/Lazarsfeld, c'est, on l'aura compris, ce qui permet de parler de structure sociale sans en parler, de faire de la sociologie dans un univers sans forme *a priori,* c'est-à-dire de réaliser une opération qui ressemble fort à celle de la subsociologie dominante. Ainsi, le problème que résout miraculeusement — ou qu'occulte — cette alliance est celui du temps. L'organicisme comme le libéralisme sont d'ailleurs sans histoire ; à l'éternité sans friction du marché pur et parfait répond le synchronisme de tous les éléments du système cybernétique auquel peut être renvoyé le structuro-fonctionnalisme [6]. Il en résulte un discours sociologique de la relation immédiate, du temps aboli, de la permanence des êtres, qui autorise à réduire toute investigation sur les conduites humaines à des relations causales entre attributs contemporains. Cette conception est parfaitement compatible avec celle de l'existence d'une société et d'un individu. Elle permet de développer une méthodologie individualiste dans une conception fonctionnelle du système social, au prix de l'expulsion de la temporalité du champ de l'étude sociologique, sauf sous la forme d'un attribut individuel comme l'âge biologique ou la durée d'exposition à un stimulus.

Ainsi s'explique que la sociologie normale (au sens de Kuhn) de l'après-guerre ait évacué de ses investigations ce qui semblait être un instrument privilégié de la compréhension des conduites : l'analyse longitudinale. Elle aurait pourtant permis à plus d'un de ne pas commettre certaines erreurs logiques et à d'autres d'approfondir leur démarche ; d'autant plus que toute une réflexion méthodologique sur l'utilisation des données longitudinales avait été développée par l'école de Chicago, avant que l'hégémonie de Columbia ne la refoule.

## De la nécessité de l'analyse longitudinale

La principale erreur logique à laquelle s'expose celui qui réduit la temporalité à une durée a souvent été dénoncée [7] : il s'agit de

---

6. Lundwig von BERTALANFY, *General Systems Theory,* en particulier p. 238, éd. 1968.
7. En particulier par les démographes, qui avaient de bonnes raisons pour cela...,

l'impossibilité dans laquelle se met l'analyse tranversale de distinguer entre des effets individuels liés à la durée (les effets de cycle de vie en particulier), et les effets collectifs liés à l'histoire (tout ce qui peut être décrit comme « effets de génération »). On se contentera ici d'en rappeler quatre exemples.

Pour peu qu'on mène une analyse par cohortes, on montre aisément que la croissance de la pratique religieuse avec l'âge, que l'on constate aujourd'hui par analyse transversale, tient à un effet de génération (baisse générale du taux de pratique à un âge donné au cours du temps) plus qu'à un effet de cycle de vie (hausse du taux de pratique avec l'âge)[8]. Ainsi voit-on en œuvre le processus de naturalisation qu'on signalait plus haut : l'analyse transversale prédispose en quelque sorte à « biologiser » la pratique religieuse, c'est-à-dire à accepter d'abord des interprétations par l'évolution de la conscience individuelle éternelle (l'approche de la mort conduirait ainsi par exemple à s'occuper plus activement de son salut), là où l'analyse longitudinale conduit à mettre d'abord en lumière un phénomène historique.

O. D. Duncan[9] a montré que la décroissance de la population agricole américaine ne s'est pas faite par sortie de la profession, mais par absence de renouvellement des générations dans la profession. Si l'un et l'autre phénomènes se traduisent par les mêmes tendances transversales, il est évident qu'ils ne possèdent pas le même sens du point de vue de la migration hors du monde rural, ni les mêmes conséquences quant à la sécurité de l'avenir professionnel des membres du groupe, quels que soient leurs âges, ni donc vraisemblablement quant à leurs comportements politiques et sociaux.

D. Bertaux (d'après Girod) montre que l'étude de la mobilité par enquête transversale, sur la situation professionnelle actuelle des enquêtés et rétrospectivement sur la situation antérieure en un seul point du temps, conduit à considérer comme équivalents des phénomènes de mobilité réelle et des phénomènes de rétro-mobilité

---

puisque la composition des effets de structure d'âge et de génération est au cœur même de cette discipline. Cf. le renouveau de cet intérêt aux USA au cours de ces dernières années ; par exemple, K. SCHUESSLER, ed., *Sociological Methodology 1979,* Jossey-Bass, 1978 ; N. D. GLENN, *Cohort Analysis,* Séries, Quantitative Applications in the Social Sciences, Sage University Papers, 1977, etc.

8. H. M. BAHR, « Aging and Religious Affiliation », *Social Forces,* 1970, 1, cité *in* J. G. PADIOLEAU, « Traitement de la temporalité et logique de l'analyse secondaire », *Society and Leisure,* n° 2, 1972.

9. O. D. DUNCAN, « Occupational Trends and Patterns of Net Mobility in the United States », *Demography.*

(qui ramènent d'un statut temporaire vers un statut permanent détenu antérieurement) [10].

J. Padioleau [11] avance que l'absence d'influence des médias sur les choix électoraux, à laquelle concluent depuis *People's Choice* la plupart des travaux de sociologie électorale sur la base de l'analyse des corrélations entre « taux d'exposition aux médias » et « comportements politiques », tient sans doute principalement au manque de profondeur temporelle des enquêtes par panel dont elles tirent leurs observations. Autrement dit, l'influence des médias ne peut s'analyser selon un modèle simple stimulus-réponse, auquel renvoie implicitement ce dessin d'enquête, où le repérage de la cause et celui de la conséquence sont quasi simultanés. L'échelle temporelle de l'enquête, si elle ne respecte pas l'échelle temporelle du phénomène étudié, manque son objectif.

*L'histoire de vie comme procédé de l'analyse longitudinale*

L'histoire de vie apparaît comme le moyen par excellence de réconcilier le caractère ponctuel de l'enquête avec la reconstitution de la profondeur temporelle dont dépend, on l'a montré plus haut, la validité de l'interprétation des phénomènes qui nous occupent... Elle permet de saisir simultanément les individus dans les différents aspects de leur existence (vie familiale, résidentielle, professionnelle). Elle permet aussi [12], par agrégation de trajectoires individuelles, de retracer les itinéraires de carrières « moyens » ou « modaux », et d'évaluer en conséquence les espérances de carrières objectives qui étaient réservées à telle ou telle génération, et donc de disposer d'un critère de référence pour l'évaluation des carrières effectivement réalisées et/ou subjectivement projetées.

En d'autres termes, l'histoire de vie permet de saisir les processus, les séquences d'événements – régularité ou accident – par lesquels chaque personne a parcouru de façon singulière un itinéraire de vie qui s'inscrit pourtant dans une « enveloppe » d'itinéraires rendus possibles par un ensemble de déterminants objectifs de l'action

---

10. D. BERTAUX, « Mobilité sociale biographique ; une critique de l'approche transversale », RFS, XV, 1974 ; R. GIROD, « Mobilité sociale », *Faits établis et Problèmes ouverts, Droz, Genève, 1971.*

11. J. G. PADIOLEAU, *op. cit.*

12. Bien que ceci pose de nombreux problèmes techniques, quelques propositions ont été faites pour la constitution de profils. Cf., en particulier, W. MULLER, « The Analysis of Life Histories », *in* J. M. CLUBB, and E. SCEUCH, *Historical Social Research,* « The Use in Historical Data and Process-Produced Data », Klett-Cotta, Stuttgart, 1980 ; K. SKREDE, « Yrkesmobilitet-strategi eller tilfeldighet ? », *Tidsskr. f. samfunnsforskning,* 1977, band 18.

individuelle filtrés par l'état historique de la structure institutionnelle où elle se déroule.

Pour que cela soit possible, encore faut-il que la reconstitution *a posteriori* de l'histoire individuelle soit fiable, c'est-à-dire que 1) la mise en perspective du passé à partir du présent ne contamine pas le récit au point que l'histoire reconstruite soit « une autre histoire », histoire des accidents et des contraintes qui justifient l'échec de celui qui juge avoir raté sa carrière, histoire des opportunités saisies de celui qui estime l'avoir réussie par exemple [13], 2) que le travail – individuel et collectif – de la mémoire n'occulte pas tout ce qui, dans l'histoire d'un individu dans un groupe, lui apparaît comme allant tellement de soi que cela ne vaut pas la peine d'être dit, c'est-à-dire tout ce qui est vécu comme faisant partie de la « nature » même de celui qui parle, sans qu'aucun retour réflexif sur lui-même lui ait jamais donné l'occasion de saisir que cette nature est aussi une singularité sociale [14] ; 3) que les histoires recueillies puissent sans abus être considérées comme « représentatives ».

Ainsi donc, le problème principal posé par l'histoire de vie semble être que les reconstitutions *a posteriori,* qui pourraient (par agrégation ou typofication) permettre de reconstituer à la fois l'histoire individuelle et l'histoire collective – ou si l'on préfère le destin singulier et la structure qui organise sous forme de contraintes ou d'opportunités le déroulement probable de ce destin –, posent à la fois les problèmes de cadres d'analyse de représentativité et de recoupement des sources d'information en doublant l'information désagrégée au niveau des histoires de vie par d'autres sources.

Il ne suffit donc pas de recueillir une « bonne » histoire de vie, ou de bonnes histoires de vie, mais encore d'être en état de la (les) considérer comme des reconstitutions effectives du passé individuel, et par agrégation de celui du groupe ; en tout cas, est-ce la perspective de qui cherche un matériel pour l'analyse longitudinale plus qu'il ne s'intéresse aux modes de constitution de la mémoire collective [15].

Or, sauf précautions particulières (qui consistent en particulier à constituer des données de cadrage, indépendamment de la collecte des

---

13. Cf. par exemple A. HANKISS, « Ontologies du moi, le réarrangement mythologique de l'histoire de vie », *Congrès mondial de sociologie,* Uppsala, 1978.

14. Cf. Y. LEQUIN, J. METRAL, « Une mémoire collective ; les métallurgistes retraités de Givors », *Annales ESC,* janv.-fév. 1980.

15. Il s'agit là, en effet, d'un autre sujet d'étude, qui traite le discours de la mémoire comme phénomène social à interpréter, c'est-à-dire qui s'interroge sur l'effet de la constitution sociale de l' « informateur », sur le produit-discours, et non sur la validité objective de la reconstitution produite par ce discours. C'est ceci qui nous intéresse, puisque notre objet d'étude est l'interprétation de l'histoire objective des enquêtés-informateurs.

histoires de vie), les meilleurs auteurs peuvent tomber dans le piège de la mémoire collective. D'autant plus innocemment que cette mémoire-là est aussi un peu la leur ; à témoin le travail au demeurant captivant de Jacques Ozouf, qui inaugurait en 1967 un genre destiné à une grande fortune dans les années qui suivirent, l'autoportrait d'un groupe professionnel, dans le cas particulier, celui des instituteurs de la troisième République [16].

Autoportrait si ressemblant avec l'imagerie des missionnaires de la troisième République qu'on ne peut manquer d'être saisi d'un doute quant à la vérité des traits qui s'y dessinent. La netteté du tableau ne tiendrait-elle pas, autant qu'au physionomisme de ses auteurs, à la convergence de leurs erreurs de reconstitution, qui, pour présenter un intérêt certain à d'autres égards, n'en est pas moins trompeuse du point de vue de la description des caractéristiques objectives de la population et de ses carrières ? N'aurait-on pas ici une perspective un peu trompeuse, tenant au redoublement entre un mode d'autosélection des répondants à l'enquête [17] et la vision implicite qui guide la sélection du chercheur parmi l'ensemble des réponses. A tout le moins, l'absence de données de cadrage sur la population totale pendant la période, confrontée aux caractéristiques de l'échantillon autosélectionné et à celle des individus finalement retenus par l'auteur, nous permet-elle de poser la question... d'autant plus que des travaux en cours [18] tendent à mettre à jour l'hétérogénéité de cette population, du point de vue de ses origines, de ses options syndicales ou politiques, etc., qui apparaît beaucoup plus considérable que celle à laquelle nous aurions pu nous attendre d'après les archétypes sociaux que nous partageons avec Ozouf.

Tous ces problèmes ont été étudiés de longue date par le groupe qui, autour de E. Hughes, étudia les « occupations » dans les années trente à cinquante. Leur façon d'envisager les choses organise à la fois des préceptes méthodologiques et des systèmes d'interprétations qui permettent rétrospectivement de résoudre l'ensemble des difficultés que nous venons de soulever, sous réserve de la description

---

16. J. OZOUF, *Nous les instituteurs,* coll. Archives, Julliard, 1967.

17. L'ensemble de la profession avait été touchée par la demande d'Ozouf de raconter sa vie, à travers les journaux professionnels. Plus de trois mille réponses lui sont parvenues, souvent très longues, puisqu'elles pouvaient couvrir plusieurs cahiers d'écoliers, être accompagnées de carnets de comptes et autres documents. Il est évident que la demande d'Ozouf rencontrait un mode d'expression privilégié du groupe auquel il s'adressait et sursélectionnait sans doute ceux qui adhéraient le plus étroitement à l'image type du groupe. Cf. à ce propos, P. BOURDIEU, « Questions de politique », *ARSS,* 16, sept. 1977.

18. V. AUBERT, *Sur les comportements politiques des enseignants,* thèse en cours.

structurelle des états successifs de la population, problème que l'école de Chicago ne semble pas avoir entrevu [19].

Qu'on en juge par le résumé que nous présentons de l'ensemble de leurs recommandations.

Partons du point en apparence le plus évident, et qui, à l'examen, s'avère le plus obscur : le problème de la « saturation » [20]. H. S. Becker nous donne à ce propos une règle dont on ne sait *a priori* si elle découle de l'impossibilité pratique de procéder autrement, compte tenu de la lourdeur des procédures de collecte comme l'histoire de vie ou l'observation participante, ou si elle tient à une position théorique (antiquantitativiste), ou encore à une combinaison des deux dans le cas particulier qui occupe l'école de Chicago : l'analyse des occupations. En effet, Becker oppose le point de vue de la représentativité de la population qu'il interroge par « saturation » à celui de la représentativité des échantillons d'enquête par questionnaire, par reproduction des caractéristiques de la population de base sous forme de « modèle réduit », comme il oppose la construction de la mosaïque à celle du mur de brique. Il considère que son échantillon est saturé dès qu'il est parvenu à reconstituer la « mosaïque » complète du groupe qu'il étudie, par agencement habile de chaque élément d'information par rapport à tous les autres, comme au terme d'un puzzle, c'est-à-dire que l'information nouvelle devient redondante par rapport à celle qu'il possède déjà. Ce précepte est à la fois évident et obscur, parce qu'il n'a pas de portée universelle. Il vaut pour l'étude d'activités particulières et parce qu'il délimite son objet comme ceux qui la pratiquent. Qu'il étudie les marchands de biens, les maîtresses d'école, les danseuses professionnelles ou les héroïnomanes, chacune de ces activités suppose un certain apprentissage, une certaine vision de ce que l'avenir peut être, étant donné ce qu'il a été pour ceux qui ont connu ce même cheminement. En ce qui concerne les activités de travail, tout se passe comme si, par des processus de socialisation qui dévoilent au fur et à mesure les différents aspects du système professionnel dans lequel il s'est engagé, chaque individu se sentait absorbé dans un destin collectif, dans une organisation collective de travail, qui, en fonction de son itinéraire scolaire et de son trajet professionnel, lui ouvrait des opportunités alternatives. Mais les opportunités sont suffisamment peu nombreuses pour que la reconstitution rétrospective du cheminement ou d'une partie du cheminement d'un individu dans

---

19. Cf. CHAPOULIE, « Sur l'analyse sociologique des groupes professionnels », *RFS*, 14, 1973.

20. H. S. BECKER, « The Life History as a Scientific Mosaic », *in Sociological Works, Methods and Substance,* Aldine, Chicago, 1970.

cette filière puisse constituer un « morceau de motif de mosaïque » et qu'un nombre raisonnable de ces morceaux (une centaine par exemple) puisse permettre de reconstituer l'ensemble du motif.

En d'autres termes, le précepte de la saturation n'est énoncé que parce qu'il s'applique à des systèmes occupationnels ou, si l'on préfère, professionnels. Ce caractère de systématicité qui assure une certaine cohésion à l'ensemble des aspects professionnels et privés du destin de chaque autobiographe et de l'ensemble de ceux-ci fonde à la fois la possibilité et l'intérêt de l'opération de recueil des histoires de vie, car il permet au chercheur de venir à bout de sa tâche, c'est-à-dire de reconstituer l'ensemble de la mosaïque. En retour, la vision de l'ensemble permet de mieux valider les faits, d'éviter une mythification de l'ensemble des récits qui est une des objections majeures, nous l'avons vu, faites à ce genre de matériau. *C'est parce qu'il y a agrégation préalable de destinées que la mosaïque peut se réaliser, que les reconstitutions mythiques peuvent se corriger, que les destins peuvent apparaître dans leur singularité, mais aussi dans leur généralité.* Y a-t-il un type d'organisation professionnelle qui soit plus propice qu'un autre à cette démarche (qui présenterait par exemple des critères plus solides de systématicité) ? Il semble bien que la démarche théorique de nos auteurs conduise à répondre négativement, puisque, d'une part, ils s'efforcent à démontrer que l'image que les structuro-fonctionnalistes donnent des « professions » (en anglais dans le texte) (ce que nous appellerions ordres ou corporations) est très largement mythique, car elles ne présentent pas un caractère de systématicité plus important que les autres « occupations », et que, d'autre part, ils démontrent que toute activité peut être objet d'analyse longitudinale [21].

Ainsi la tâche du sociologue apparaît-elle triple : il s'agit de fabriquer − à partir de biographies − une mosaïque dont les contours ne sont presque jamais déjà donnés à l'avance (comme le prouvent les études de Becker sur les maîtresses d'école, les recherches de Strauss sur les médecins) ; mais il s'agit aussi de dessiner les contours de ce système occupationnel qui a guidé l'existence des autobiographes et d'en saisir l'évolution temporelle qui renouvelle le destin de chaque génération qui est cependant souvent chargée de tâches similaires à celles des générations précédentes.

---

21. H. S. BECKER et A. STRAUSS, « Careers, Personality and Adult Socialization », *ibid.*

## Conclusion

Cette contribution voudrait à la fois être une réflexion sur les prémisses de ce qui pourrait devenir une sociologie génétique fondée à la fois sur l'activité des individus et les conditions de ces activités, seule façon de réintroduire valablement la temporalité dans les recherches sociologiques et de mettre en scène les choix et opportunités de chaque génération et de chaque catégorie, en réconciliant au plan méthodologique le mouvement individuel et le destin collectif.

# Carrières des cadres :
# maintien de l'ordre et évolution d'échelle

*Pierre Rivard* *

Une période de difficultés économiques qui se traduit sur le marché des diplômes par l'apparition d'un chômage jusqu'alors inconnu paraît propice à un bouleversement des positions établies, à une remise en cause de certaines structures considérées comme des vestiges du passé. L'évolution du marché des cadres semble favorable à une redistribution des cartes : la position de force que confère aux entreprises l'existence d'un chômage des diplômés devrait en effet leur permettre d'abaisser le niveau de prétention des nouveaux postulants et de mettre plus aisément en pratique la logique égalitariste et individualiste de carrières qu'elles prônent. La presse spécialisée ne s'y est pas trompée en envahissant le créneau de l' « aide à la carrière des cadres », cherchant à prévoir l'évolution de l'offre et les nouveaux critères de réussite (quelles sont les filières qui vont se développer ?, celles qui paient le mieux ?, palmarès des meilleures écoles, conseils pour les tests de sélection, etc.). Or, si on observe les pratiques à

---

* Groupe Sociologie du travail.

l'embauche ces dernières années, on constate une surprenante stabilité ; et peut-être même une accentuation de la prédominance du diplôme.

Ce constat n'est pas surprenant si on le réfère aux pratiques en vigueur jusqu'à ces dernières années dans les grandes entreprises. Il l'est, par contre, si on fait l'hypothèse que la période actuelle est favorable à la mise en pratique du discours entrepreneurial sur les carrières et les salaires des cadres (la discordance entre ce discours et l'observation n'étant qu'un effet de rémanence du passé). S'il y a maintien du *statu quo ante,* si, notamment, le diplôme demeure l'un des déterminants principaux du salaire et de la carrière dans les conditions économiques actuelles, il nous faut non seulement préciser ce constat, mais nous interroger sur les objectifs poursuivis par les entreprises au travers de ce discours, puisque c'est de sa traduction (ou non) en acte que dépend, en partie, l'évolution de ce marché du travail.

Sur la base de données statistiques et d'observations en entreprises [1], nous voudrions montrer ici comment peuvent coexister un discours égalitaire sur les salaires et les carrières, et des pratiques qui maintiennent les discriminations sociales au sein des cadres. Ceci ne signifie nullement que ce discours soit inutile et sans conséquence, mais que ses effets, qui touchent essentiellement l'organisation du marché interne, ne modifient en rien l'ordre importé dans l'entreprise par des hiérarchies externes. Nous examinerons également, au vu de l'évolution actuelle, comment une logique égalitaire ne peut conduire qu'à une perpétuation des discriminations qu'elle nie, et comment seules les conditions de vitalité, c'est-à-dire de crédibilité, du discours tenu sont remises en cause par les modifications des conditions économiques.

### Les salaires des cadres : le diplôme malgré tout

Toute analyse portant sur la rémunération des cadres doit prendre en compte les trois caractéristiques fondamentales de la distribution de ces rémunérations :

---

1. Deux recherches servent de base au présent article, l'une publiée en 1979 : P. RIVARD, J.-M. SAUSSOIS, P. TRIPIER, *L'Espace de qualification des cadres,* et l'autre, menée actuellement par l'auteur, sur les carrières des cadres. Les caractéristiques des données traitées sont précisées dans le rapport de 1979. Indiquons seulement ici qu'il s'agit de panels de grandes entreprises et que les effectifs traités sont supérieurs à cinquante mille cas individuels.

– l'âge est le facteur statistiquement le plus discriminant (la rémunération croît en fonction de l'âge), quelles que soient les catégories distinguées (diplôme, emploi tenu, etc.) ;

– la dispersion des rémunérations croît avec l'âge : ainsi le rapport interquartile passe-t-il de 1,25 à 30 ans, à 1,60 à 53 ans ;

– cette distribution est dissymétrique : les salaires les plus bas sont les plus denses ; à 53 ans, le premier décile est inférieur de 31 % à la médiane des rémunérations, tandis que le neuvième décile est supérieur de plus de 60 % à cette même médiane.

C'est pourquoi les résultats qui sont présentés ici indiquent autant que possible la place dans la distribution et mentionnent l'âge de référence de l'écart indiqué.

Pour les comparaisons de positions à des âges différents, nous prendrons comme référence la distribution des rémunérations de l'ensemble des diplômés de l'enseignement supérieur, car l'évolution selon l'âge qu'elle traduit est très proche de lignes de carrières à francs constants (ce qui n'est pas le cas des rémunérations de l'ensemble de la population cadre, promus inclus, dont la médiane est « statistiquement perturbée » par l'afflux dans l'échantillon de cadres promus en fin de carrière à des salaires peu élevés).

Une analyse du salaire des cadres fait apparaître le diplôme comme second facteur explicatif du salaire après l'âge. La distribution des rémunérations selon le diplôme montre, de plus, que la hiérarchie est respectée.

Ce phénomène est doublement stable :

– Tout au long de la carrière, c'est-à-dire quel que soit l'âge, la hiérarchie demeure identique : la position relative des centraliens, par exemple, demeure la même durant toute la carrière, de trente à soixante ans la médiane des diplômés de cette école correspond aux 78 centiles des diplômés de l'enseignement supérieur. A trente ans, leur salaire est en moyenne supérieur de 19 % à celui de leurs homologues autodidactes promus du rang avant vingt-huit ans, à cinquante-trois ans cet écart atteint 36 %, mais cette évolution n'est que la conséquence de l'accroissement de l'éventail des salaires avec l'âge, chacun des deux groupes est resté campé sur ses positions, les centraliens au 78e centile, les jeunes promus au 38e. Les seules évolutions nettement perceptibles ont pour origine une modification de la position du diplôme sur le marché du travail, c'est ainsi que peuvent s'observer la dévalorisation des licences en sciences ou la percée de l'ESSEC parmi les écoles de gestion.

IMPORTANCE COMPARÉE A TRENTE ET CINQUANTE-TROIS ANS
DU DIPLÔME SUR LE NIVEAU DE RÉMUNÉRATION [2]

| | AGE | 30 ANS | | 53 ANS | |
| DIPLÔME | | SALAIRE MÉDIAN | POSITION RELATIVE | SALAIRE MÉDIAN | POSITION RELATIVE |
|---|---|---|---|---|---|
| Centrale .................. | | 113 | 78 | 125 | 78 |
| ENSAM .................. | | 105 | 62 | 104 | 56 |
| Licence sciences ............ | | 92 | 30 | 93 | 40 |
| Promus avant 28 ans ........ | | 95 | 38 | 92 | 38 |
| SUDRIA ................. | | 90 | 25 | 85 | 29 |
| ESSEC .................. | | 110 | 71 | 95 | 43 |

Le salaire médian est exprimé en prenant pour base 100 le salaire médian des diplômés de l'enseignement supérieur à l'âge indiqué.
La position relative est exprimée en centile de la distribution des rémunérations des diplômés au même âge.

– Une analyse effectuée à six ans d'intervalle (1972/1978) sur deux panels semblables nous amène d'autre part à conclure à la stabilité dans le temps : aucune des positions relatives indiquées ici ne diffère de plus de 4 centiles de celles observées six ans auparavant.

L'examen des rémunérations perçues à leur embauche en 1978 par des diplômés débutants dans la vie active (premier emploi) confirme l'impact de la formation sur le niveau de salaire ; il permet en outre de préciser l'évolution récente du marché des diplômés.

Les entreprises étudiées orientent leur embauche d'ingénieurs vers les écoles les plus cotées, et rémunèrent les diplômes de ces écoles, dès l'embauche, à un niveau de salaire équivalent à ceux perçus par leurs homologues plus anciens ; il n'y a pas pour ces diplômés de diminution du niveau de salaire à l'embauche. Les titulaires de diplômes d'ingénieurs moins prestigieux ou d'un diplôme universitaire sont, par contre, moins demandés et voient leurs salaires d'embauche subir une décote. Les entreprises, face à un marché qui leur est plus favorable, semblent préférer embaucher autant de diplômés de grandes écoles, quitte à continuer à les payer au même prix que par le passé, plutôt que de profiter des possibilités qui s'offrent à elles d'acquérir des diplômés à plus bas prix.

Le taux d'embauche [3] des diplômés des plus grandes écoles

---

2. L'auteur demande que les résultats statistiques présentés dans l'article ne soient pas publiés sans son accord.
3. Le taux d'embauche pour un diplôme est le rapport du nombre d'embauchés titulaires de ce diplôme sur le nombre total de cadres de même formation présents dans les entreprises.

d'ingénieurs est resté stable depuis 1972 (5,6 % en 1972, 5,7 % en 1978) ; il est le seul : pour toutes les autres formations, y compris celles de gestion, les taux ont diminué durant la même période de plus de 1 %, passant, par exemple, de 8,3 à 7,0 % pour les grandes écoles de gestion et de 7,1 % à 5,5 % pour les écoles d'ingénieurs moins cotées.

NIVEAU DE RÉMUNÉRATION A L'EMBAUCHE POUR LES DIPLÔMÉS
D'ÉCOLES D'INGÉNIEURS OU D'UNIVERSITÉS SCIENTIFIQUES [4]

| GROUPE DE FORMATION | EFFECTIF parmi l'ensemble des diplômés | EFFECTIF parmi les embauchés | POSITION relative à l'embauche | POSITION relative à 30 ans |
|---|---|---|---|---|
| GROUPE 1 . . . . . . . . | 36 | 47 | 65 | 62 |
| GROUPE 2 . . . . . . . . | 33 | 25 | 33 | 42 |
| GROUPE 3 . . . . . . . . | 10 | 4 | | 34 |

Les formations scientifiques ont été regroupées en trois, le groupe 1 correspond aux grandes écoles d'ingénieurs.
La position à l'embauche est exprimée par référence aux salaires des cadres de vingt-cinq ans.

47 % des cadres embauchés pour leur premier emploi sont issus de grandes écoles d'ingénieurs, alors que les titulaires de ces diplômes ne représentent que 36 % des diplômés de l'enseignement supérieur employés par les entreprises étudiées. Le salaire à l'embauche perçu par ces cadres est déjà positionné de manière semblable à celui des cadres de trente ans. Ce salaire était en 1978 identique, abstraction faite du glissement général des salaires, à ce qu'il était deux ans auparavant, pour les mêmes formations.

Ces quelques résultats mettent en évidence une forte discordance entre la situation qu'ils décrivent et celle que l'on s'attendrait à trouver à l'écoute de la description qui est faite par les entreprises du fonctionnement de leur marché interne. Il faut se garder cependant d'en conclure à des pratiques en contradiction avec le discours tenu.

## Le discours sur l'égalité des chances

Ce discours est tenu par les représentants de l'entreprise, à l'extérieur, dans les écoles ou aux jeunes postulants qui se présentent

---

4. Effectif traité : quatre cent cinquante cadres embauchés à leur premier emploi.

à l'embauche. Il est tenu également à l'intérieur de l'entreprise auprès des cadres eux-mêmes et repris par certains d'entre eux, notamment ceux ayant accédé à des postes de responsabilité. Il décrit et justifie la logique des salaires, les critères retenus pour effectuer les choix d'affectation, de promotion, choix qui avec le temps induiront autant d'histoires de vie différentes qu'il y a de cadres.

Rappelons brièvement ce discours : carrière et salaire sont liés exclusivement à la réussite professionnelle dans l'entreprise, et non pas à des caractéristiques personnelles, pas même le diplôme qui influe parfois à l'embauche, mais est très vite oublié (en cinq ans au maximum). Trois facteurs comptent principalement aux yeux de l'entreprise pour juger un cadre : l'expérience professionnelle passée, les responsabilités du poste qu'il s'est vu confier et la façon dont il s'acquitte de ses tâches.

Il s'agit d'un discours à la fois total et partiel. Il est total, car il est censé expliquer et décrire tous les phénomènes liés aux carrières et aux salaires que chacun peut observer dans l'entreprise. Comme tout discours idéologique il ne doit pas laisser de phénomène qui ne puisse être interprété à l'aide des facteurs explicatifs retenus. Il est partiel en ce sens que ces facteurs explicatifs ne sont que des variables intermédiaires qui sont promues variables essentielles et premières. Se trouvent ainsi reléguées hors du champ de référence des variables influentes externes (diplôme, origine sociale, sexe) qui peuvent être légitimement omises, puisque les facteurs retenus sont suffisants. Ainsi, par exemple, la relation entre une promotion et le diplôme du bénéficiaire n'est, selon la logique décrite, qu'un épiphénomène, puisque cette promotion est totalement expliquée par l'expérience passée dans l'entreprise, la réussite dans le poste actuellement occupé, l'ancienneté dans ce poste.

Les objectifs de ce discours sont multiples. Sa fermeture sur l'intérieur de l'entreprise permet à celle-ci d'accentuer la maîtrise de l'échange qu'elle entretient avec ses cadres. Cette fermeture est à la fois spatiale (la réussite dans le poste) et temporelle (seule l'expérience professionnelle passée − et souvent le proche passé − est retenue). En restreignant le champ de référence à son territoire, l'entreprise limite au maximum sa propre dépendance vis-à-vis d'éléments externes. Elle s'éloigne ainsi radicalement du modèle de la fonction publique dans laquelle la formation des individus compte autant que leur position du moment. L'opposition au modèle fonctionnariste concerne également la prévisibilité de la carrière : plus question de progression automatique source de démotivation du personnel et donc à l'origine de sa faible efficacité. Si on suit la logique développée par ce discours, le cadre se retrouve désarmé face à un terrain balisé

347

par l'entreprise, la carrière et la réussite ne sont plus dues, mais à conquérir. La fermeture du champ présente un autre intérêt : il délimite le domaine des actions possibles et, par voie de conséquence, le domaine des négociations envisageables. Les négociations pourront porter sur l'amélioration des procédures destinées à mettre en pratique la logique décrite, ou sur la rectification de situations anormales au sens de cette logique.

Outre ces objectifs tactiques, ce discours poursuit un objectif d'intégration. En fournissant aux cadres une lecture (la lecture officielle) des événements qu'ils vivent, il cherche à renforcer le modèle individuel à l'aide duquel chaque cadre analyse son environnement et à conforter le cadre dans l'interprétation de sa situation. Bien entendu, le degré d'adhésion du cadre à cette logique est variable, le degré de conviction des tenants de ce discours l'est également. Cependant, il nous semble qu'un tel discours ne peut être déconnecté des faits observables, des expériences vécues sous peine d'atteindre l'opposé de l'objectif recherché. Les moteurs des comportements individuels sont certes pour l'essentiel inconscients, notamment ceux liés à l'origine sociale ; ils sont cependant objectivés sous forme de schéma conscient d'analyse qui désigne à l'individu la voie à suivre. Il ne doit pas y avoir contradiction trop flagrante entre ce schéma et l'expérience qu'il vit, au risque de voir le cadre tirer les enseignements de cette expérience et modifier son attitude. Si le discours veut atteindre son but, il doit pouvoir être confronté aux faits observables et confortés par eux. Or la permanence de ce discours depuis plusieurs années semble attester que nous sommes dans ce cas.

### Comment concilier faits et discours ?

Pour comprendre comment il peut y avoir, au niveau de l'expérience vécue par le cadre, compatibilité entre faits observés et discours, il nous faut affiner les chiffres et notamment en faire une relecture utilisant les critères présentés comme déterminants.

Les écarts de rémunération selon le diplôme que l'on a mis en évidence globalement sur le marché du travail sont en fait segmentés. Trois sources de différenciation ont été repérées, qui ne peuvent être aisément observées toutes les trois à la fois.

1) Les entreprises qui paient le mieux (à âge et formation identiques) sont également celles qui emploient le plus de diplômés des plus grandes écoles. Dans notre échantillon, les 35 % d'entre-

prises qui paient le moins bien (elles représentent en effectif 30 % de l'échantillon) comptaient dans leur rang, en 1978, 14 % de cadres issus des grandes écoles d'ingénieurs, les autres entreprises (65 % en nombre, 70 % en effectif) employaient à la même date 24 % de cadres issus des mêmes écoles. Cet écart trouve probablement son origine dans la conjonction de trois phénomènes dont nous ne pouvons pas préciser actuellement l'importance relative. Les entreprises qui sont prêtes à payer le diplôme sont également celles qui souhaitent en embaucher un nombre important. Les faibles niveaux de rémunération proposés détournent une partie des élèves des écoles les plus prestigieuses des entreprises qui ne rétribuent pas suffisamment leur mérite. A l'inverse, les titulaires de diplômes moins cotés sont découragés d'entrer dans des entreprises dans lesquelles les chances de promotion sont faibles compte tenu de la redoutable concurrence des plus diplômés qu'eux. Une partie de l'écart global est donc liée à l'hétérogénéité des comportements des entreprises sur le marché du travail.

2) Les accès aux postes de responsabilité sont différenciés selon le diplôme. Ainsi, par exemple, dans les emplois de la production, entre trente et quarante ans, 33 % des cadres occupant des postes du bas de la hiérarchie sont autodidactes. Entre quarante et cinquante ans, dans les postes intermédiaires de cette même filière, on ne trouve plus que 11 % de cadres promus. Cette différenciation s'accentue régulièrement de vingt-cinq à soixante ans et en montant dans la hiérarchie.

3) Quel que soit le mode d'appréhension du niveau de l'emploi, le diplôme demeure discriminant pour expliquer les différences de rémunérations entre cadres d'un même niveau d'emploi. Cet écart s'amenuise lorsque l'on monte dans la hiérarchie, mais, sauf exception, demeure supérieur à 10 % entre diplômés et promus.

EMPLOIS DE LA PRODUCTION : ÉCART ENTRE DIPLÔMÉS
ET PROMUS SELON LE NIVEAU HIÉRARCHIQUE DE L'EMPLOI

| Niveau | 1 | 2 | 3 | 4 | 5 |
|---|---|---|---|---|---|
| Effectif (en %) | 71 | 12 | 4 | 3 | 2 |
| Proportion de promus | 50 | 30 | 23 | 13 | 10 |
| Ecart salarial (en %) | 49 | 35 | 29 | 23 | 11 |

Ecarts indiqués à 55 ans, les niveaux sont estimés à partir du nombre de cadres supervisés. Le niveau 1 est en bas de la hiérarchie.

DIRECTEURS D'USINE : ÉCART ENTRE DIPLÔMÉS
ET PROMUS SELON L'IMPORTANCE DE L'USINE

| IMPORTANCE DE L'USINE | PETITES | MOYENNES | GRANDES |
|---|---|---|---|
| Nombre d'usines (en %)............. | 52 | 23 | 25 |
| Proportion de promus (en %)............. | 23 | 10 | 9 |
| Ecart salarial (en %).. | 15 | 10 | 1 |

L'importance de l'usine est estimée à partir des effectifs. L'écart est fourni à 45 ans.
Effectif total traité : 314.

On comprend mieux, au vu de ces quelques chiffres, comment faits et discours peuvent être conciliés. Les écarts sont très difficilement observables par un cadre isolé au sein de son entreprise, celui-ci est au contraire conforté par les cas les plus remarquables, par exemple ceux des directeurs autodidactes. Le discours n'est pas faux, car les variables intermédiaires choisies sont effectivement explicatives.

Outre les écarts dus à l'hétérogénéité des comportements des entreprises sur le marché, qui sont, bien entendu, hors du champ d'investigation du cadre, les différences de flux ne sont que très partiellement repérables. Seulement 0,5 % des cadres promus atteignent le niveau le plus haut de la hiérarchie dans la filière production, mais ils représentent cependant 10 % de ces emplois. Dans les niveaux intermédiaires, l'inégalité ne se mesure pas seulement en effectif, mais en devenir, c'est-à-dire en âge, ce qui complique l'observation. Au niveau 2, 30 % des cadres sont autodidactes, mais parmi eux, 85 % ont plus de quarante ans, tandis que 58 % seulement des diplômés sont dans ce cas. Il paraît significatif, de ce point de vue, que lorsque l'on passe des flux aux cas discrets les écarts s'amenuisent ou disparaissent. Lorsqu'un cadre autodidacte se retrouve seul ou presque de son état, occupant un poste aisément identifiable, il devient le cadre promu symbole de la réussite et de l'égalité des chances. Il ne peut y avoir de disparité de salaire pour lui, tout au moins de disparité visible (le secret sur les salaires contribue à laisser à l'entreprise une marge de manœuvre). On le voit, les discriminations salariales sont très difficilement repérables par un cadre. Les seules occasions qui se présentent à lui de mettre à l'épreuve la logique égalitaire sont les promotions dont il est témoin. S'il constate à cette occasion une contradiction (par exemple si le choix qui est fait semble répondre à d'autres critères que les critères légitimes), le cadre peut avoir diverses réactions selon son degré d'intégration. Il peut traiter le cas comme une exception, ou l'interpréter à partir du comportement du bénéficiaire de la promotion (ses alliances, ses choix tactiques antérieurs, etc.). Dans ces deux cas, un objectif du discours est atteint : il y a fermeture sur l'entreprise même si dans le second cas il y a interprétation en terme de dysfonctionnement. Bien entendu, il peut y avoir remise en cause de la logique officielle. Cependant, deux facteurs concourent à éviter cette remise en cause : la mobilité professionnelle au sein des entreprises et les contre-exemples. La mobilité professionnelle (qui est élevée dans les entreprises fortement intégratrices) limite la connaissance qu'a le cadre du passé professionnel de ses proches condisciples du moment, et rend ainsi difficile le jugement qu'il peut porter sur les choix faits par la direction les concernant. Les contre-exemples sont constitués d'exemples d'individus socialement bien pourvus qui n'ont pas réussi (le fils du directeur qui est demeuré à un poste subalterne ou le polytechnicien qui n'a qu'une carrière moyenne) et qui sont les antithèses symboliques du directeur autodidacte. De ce point de vue, la vie interne de l'entreprise, alimentée de querelles de chapelles, de réussites ou d'échecs tactiques de barons, suivies et commentées par les cadres à tous les échelons, fournit des contre-exemples à bon compte, puisque peuvent être ainsi considérées comme des échecs des situations dont se satisferait une grande majorité des cadres. Un polytechnicien qui n'a pas réussi est certes un polytechnicien qui n'est pas directeur, mais si la médiane des X est située au-dessus du $9^e$ décile des diplômés, le premier décile est encore élevé, puisque proche du $60^e$ centile. On voit que dans ce cas l'échec est très relatif.

Les chiffres qui montrent à l'évidence que la différenciation selon le diplôme subsiste durant toute la vie professionnelle peuvent être lus autrement : il n'y a pas de discrimination supplémentaire générée par les politiques de personnel. Les carrières des cadres ressemblent à une course à handicap pour laquelle le terrain serait bien identique pour tous, mais où les « meilleurs », c'est-à-dire les mieux pourvus, seraient placés devant. Ce que nous apprennent les chiffres, par contre, c'est que ce handicap suffit à perpétuer les différences. En instituant comme variables fondamentales le poste occupé, l'expérience professionnelle et la réussite dans ce poste, la logique prônée conduit à une démarche de raisonnement par écart à la situation actuelle : les augmentations de salaires sont calculées en pourcentage du salaire actuellement versé, les cadres susceptibles de pourvoir un poste vacant se réduisent à ceux occupant déjà des postes proches par l'activité et par le niveau hiérarchique. Une analyse portant sur des augmentations de salaires pratiquées par des entreprises montre en effet que les taux sont statistiquement liés à l'âge et au salaire perçu. A un même âge et un même salaire, il n'y a pas de discrimination du taux d'augmentation selon la formation. Ces augmentations ont donc pour effet de faire évoluer les rémunérations (notamment d'accroître la dispersion avec l'âge), mais de maintenir l'ordre établi au départ. De même, s'il s'agit de pourvoir un poste intermédiaire de la hiérarchie, on va définir le profil souhaitable du futur titulaire : avoir occupé un poste immédiatement inférieur pendant au moins cinq ans, avoir exercé un commandement, etc., autant de critères qui, bien que professionnels, ne font que transmettre tout au long de la carrière le handicap initial. Si le cadre choisi a trente-cinq ans, il y a une très faible probabilité qu'il soit autodidacte ; par contre, s'il a cinquante ans, il peut plus facilement s'agir d'un cadre promu, mais ce dernier a alors de fortes chances de finir sa carrière dans ce poste.

Le caractère reproducteur du critère de réussite dans le poste est plus difficile à analyser. Deux pistes nous paraissent cependant pouvoir être suivies pour comprendre comment il peut y avoir cohérence avec le maintien des positions. D'une part, les postes immédiatement opérationnels sont très rarement occupés par des diplômés (il est plus difficile de mesurer la tâche dans un poste des méthodes que dans un atelier de fabrication où le nombre de pièces sorties par jour constitue un critère transparent de l'activité, l'importance relative des critères « objectifs » et des critères « plus subjectifs » varie selon les postes, il semble que les diplômés sachent occuper les postes où prédomine le subjectif). D'autre part, dans un même poste, on n'attendra pas la même chose d'un cadre promu ou d'un jeune diplômé, le premier sera censé améliorer la productivité, le second préparer l'avenir, introduire des innovations, etc. Cette différenciation des attentes ne fait que renforcer l'avantage tactique que constitue pour les diplômés d'être plus volontiers dans les postes les moins transparents. De ce point de vue, les nouvelles techniques de contrôle de gestion constituent un enjeu social important actuellement.

On le voit, la description qui est faite, par le discours égalitaire, des pratiques internes n'est pas fausse, elle se confronte sans trop de heurts avec la réalité observable.

## Les évolutions d'échelle

Il semble bien, en effet, que ce discours soit mis en pratique, que les procédures mises en place le sont suivant la logique qu'il décrit. Ainsi, par exemple, de nombreuses actions sont menées, à la suite de négociations ou spontanément, pour réduire les inégalités salariales d'une division à une autre ou d'une filière professionnelle à une autre, mais ces décisions ne modifient en rien les disparités qui sont externes au champ de cette logique. En effet, ne sont considérés comme catégories pertinentes que des groupes d'individus professionnellement identiques (même filière, même niveau hiérarchique, même âge, etc.). Les actions correctrices ne différencient donc, si nécessaires, que ces catégories à l'exclusion de toute autre. L'évolution des rémunérations depuis plusieurs années est de ce point de vue révélatrice.

Depuis le début des années soixante-dix, on constate une évolution générale du salaire des cadres, qui se traduit par une diminution de la dispersion des rémunérations au sein de cette population. Ainsi le rapport interquartile des rémunérations des cadres diplômés (à 50 ans) est-il régulièrement passé en six ans de 1,54 en 1972 à 1,46 en 1978 [5]. Cela signifie que, durant cette période, les hauts salaires ont été proportionnellement moins augmentés que les basses rémunérations parmi les cadres. Or, ce mouvement a été général ; il a concerné, à un âge donné, les rémunérations d'un même niveau de la même manière, bien entendu sans distinction selon la formation. Il en résulte que, si les écarts en valeurs absolues ont été sensiblement modifiés, la hiérarchie, l'ordre des niveaux de rémunérations ont été très peu modifiés. Par exemple, la médiane des centraliens, qui était supérieure de 29 % à la médiane des diplômés (à 45 ans) en 1972, ne l'est plus que de 22,5 en 1978, mais leur position relative n'a bougé que de 3 centiles. On le voit, il s'agit d'une évolution d'échelle et non d'une évolution de l'ordre.

---

5. Ces chiffres ne doivent pas être interprétés en terme de resserrement de l'éventail qui dépend du glissement relatif du salaire de l'ensemble des catégories de personnel.

| Année | 1972 | | 1978 | |
|---|---|---|---|---|
| Diplôme | Position relative | Ecart (en %) | Position relative | Ecart (en %) |
| Centrale ................... | 81 | 29.0 | 78 | 22.5 |
| ENSAM ................... | 63 | 10.2 | 59 | 7.4 |
| SUDRIA ................. | 23 | − 11.9 | 27 | − 9.2 |

Position relative exprimée en centile de la distribution des diplômés.
Ecart exprimé en % par rapport à la médiane des diplômés [6].

## Conclusion

Le discours égalitaire sur les carrières et les critères de réussite qu'il met en avant ne peuvent conduire à une réduction des inégalités importées de l'extérieur. En niant l'influence du diplôme et en mettant en pratique cette négation dans leurs procédures de gestion, les directions de personnel ne font en fait que perpétuer les inégalités, puisque seules des actions correctrices pourraient conduire à une modification des ordres établis. Le discours, par contre, remplit une fonction intégratrice très importante, puisqu'en transformant des attributs personnels illégitimes, tels que la formation, en qualités professionnellement reconnues (M. Dupont n'est pas nommé directeur de l'usine parce qu'il est centralien, mais parce qu'il a été durant cinq ans aux méthodes, puis ensuite au contrôle qualité, etc.), il permet de légitimer et de rendre socialement viable l'ordre dont il décrit et explique la constitution.

L'évolution récente de l'environnement économique précise l'ordre des enjeux : la hiérarchie en place sur le marché du travail des diplômés apparaît plus stable que la volonté d'égalitarisme prônée sur le marché interne. Les entreprises continuent de respecter le diplôme comme critère d'embauche, quitte à accentuer les différences (la décote salariale à l'embauche n'existe que pour les « petites » écoles, ce qui peut accroître à terme les écarts de position en salaire qu'une telle discrimination fait naître en leur sein). Elle peut avoir une autre conséquence : celle de modifier les conditions de viabilité, de crédibilité du discours égalitaire. En effet, ce discours ne peut être

6. L'échantillon d'entreprises traitées n'est pas strictement identique, aussi seules les évolutions comparées (centiles, %), doivent être retenues, mais aucune conclusion sur les faibles variations en position relative.

viable que s'il y a des flux et que les différences ne sont que statistiquement observables. Lorsque l'embauche se réduit à quelques-uns, on ne peut plus retenir une palette de profils qui se différencieront par la suite, il faut choisir parmi ces profils. La hiérarchie des valeurs réapparaît alors plus facilement.

L'évolution actuelle de l'embauche traduit la stabilité du comportement des entreprises vis-à-vis des cadres diplômés. Mais, en montrant que les entreprises demeurent prêtes à payer un prix élevé pour acquérir les diplômés des plus grandes écoles, cette évolution accroît la distorsion entre le jugement que porte l'industrie sur le système éducatif et le comportement qu'elle a effectivement vis-à-vis de ce même système.

## VI

*Qualification et emploi*

# Introduction

Le thème de la qualification peut paraître paradoxal dans un colloque sur l'emploi. Il ne s'agissait pourtant nullement de sacrifier à une des traditions les plus solides de la sociologie du travail française, malgré l'intérêt de faire le point sur les dernières recherches en ce domaine.

En fait, une analyse renouvelée de la qualification avait totalement sa place dans cette réflexion sur les politiques d'emploi et les rapports sociaux du travail. En effet, jamais il n'est apparu aussi clairement qu'aujourd'hui que les systèmes de travail et la qualification ont plus évolué ces dix dernières années sous l'effet de la situation de l'emploi et des nouvelles politiques d'emploi, que sous l'effet des nouvelles technologies.

L'emploi est devenu une préoccupation constante des recherches sur la qualification, non seulement au niveau des résultats, mais aussi au niveau des problématiques.

On ne peut manquer tout d'abord de remarquer l'affaiblissement du thème de l'impact du progrès technique sur les qualifications, thème initié par G. Friedmann et repris actuellement par les tenants de la révolution scientifique et technique. Les études récentes sur les conséquences de l'introduction de l'informatique et de la nouvelle étape de l'automation dans les systèmes de travail s'interrogent tout autant sur l'incidence des nouvelles technologies sur le volume de l'emploi et les formes de l'emploi que sur la nature des emplois et leur qualification.

Par ailleurs, la pression du chômage sur le marché du travail et les nouvelles politiques d'emploi ont déplacé l'enjeu des luttes sociales : dans les entreprises, les conflits liés à l'organisation du travail sont autant des luttes pour l'emploi que des batailles pour la qualification. En effet, la réduction des effectifs, la précarisation de l'emploi, le recours systématique aux sociétés d'intérim et de régie, le développement de la sous-traitance, l'éclatement des collectifs de travail, la remise en cause des anciens métiers et des statuts ont des conséquences importantes au niveau de la gestion des personnels et se traduisent par la rationalisation de l'organisation du travail, la redéfinition des contenus de postes, le développement de la polyvalence, le remodelage des savoirs et savoir-faire, le changement des niveaux de recrutement, la modification de la structure des qualifications et la remise en cause de certaines filières promotionnelles, etc.

Ces bouleversements, qui traversent toutes les catégories professionnelles, obligent les entreprises à redéfinir également de nouveaux modes de gestion des personnels, pour atténuer les contraintes nées de ces nouveaux systèmes de travail plus rigides que les anciens et pallier les dysfonctions de mesures trop brutales : recréer une certaine flexibilité par la polyvalence et le travail temporaire ; réinventer des formes de stimulation et d'intégration du personnel, par la définition de nouvelles filières de promotion, l'amélioration des conditions de travail, l'accroissement des formes de rémunération « subjective ».

Ces nouvelles politiques d'emploi suscitent évidemment, de la part des syndicats et des travailleurs, de violentes réactions et parfois des contre-propositions, qui s'inscrivent dans des stratégies offensives, tant en ce qui concerne l'emploi que la qualification.

Les six communications présentées au II<sup>e</sup> Colloque de Dourdan, dans le cadre du thème « Qualification et Emploi », sont marquées par ce contexte de récession de l'emploi et de crise de la qualification.

Les cinq premières communications étudient tout particulièrement le contexte des transformations subies par la qualification dans l'entreprise ces dernières années, sous l'influence de l'évolution technologique et des nouvelles politiques d'emploi (les deux phénomènes étant souvent indissociables au niveau de l'observation), dans l'industrie (métallurgie : F. Eyraud et G. Barisi ; industries électriques et électroniques : A. Azouvi) et dans des secteurs moins connus (recherche scientifique : H. Reuter ; marine marchande : F. Lille et F. Sonthonnax). La sixième communication (P. Rolle), plus théorique, présente un effort de conceptualisation de la théorie de la qualification, dans une problématique macrosociologique, qui relativise les pratiques des entreprises en matière de classification et de rémunération.

Les deux premières communications (F. Eyraud et G. Barisi) mettent en évidence la différenciation des stratégies syndicales en France, en Grande-Bretagne et en Italie, dans la métallurgie, ainsi que leurs incidences sur la qualification. Malgré une histoire technologique très proche et des politiques de gestion de personnel très semblables dans leurs objectifs et leurs moyens (développement de la polyvalence, valorisation de la mobilité et de la capacité d'adaptation, tentative de remise en cause des avantages acquis, des statuts et des anciens métiers), de grandes différences se manifestent dans ces trois pays industriels, au niveau des structures de négociation, au niveau des stratégies syndicales de défense de l'emploi et de son contenu, et au niveau des axes prioritaires des stratégies patronales. Ainsi, malgré des procès de travail probablement très ressemblants, ces différences au niveau des stratégies aboutissent à un traitement différent des problèmes de qualification et se traduisent par des formes différenciées de réactions et de résistance aux nouvelles politiques d'emploi.

Ainsi, en Grande-Bretagne, les syndicats, organisés sur une base professionnelle, sont parvenus à maintenir un taux de salaire unique pour l'ensemble du métier, de façon à empêcher l'individualisation de la rémunération, et sont arrivés à conserver un certain contrôle sur les contenus d'emploi, de sorte à éviter une trop grande parcellisation des tâches et la polyvalence. Cette stratégie a eu pour résultat de contrer les tentatives patronales de rationalisation de l'organisation du travail et la restriction des effectifs.

En France, au contraire, l'introduction de la *Job Evaluation* comme instrument d'ajustement de la rémunération à la spécificité des postes et une stratégie syndicale centrée sur la promotion individuelle et le « monnayage » des conditions de travail ont favorisé l'individualisation de la rémunération et l'affaiblissement des moyens de contrôle de l'organisation du travail. Les nouvelles politiques d'emploi se sont développées rapidement et se sont traduites par une réduction de l'emploi, le développement de la polyvalence, la déstabilisation des anciens systèmes de travail, la systématisation du recours à la sous-traitance, au travail intérimaire et aux sociétés de régie.

En Italie, malgré une situation bien proche de celle de la France, les syndicats sont parvenus à élaborer une stratégie offensive centrée sur la *professionalità*. S'appuyant sur les exigences professionnelles nouvelles requises par les systèmes de travail soumis à l'évolution technologique (flexibilité, capacité d'adaptation, responsabilité, etc.) et les difficultés du patronat à gérer ces nouvelles formes de qualification, les syndicats ont d'abord remis en cause les tentatives patronales d'imposer la Job Evaluation, l'individualisation de la rémunération et la détermination de la classification par les exigences du poste, en promouvant le principe de la rémunération collective identique pour tout le groupe de travail (groupe « homogène »). Puis, développant une dynamique de réduction des inégalités de salaires, qui fractionne le collectif de travail plus sur une base idéologique que sur une base matérielle du procès de production, ils sont parvenus à négocier une grille unique en sept niveaux de classification. Progressivement, les syndicats sont arrivés à imposer l'idée d'une carrière ouvrière, indépendante des vacances de postes et fondée sur des mécanismes de promotion automatique, destinée à reconnaître et à valoriser l'expérience professionnelle et à inciter le patronat à rationaliser ses pratiques de façon à utiliser, au mieux de ses intérêts, les capacités d'adaptation des personnels. Ainsi se dégageait petit à petit l'idée d'une *professionalità* collective, dont le principe offensif remettait en cause l'organisation capitaliste du travail.

Ces dernières formes de *professionalità*, qui sont apparues surtout dans les industries à processus en continu (sidérurgie), ne se sont pas étendues, loin s'en faut, à l'ensemble de l'industrie italienne. A partir de 1974, avec la crise économique et l'apparition des nouvelles politiques d'emploi, la position des syndicats s'affaiblit et la notion de *professionalità* perd son caractère révolutionnaire.

Il semble bien, cependant, que grâce à leur unité et à leur stratégie offensive, basée sur la *professionalità* collective, les syndicats soient parvenus à freiner l'introduction des nouvelles politiques d'emploi (polyvalence, sous-traitance, intérim), encore que leur résistance ait provoqué une contre-offensive patronale par le développement de pratiques originales, destinées à tourner les accords : gratifications secrètes, pour rétablir la hiérarchie des salaires, et travail noir à grande échelle (économie souterraine).

Ces deux communications mettent ainsi en lumière le caractère spécifique de chaque pays, malgré une certaine homogénéité des grandes tendances des politiques d'emploi.

Une question reste cependant en suspens : malgré l'importance des modes traditionnels de négociation de la qualification ouvrière dans ces trois pays, la crise économique, en déstabilisant les anciens systèmes de travail, ne risque-t-elle pas de favoriser une certaine uniformisation des politiques patronales ?

Les deux communications suivantes (H. Reuter ; F. Lille et F. Sonthonnax) examinent l'impact des nouvelles politiques d'emploi sur des champs professionnels différents de ceux de l'industrie : la recherche scientifique et la marine marchande.

Au cœur d'une sociologie des professions, H. Reuter s'intéresse à l'interaction entre marché de l'emploi scientifique, gestion des personnels et production de la science dans le cadre de la recherche publique en Europe. En effet, les formes d'accès à l'emploi et de formation spécifique à un champ de recherche particulier (concepts théoriques et modes opératoires) déterminent en grande partie la production scientifique (approfondissement théorique, élargissement du champ d'investigation, innovation), grâce à une forme d'organisation du travail hiérarchisée, qui lie la formation à la division du travail : le jeune chercheur en formation est placé sous la dépendance d'un chercheur confirmé ; il effectue une grande partie des tâches ingrates mais indispensables de la recherche, en échange de sa formation, et libère ainsi le chercheur confirmé pour lui permettre de se consacrer à l'innovation.

Mais les politiques d'emploi dans la recherche des dix dernières années ont détruit ce mécanisme de constitution de la profession de chercheur : après une période de développement rapide de la recherche, accompagné d'une politique de contrats et de précarisation des emplois, les gouvernements européens ont brutalement resserré l'enveloppe des crédits.

En France, la décision d'intégration des hors-statut sur des critères restrictifs a abouti, d'une part, à la liquidation des hors-statut déclarés non intégrables et, d'autre part, au gaspillage d'une génération de jeunes postulants, le marché de l'emploi étant réservé pendant cinq ans aux seuls hors-statut intégrables. Par ailleurs, conscients des risques de sclérose que pourraient entraîner ce rétrécissement du marché de l'emploi scientifique et le vieillissement de la population des chercheurs, les gouvernements ont tenté d'imposer – sans succès d'ailleurs – la mobilité, pour réintroduire une forme de stimulation de la créativité.

Cette politique d'emploi dans le domaine de la recherche scientifique a provoqué un relèvement important du niveau de qualification des postulants (les candidats cherchent ainsi à augmenter leurs chances d'être embauchés), en même temps que se restreignait le marché de l'emploi. Ces incohérences contribuent, outre l'énorme gaspillage humain qu'elles représentent, à affaiblir la capacité d'innovation dans le domaine scientifique d'un pays, au moment où la crise économique la rend indispensable.

Dans la communication sur la marine marchande, F. Lille et F. Sonthonnax s'interrogent sur les conséquences des nouvelles politiques d'emploi sur la structure sociale des équipages des navires. En effet, la structure sociale des effectifs à bord d'un vaisseau, fonction des statuts et de la hiérarchie, est une donnée antérieure à l'actuelle division du travail. Héritage du passé, cette structure sociale, caractérisée par un découpage vertical (officiers supérieurs et officiers subalternes ; maîtres et hommes d'équipage) et un découpage spatial et fonctionnel (pont, machines, services généraux), s'est, jusqu'à présent, parfaitement adaptée à l'évolution technologique et aux transformations de l'organisation du travail, ainsi qu'au passage d'une formation professionnelle sur le tas à une formation systématique en alternance. Cette structure sociale avait même jusqu'à présent parfaitement résisté à la réduction considérable des effectifs embarqués (de 45 à 25 en un demi-siècle), car jusqu'à maintenant la suppression de certaines fonctions (nettoyage, entretien, service général) concernait principalement des personnels subalternes. La marine marchande est en France un des rares exemples où les syndicats de métiers se sont maintenus. A certains égards cette résistance de la structure fondamentale des équipages s'apparente aux observations effectuées par F. Eyraud dans la métallurgie en Grande-Bretagne. Le contrôle syndical des marins semble d'ailleurs avoir été plus efficace sur la préservation des statuts que sur le contenu et le volume des emplois, ceci d'ailleurs probablement en raison d'un phénomène spécifique à la marine : un taux de sortie de la profession très important, qui limite le recours aux licenciements.

Cependant, avec la crise des transports maritimes et l'apparition des nouvelles politiques d'emploi, qui ont précédé la crise économique actuelle, mais qui ont été renforcées par elle, il est permis de se demander si la déstabilisation actuelle du système de travail, provoquée par une nouvelle vague de réduction des effectifs à bord, la redistribution des tâches entre la terre et le bord, la sous-traitance, le recours à des embauches temporaires (pratique ancienne des entreprises), la modification des exigences d'entretien (les bateaux sont moins entretenus et durent moins longtemps : politique favorisée par le soutien financier de l'Etat à l'achat de bateaux neufs), le développement de l'automation et l'introduction de l'informatique, mais surtout l'introduction de la polyvalence (décidée dès 1967, mais paralysée en grande partie par les syndicats) et l'allongement de la journée de travail (compensée par des congés plus longs), n'entraînera pas à terme l'éclatement de la structure sociale traditionnelle. La lutte pour le contrôle de l'organisation du travail et de la qualification vise clairement le maintien de l'emploi, de la sécurité et des anciens statuts.

De nature bien différente est la cinquième communication, qui s'attaque à un problème méthodologique essentiel dans l'analyse des mouvements de qualifications au niveau d'un secteur économique (ici, les industries électriques et électroniques). A. Azouvi s'interroge en effet sur la nature, la pertinence et la fiabilité de la notion de qualification retenue dans les enquêtes statistiques de l'INSEE, qui servent à étayer la plupart des thèses sur la modification de la structure des qualifications corrélativement à l'évolution technologique et aux nouvelles politiques d'emploi. L'auteur présente un plaidoyer astucieux en faveur de l'utilisation des statistiques de secteurs, malgré les limites évidentes de l'indicateur de qualification choisi. Puis, fort de cet acquis, il s'emploie à appuyer sa démonstration par l'analyse des statistiques des industries électriques et électroniques, afin d'examiner, à la lumière de leur évolution, l'incidence des politiques d'emploi dans ce secteur. L'auteur met ainsi en évidence que, contrairement à une hypothèse couramment avancée, le recours massif aux femmes et aux émigrés, au cours des dix dernières années, dans ce secteur, est corrélatif d'une sensible amélioration de la productivité, indice d'une politique d'investissement active. Il n'est ainsi pas possible de maintenir plus longtemps l'hypothèse que cette politique ségrégative d'emploi, assortie de faibles salaires, s'expliquerait par le caractère récessif de ce secteur. Au contraire, secteur en pleine expansion, les industries électriques et électroniques révèlent le choix volontaire et systématique du patronat d'une politique de mécanisation développée orientée sur des emplois sans qualification, afin de pouvoir recourir à une main-d'œuvre bon marché.

Enfin, dans un registre plus théorique, la sixième communication démonte les mécanismes de production de la qualification dans les sociétés industrielles. A la lumière des politiques d'emploi récentes, qui montrent l'importance du marché du travail, P. Rolle poursuit sa réflexion et sa critique des théories classiques du mode de détermination de la valeur de la qualification. Refusant à la fois les théories de la qualification comme valeur d'usage dans un procès de travail concret donné, les théories de l'évolution de la qualification en termes de processus de déqualification-surqualification et les théories de la reproduction sociale, l'auteur présente une analyse de la qualification comme expression d'un processus dynamique et totalisant, dans lequel interviennent de multiples mécanismes complexes, qui intéressent à la fois l'Etat, l'école, les familles, les

365

individus et les syndicats. Dans cette contribution, l'auteur s'attache surtout à mettre en évidence les mécanismes du salaire direct et indirect, et le rôle déterminant de la socialisation des frais de formation sous le contrôle de l'Etat. Cette analyse, qui dépasse certes le cadre des politiques d'emploi actuelles, se conforte cependant des études récentes, qui révèlent la relativité des pratiques d'entreprises et leur évolution, sans que l'on puisse observer un effondrement total du marché du travail ni une crise radicale des modes de rémunération des qualifications.

En conclusion, les six communications présentées dans le cadre du thème « Qualification et Emploi » témoignent à la fois du renouvellement des problématiques dans le domaine de la qualification et de leur fécondité dans l'analyse des rapports sociaux du travail, dans le contexte des nouvelles politiques d'emploi.

Mireille DADOY

# L'attitude des ouvriers face au contenu de leur emploi : comparaison France - Grande-Bretagne

*François Eyraud**

Ce texte présente quelques résultats d'une étude comparative France - Grande-Bretagne réalisée dans cinq couples d'entreprises de l'industrie métallurgique.

Notre objectif est de montrer qu'il existe chez les ouvriers britanniques, et tout particulièrement chez les ouvriers qualifiés, une forte tendance à contrôler le contenu de leur emploi, que l'on ne retrouve pas chez les ouvriers français. L'action de ces derniers apparaît, par comparaison, comme visant avant tout à monnayer tous les éléments possibles du contenu de leur emploi. On ne peut bien sûr pas déduire de cette orientation de l'action des ouvriers français que ce type de contrôle n'existe pas. Cependant, nous nous attacherons à montrer qu'il est marginal en France.

La situation privilégiée pour analyser ces attitudes ouvrières est l'introduction dans l'entreprise de méthodes d'évaluation des postes. A cette occasion, en effet, les enjeux se manifestent clairement.

Il faut préciser qu'il existe en Grande-Bretagne une distinction très nette entre les ouvriers payés au temps et ceux payés au rendement que l'on ne retrouve pas en France. Il est important d'en tenir compte dans la mesure où les éléments du contenu de l'emploi sur lesquels

---

* Laboratoire d'économie et sociologie du travail, CNRS.

s'exerce le contrôle sont différents dans ces deux cas. Compte tenu de cette distinction, l'action des ouvriers français sera d'abord comparée à celle des ouvriers britanniques payés au temps, puis à celle de ceux payés au rendement. Auparavant, cependant, il est nécessaire d'exposer les modalités de classification dans les deux pays.

## I. Cloisonnement et émiettement des classifications

La différence essentielle entre les deux pays est que l'entreprise britannique classe des groupes professionnels (soudeurs, électriciens, etc.), alors que l'entreprise française classe des individus. Le mode de classification en Grande-Bretagne traduit le fait qu'il existe une très forte cohésion du groupe professionnel que l'on ne retrouve pas en France. De ce fait, ce groupe représente dans le cas britannique le niveau privilégié d'action collective. Dans le cas français, le niveau privilégié sera l'ensemble de la catégorie ouvrière. N'ayant pas la place de développer cet aspect, nous nous bornerons ici à mettre en évidence, à travers l'exemple des ouvriers de maintenance, qu'en France, contrairement à la Grande-Bretagne, la profession ne constitue pas une unité homogène d'action. Ceci résulte du fait que, d'une part, le métier est éclaté en différents niveaux de qualification et que, d'autre part, il y a une imbrication entre les diverses spécialités professionnelles (polyvalence) qui élimine leur spécificité.

Considérons le premier point. On peut constater qu'en France telle spécialité, par exemple l'entretien électrique dans l'entreprise, est morcelée en divers ensembles de tâches de complexité croissante. Ces ensembles vont être répartis au sein de la famille professionnelle des électriciens selon la qualification de chacun, que matérialise le niveau de classification. En Grande-Bretagne, au contraire, n'importe quel individu du groupe professionnel des électriciens pourra effectuer l'ensemble des tâches qui correspond au champ d'activité de cette spécialité.

La deuxième différence est que la frontière de chaque spécialité est nette en Grande-Bretagne, alors que la tendance à la polyvalence est plus accentuée en France. Une constatation identique a été faite par P. Dubois dans une étude comparative France - Grande-Bretagne sur les ouvriers d'entretien [1]. Il faut noter que ce cloisonnement des

---

1. Cette étude a été faite dans des secteurs d'activité différents du nôtre. Il s'agit de la fibre de verre, de l'habillement, des conserveries et de la chimie. P. DUBOIS, *La Division du travail dans l'industrie, étude de cas anglais et français,* tome 1, « Les Ouvriers », rapport CORDES, 1979, 584 p.

champs d'activité dans l'entreprise britannique n'est pas limité au métier qualifié traditionnel. Il concerne l'ensemble des ouvriers, comme l'indique la commission Donevan : « Cependant, la démarcation se trouve non seulement parmi les syndicats de métier, mais aussi entre les syndicats de métier et les autres, et aussi parmi les syndicats non professionnels [2]. »

Ainsi, en Grande-Bretagne, le groupe professionnel est défini comme unité autonome dans le processus de production. C'est cet aspect que traduit le système de classifications qui cloisonne des groupes professionnels. En France, en revanche, plus que la spécialité professionnelle, c'est le poste de travail qui définit la classification de l'ouvrier.

Ayant ainsi présenté quelques caractéristiques de la logique des systèmes de classifications, attachons-nous à mettre en évidence les différences d'attitudes qui existent entre les ouvriers français et britanniques face au contenu de leur emploi.

## II. L'attitude des ouvriers face au contenu de leur emploi : ouvriers français - ouvriers britanniques payés au temps

On a pu constater lors de nos observations que l'application des méthodes d'évaluation des postes par les directions d'entreprise répondait à des préoccupations différentes dans les deux pays. En France, il s'agit d'amener la contestation de la classification sur un terrain qui permette une prévision et une régulation du conflit. Ceci répond à une action ouvrière qui vise avant tout à saisir toutes les occasions justifiant une revalorisation de leur coefficient hiérarchique et donc de leur salaire. En Grande-Bretagne, le problème crucial pour l'employeur est d'obtenir une plus grande souplesse dans l'utilisation de la main-d'œuvre.

### 1. L'enjeu de l'évaluation des postes dans l'entreprise française

C'est cet objectif de prévision et de régulation des conflits de classifications et de salaires qui permet de comprendre l'attrait qu'exercent les méthodes d'évaluation des postes auprès des employeurs français. La grille de classifications qui, dans la métallurgie, a remplacé les classifications Parodi est calquée sur de

---

2. Royal Commission on Trade Unions and Employers Association, *Research Paper,* n° 4, HMSO, p. 48.

telles méthodes, et de ce fait devait faciliter leur généralisation [3]. Aux yeux des employeurs, un de leur principal avantage est de formaliser les critères de classifications. Cette formalisation permet une régulation du conflit, puisqu'elle amène la négociation sur un terrain où l'argumentation est précisée et donc où les débordements sont indiqués. Pour cela, il est bien sûr nécessaire que les critères de classifications et leur pondération soient l'objet d'un consensus et qu'ils soient les seuls à avoir droit de cité. Dès lors que ces conditions sont remplies, il est facile, en cas de réclamation portant sur les classifications, de traiter quasi mécaniquement les litiges.

Du côté des salariés, si l'application de telles méthodes peut offrir certains avantages, elle présente aussi l'inconvénient de limiter l'éventail de leurs armes. Il n'est sans doute pas besoin de longs développements pour que l'on admette qu'à toute logique d'évaluation on peut opposer une autre logique. Tout le jeu consiste à faire reconnaître celle qui est la plus profitable.

Nous voulons surtout insister ici sur le fait qu'un des problèmes essentiels en matière de classifications en France est la lutte autour des critères justifiant une valorisation de l'emploi. Les employeurs cherchent à lutter contre la tendance des ouvriers à saisir toutes les occasions qui justifient une telle valorisation ; ces derniers ne voulant pas, à l'inverse, limiter le champ de ces occasions. Ainsi, c'est en terme de progression du coefficient hiérarchique (et du même coup d'augmentation de salaire) que se pose le problème d'une modification des classifications en France.

## 2. L'enjeu de l'évaluation des postes dans l'entreprise britannique

L'enjeu que représente la modification des classifications est tout différent en Grande-Bretagne. Nous avons vu dans le précédent paragraphe que le mode de classement britannique par groupe professionnel correspond à une affectation collective des différents champs d'activité qui composent le processus de production. C'est précisément le maintien du contenu de ce travail qu'il importe avant tout de défendre. C'est là que se situe le champ du conflit dans l'entreprise britannique, et qui explique que l'objectif prioritaire de l'employeur, lorsqu'il introduit un schéma d'évolution des emplois, différemment du cas français, soit l'obtention d'une plus grande flexibilité dans l'utilisation de la main-d'œuvre. Cet objectif, nous

---

3. Cf. sur ce point F. EYRAUD, « La Fin des classifications Parodi », *Sociologie du travail*, 3/78, p. 259-279.

l'avons généralement rencontré dans toutes les entreprises observées. Une étude de D. A. Gotting [4] va nous permettre d'illustrer cet aspect fondamental de l'orientation de l'action des ouvriers britanniques payés au temps.

L'auteur a observé l'introduction, dans une grande entreprise métallurgique, d'un plan de classification des emplois et de productivité mis au point par la direction. De façon classique, en Grande-Bretagne, en retour de l'acceptation des conditions posées par ce plan [5], les travailleurs devaient bénéficier d'augmentations substantielles de salaires, dans le présent comme dans le futur, et d'avantages annexes. Ce plan a rencontré une forte opposition de la part des ouvriers qualifiés, significative de l'importance qu'accordent ces ouvriers qualifiés à la préservation de leur champ d'activité, importance telle qu'ils peuvent préférer cette préservation à une augmentation de salaire. « Ils [les ouvriers qualifiés] percevaient le plan comme une menace pour leurs objectifs à long terme ; objectifs d'une telle importance que leur défense était plus importante que l'attraction que représentaient les plus hauts salaires qu'offrait le plan. En particulier, ils voulaient préserver leur capacité à questionner la direction et à s'opposer à elle sur n'importe quel point qu'ils jugeaient important et continuer à influencer leur salaire et leurs conditions de travail en négociant avec la direction. Etroitement lié à cela, il y avait l'objectif supplémentaire de préserver des arrangements de travail tels que les assistants *(craftsmen's mates)*, les différences existantes de salaires et les catégories et spécifications traditionnelles des emplois [6] »

Ces objectifs étaient si puissants qu'ils préféraient voir leurs salaires relatifs baisser par rapport aux ouvriers semi-qualifiés, qui eux avaient accepté ce plan. Cette opposition a duré quinze mois, jusqu'à la nomination d'une commission de conciliation qui conseilla l'acceptation du plan, mais avec des modifications concernant la structure de négociation au niveau des ateliers et des groupes professionnels qu'il voulait mettre en place. De ce point de vue, on peut considérer que les ouvriers qualifiés n'ont pas abandonné leur objectif de contrôle sur leur champ d'activité.

L'objectif patronal d'une plus grande souplesse d'utilisation de la main-d'œuvre, qui résulte de l'orientation de contrôle du groupe professionnel sur le contenu de son champ d'activité, est aussi à la base de l'application des accords de productivité en Grande-Bretagne.

---

4. D. A. GOTTING, « The Introduction of a Wage Grading and Productivity Plan in a Large Engeneering Factory », *British Journal of Industrial Relations,* n° 3, novembre 1971, p. 314-329.
5. On trouvera les détails de ce plan dans GOTTING, *op.cit.,* p. 315.
6. GOTTING, *ibid.,* p. 315.

La négociation de productivité (*productivity bargain)* est définie par la commission Donevan de la manière suivante : « Le terme *productivity bargain* manque de précision, mais, globalement, il peut être décrit comme un accord dans lequel des avantages de l'une ou l'autre sorte, tels que des salaires plus élevés ou un accroissement du temps de repos, sont donnés aux travailleurs en retour d'un accord de leur part d'accepter des changements dans la pratique du travail ou dans les méthodes ou l'organisation du travail qui conduira à un travail plus efficient [7]. »

L'ouvrage de A. Flanders, qui analyse l'introduction d'un accord de productivité dans la raffinerie de Fawley, permet de se rendre compte de l'importance de cet objectif [8].

Plus récemment, cette absence de flexibilité dans l'utilisation de la main-d'œuvre a été mise en évidence par trois auteurs dans une étude sur une grande entreprise métallurgique britannique [9]. En recherchant les raisons avancées par les travailleurs pour engager une action collective, ils ont observé que les problèmes de flexibilité viennent au troisième rang, avec un taux de 12 % [10].

On peut trouver un autre signe de l'importance que représente pour l'ouvrier britannique la défense du contenu de son emploi dans le maintien, dans les entreprises, d'atelier de réparation et de construction d'outils. On trouve, bien entendu, dans les entreprises françaises un personnel chargé de l'entretien des machines. Néanmoins, cette tâche paraît beaucoup plus développée en Grande-Bretagne, où la réparation va très souvent jusqu'à la construction de nouvelles pièces ou de nouveaux outils. En France, la division du travail est beaucoup plus poussée. L'entretien se limite généralement aux pannes courantes, et l'appel à des entreprises spécialisées est beaucoup plus fréquent. Il semblerait ainsi que les ouvriers britanniques exercent une influence importante sur le processus de division du travail. Ne résultant pas d'une observation systématique, cette conclusion doit être considérée au conditionnel.

Ainsi, les types d'opposition qui se manifestent à propos du problème des classifications dans l'entreprise française et britannique traduisent une différence importante dans l'orientation de l'action. Tandis qu'en France les conflits de classifications tournent autour de la valorisation de tel ou tel élément du contenu du travail, l'action des

7. Royal Commission on Trade Unions and Employers Association, *Research Paper,* n° 4, HMSO, p. 12.

8. A. Flanders, *The Fawley Productivity Agreements,* London Faber LTD, 1964.

9. E. Batstone, I. Boraston et S. Frenkel, *The Social Organisation of Strikes,* Oxford Basil Blackwell, 1978.

10. *Ibid,* p. 48.

ouvriers britanniques met en balance augmentation de salaire et contenu de l'emploi.

Il reste cependant à mieux définir le contrôle exercé par les ouvriers britanniques en s'intéressant au cas des ouvriers payés au rendement. Dans ce cas, l'accent mis sur la contrepartie financière du travail semble interdire un contrôle équivalent à celui des ouvriers au temps. Par ailleurs, l'individualisme du salarié, dans le cas du système de rendement le plus répandu, va aussi dans le sens d'un affaiblissement du groupe professionnel comme unité collective d'action.

### III. La place du contrôle dans l'action ouvrière

*1. Ouvriers au temps et ouvriers au rendement :*
*les deux types de contrôle en Grande-Bretagne*

L'occasion de différencier la nature du contrôle qui caractérise les ouvriers au temps et au rendement nous est fournie par une enquête sur l'application d'un nouveau système de salaire : le « Measured Day Work » (MDW)[11]. Ce mode de rémunération ressemble au mode français en ce qu'il ne distingue plus aussi fortement le paiement au temps et au rendement. De ce fait, il s'applique aux deux types d'ouvriers. Le tableau suivant indique les raisons invoquées par les employeurs pour justifier la mise en œuvre de ce système de paiement en distinguant les ouvriers anciennement payés au temps et au rendement.

Une constatation globale s'impose tout d'abord : l'importance des motifs avancés par les employeurs concernant directement leur volonté de reprendre le contrôle d'un certain nombre de sphères de gestion de l'entreprise. En effet, quatre des sept motifs invoqués traduisent cette volonté (les motifs 3, 4, 5 et 7). Cela montre, *a contrario*, l'importance du contrôle ouvrier en Grande-Bretagne, qu'il s'agisse des travailleurs au temps ou au rendement, sur l'organisation du travail et de la production (motifs 3, 4 et 5) et sur les salaires (motif 7). Des différences significatives apparaissent cependant entre les ouvriers au temps et au rendement. On constatera tout d'abord que la rubrique « contrôle et prévisibilité du produit fabriqué » concerne avant tout les ouvriers au temps. Ceci traduit le résultat du type de contrôle qui les caractérise. En effet, s'ils peuvent contrôler le produit fabriqué, c'est bien qu'ils en maîtrisent la réalisation, c'est-à-dire qu'ils contrôlent leur champ d'activité.

---

11. Office of Manpower Economics, *Measured Day Work,* HMSO, 1973.

| RAISON DU CHANGEMENT | SYSTÈME DE RÉMUNÉRATION PRÉCÉDENT | |
|---|---|---|
| | TEMPS | RENDEMENT |
| 1. Améliorer l'effort des salariés | 79.8 | 41.1 |
| 2. Améliorer les relations industrielles | 34.0 | 59.1 |
| 3. Accroître le contrôle et la prévisibilité du produit fabriqué | 47.9 | 22.6 |
| 4. Faciliter l'introduction de changements dans l'organisation du travail et de la production | 32.9 | 35.0 |
| 5. Accroître la mobilité entre les emplois | 26.0 | 45.5 |
| 6. Avoir un système de paiement adapté aux méthodes de production | 25.6 | 39.6 |
| 7. Accroître le contrôle sur les mouvements des salaires | 20.5 | 47.8 |

SOURCE : Office of Manpower Economics, *op. cit.*, p. 16.

Ce tableau permet d'observer un autre type de contrôle exercé par les ouvriers au rendement. Il se rapporte à ce que l'on pourrait appeler la réglementation du travail, c'est-à-dire la détermination des niveaux de rémunération (« contrôle sur les mouvements des salaires ») et l'affectation des hommes aux différents postes de travail (« mobilité entre les emplois »). Notons que la rubrique « amélioration des relations industrielles » doit être rangée dans le cadre du contrôle sur les niveaux de rémunération, dans la mesure où elle renvoie aux nombreux conflits qui naissent de la fixation des normes de rendement.

L'importance de ce contrôle apparaît dans le développement de ce que les Anglais appellent les *custom and practice rules* (C & P). Il s'agit de règles non écrites, mais qui servent, à côté des règles formelles, de réglementation du travail. Précisons ici (mais nous y reviendrons par la suite) que ces règles coutumières se distinguent des règles informelles qui existent aussi bien en France et ont été décrites par exemple par M. Crozier dans le cas du monopole industriel [12]. En effet, alors que, dans le cas français, elles recouvrent des pratiques tolérées qui bien souvent permettent à l'organisation de fonctionner en introduisant une certaine souplesse dans la réglementation formelle, dans le cas britannique, elles ne sont pas tolérées mais parfaitement établies. La direction n'a généralement pas le droit de les transgresser. Par ailleurs, loin d'assouplir le fonctionnement de l'entreprise, elles tendent plutôt à le rigidifier au profit des ouvriers. La force du contrôle des ouvriers au rendement apparaît aussi dans le résultat de négociations nationales sur un nouvel accord de procédure commencées au début des années 1970 et achevées en 1976. Rappelons qu'un accord de procédure consiste à définir la procédure, qui sera suivie pour régler les litiges. Or, le point central de cette négociation était la clause de *statu quo* que les syndicats voulaient inclure dans cet accord. Cette clause avait pour objet d'obliger l'employeur à différer l'application d'une nouvelle pratique de travail (touchant aux salaires, aux conditions de travail, à la production) à laquelle s'opposait un salarié jusqu'au règlement du litige par les parties concernées. Auparavant, on appliquait d'abord la nouvelle pratique de travail, et en cas de réclamation le litige était résolu à travers la procédure. Cette clause fut intégrée dans le nouvel accord de procédure de la métallurgie signé le 1er mars 1976. Il faut préciser que les négociations nationales sur ce point ont été facilitées par l'obtention d'une telle clause dans un certain nombre de grandes entreprises. Bien que s'appliquant à l'ensemble des travailleurs manuels, cette clause était surtout destinée aux ouvriers au rendement qui étaient le plus soumis à l'introduction de ces nouvelles pratiques de travail (nouveaux modèles, nouvelles machines, etc.).

On retrouve ainsi chez les ouvriers au rendement cette orientation de contrôle du statut que l'on a pu observer chez les ouvriers au temps. Seuls changent les éléments du statut auxquels s'applique ce contrôle : ils concernent la réglementation du travail chez les premiers et le contenu du champ d'activité chez les seconds.

## 2. *La marginalité du contrôle du contenu de l'emploi en France*

Un certain nombre d'auteurs ont insisté sur l'existence d'une orientation de contrôle dans l'entreprise chez les ouvriers français [13].

---

12. M. Crozier, *Le Phénomène bureaucratique,* Seuil, Paris, 1963, chap. 2. Plus récemment, C. Morel, « Le Droit coutumier social dans l'entreprise », *Droit social,* n° 78, juillet-août 1979, p. 279-286.
13. M. Crozier, *Le Phénomène bureaucratique, op. cit. ;* R. Sainsaulieu; « Pouvoir et Stratégie des groupes ouvriers dans l'atelier », *Sociologie du travail,* 1965, n° 2,

Nous voudrions montrer que, comparativement à la Grande-Bretagne, il apparaît très marginal dans l'entreprise française. La différence essentielle avec la Grande-Bretagne est qu'il s'agit plus d'une adaptation par rapport à un règlement décidé en dehors du groupe ouvrier que d'un contrôle sur la construction de ces règles. L'essentiel de la réglementation restera fixé à l'extérieur du groupe. Les ouvriers français ont conscience de cet état de chose, comme le traduit le fait que le contrôle, lorsqu'il se produit, se fait toujours « en cachette ». S'il se voyait, il pourrait être remis en cause sans que les ouvriers n'y puissent rien. C'est l'inverse qui se passe avec les ouvriers britanniques, dont le contrôle sur le champ d'activité ou la réglementation du travail est socialement reconnu, même s'il est l'objet de conflits avec les employeurs. Il est inutile de revenir ici sur les conflits de démarcation, le contenu du travail des ouvriers d'entretien ou le maintien des ateliers de fabrication d'outils, qui sont autant de signes de la manifestation de ce contrôle, qui apparaît fort différent du cas français, tant du point de vue de son efficacité que du rôle central qu'il joue dans le système britannique de relations industrielles. D'un même point de vue, la règle de *statu quo* dont nous avons déjà parlé traduit bien la reconnaissance sociale du contrôle dans le mode d'action des ouvriers britanniques. Nous avons déjà rencontré cette différence entre la France et la Grande-Bretagne à propos des règles coutumières britanniques (C & P) que nous opposions aux règles informelles françaises. Nous avons vu que la différence essentielle était que les règles C & P étaient parfaitement admises et connues, alors que les règles informelles françaises n'étaient que tolérées. Cette différence est capitale, car elle implique que, dans le cas britannique, l'action du groupe sur son statut sera à la fois défensive et offensive. Dans le cas français, au contraire, n'étant pas reconnue, cette action ne pourra être que défensive et souterraine. Que l'on ne nous taxe pas ici d'un trop grand formalisme, car, il faut le répéter, l'extrême informalité en France de ce type d'action rend son résultat très fragile et incertain ; c'est en ce sens qu'elle nous paraît marginale dans le système français de relations industrielles. R. Sainsaulieu donne l'exemple de ces ouvriers d'entretien qui, comme dans le monopole de M. Crozier, cherchent à perpétuer leur pouvoir en conservant les secrets des réparations. Il s'agit bien là de la défense du statut du groupe. Or le chef de

---

p. 162-174, et, du même auteur, *L'Identité au travail,* Presse de la fondation nationale des sciences politiques, Paris, 1977, chap. 2 en particulier ; P. BERNOUX, « Les OS face à l'organisation industrielle », *Sociologie du travail,* 1972, n° 4, p. 410-436, et « La Résistance ouvrière à la nationalisation : la réappropriation du travail », *Sociologie du travail,* 1979, p. 76-90.

fabrication a pu remettre en cause ce pouvoir en confiant à un tiers les plans de la machine et sa réparation. Ainsi, il suffit que les plans soient divulgués pour que le pouvoir de ce groupe soit réduit, sans que ce dernier ne puisse rien faire [14]. En Grande-Bretagne, les règles C & P sont « établies ». La direction ne peut les rendre caduques unilatéralement.

Peut-on alors exclure l'orientation de contrôle de l'action ouvrière française dans l'entreprise ? Ainsi posée, la question appelle une réponse négative, puisque, à partir du moment où une action pèse sur le pouvoir de décision de l'employeur, elle peut être qualifiée d'action de contrôle. Simplement, une différence existe entre un contrôle continu sur tel ou tel aspect de la réglementation du travail comme en Grande-Bretagne et un contrôle que l'on pourrait qualifier de discontinu, qui, comme en France, pèse de façon ponctuelle et momentanée sur la réglementation. Le vrai problème est donc plutôt de spécifier le type de contrôle qui est exercé dans le cas français comparé à la situation britannique. Nous n'avons cependant pas la place de développer ce point-là. Nous nous bornerons donc à tirer de cette analyse quelques réflexions concernant les problèmes d'emploi.

### IV. Modes d'action et segmentation du marché du travail

Compte tenu de la différence qui existe entre les ouvriers français et britanniques du point de vue du contrôle qu'ils exercent sur leur emploi, on peut imaginer que le marché du travail sera structuré d'une manière différente dans les deux pays. Pour ne prendre qu'un exemple, on peut déduire que l'utilisation de la main-d'œuvre intérimaire ne sera pas aussi facile en Grande-Bretagne qu'en France, ce que nos observations ont confirmé. Une constatation identique a aussi été faite par P. Dubois dans son étude comparative sur les ouvriers d'entretien français et anglais [15].

Il ne s'agit pas ici d'épiloguer sur les vertus respectives de tel ou tel mode d'action. Ceci aurait d'ailleurs demandé des développements que nous n'avons pas eu la place de faire ici. En revanche, ce qui nous paraît intéressant de retenir, c'est la relation étroite qui nous semble exister entre le mode d'action et la politique de gestion du personnel. Il paraîtra sans doute banal d'affirmer que ce sont deux phénomènes interreliés. Pourtant, cette conclusion constitue une

---

14. R. SAINSAULIEU, « Pouvoir et Stratégie... », *op. cit.,* p. 169-170.
15. P. DUBOIS, *op. cit.,* p. 542-543.

critique des théories de la segmentation du marché du travail, même si elle reste dans la même perspective théorique. En effet, ces dernières considèrent généralement que l'action ouvrière (*i.e.* la coutume) n'intervient que pour rendre plus rigides des segmentations dont l'origine est d'ordre économique. Ainsi P. Doeringer et P. Piore considèrent que le marché interne se forme à partir de la nécessité d'une main-d'œuvre stable du fait des caractéristiques du marché des produits ; l'action ouvrière (*i.e.* la coutume) ne faisant que renforcer ce marché interne déjà créé : « Les coutumes apparaissent comme naissant de la stabilité de l'emploi à l'intérieur des marchés du travail internes [16]. »

La comparaison qui vient d'être faite des attitudes des ouvriers français et britanniques face au contenu de leur emploi tendrait au contraire à montrer que les modes d'action caractéristiques d'une main-d'œuvre sont des facteurs déterminants dans la formation des segmentations du marché du travail au même titre que les facteurs économiques.

16. P. Doeringer, M. Piore, *Internal Labor Market and Manpower Qualisis,* Lexington, Head Lexington Books, 1971, p. 23. Voir aussi sur cet aspect : R. Loveridge and A. L. Mok, *Theories of Labour Market Segmentation,* London, Martinus Nijoff Social Sciences Division, 1979, chap. 3 en particulier.

# La notion de « professionalità » pour les syndicats en Italie

*Giusto Barisi* *

Plus que partout en Europe, et d'une manière beaucoup plus radicale, les luttes ouvrières de 1968 à 1972 ont en Italie contesté et attaqué de front l'organisation capitaliste du travail.

Ces luttes ont pris des formes très diverses, parce qu'elles visaient à modifier très concrètement les modalités de l'organisation du travail telles que les subissaient quotidiennement les travailleurs. Elles concernaient le rythme des cadences, la parcellisation des tâches, la monotonie, les modalités de calcul des primes de production, le refus des formes incitatives de rémunération, le rejet de la différenciation abusive des rémunérations individuelles légitimées par la *Job Evaluation,* le refus de la stagnation professionnelle provoquée par la déstructuration des métiers traditionnels par le taylorisme.

Ce n'est que progressivement que les syndicats ont pu redonner une certaine unité théorique à l'ensemble de ce puissant mouvement de contestation de l'organisation capitaliste du travail, afin de renforcer le mouvement lui-même et de consolider le résultat des luttes et l'unité de la classe ouvrière, en réorganisant l'ensemble de ces formes d'actions et de revendications diverses autour de la notion centrale de *professionalità.*

* Université de Rome, Groupe de Sociologie du travail. Article traduit par Mireille Dadoy.

Dans cette analyse, la *professionalità* jouait à la fois un rôle tactique et un rôle stratégique.

Dans la lutte quotidienne elle devenait un puissant catalyseur de l'unification de la classe ouvrière et tendait à faire pression sur le patronat pour imposer, au travers de mécanismes automatiques de la promotion ouvrière, une modification structurelle de l'organisation sociale du travail et donc de l'entreprise.

Par sa fonction de remise en cause du pouvoir patronal au sein de l'entreprise, elle pouvait également jouer un rôle plus fondamental de transformation de la société, en contribuant à bousculer les fondements de l'organisation économique de la société elle-même et en construisant de nouveaux critères de gestion et de contrôle de l'organisation sociale et économique de son fonctionnement [1].

A ce titre, la notion de *professionalità* mériterait une étude très approfondie, afin de mieux appréhender les lignes de force dont elle était porteuse au cours des luttes ouvrières de la période faste du mouvement syndical, mais aussi ses ambiguïtés et ses faiblesses. Il faudrait tout particulièrement retracer, au cours des trente-cinq dernières années, les quatre phases (1945-1959, 1960-1968 ; 1968-1974 ; 1974 à 1980) au cours desquelles la notion de *professionalità* a pris des contenus très différents suivant l'évolution économique, l'évolution politique (et en particulier les relations entre le syndicalisme et les partis politiques), et les grands axes de la stratégie syndicale. Cette étude dépasserait considérablement les limites de cet article [2]. L'objet de cette communication est principalement de présenter la notion de *professionalità* dans la pensée syndicale et dans l'accord Italsider, au cours de la période 1968-1974. En particulier, l'attention sera focalisée sur le moment de l'élaboration de la ligne politique des syndicats, en reliant la phase de la lutte et de la négociation de certaines situations expérimentales pilotes (Italsider) à celle de la définition de la ligne politique générale sur l'organisation du travail et sur les formes d'emploi.

## I. L'élaboration de la ligne politique syndicale sur le thème de la « professionalità »

Les luttes ouvrières et la réflexion syndicale sur la *professionalità* dans la période 1968-1974 s'inscrivent dans un contexte économique

---

1. Cf. F. Butera, *La Divisione del lavoro in fabbrica,* Marsilio éd., Venezia, 1977 ; et V. Foa *et alii, Movimento operaio e cultura alternativa,* Mazzotta Editori, Milano, 1977.
2. Une étude sur ces thèmes sera publiée prochainement.

et politique général, dont il convient de retracer schématiquement les grandes caractéristiques [3]. C'est à cette époque, tout d'abord, que se révèle, en Italie, l'évidence des échecs de la politique réformatrice du gouvernement de centre gauche, tandis que se confirme la reprise conjoncturelle de l'économie. Par ailleurs, le marché du travail italien présentait des spécificités qui expliquent le caractère original des luttes ouvrières. Parmi ces spécificités, il faut noter en premier lieu la relative rareté sur le marché du travail de la main-d'œuvre banale, très recherchée par les entreprises à haut niveau de mécanisation, en raison du bas niveau de salaire qui lui était reconnu dans l'accord national des Metalmeccanici de 1966, signé dans une période de conjoncture de crise. En outre, le renforcement de la fragmentation du procès de travail freinait très sensiblement les possibilités d'une carrière professionnelle ouvrière et interdisait aux travailleurs tout espoir d'échapper à la condition d'ouvrier spécialisé [4].

De son côté, le développement du processus de concentration de l'appareil de production dans le Nord-Ouest du pays avait provoqué l'augmentation de la taille des entreprises et un puissant flux migratoire du Sud du pays vers le Nord, alors que les structures d'accueil sociales étaient insuffisantes. Enfin, l'introduction massive du taylorisme au sein d'une population, dont le niveau culturel progressait, avait rendu insupportables, pour beaucoup de travailleurs, les conditions de travail dans les entreprises.

A toutes ces particularités du marché du travail, qui contribuaient à créer un climat conflictuel explosif, s'ajoutait la prise de conscience que la division du travail existante procédait d'un choix délibéré du patronat et non d'une contrainte extérieure objective et neutre, dans le but de maximiser les profits et de diviser la classe ouvrière [5]. Ainsi, pour des postes comparables, des travailleurs se trouvaient classés à des niveaux différents dans la grille des salaires et recevaient, de ce fait, des rémunérations différentes [6].

---

3. Il faudrait également rappeler l'incidence des luttes de libération nationale du tiers monde (Vietnam) et du mouvement idéologique qui traverse le monde socialiste (révolution culturelle en Chine) sur l'idéologie des cadres de l'opposition italienne, qui deviennent souvent des leaders dans les luttes au niveau des entreprises et des universités.

4. Cf. la recherche de ILSES sur le marché du travail en Lombardie : *La Quantificazione del lavoro nell industria lombarda,* G. BARILE et M. PACI, 1970. Cf. aussi G. BIANCHI et M. d' AMBROSIO, « L'évoluzione della qualificazione del lavoro in Italia dal 1951 al 1958 », in *Quaderno ISRIL,* 1970, n° 2.

5. Le mouvement étudiant a joué un grand rôle dans la diffusion du thème de la non-neutralité de la technique, notamment dans les grands centres urbains : Milan, Turin. Mais il ne faut pas oublier que les confédérations syndicales avaient déjà lancé dans les années 1960 des actions en faveur d'une réduction des inégalités.

6. V. ROMAGNOLI, « La scelta dei contenuti revendicativi », *in Problemi del movimento sindacale in Italia : 1943-1973, in Annali della Fondazione G. Feltrinelli,* Il Mulino, Bologna, 1976.

Or c'est à ce moment-là que la poussée pour un plus grand égalitarisme, née dans les usines de l'affrontement quotidien avec la politique industrielle défavorable, trouva une résonance au niveau des confédérations syndicales et entraîna la formulation de nouveaux critères d'appréciation de la position de chaque travailleur dans l'échelle hiérarchique.

Ainsi, sous la pression des luttes d'entreprises, les trois centrales syndicales prirent conscience de l'importance de la dimension de la *subjectivité* ouvrière et parvinrent à s'entendre pour en faire l'élément central du système de classification et de la lutte contre l'organisation capitaliste du travail [7].

La discussion de ces questions suscita au sein des confédérations syndicales, au début des années 1970, un débat très riche, dont les principales positions peuvent se résumer brièvement.

Au sein de la FIM-CISL, plusieurs positions étaient favorables à l'abolition des grilles hiérarchiques de salaire [8], afin de remettre au centre du système de qualification l'homme et non le travailleur. Cette tendance visait à substituer au principe de la rémunération selon la prestation le principe de la rémunération égalitaire, au nom de l'équivalence des besoins de tous les individus et de l'égalité de la durée du travail pour tous. Cette position expliquait les différences entre les travailleurs comme étant le résultat de la société capitaliste, d'une part, à l'extérieur de l'entreprise (origine sociale, école), d'autre part, à l'intérieur de l'entreprise (division du travail et grille hiérarchique des salaires), et, en tant que telle, cette stratification ne pouvait qu'être rejetée. Une expression particulière de cette position, fondée sur une analyse des effets égalitaires du développement technologique, considérait que la main-d'œuvre pouvait acquérir en peu de temps le savoir-faire nécessaire à la maîtrise de tout le système de production ; en conséquence, elle affirmait la nécessité de rejeter tout principe de grille hiérarchique et exigeait une catégorie unique de salaire pour tous les travailleurs.

Une deuxième formulation de cette position [9], qui tendait à long terme à la même solution, proposait que dans les secteurs dans lesquels il existait des possibilités réelles de développement professionnel pour tous les travailleurs (par exemple dans les

7. Dans la période précédente ; la CISL et l'UIL s'étaient montrées plus favorables à la Job Evaluation, dont la logique était de lier la rémunération à l'évaluation des exigences du poste de travail.

8. Cf. M. REGINI et E. REYNERI, *Lotte operaie e organizzazione del lavoro*, Ed. Marsilio, Padova, 1971, p. 192.

9. Cf. G. P. CELLA et B. MANGHI, « Analisi critica del sistema delle qualifiche », *in Dibattito Sindacale*, mai-août 1970, n° 3, p. 11-20.

processus de production en continu) soit maintenue quand même la grille hiérarchique, à condition d'obtenir la garantie, contrôlée par les travailleurs, que dans un temps préétabli tous les travailleurs auraient accès aux catégories les plus élevées de l'échelle des salaires. Pour les secteurs dans lesquels une promotion professionnelle n'était pas envisageable (par exemple dans des industries mécaniques de séries), cette position proposait la création de deux catégories de salaires ouvriers : les *operai specializzati* pour les ouvriers de maintenance, très qualifiés, et les *operai qualificati,* rassemblant tous les autres ouvriers. Ces deux catégories ouvrières seraient en articulation avec les trois catégories d'employés, avec des niveaux équivalents entre certaines catégories d'ouvriers et certaines catégories d'employés.

La CGIL, pour sa part, justifiait le maintien de la grille de classification surtout par la nécessité d'exercer un contrôle sur la totalité du marché du travail, afin d'éviter que le patronat n'utilisât les éventuels mécontents des catégories les plus élevées, en mettant en œuvre des pratiques de salaires stimulants ou toute autre forme de rétribution supplémentaire (par exemple sous forme de gratification) parallèle à la grille de salaire [10].

A l'intérieur de la CGIL, les débats peuvent être synthétisés dans les positions suivantes : la notion de *professionalità,* qui était liée aux classifications, donc fondée sur les capacités des travailleurs, mises en œuvre ou pas dans le procès de travail, ou sur leur adaptabilité, était insuffisante pour rendre compte de la potentialité alternative d'égalitarisme, qui s'exprimait dans la *subjectivité* conflictuelle émergeant des luttes dans les entreprises. En effet, dans certaines situations, les entreprises elles-mêmes pour la première fois (par exemple Italsider) ont cherché à mettre, comme base des accords sur la classification et la grille des salaires, des critères directement liés à la *professionalità* des travailleurs : responsabilité dans le travail, niveau de connaissance du cycle productif, etc. Face à ces pratiques nouvelles, les syndicats manifestèrent leurs réticences à accepter des critères trop rigides et des définitions trop statiques, qui enchaînaient les syndicats [11], alors que le rapport de forces, qui était en train de se développer, leur était favorable. En effet, de nouvelles propositions, émergeant des nouveaux rapports de forces sociaux dans l'entreprise, cherchaient à valoriser des attributs plus collectifs de la définition de la *professionalità.*

Dans « Analisi critica del sistema delle qualifiche [12] », G. P. Cella et

---

10. A. LETTIERI, « Valutazione del lavoro », *in Quaderni di Rassegna sindacale,* mai-juin 1971, n° 30, p. 57-65.

11. *Ibid.*

12. *Op. cit.,* p. 11-25.

B. Manghi affirment que « le modèle de correspondance positive entre évolution technique et évolution du travail se vérifierait seulement si la division du travail restait immuable. Dans ce cas, par exemple, un travailleur affecté à une machine, qui se perfectionnerait chaque jour davantage, et qui parviendrait à maintenir tous les niveaux d'intervention classiques possibles dans un système de travail (conduite, réglage, maintenance, etc.) apprendrait certainement beaucoup et améliorerait sa qualification professionnelle. Et ceci se réalise en effet pour le travailleur collectif, pris dans son ensemble. Mais ceci ne se réalise pas nécessairement pour le travailleur individuel, qui sera touché d'une manière différente selon la structure du groupe [de travail] et selon la position qu'il y occupe ». « C'est pour cette raison que le groupe homogène constitue, selon V. Foa, un rouage décisif pour une nouvelle politique de classification [professionnelle] ; [...] dans l'analyse collective et consciente du processus de travail et des rapports de celui-ci avec la formation, on peut construire une nouvelle politique de classification, qui deviendra l'instrument privilégié de l'unité des travailleurs [13]. »

En effet, « plus qu'une lutte pour la reconnaissance de la qualification individuelle, réellement manifestée par les travailleurs particuliers ou une partie du groupe homogène, l'action est orientée vers la reconnaissance du niveau réel de la qualité de la force de travail mise en œuvre par le groupe homogène. C'est une lutte de l'ensemble du travailleur collectif pour se faire reconnaître un nouveau niveau de qualification [14]. » Et, en conséquence, une augmentation de la qualification peut être obtenue surtout à travers une modification de la division du travail « dans une perspective de recomposition du processus de travail parcellisé [15] ».

Ainsi, progressivement se dégage du débat une ligne syndicale très claire : pour être capable de fusionner les différentes positions du mouvement syndical et leur donner une cohérence, pour canaliser les capacités de lutte des travailleurs et ainsi augmenter la capacité d'intervention des syndicats dans les usines, la ligne politique syndicale devait comprendre une réduction du nombre de niveaux de classification (« encadrement unique en sept niveaux »), une série d'automatismes destinés à garantir la progression dans l'échelle professionnelle des travailleurs, et la contestation de l'organisation du

13. V. Foa, « Per una risposta realistica », in *Quaderni di Rassegna Sindacale,* n° 30, mai-juin 1971, p. 110-113.

14. S. Garavini, « Le Nuove Strutture democratiche in fabbrica e la politica revendicativa », in *Problemi del socialismo,* janvier-février 1970.

15. FIOM-Torino, « Mansioni, Qualifiche, professionalità, salari », ronéo de mars 1970.

travail patronale, en remettant aussi parfois en cause les choix technologiques effectués, « [...] la hiérarchie et les mécanismes de programmation [de la production], vus comme l'expression de l'appareil autoritaire que refuse la classe ouvrière au nom de la rationalité ouvrière [16] ».

En outre, comme le disait G. Sclavi, « le problème actuel de la direction des syndicats est de lier, unifier et diriger tous les éléments d'un affrontement, qui a comme base constante de référence les jugements des travailleurs directement intéressés. Si les délégués sont capables de s'affirmer non seulement comme expression de la capacité de lutte des ouvriers, mais aussi comme moyen permanent de critique et de jugement collectif des ouvriers et des employés, sur leurs propres conditions de travail, nous aurons la force d'affirmer, contre les lignes réactionnaires et aussi contre celles du patronat éclairé, une stratégie de lutte des travailleurs, qui ne part pas de la contestation pour aller vers l'utopie, mais qui part de la contestation pour promouvoir la conscience collective et la prise du pouvoir [17]. »

Une grande partie du débat au sein des syndicats était directement liée à la négociation en cours de l'accord d'entreprise d'Italsider. Italsider a longtemps joué le rôle de laboratoire d'expérimentation sociale en Italie. L'accord d'Italsider de 1970 prenait ainsi valeur d'accord pilote, dont les syndicats tenteraient d'étendre le modèle à toutes les autres entreprises. L'accord d'Italsider a donc marqué une étape décisive dans l'élaboration de la notion de *professionalità* et dans la lutte contre l'organisation capitaliste du travail. A ce titre, il convient d'en préciser rapidement le contenu et l'originalité.

## L'accord pilote d'Italsider

Concrètement, la grille de classification dite « encadrement unique », fut introduite à Italsider en 1970. Elle prévoyait huit niveaux de salaire, dont les cinq premiers concernaient les ouvriers et s'appliquaient aux hommes comme aux femmes, aux jeunes comme aux adultes.

Le contenu de cette grille unique et sa signification dans la stratégie syndicale sont clairement présentés par Antonio Lettieri [18].

---

16. G. SCLAVI, « Esperienza e risultati di categoria i metallurgici », *in Quaderno di Rassegna Sindacale*, 1971, n° 30, p. 139-196.

17. *Ibid.*

18. Cf. A. LETTIERI, « Inquadramento Unico e strategia delle qualifiche : una discussione », *in Quaderno di Rassegna Sindacale*, 1972, n° 35.

« L'appréhension de la notion de *professionalità* a [...] une signification très différente de la signification traditionnelle. La *professionalità* signifiait bouleverser les critères de rémunération des postes. L'affirmation de ces [nouveaux] critères est vécue par les travailleurs comme un renversement de l'ancienne pratique [patronale] de déqualification, comme une donnée collective qui sert à unifier les travailleurs, à garantir leur mobilité à l'extérieur du cadre des contraintes créées par la Job Evaluation. La *professionalità* est également entendue au sens très large, comme capacité de travail : capacité de connaissances et capacité d'intervention sur le procès de production. En ce sens, la *professionalità* est identifiée comme un fait collectif et tend à être homogène, bien que cette homogénéité ne soit pas instaurée [à l'origine] et qu'elle se réalise à travers le développement de l'expérience, qui émerge d'une collectivité concrète de travail.

« En partant de cette analyse, on peut dire schématiquement que le critère de la *professionalità* a acquis dans la plate-forme d'Italsider deux significations : la première prend une signification plus contingente de contre-proposition symbolique à la Job Evaluation, qui est fondée sur l'évaluation du poste de travail ; la deuxième signification, d'un intérêt plus général, se présente sous la forme d'une revendication d'un processus de professionnalisation, entendue comme possibilité concrète pour tous de réaliser ses propres capacités potentielles, en liaison avec le contrôle, la critique et la modification de l'organisation du travail. La notion de *professionalità* a ainsi été chargée d'une signification politique unificatrice : la preuve en est dans la vérification que, techniquement, la notion a été peu utilisée lors de l'élaboration de la grille unique d'encadrement.

« Une fois qu'il a été établi, dans l'accord [Italsider, à travers la négociation] de décembre 1970, que les niveaux s'élevaient à 8 [19], et que les ouvriers étaient classés, dans un premier temps, dans les cinq premiers niveaux, on a renversé les modalités traditionnelles de classification : au lieu de définir les profils professionnels on est passé à une négociation spécifique pour chaque atelier, dans laquelle se sont affrontées directement les positions antagonistes des travailleurs et des représentants de la direction de l'entreprise. La négociation a toujours eu une signification politique, car les travailleurs y étaient associés, et ils y participaient sur la base d'une analyse collective des conditions de travail, en donnant vie à un processus dans lequel le moment de

---

19. L'accord Italsider a un échelon de plus que la grille d'*encadrement unique,* sans toutefois modifier significativement l'éventail hiérarchique des catégories extrêmes. Le niveau supplémentaire se situe dans la zone intermédiaire entre le cinquième niveau (sommet de la hiérarchie ouvrière) et le sixième niveau.

l'autodétermination collective était directement lié à celui de la négociation.

« Ces affrontements ont obligé les délégués, les conseils d'usine et les travailleurs à une réflexion générale sur l'organisation du travail et permis en même temps de peser dans la négociation pour obtenir une grille d'encadrement, telle que la majorité des ouvriers a été concentrée dans les catégories du haut de la hiérarchie [3e, 4e et 5e catégorie].

« L'accord sur la grille unique [d'Italsider] prend en considération les critères de promotion professionnelle suivants :

« 1. La promotion est automatique pour le passage du premier au deuxième niveau [les deux niveaux du bas de la grille].

« 2. Pour certains types de savoirs et savoir-faire, organisés en filière sur plusieurs niveaux, le passage aux niveaux supérieurs est réalisé lors de la deuxième, troisième et quatrième années pour, respectivement, le passage du deuxième au troisième niveau, du troisième au quatrième niveau et du quatrième au cinquième niveau [donc, il faut sept ans pour être au maximum].

« Les passages sont réalisés en fonction de la capacité des travailleurs de savoir accomplir les tâches du niveau supérieur, indépendamment de l'organigramme. Il faut ajouter que les nombres d'années cités représentent des périodes maximales. Pour des raisons subjectives, relatives à la rotation entre des postes différents, et pour des raisons objectives inhérentes à la modification de l'organisation du travail, le travailleur peut passer plus rapidement d'un niveau à l'autre. Dans le cas où aucune de ces dernières circonstances n'intervient, un travailleur dont les savoirs, et savoir-faire peuvent relever de plusieurs niveaux [par exemple du troisième, quatrième et cinquième niveau], atteindra en sept ans le niveau le plus élevé, s'il est capable, bien entendu, de satisfaire aux tâches plus complexes correspondant à sa filière [professionnelle], que l'entreprise est obligée de lui confier, au moins pour lui permettre de faire la preuve de ses capacités.

« 3. Pour les cas où il n'existe pas de filière professionnelle sur plusieurs niveaux, il est prévu les possibilités de promotion suivantes :
  « *a)* rotation sur plusieurs postes de même niveau ou de niveaux supérieurs ;
  « *b)* formation professionnelle ;
  « *c)* regroupement des tâches, recomposition des postes, enrichissement des tâches pour créer de nouvelles configurations professionnelles d'un niveau supérieur. Dans ces cas-là, la capacité plus élevée du travailleur coïncide avec une modification de l'organisation du travail ;

« *d)* dans les cas où la rotation des postes ou la modification de l'organisation du travail se heurtent à une ᣟcontrainte technologique du processus de production, le travailleur a le droit, après un certain laps de temps, d'être transféré dans un atelier dont les contenus professionnels sont plus riches [que dans le sien]. Ce droit est également reconnu pour les postes de travail, qui sont soumis à des nuisances éprouvantes. Ceci est un point important, car il élargit la notion de rotation jusqu'à mettre en place une mobilité systématique entre différents types de qualifications, en brisant la barrière entre [d'une part] les tâches à la fois les plus pénibles et les moins qualifiées et [d'autre part] [les postes] les plus intéressants ;

« *e)* pour les travailleurs handicapés, il n'y a plus de déclassement [typique dans la sidérurgie], mais une obligation pour l'entreprise de leur donner une nouvelle qualification.

« En résumé, à chaque travailleur sont garanties la promotion jusqu'au niveau le plus élevé existant dans sa configuration professionnelle et la possibilité de passer à un autre type de configuration professionnelle, lorsque la première rencontre un blocage du développement de la capacité professionnelle [20]. »

Ces stratégies, orientées vers l'obligation pour les entreprises de modifier en permanence l'organisation du travail pour utiliser de la meilleure façon la capacité professionnelle, toujours en progression, n'ont malheureusement pas obtenu de succès significatifs : dans un premier temps, en raison des résistances du patronat au changement ; et, par la suite, en raison de la modification des rapports de forces réels.

En 1973, après la signature de l'accord de branche de la Metalmeccanica, la grille unique d'encadrement en sept niveaux est instaurée dans toute la métallurgie au niveau national, dans le même esprit que l'accord d'Italsider, mais avec plus de contraintes, afin de ralentir et contrôler la promotion professionnelle.

La richesse du débat sur la notion de *professionalità* au sein des syndicats témoigne des fluctuations importantes qu'ont connues les définitions de cette notion.

Pour mieux appréhender la signification de ces variations, il faut les resituer dans l'évolution des systèmes de travail depuis la Deuxième Guerre mondiale.

---

20. Pour des extraits de l'accord Italsider de 1970, cf. A. LETTIERI, « Inquadramento Unico e stratégia delle qualifiche : una discussione », *in Quaderno di Rassegna Sindacale,* 1972, n° 35, p. 115-117.

## II. Quelques repères sur l'évolution de la notion de « professionalità » de 1945 à 1980

Les luttes ouvrières et la spécificité de la ligne politique syndicale italienne, de 1968 à 1974, s'inscrivent dans le cadre très large des trente-cinq dernières années, qui ont été marquées par l'évolution de plusieurs facteurs déterminants.

Outre les conditions économiques et politiques plus générales au niveau du pays, la politique des organisations syndicales, dans la période qui a précédé « l'automne chaud » de 1969, a été conditionnée par plusieurs orientations stratégiques de l'action syndicale : premièrement, par la mise en place d'une politique égalitaire, qui tendait simultanément à unifier la classe ouvrière et à maintenir le meilleur contrôle possible du marché du travail ; deuxièmement, par le développement d'une politique organisationnelle syndicale, tendant à décentraliser progressivement la négociation, à étendre le champ des négociations et à augmenter les moyens d'action ; troisièmement, surtout pendant les années 1960, par le processus accéléré d'unification syndicale et d'une progressive homogénéisation politique et idéologique entre les trois confédérations syndicales ; enfin, par l'existence dans les syndicats de traditions et d'éléments d'une culture de classe alternative, prête à recevoir, à prendre en charge et à généraliser les nouvelles pressions de la base sur le terrain idéologique et politique.

Dans ce contexte, on peut considérer que la notion de *professionalità* a subi des modifications substantielles corrélativement aux changements intervenus au niveau politique, économique, technologique et sur le marché du travail. On peut distinguer trois grandes phases, au cours desquelles la notion de *professionalità* s'est notablement enrichie : de l'après-guerre à 1968, avec une période intermédiaire de 1960 à 1968, puis de 1968 à 1974 et de 1974 à nos jours.

### A. De l'après-guerre à 1968

Dans cette première phase de l'élaboration de la notion de *professionalità,* deux périodes peuvent être distinguées, de l'après-guerre à 1960 et de 1960 à 1968. La période de 1960 à 1968 constitue en effet une période intermédiaire marquée par l'ouverture du Marché commun et la généralisation de pratiques managériales inspirées des USA.

De l'après-guerre à 1960, la *professionalità* restait liée aux contenus des savoirs et savoir-faire, correspondant aux vieux métiers, qui vont tendre à disparaître par la suite.

Pour défendre ce patrimoine professionnel existant au sein des travailleurs et pour lutter contre la déqualification provoquée par l'introduction de la mécanisation et du taylorisme, les organisations syndicales en position défensive cherchaient à faire correspondre le niveau de *professionalità* réelle (telle qu'elle était reconnue dans la grille hiérarchique) *au niveau des capacités et connaissances professionnelles des travailleurs, qu'elles soient mises en œuvre ou pas dans l'usine*. Mais, en réalité, les rapports de forces étaient si favorables au patronat que, le plus souvent, le niveau de qualification réel des travailleurs n'était pas reconnu à sa vraie valeur et que la classification dans la grille hiérarchique dépendait presque totalement de la décision unilatérale du patronat.

Dans la période suivante, de 1960 à 1968, l'introduction, dans quelques grandes entreprises et notamment dans des industries à processus en continu, d'autres types de systèmes d'évaluation de la qualification du travail, du type Job Evaluation, tentait d'imposer une nouvelle ligne en faisant dépendre la classification de chaque travailleur des exigences de son poste de travail, c'est-à-dire de la division du travail organisée par les entreprises [21]. Confronté à ces nouvelles logiques, qui déstructurent les identités professionnelles des travailleurs, le débat sur la *professionalità* fit de grands progrès, surtout dans les industries de grandes séries − les plus atteintes par la mécanisation − en faisant intervenir dans la définition de la *professionalità des éléments extérieurs au processus de socialisation interne à l'entreprise*. Ainsi, la polyvalence et la mobilité, imposées par les contraintes économiques, portaient les entreprises à valoriser la disponibilité et l'adaptabilité des travailleurs, et donc du même coup des caractéristiques individuelles qui n'étaient pas strictement liées aux capacités professionnelles acquises par la formation professionnelle ou par l'expérience dans l'usine.

Par ailleurs, le plus haut niveau de mécanisation des processus de production créait de nouvelles rigidités dans la gestion de l'entreprise ; en particulier, il n'était souvent plus possible d'apprécier directement l'incidence et la responsabilité personnelle de chaque travailleur dans la production, en analysant le résultat de son intervention individuelle

---

21. Comme en France, la Job Evaluation a été introduite en Italie à la suite des missions envoyées aux USA pour étudier les méthodes censées améliorer la productivité. Mais, comme en France, c'est au cours des années 1960 que le développement de ces méthodes atteint une très grande extension dans l'industrie, qui va provoquer quelques réactions de la part des travailleurs.

sur le segment de processus sur lequel il était affecté ; la contribution personnelle d'un travailleur ne peut être pleinement appréhendée qu'en resituant celle-ci dans l'ensemble des résultats de l'intervention collective des travailleurs sur une phase importante du processus de production.

Ces nouvelles situations de travail portaient à *substituer à la professionalità individuelle la professionalità collective,* fondée sur la coopération autogérée à l'intérieur du groupe homogène, en donnant toute leur importance, d'une part, aux initiatives de coordination du travail dans les groupes homogènes, dans lesquels la fonction de chef de premier niveau avait été supprimée, et, d'autre part, aux actions informelles, qui jusque-là étaient occultées dans les consignes et l'organisation théorique de la production.

## B. *De 1968 à 1974*

Alors que, dans la première phase, la notion de professionalità s'articulait à une stratégie syndicale uniquement défensive et n'était utilisée que pour défendre les travailleurs de la déqualification, à la suite de la disparition des métiers traditionnels (1$^{re}$ période), puis ensuite (2$^e$ période) pour adapter les critères de classification à l'automatisation et aux nouvelles formes d'organisation du travail, dans la troisième phase les nouvelles définitions de la professionalità vont devenir le centre d'une offensive syndicale.

En effet, la période de 1968-1974 est caractérisée par une intense activité conflictuelle, qui va donner l'occasion aux syndicats d'exprimer totalement leur autonomie, aussi bien dans leurs interventions sur la société et sur les usines, que dans leur approche de la notion de *professionalità.*

Puissamment portée par le rapport de forces créé dans les entreprises les plus importantes en Italie, la notion de *professionalità* a pris de fait une signification très liée au contrôle des groupes homogènes sur le fonctionnement des ateliers de production. A côté des objectifs de production traditionnels (qualité et quantité de production, rendement, etc.) ont ainsi émergé des objectifs liés habituellement aux revendications des travailleurs : contrôle du maintien des effectifs, de la charge de travail, de la pollution et des nuisances, de la promotion professionnelle.

Les traditionnelles connotations collectives et égalitaires de la professionalità ont trouvé une expression concrète dans la grille unique de classification, dans laquelle, grâce à des mécanismes qui garantissaient l'avancement promotionnel collectif des travailleurs, les *potentialités collectives professionnelles de l'ensemble du personnel* devenaient l'élément central.

En imposant des mécanismes qui garantissaient à chaque travailleur l'accès, dans un temps donné, aux niveaux supérieurs de l'échelle hiérarchique, les syndicats voulaient également contraindre les entreprises à modifier l'organisation du travail, afin de l'adapter à l'augmentation globale de la professionalità.

En réalité, dans la majorité des cas, le patronat a préféré reconnaître l'augmentation des coefficients de classification, par ailleurs quelquefois justifiée par des actions de formation professionnelle, sans modifier sensiblement l'organisation du travail.

## C. *De 1974 à nos jours*

Cette stratégie patronale se trouvera, bien entendu, confortée à partir de la crise économique (1974 en Italie) et surtout après la « plate-forme » du Palais EUR de 1978. Dans cette plate-forme, les syndicats italiens, réunis au Palais EUR, ont en effet accepté de fait une politique des revenus et ont donc ainsi renoncé à une partie de leurs revendications, en échange d'une politique de réformes et d'un programme économique qui, en réalité, ne seront jamais réalisés.

A partir de la crise économique et sociale, le renversement du rapport des forces en faveur du patronat a fait progressivement prévaloir, aussi bien dans les négociations que dans le débat politique, les exigences traditionnelles des entreprises et le caractère central de la logique du profit dans les modalités de gestion.

Donc, dans un contexte de restructuration industrielle défavorable, qui a été particulièrement sensible dans les branches où la classe ouvrière était la plus forte, la notion de professionalità, tout en maintenant ses caractéristiques de subjectivité en référence à la capacité professionnelle des travailleurs, a été associée, comme dans les années 1960, à sa valeur d'usage avec une différence cependant : alors que, dans les années 1960, la professionalità était définie comme capacité professionnelle exprimée dans le travail, et qu'elle était donc en relation directe avec les tâches effectuées, vers la fin des années 1970, la notion de professionalità est parvenue à maintenir dans quelques entreprises des connotations de caractère collectif, tout en étant liée aux résultats du travail et au niveau d'efficacité qu'elle pouvait faire émerger.

Ce recul des syndicats est particulièrement manifeste dans l'accord national Federmeccanica-FLM de 1979, dans lequel il est dit : « [...] les parties entendent promouvoir le développement et la valorisation de la capacité professionnelle du travailleur dans le cadre des exigences de l'activité de l'entreprise [...] Les modifications de l'organisation du travail seront maintenues dans les *cas où* [après contrôle] *il y aura bien correspondance entre les résultats* [du travail] *et les normes d'efficacité qualitatives et quantitatives prévues,* et dans les cas où les travailleurs s'engageront à transformer leur propre prestation de travail. Le système prévoit une mobilité verticale, qui sera réalisée dans le cadre des exigences organisationnelles et économico-productives de l'entreprise ; donc la progression professionnelle n'entraînera pas de dynamique automatique et illimitée. »

Dans ce contexte, la professionalità se définissait, ainsi que le proposait déjà en 1970 un document émanant du conseil de l'usine de Italimpianti (société d'ingeenering), comme *la capacité de la part des travailleurs d'obtenir des résultats dans le cadre d'objectifs préétablis ;* le déroulement de la carrière professionnelle prenait ainsi l'aspect d'une mesure d'incitation à l'augmentation de l'efficacité de la production, parallèlement aux tentatives patronales – parfois fructueuses – de réintroduire des formes de rémunération incitatives.

En conclusion, on peut affirmer que, pendant la période analysée – à part la période 1960 à 1968, que l'on peut définir comme une période transitoire –, la notion de professionalità a en Italie correspondu en grande partie aux caractéristiques de l'évolution des systèmes de travail et aux rapports de forces sur le marché du travail des différents types de travailleurs qui sont au centre des rapports sociaux de travail : ouvrier de « métier », ouvrier-« masse », ouvrier « précaire ». Curieusement, ce dernier type d'ouvrier, l'ouvrier « précaire », a influencé la notion de professionalità, alors même que cette catégorie était mal représentée dans les structures syndicales et peu défendue dans les négociations. En effet, l'ouvrier « précaire » a eu une réelle incidence sur la notion de professionalità, tantôt par la précarité même du rapport de travail avec l'employeur, tantôt par le mode de rémunération, calculé en général en fonction de l'activité ou des résultats fournis.

*Post-scriptum :* Selon la même ligne politique, un accord d'entreprise, signé à Italsider en janvier 1980, a fixé une série de filières professionnelles ouvrières au sixième niveau, liées cependant à des postes technologiques précis. L'accord prévoyait que l'accès au sixième niveau serait limité à un effectif restreint d'ouvriers, et que, pour le passage d'un niveau à l'autre, les mécanismes prévus dans la grille unique ne pourraient pas être utilisés, sauf en cas de remplacement d'un ouvrier du sixième niveau absent.

En juillet 1981, l'accord marquant la fin des négociations pour la plate-forme d'entreprise d'Italsider, qui constitue normalement l'accord « pilote » pour le contrat national FLM (métallurgie), prévoit l'élargissement de l'expérience du travail de groupe à toute l'entreprise, divisée en « unités opératoires ».

Pour la première fois depuis 1968, des formes de stimulation collective économiques sont réintroduites. Elles sont liées à la réalisation d'objectifs économiques et techniques, fixés au niveau de chaque unité opératoire.

BIBLIOGRAPHIE

G. P. CELLA, *Divisione del laboro e iniciativa operaia,* De Donato, Bari, 1972.

R. ARMENI, P. PIVA, *Noi vivremo del lavoro, viaggio al Tramonto di un mito,* Edizioni Lavoro, Roma, 1980.

« Ascesa e crisi del riformismo in fabbrica : Le Qualifiche », in *Italia dalla Job Evaluation all'inquadramento inuco,* De Donato, Bari, 1976.

*Dibattito sindacale,* CISL, Milano :
- dossier sulle qualifiche, n° 5, 1969.
- dossier sull'inquadramento unico operai-impiegati, n° 3-4, 1971.

V. FOA et alii, *Movimento operaio e cultura alternativa,* Mazzota, Milano, 1977.

G. GIRARDI, *Coscienza operaia oggi,* De Donato, Bari, 1980.

Istituto A. Gramsci, *I lavoratori e il progresso tecnico,* Editori Riuniti, Roma, 1956.

*Lavoratori e sindacati di fronte alle trasformazioni del processo produttivo,* sous la direction de F. Momigliano, Feltrinelli, Milano, 1962.

*Quaderni di Rassegna sindacale* (CGIL), Editrice Sindacale, Roma :
« Qualifiche, istevzione professionale, collacamento », n° 6, 1964.
« Le Qualifiche », n° 30, 1971.
« Organizzazione del lavoro e ristrutturazione », n° 64/65, 1977.

M. REGINI, E. REYNERI, *Lotte operaie e organizzazione del lavoro,* Marsilio, Padova, 1971.

# Le marché de l'emploi des chercheurs et la production scientifique en Europe occidentale

*Helga Reuter*

Si le titre suggère l'existence d'une relation entre le marché de l'emploi des chercheurs et la production scientifique, cet exposé tâchera de montrer le bien-fondé d'une telle supposition. L'examen de la nature de ces rapports en général sera l'objet de réflexion de la première partie. La deuxième partie donnera l'occasion d'appréhender ces mêmes relations à la lumière de l'évolution qui caractérisait le marché de l'emploi dans la recherche publique au cours des années soixante-dix en Europe [1].

## I. Les facteurs « externes » et « internes » de la production scientifique

Parler de production scientifique revient à parler à la fois de deux aspects de la science. Le premier, l'aspect « interne », concerne les parties intrinsèquement scientifiques de la production de savoir : thèmes de recherche, méthodes, résultats. Le second, l'aspect « externe », relève des conditions de la production scientifique : organisation du travail et des carrières en fonction des institutions et des disciplines. Sans évaluer, dans ce contexte, la vaste discussion [2]

---

1. H. REUTER, *Le Processus de thématisation dans la recherche universitaire française* (recherche en cours) ; *Job Opportunities and Mobility of Scientists in Europe* (résultats personnels obtenus dans le cadre d'une étude financée par la Fondation européenne de la science), 1980.
2. Voir toute la littérature « classique » à ce sujet de R. K. Merton à T. Kuhn, et M. CALLON, « L'Etat face à l'innovation technique. Le cas du véhicule électrique », *Revue français de sciences politiques*, juin 1979 ; B. LATOUR, St. WOOLGAR, *Laboratory life*, Sage Library of Social Research, Beverly Hills-London, 1979.

sur la relation entre les aspects « internes » et « externes » de la production scientifique, il s'agira de voir si et comment l'emploi scientifique peut être considéré comme un facteur « externe » à l'activité scientifique et si et comment il est en interaction avec les facteurs « internes » à la science.

Au niveau de la recherche publique en Europe, les marchés de l'emploi sont caractérisés par le fait qu'ils sont des marchés fermés, c'est-à-dire que l'entrée dans les systèmes académiques se situe, quasi exclusivement, au début de la carrière des chercheurs. Il n'y a pas alors, comme dans l'industrie, compétition entre ceux qui ont un emploi et ceux qui n'en ont pas, mais il y a une distinction très nette entre deux types de compétition : celle entre les candidats à un premier emploi scientifique et celle entre les chercheurs employés aspirant à une promotion. L'existence de ce double marché de l'emploi implique que les rapports entre chacun d'eux et la production scientifique soient analysés séparément.

## 1. L'insertion dans le marché

Puisque ce cadre restreint l'analyse à un certain niveau de généralisation, l'impact de la présence de jeunes chercheurs dans des systèmes de recherche publique ne sera traité qu'en fonction d'une seule distinction, celle entre les sciences de la nature et de la vie et les sciences humaines et sociales.

### a) Sciences de la nature et sciences de la vie

Une première spécificité des nouveaux arrivés, pour la plupart en tant que candidats au doctorat, dans un laboratoire de sciences de la nature ou de sciences de la vie, c'est que les sujets de recherche leur sont attribués par des chercheurs expérimentés ou des dirigeants de laboratoires. Ces sujets sont, le plus souvent, étroitement liés à l'orientation générale de la recherche du laboratoire et à la nature de son équipement technique. Pour le jeune chercheur, cette première recherche remplit une double fonction : acquérir les connaissances théoriques et techniques d'une discipline ou d'une sous-discipline, et obtenir ce diplôme qui, dans tous les pays européens, indique que le chercheur possède un certain degré d'autonomie professionnelle, le doctorat. Ce n'est qu'après l'obtention de ce diplôme que les chercheurs peuvent développer une stratégie plus personnelle en ce qui concerne le choix de leurs sujets de recherche.

Dans des laboratoires de sciences de la vie et de la nature, les sujets proposés aux débutants présentent souvent ces caractéristiques : ils ne promettent pas de résultats spectaculaires, mais des résultats se révélant essentiels en tant que fondements de projets scientifiques plus ambitieux. La présence de jeunes chercheurs qui traitent ces sujets de base permet alors à un laboratoire d'instaurer un type de division du travail qui libère les chercheurs plus avancés pour des sujets plus complexes. C'est cette possibilité d'organiser le travail scientifique selon les degrés d'expérience des chercheurs qui apparaît comme facteur « externe » de la production scientifique, et qui constitue une conséquence directe du type de fonctionnement du marché de l'emploi.

L'influence de ce facteur « externe » sur les procédures « internes » à la science est le suivant : la probabilité que des cadres théoriques soient élargis ou innovés augmente considérablement si une telle ambition constitue l'objectif d'une recherche et si les chercheurs qui l'exécutent sont exemptés du conformisme théorique vis-à-vis de leur jury de doctorat.

*b) Sciences humaines et sciences sociales*

Même si les objets de travail (phénomènes sociaux en sciences sociales, phénomènes théoriques en sciences humaines) impliquent des formes d'organisation différentes (plutôt collective dans le premier, plutôt individuelle dans le second cas), l'impact de la présence de chercheurs débutants dans les laboratoires dans ces domaines scientifiques est comparable et se distingue de celui en sciences de la nature et de la vie. Tandis que, dans ces dernières, de longues séries d'expérimentation, liées à des équipements techniques particuliers, tendent à induire un échelonnement plus poussé de la division du travail, la hiérarchie des tâches est moins marquée en sciences humaines et sociales.

Evidemment, le début d'une carrière passe aussi par l'apprentissage des connaissances théoriques et méthodologiques de la profession et par l'obtention d'un doctorat. Mais le choix des sujets de recherche est *a priori* beaucoup plus grand, car il n'est pas limité dans la même mesure par des équipements techniques comme dans les sciences « dures ».

L'arrivée de jeunes chercheurs dans un laboratoire de sciences humaines ou sociales aura alors comme effet d'augmenter la charge potentielle du travail (facteur « externe ») et d'élargir ou approfondir le champ scientifique d'un groupe de recherche (facteur « interne »).

Juxtaposé à cette manière « classique » de régénération de ces laboratoires, un autre mode de recrutement de jeunes chercheurs s'est instauré partout en Europe : des contrats de recherche sont devenus, pour beaucoup de ces laboratoires, le seul moyen d'embaucher des débutants au moins pour une certaine période. Dans ces cas, l'existence de sujets de recherche qui ont été négociés avec des organismes extérieurs signifie que les nouveaux arrivés sont obligés de s'intégrer dans des directions scientifiques déjà définies. Le type de division du travail établi en fonction des contrats ressemble à celui pratiqué en sciences de la nature et de la vie (où les contrats ne modifient guère la division du travail habituelle), c'est-à-dire que la hiérarchie des tâches reflète les niveaux d'expérience des chercheurs.

## 2. Le marché de l'emploi interne

Ne considérer la production scientifique que sous l'angle des effets immédiats qu'exercent les chercheurs débutants empêcherait de comprendre sa relation au marché de l'emploi à long terme. En effet, un laboratoire qui, indépendamment de la discipline scientifique, maintient pour une longue période le même nombre de chercheurs, pratique aussi, dans la majorité des cas, le même type d'organisation du travail. Certains membres sont et restent affectés à certaines tâches. Si, au contraire, de nouvelles générations de chercheurs évoluent au sein d'un laboratoire, celui-ci peut être obligé de réexaminer son organisation du travail en fonction de deux types de stratégie :

– celle de la direction du laboratoire qui tend en général à consolider sa réputation individuelle et celle du laboratoire comme un tout dans la communauté scientifique et vis-à-vis des institutions de financement ;

– celle des chercheurs en train d'acquérir une certaine maturité professionnelle, et qui ont intérêt à fonder leur propre renom afin d'être reconnus par des communautés scientifiques locales, nationales et internationales, et afin d'être récompensés par une amélioration de leur statut, à l'intérieur de l'organisme auquel ils adhèrent.

C'est cette nécessité d'adapter continuellement l'organisation du travail à des revendications plus ou moins prononcées des chercheurs devenant plus autonomes qui intervient souvent comme facteur « externe » de la production scientifique. Sur le plan purement scientifique, de telles réorganisations se traduisent par des modifications du champ de recherche couvert par le laboratoire. Afin de procurer des sujets de recherche « prometteurs » à de nouvelles générations de chercheurs, un laboratoire est amené à reconsidérer sans arrêt les potentialités et les limites de son domaine scientifique et de s'ouvrir à des pistes inexplorées (facteurs « internes »).

## II. Les effets de la politique d'emploi scientifique

L'étude statistique montre les mêmes tendances dans tous les pays européens : un accroissement très important (jusqu'à 300 %) du personnel académique dans des systèmes d'enseignement supérieur et des organismes publics de recherche caractérisait les années soixante. Depuis le début des années soixante-dix l'évolution s'est presque inversée, dans la mesure où les effectifs dans les secteurs académiques publics n'augmentaient que très faiblement ou stagnaient. Autrement dit, et l'évolution des structures d'âge le confirme, les gouvernements européens n'ont pratiquement pas créé de postes pour de jeunes chercheurs au cours de la dernière décennie. Les raisons, économiques et démographiques, qu'avancent les gouvernements pour expliquer ces deux types opposés de décisions politiques en matière de l'emploi scientifique sont connues. La question qui se pose d'abord sera de connaître le type de répercussion qu'entraîne la quasi-fermeture du marché de l'emploi sur la production scientifique. Ensuite, il s'agira de montrer que cette interrogation traduit non seulement un souci de productivisme scientifique, mais qu'elle permet aussi d'apporter quelques réponses en ce qui concerne l'avenir de la profession de chercheur.

### 1. *Les effets sur la production scientifique*

L'application de ces deux politiques consécutives reflète une conception de la production scientifique qui semble s'inspirer de la manière dont les effectifs dans les systèmes industriels sont gonflés, dégonflés, regonflés, etc., sans que la perpétuité de la production industrielle soit sérieusement mise en cause. Mais la production scientifique n'est pas caractérisée par la même flexibilité au niveau des produits, de la force de travail et de l'organisation du travail que la production industrielle :

– le temps nécessaire pour obtenir des résultats scientifiques (plusieurs années) dépasse de loin celui de la fabrication de produits industriels ;

– la formation sur le tas d'un scientifique, pour devenir profitable pour son environnement, s'étend sur trois à cinq années [3], période

---

3. P. RIVARD, J.-M. SAUSSOIS, P. TRIPIER, *L'Espace de qualification des cadres,* CORDES, Paris, 1979.

beaucoup plus longue que celle de l'insertion d'un cadre ou d'un travailleur dans l'industrie ;

– si un laboratoire n'a pu embaucher de débutants pendant plusieurs années, il manque non seulement de personnel pour des tâches plus élémentaires, mais il risquera aussi, trois à cinq ans plus tard, de perdre de son dynamisme du fait d'une pression interrompue exercée par des générations mûrissantes de chercheurs en vue d'une réorganisation du travail et, par là, d'une redéfinition des contenus scientifiques.

Toutes ces caractéristiques corroborent le fait que le *temps* est un facteur de première importance pour la production scientifique. L'industrie peut, après une diminution de ses effectifs et de sa production en période de récession, se réadapter relativement rapidement à une nouvelle phase d'expansion économique. La production scientifique, par contre, sera marquée par la politique des années soixante-dix, au moins à moyen terme (cinq à dix ans). Même à long terme, les résultats scientifiques resteront, sur le plan quantitatif et qualitatif, réduits à la médiocrité dans toutes les disciplines de la science qui ne bénéficieront pas de statuts prioritaires auprès des gouvernements.

## 2. *La mobilité des chercheurs, un remède et ses limites*

Comment pallier l'immobilisation des systèmes de recherche sans créer de nouveaux postes ? Tous les gouvernements européens semblent trouver la solution dans la propagation de la mobilité des chercheurs.

Dans le cas de la mobilité, un raisonnement par analogie avec l'industrie peut être utile. Si la mobilité de certains de leurs membres n'était pas profitable, les firmes multinationales n'accepteraient certainement pas de financer systématiquement les séjours d'un grand nombre de leurs cadres et de leurs familles dans des pays étrangers. L'accroissement des connaissances spécifiques et de la capacité d'adaptation, à la suite de ces déplacements prolongés, sont certes des qualités appréciées. Mais, ce qui est d'une importance cruciale pour la survie et pour l'expansion des firmes multinationales, c'est le processus suivant : poussant ceux de leurs collaborateurs destinés à des postes de haute responsabilité à accumuler de l'expérience dans des environnements différents et dans des conditions variables, ces sociétés augmentent pour leurs futurs dirigeants la probabilité qu'ils apprennent à éviter des erreurs de décision de grande portée. C'est alors dans une optique de diminution de risques à long terme que les coûts élevés pour maintenir les systèmes de mobilité apparaissent un investissement inévitable.

Pour savoir si la mobilité des chercheurs peut aussi être considérée comme un investissement à long terme, qui tend à assurer la continuité des systèmes de recherche, ou, autrement dit, si la mobilité est un facteur « externe » de la production scientifique influant sur la nature des résultats, tout un processus d'interaction doit être analysé.

La première phase de ce processus commence à l'arrivée d'un chercheur qui a accumulé de l'expérience dans d'autres laboratoires, puisque la probabilité augmente que son intégration perturbe l'organisation habituelle. Le laboratoire d'accueil sera obligé de définir la place et les tâches du nouvel arrivé en articulant ses propres stratégies sur celles du nouveau collaborateur. Ce processus de restructuration ressemble à celui entamé par l'émergence de chercheurs mûrissant au sein du laboratoire (facteur « externe »), et il peut entraîner le même type d'effet sur l'activité intrinsèquement scientifique, à savoir l'analyse critique et l'élargissement du domaine de recherche couvert normalement (facteur « interne »). La possibilité de réintégrer ou d'échanger des chercheurs qui ont acquis des connaissances ailleurs peut ainsi, si elle se présente régulièrement, pallier dans une certaine mesure l'absence d'une régénération du laboratoire par le rang.

La deuxième phase est celle du transfert de connaissances du chercheur « mobile » à ses collègues. Ces connaissances ont cette double caractéristique de porter, d'une part, sur des théories et des méthodes nouvelles et, d'autre part, sur des erreurs à éviter (orientations et procédures scientifiques sans issue). Autrement dit, le fait qu'un chercheur a pu voir fonctionner d'autres laboratoires peut signifier pour son nouvel environnement non seulement un gain sur le plan qualitatif, mais aussi un gain de temps.

Ces deux aspects prennent une importance particulière, car, partout en Europe, l'obligation de la course aux contrats de recherche crée une compétition virulente parmi les laboratoires d'une même discipline. Pouvoir produire des résultats intéressants au bon moment peut alors améliorer la chance d'obtenir des moyens financiers supplémentaires, ce qui permettra d'embaucher des chercheurs contractuels et de financer des équipements nécessaires, et ainsi de suite. Cette alternance entre facteurs « externes » et facteurs « internes » qui se renforcent mutuellement a, en effet, pu être observée dans des laboratoires qui accueillent des chercheurs ayant été mobiles. Aussi est-il vrai que le renforcement des deux types de facteurs dans le sens inverse (pas de contrats, pas de recrutement de personnel contractuel, pas d'achats d'équipement, retard sur le plan scientifique, etc.) coïncide avec l'absence de scientifiques qualifiés venant d'ailleurs.

Néanmoins, il serait erroné de postuler une causalité univoque mobilité - productivité scientifique. En fait, tous les chercheurs interrogés ayant pratiqué la mobilité déclarent avoir choisi leur laboratoire d'accueil en fonction de la réputation scientifique de celui-ci. Ce critère de choix paraît non seulement logique dans une stratégie d'optimisation de carrière, mais une telle démarche est d'autant plus facilitée que les dirigeants des laboratoires renommés au niveau international favorisent les échanges entre leurs jeunes chercheurs.

L'intention des gouvernements européens de compenser l'arrêt d'embauche de jeunes chercheurs par une intensification de la mobilité de ceux qui occupent un poste ne reste pas alors sans effet sur la production scientifique. Il est indéniable que la collaboration avec des chercheurs qui ont été formés dans plusieurs laboratoires peut accélérer et améliorer la production de savoir. Mais, comme il a été montré, les chercheurs mobiles se retrouvent dans des laboratoires qui arrivent déjà à contrecarrer les restrictions financières, imposées par les Etats, à travers une politique de contrats de recherche. Ainsi, on peut dire que la mobilité accentue la productivité scientifique, là où elle est de toute façon jugée bonne par les organismes de financement extérieurs. Par contre, elle n'a aucun impact dans tous les laboratoires qui, pas forcément par manque de compétence, mais plutôt par une attitude politique moins habile, ont dû assumer les conséquences des mesures d'économie de leur gouvernement. La mobilité des chercheurs, telle qu'elle a été pratiquée en Europe au cours des années soixante-dix peut alors être considérée comme le support d'une politique scientifique malthusienne.

## 3. Les effets sur le marché de l'emploi

Les effets de la politique scientifique sur le marché de l'emploi scientifique apparaissent sous des formes différentes, selon qu'il s'agit du marché des jeunes chercheurs et celui des scientifiques avancés dans leur carrière.

### a) La situation des jeunes chercheurs

Deux tendances contradictoires déterminent la situation des chercheurs débutants sur le marché du travail au niveau de la recherche publique :

− l'accroissement numérique et proportionnel des jeunes ayant obtenu un diplôme comparable à la maîtrise et un doctorat correspond à une diminution des postes créés dans l'enseignement supérieur et dans les systèmes publics de recherche ;

– tandis que le nombre et la proportion des diplômés augmentent plus fortement en sciences humaines et sociales qu'en sciences exactes et de la nature, le nombre des postes créés dans les sciences « dures » dépasse de loin celui des nouveaux emplois en sciences sociales et humaines.

Si la probabilité de trouver un premier emploi en tant qu'enseignant-chercheur ou chercheur était extrêmement faible pour l'ensemble des diplômés au cours des années soixante-dix, elle était quasi inexistante pour ceux issus des sciences sociales et humaines.

Il est intéressant de noter que le nombre des doctorats obtenus s'est accru de façon plus importante dans la deuxième moitié des années soixante-dix qu'entre 1965 et 1970. Cette tendance ne s'explique pas par l'évolution démographique, puisqu'il s'agit aussi d'une augmentation du pourcentage des docteurs par rapport à la population qui détient des diplômes moins élevés (niveau maîtrise). Ce développement traduit plutôt l'espoir d'augmenter les chances sur le marché de l'emploi scientifique à travers une meilleure qualification.

Quels que soient les moyens (bourses, salariat, aide familiale) qui ont permis à ces jeunes chercheurs de produire leur thèse, l'effort investi n'aboutissait que très rarement au résultat visé : l'obtention d'un emploi scientifique stable. Ceux qui, en France, ont autofinancé leur thèse ont été particulièrement pénalisés : non seulement le décret des « hors-statut » déclarait non intégrables tous les chercheurs qui, en décembre 1975, n'étaient pas payés sur « l'enveloppe recherche », mais encore il excluait cette population de tout travail scientifique rémunéré, financé par des contrats de recherche. Néanmoins, beaucoup de thèses obtenues en France après 1975 sont le résultat d'un travail sur contrat, c'est-à-dire des contributions non rémunérées à des produits scientifiques demandés par des organismes étatiques ou industriels.

L'orientation de la production scientifique à travers une politique de contrats de recherche a fait émerger, partout en Europe, un autre profil de jeunes chercheurs : ceux qui, débutants ou plus avancés, sans emploi stable, fournissant du travail scientifique en collaborant à des contrats de recherche, se trouvaient et se trouvent encore dans des situations d'emploi extrêmement précaires ; la fin d'un contrat peut signifier et signifiait souvent le chômage. (En France, cette population, les « hors-statut », est caractérisée par la législation à la fois par le fait qu'elle ne se régénère pas depuis fin 1975 et que ceux qui en font encore partie possèdent une expérience professionnelle d'au moins cinq ans.)

Les bourses de recherche privées, nationales et internationales, ont été exploitées à fond au cours des années soixante-dix. Non seulement

403

elles étaient considérées par les chercheurs débutants comme un moyen d'améliorer leur position sur le marché de l'emploi à cause de l'expérience acquise dans des pays étrangers, mais ces systèmes de bourses garantissaient aussi une rémunération pour au moins un ou deux ans. La grande majorité de ces chercheurs ont néanmoins dû se rendre compte, lors de leur rentrée dans leurs pays d'origine, que ce type de mobilité n'avait que reporté le chômage à plus tard.

Ce qui caractérise alors le marché de l'emploi des années soixante-dix, c'est, d'une part, l'abondance de chercheurs possédant en grande partie une formation sur le tas et ayant contribué à la production scientifique de leur pays et, d'autre part, l'absence d'une demande pour ces qualifications. Vu les frais investis par les pays européens pour former ces jeunes chercheurs et les efforts accomplis par les chercheurs eux-mêmes, et vu le fait que la plupart d'entre eux seront obligés de se détourner de leur profession initiale, il s'agit là d'un marché marqué par le gaspillage.

### b) La situation des chercheurs avancés

Il est connu que l'importance du recrutement dans les systèmes universitaires et de la recherche jusqu'au début des années soixante-dix se répercute, pendant le reste de la dernière décennie, par le fait que la majorité du personnel scientifique ayant entre trente-cinq et quarante-cinq ans occupe tous les postes au centre des pyramides hiérarchiques. Les effets sur les carrières de cette population sont également connus : puisque aucun des pays européens n'a augmenté le nombre de postes au sommet des hiérarchies de façon sensible, les possibilités de promotion sont réduites au remplacement de ceux qui ont atteint l'âge de la retraite.

C'est dans ce contexte général que la mobilité des chercheurs prend un rôle révélateur. L'exemple des firmes multinationales a été choisi pour clarifier la fonction de la mobilité, à savoir une possibilité de garantir la perpétuation et l'expansion de ces systèmes grâce à une formation particulière des principaux responsables. Ce qui désigne alors l'organisation de la mobilité est sa relation, établie *a priori,* avec l'organisation des carrières. Autrement dit, ceux qui ont été incités et qui ont accepté de s'expatrier pour travailler pendant plusieurs années dans différentes filiales de leur société peuvent compter, sauf exception, sur des promotions.

Comparée à l'organisation méthodique de la mobilité dans l'industrie (et aussi dans certains systèmes administratifs en Europe), la manière dont les gouvernements européens conçoivent cette possibilité d'améliorer la productivité des systèmes scientifiques peut surprendre. Malgré l'unanimité des discours politiques en ce qui concerne l'utilité de la mobilité, il n'existe pratiquement nulle part une relation institutionnalisée aux profils des carrières.

La France constitue une exception, car, inspiré par le rapport de M. Massenet [4], le gouvernement a en 1979 commencé à établir un lien entre les profils de carrière scientifique et la mobilité. Ce qui provoque pourtant des doutes par rapport à l'efficacité de cette démarche, c'est le fait que les structures hiérarchiques existantes resteront inchangées et que les relations mobilité/carrière seront simplement greffées sur le vieux système : les promotions aux grades supérieurs auxquelles les chercheurs qualifiés avaient droit dépendront désormais de leur degré de mobilité. Il s'agit là alors de mesures qui pénalisent les chercheurs qui, pour des raisons diverses, ne peuvent pas se déplacer, sans vraiment récompenser ceux qui ont changé leur environnement professionnel.

Néanmoins, en comparaison avec d'autres pays, le modèle français paraît relativement progressiste. En effet, beaucoup de chercheurs dans les autres pays européens hésitent à quitter leur poste pour acquérir de l'expérience ailleurs, n'ayant pas de garanties quant à la continuation de leur carrière. Les conséquences de la mobilité sont alors non pas des promotions, mais des stagnations ou même des retards dans les carrières scientifiques, car les institutions des pays d'origine semblent rayer de leur mémoire les chercheurs qui sont temporairement absents.

Si, tout en évaluant la suite de leur carrière, beaucoup de chercheurs (au moins dans les pays économiquement plus résistants) se sont encore décidés à se former dans des laboratoires à l'étranger, c'est parce qu'ils attendent aussi d'autres récompenses pour leur flexibilité que celles liées au niveau des postes et des salaires. Ce qui compte beaucoup plus que la reconnaissance par les institutions, c'est la reconnaissance par la communauté scientifique. Dans une telle optique, les stratégies individuelles consistent à construire progressive-ment une position dans la communauté scientifique. L'établissement de contacts personnels avec des collègues étrangers est un premier pas. Ces contacts permettront de mieux connaître leur façon de travailler et d'améliorer ainsi leurs propres connaissances. Les relations personnelles avec des chercheurs au niveau international sont aussi un moyen privilégié pour se faire connaître.

L'espoir d'être récompensé par une place honorable au sein de la communauté scientifique perd par contre tout caractère attractif pour

---

4. M. Massenet, *L'Emploi scientifique*, rapport au Premier ministre, Paris, 1979.

les chercheurs dans des pays comme la Grande-Bretagne, l'Italie, le Portugal et l'Espagne. Dans ces pays, les chercheurs commencent à refuser de quitter leur poste par crainte de se retrouver sans emploi à leur retour.

## Conclusion

Si la production scientifique est une activité sociale qui détermine en grande partie l'avenir de nos sociétés, la politique scientifique entamée au cours des années soixante-dix en Europe ne traduisait pas cette idée. Les mesures prises (restrictions des moyens de financement propres aux systèmes de recherche publics, stagnation de l'emploi) auront au moins à moyen terme pour conséquence l'institutionnalisation de l'insuffisance des systèmes scientifiques nationaux. L'intensification de la recherche sur contrat corrobore ce fait. Bien qu'elle puisse apparaître, tout en permettant aux gouvernements d'influer sur l'orientation de la recherche, comme un moyen de soulager les budgets, elle instaure en fait deux types de divisions :

– celle entre les disciplines scientifiques ayant été déclarées prioritaires par les pouvoirs publics, et qui bénéficient alors tout particulièrement des contrats, et les disciplines auxquelles on n'a pas accordé un statut prioritaire ;

– celle entre les laboratoires ayant réussi au bon moment à entrer dans les systèmes de distribution de contrats de recherche et ceux ayant manqué cette occasion.

Si la production scientifique dans les disciplines prioritaires ne court pas de danger de perdre de sa capacité d'apporter de nouvelles connaissances, la productivité dans les autres domaines de la science sera de plus en plus restreinte : sans la possibilité de régénérer régulièrement leur personnel, seuls les laboratoires ayant des contrats de recherche peuvent et pourront produire du nouveau savoir.

Quant au marché de l'emploi des chercheurs, il sera déterminé par les mêmes critères : des possibilités de trouver un emploi en tant que chercheur contractuel existent pour ceux qui possèdent une formation dans un domaine scientifique jugé important et/ou qui sont attachés à des laboratoires gérant des contrats.

Il ne reste qu'à espérer que l'avenir ne soulèvera pas de questions hors de celles qui paraissent aujourd'hui prioritaires et dignes de contrats, car nous n'aurions alors ni les structures ni les chercheurs pour y répondre.

# Structures sociales et organisation du travail sur les navires de commerce

*François Lille, Françoise Sonthonnax-Mason* *

Nous allons essayer de montrer dans cette communication la forme particulière que prend la relation entre système de qualification, organisation sociale et organisation du travail dans la marine marchande.

Nos observations ont porté jusqu'à présent sur la flotte au « long cours », qui emploie environ 15 000 marins, mettant en œuvre un peu plus de 400 navires, armés par 11 grandes compagnies et 71 petites. L'effectif total de la marine marchande est d'environ 25 000 marins, pour un millier de bateaux de toutes catégories (long cours, cabotage, navigation côtière, portuaire...), participant directement ou indirectement au transport maritime. On dit aussi de ces gens qu'ils naviguent « au commerce », pour bien les différencier des marins-pêcheurs, qui forment une population légèrement plus nombreuse [1] et ont le même statut social d' « inscrit maritime ».

Une de nos hypothèses de travail actuelles [2], sur laquelle nous centrons cette communication, est que la marine marchande au long cours s'organise dans une structure hiérarchique, laquelle :

---

* GETRAM 14, Paris.
1. 28 000 en 1978, d'après F. VOURC'H, *Analyse des rapports sociaux dans la pêche artisanale*, CORDES, juin 1980.
2. Cf. F. SONTHONNAX-MASON et F. LILLE, *Les Marins du commerce*, GETRAM 14, Paris, 1981.

— est rarement remise en question par les « partenaires sociaux » ;

— forme le moule dans lequel se coulent aussi bien l'organisation du travail que la définition des qualifications ;

— absorbe et digère les changements (même importants) qui la respectent et bloque ceux (mêmes mineurs) qui la mettent en question.

La hiérarchie en question s'est formée dans le développement de la navigation à vapeur et des compagnies de navigation modernes, et a été codifiée en deux étapes : 1907 et 1926 (Code du travail maritime). Elle est donc récente à l'échelle historique, mais l'évolution technologique la fait paraître archaïque. Avant d'en parler, nous résumerons l'analyse de la situation actuelle des équipages, en commençant par la constitution et les modalités de mise en œuvre de l'outil des marins : le navire.

### Equipements et espaces du navire

Engin de transport, dont les principaux espaces sont réservés à la cargaison, le navire est aussi l'habitat permanent de l'équipage ; enfin, c'est une unité conçue pour de longues périodes d'autonomie de fonctionnement. Tout ceci détermine un certain nombre de caractéristiques communes à la plupart des navires marchands, quels que soient leurs spécialisations et degrés de modernisation.

Les espaces du navire se décrivent en termes de *ponts,* de *cales* (pour les marchandises), de *soutes* (surtout pour les approvisionnements), de *salles des machines,* d'*emménagements* pour l'équipage et éventuellement les passagers. Un de ces espaces mérite une mention spéciale, c'est la « passerelle » d'où s'exerce la conduite et le commandement du navire en mouvement.

Les principaux équipements du navire sont les suivants :

*a) la machine principale* (propulsion) et des *auxiliaires* destinés notamment à fournir de l'énergie électrique ;

*b)* des équipements relatifs au transfert de la cargaison ;

*c)* un système d'*ancrage* (au fond) et d'*amarrage* (à terre) ;

*d)* un ensemble de *documents* et *instruments nautiques* permettant de situer et de guider le navire, et d'équipements permettant de le conduire ;

*e)* un ensemble *radio ;*

*f)* des *réseaux de transmission* d'eau et d'énergie entre diverses parties du navire, et de communication des messages ;

*g)* un *système de signalisation et de communication* optique et acoustique avec l'*extérieur* (feux, pavillons, sifflets ou sirène, etc.) ;

*h)* des moyens *d'évacuation du navire* et de survie en mer, de *lutte contre l'incendie,* éventuellement de détection... ;

*i)* enfin, un ensemble de moyens et d'équipements nécessaires à l'habitat, à la nourriture, aux soins, et de moins en moins rarement aux loisirs et à la détente de l'équipage (et éventuellement des passagers).

## L'équipage, structure sociale

La structure sociale à bord des navires détermine les conditions de vie à bord, non seulement pendant le travail, mais en dehors du travail, les salaires, la structuration des équipes de travail... Elle se reflète dans la conception même du navire, produit de facteurs différents (techniques, économiques...) intégrés dans une vision de l'armateur (et du chantier naval), qui la conserve intacte. Cette structure « bord » n'est que l'élément, le module productif de la structure « armements », et, par ailleurs, de l'encadrement administratif, militaire, juridique, des professionnels de la mer en général. La conception du navire est inséparable d'une vision de l'organisation du travail à bord, c'est-à-dire d'une structuration des tâches en fonction d'équipes de travail ou d'individus, de séquences temporelles continues ou discontinues, donc d'une conception de l'équipage ; mais celle-ci dépasse la simple organisation du travail.

Les lignes de force de cette structure sociale sont :

– *la division hiérarchique principale* entre officiers et subalternes et ses deux subdivisions de fait : officiers supérieurs et officiers subalternes, pour la première catégorie ; maîtres et hommes d'équipage, pour la seconde ;

– *la division en trois services,* que ce soit en termes classiques (pont et machine) ou « modernes » (conduite-exploitation et entretien-réparation) ; le troisième service, dit « service général », n'a pas d'officiers, sauf sur les paquebots ;

– *la concentration de tous les pouvoirs* sociaux sur le commandant.

A la division hiérarchique correspond une division des espaces de vie et de loisirs strictement respectée. La division par services est, de ce point de vue, très secondaire pour les officiers, plus effective pour les subalternes sur les navires classiques (matelots à l'arrière, mécaniciens dans les niveaux inférieurs du château). Sur les navires modernes, l'habitat de l'ensemble de l'équipage est généralement groupé dans le château ; la hiérarchie s'y reflète directement dans l'altitude des locaux, plus on est en haut dans l'une et plus on est en haut dans l'autre. La ségrégation par catégories y reste très marquée.

L'influence de l'âge sur la hiérarchie interne de chaque groupe est plus forte au pont qu'à la machine, où des « qualifications » extérieures priment plus facilement l'expérience ; à peu près insignifiante au service général, où la qualification externe du cuisinier domine.

### Bases de division et d'organisation du travail

On peut, d'après les éléments qui précèdent, décrire un axe traditionnel de division du travail fondé sur un classement à dominante spatiale des équipements à mettre en œuvre : le *service pont,* le *service machine,* le *service général* (vie à bord).

Un autre axe de division du travail, formulé plus récemment pour remplacer le précédent, repose sur des groupes de tâches définissant quatre grandes fonctions : conduite, entretien et réparations, cargaison, ou fonction commerciale, dite aussi « exploitation », vie à bord, auxquelles il faut ajouter les tâches routinières ou exceptionnelles concernant la sécurité, et les tâches de type administratif concernant le personnel du bord, les relations avec les autorités locales au port, etc.

Enfin, trois rythmes de travail, moments de la navigation, dominent ces tâches : port, mer, manœuvres d'entrée et sortie des ports.

Ajoutons que presque tout le travail à bord est, d'une certaine manière, un travail d'équipe. Par exemple :

– l'équipe de manœuvre (ensemble de l'équipage) avec des sous-équipes parfaitement coordonnées entre la passerelle (équipe de direction), la manœuvre à l'avant, à l'arrière, à la machine. Le tout coordonné avec des équipes extérieures (remorqueurs, lamaneurs...) ;

– les équipes de conduite en mer : trois équipes permanentes assurent le quart par roulement ;

– les équipes d'entretien « pont » et « machines », et les équipes de réparation ;

– les équipes de surveillance et de contrôle du chargement du navire au port.

410

Les tâches d'organisation et d'administration, au contraire, sont plutôt divisées et affectées à des individus.

Chacun participe à plusieurs types d'organisation à bord et plusieurs équipes suivant que le navire est en mer, au port, en manœuvre, à l'exception du radio (qui travaille seul) et des agents du service général, qui constituent une équipe à part.

Cette structuration différente des équipes de travail en fonction des diverses positions du navire est un déterminant important de l'ensemble division/organisation du travail, mais aussi des rythmes de travail et de vie. Les rapports entre conception et exécution sont variables.

Nous avons donc sur le navire des *organisations « opérationnelles »* d'équipes de travail variant en fonction du moment, du lieu, et même des circonstances aléatoires, et une *organisation générale,* fixe, qui s'articule sur deux axes : le découpage en services, d'une part, l'échelle hiérarchique, d'autre part.

## Structure hiérarchique et organisation du travail

L'équipage d'un navire est donc une société fortement hiérarchisée et cloisonnée, phénomène d'autant plus frappant qu'il s'agit d'un petit nombre de personnes. En croisant les niveaux hiérarchiques et les services, on peut trouver par exemple dix catégories pour un équipage de 25 à 40 personnes. Encore n'avons-nous pas compté les « apprentis », appelés *élèves* chez les officiers et *novices* à l'équipage, soit quelques personnes et deux catégories de plus. Les dénominations des individus constituant l'équipage indiquent plus souvent une place dans le système hiérarchie/services qu'une fonction, un poste de travail, ou un type de compétence. Légalement il y a à bord : un capitaine, des officiers, des maîtres, des « hommes d'équipage ».

Les dénominations usuelles à bord sont antérieures aux formalisations légales, et traduisent mieux la complexité et la stabilité d'une structure sociale qui tend à se reproduire telle quelle.

En bref, et sans rentrer dans le détail de l'organisation du travail à bord, on peut dire que celle-ci ne détermine ni n'explique une structure sociale qui lui est d'ailleurs en bien des points antérieure. Cette structure se présente comme un ensemble complet et cohérent, si l'on considère l'ensemble de l'équipage dans la seule dimension hiérarchique. Si l'on regarde au contraire son fonctionnement opérationnel, on voit dès l'abord qu'elle se divise en trois services fonctionnant de manière tout à fait indépendante, sous la seule

411

autorité du commandant. Ceci s'applique même au service général, qui n'a pas d'officier, mais prend en fait directement ses ordres du commandant. Au sein des deux principaux services, le rapport entre catégories hiérarchiques est *un rapport de domination sociale bien plus que de commandement opérationnel.*

## Hiérarchie et qualifications

Quant au système des qualifications, il est double :
– les officiers doivent avoir un brevet, combinant examens et temps de pratique, correspondant au minimum à la place qu'ils occupent à bord (laquelle détermine secondairement le travail que l'on attend d'eux) ;
– les subalternes ont une formation de base scolaire courte (ou n'en ont pas), mais qui ne conditionne pas leur place dans la hiérarchie du bord : celle-ci est entièrement à la discrétion de l'armateur.

Le système de rémunération est presque uniquement lié à la fonction ou place de l'individu à bord ; les variations pour « sur » ou « sous-qualification » par rapport à cette place sont relativement secondaires. Chaque compagnie a des barèmes connus et publiés, le calcul du salaire par la fonction et l'ancienneté est mécanique. Les primes personnalisées ne semblent importantes que pour les trois officiers que nous avons appelés « supérieurs » (et peut-être pour le cuisinier...). Et l'on observe, étant depuis dix à quinze ans dans une période de grands changements dans l'organisation du travail à bord, que ces changements n'ont pas plus modifié la structure salariale que la structure hiérarchique qui la détermine.

Nous avons donc là un ensemble d'éléments concordant à asseoir l'hypothèse suivant laquelle ce que l'on désigne par « fonctions » à bord est donc tout autre chose qu'un système de correspondance entre les « qualifications » qu'offre le marché du travail et l'organisation du travail à bord ; c'est plus qu'une structure, cela ressemble à un système social qui se reproduit contre vents et marées, ou avec..., et qui est l'unique modèle de la structure des qualifications.

## Réforme de l'organisation du travail et automatisation

Il y a actuellement deux schémas d'organisation générale des équipages des navires marchands : le schéma dit « classique », formalisé par un décret et une loi de 1925 et 1926 (Code du travail maritime) encore en vigueur, et le schéma que nous appellerons « moderne », destiné à remplacer le précédent sur les navires dotés d'automatismes permettant notamment de supprimer la veille continue à la machine. Le schéma « moderne » s'appuie aussi sur une réforme des études et brevets instituant une forme nouvelle de polyvalence ; il s'appuie sur un principe de dérogation à la réglementation ancienne (décret de 1964). Les trois objectifs fondamentaux de cette réforme d'ensemble de l'organisation du travail, mise en place dans les années soixante (mais encore très partiellement appliquée), sont :

– remplacer le clivage « spatial » entre pont et machine par un clivage plus « fonctionnel » entre conduite et exploitation, d'une part, entretien et réparation, d'autre part (le troisième service, dit « service général », ne change pas) ;

– créer une polyvalence du personnel entre les deux services ainsi redéfinis ;

– réduire les effectifs.

Appliquée au coup par coup au fur et à mesure que la flotte se modernisait, cette réforme a indiscutablement atteint ses objectifs, en ce qui concerne la réduction des effectifs, qui passent d'environ quarante à vingt-cinq sur un cargo moyen, et en ce qui concerne la généralisation des automatismes conditionnant cette réduction. Sur les deux autres points, le saut qualitatif n'est pas évident : le personnel « pont » assure conduite et exploitation, le personnel « machine » entretien et réparation, sur des domaines peu modifiés par rapport à l'ancien clivage ; la polyvalence de fonction entre les deux services n'a pu être instaurée qu'au niveau de quelques nettoyeurs et matelots non qualifiés.

## Reformulation et hypothèses nouvelles

La poursuite de l'étude des rapports entre organisation-division du travail et relations sociales amorcée dans la phase précédente de cette recherche nous a amenés à inverser la problématique : au lieu d'un groupe de travailleurs organisé (secondairement) pour vivre en continu sur son lieu de travail, l'équipage nous est apparu comme un groupe social cohérent dont l'organisation vitale comporte (entre autres...) une fonction productive.

Ceci n'est pas un jeu de l'esprit, ni la recherche d'un quelconque paradoxe, mais l'expression synthétique d'une dominance des

413

rapports sociaux sur l'organisation technique de la production. C'est le résultat actuel de nos observations sur le domaine considéré.

La reconnaissance de cette inversion est inséparable du rappel de deux faits majeurs, qui en corrigent l'aspect paradoxal :

— la condition de survie de l'équipage est bien la fonction de production : sa disparition entraîne *de facto* celle du groupe (on désarme le navire) ;

— ce qui survit et se répète n'est pas un groupe déterminé, mais une structure relationnelle dont les éléments changent constamment (cette interchangeabilité des membres de l'équipage est un des déterminants de cette structure.

Chacun de ces équipages constitue un des modules productifs de base d'une société appelée « marine marchande » qui en compte plusieurs centaines. Cette société a des prolongements permanents à terre, par la présence d'anciens marins dans les activités connexes : personnel sédentaire des compagnies de navigation, de l'administration des affaires maritimes, activités portuaires... Cette présence est peu nombreuse, mais occupe des postes importants. Elle coiffe la population des navigants plutôt qu'elle ne la prolonge, car effective surtout au niveau d'anciens commandants et à un moindre degré de seconds capitaines et chefs mécaniciens. Elle est forte dans les échelons de contact et de transmission entre « terre » et « bords », mais ne va pas jusqu'à investir les échelons de direction des compagnies ou de l'administration.

Il s'ensuit que la structure « bord » est protégée, contrôlée et reproduite par des « super » structures à terre. En retour, ces superstructures ont pour base de reproduction les équipages des navires, ou plus exactement leurs états-majors. Bien entendu, ce ne sont pas les équipages qui élisent les capitaines d'armements, chefs d'agences, de services techniques, et administrateurs des affaires maritimes, etc., mais les niveaux supérieurs de décision des compagnies et des administrations qui les choisissent ; c'est donc un processus d'ensemble de reproduction de la population des navigants et de son encadrement qu'il faut prendre en compte pour expliquer la rémanence de la structure traditionnelle des équipages.

On notera que cet encadrement d'origine maritime (marchand) est limité à des niveaux d'exécution technique ou commerciale, ou de gestion du personnel, et reste incomplet : la marine nationale contrôle en particulier le système de formation initiale et continue des navigants. En fin de compte, l'explication de la structure des équipages par le traditionalisme et l'autoreproduction n'est qu'un élément d'un ensemble d'hypothèses que nous n'avons pu ici qu'ébaucher.

Revenons à notre proposition initiale. Nous avons déjà rencontré dans le transport des formations sociales assurant une fonction économique depuis suffisamment longtemps, et avec suffisamment de changements dans les déterminants de cette fonction pour que l'on puisse considérer que c'est la formation sociale en question qui a intégré les changements économiques plutôt que l'inverse. Ceci ne vaut évidemment que sur une période donnée et limitée, jusqu'au moment où la formation sociale en question entre à son tour en mutation.

Nous avons développé cette problématique au sujet de la batellerie [3], avant de la redécouvrir à propos des marins (sans qu'elle ait fait partie de nos hypothèses initiales). Ceci traduit dans les cas cités une forme de dominance de la division sociale du travail par rapport à la division technique, mais aussi des rythmes historiques différents, la division technique étant susceptible d'évolutions rapides dans le cadre de formes spécifiques de la division sociale. En d'autres termes, les rapports sociaux de production y déterminent l'évolution des techniques et non l'inverse. A tout le moins, ils absorbent l'évolution desdites techniques avec une rémanence, une inertie considérable quant à leur propre structure, un dynamisme incontestable quant à l'intégration des techniques nouvelles par ces structures. Il vient bien cependant un jour où l'ensemble doit entrer en mutation. Ce n'est pas d'ailleurs d'un jour qu'il s'agit, mais d'une période, plus ou moins longue, durant laquelle le processus de changement s'accomplit. Dans les deux cas cités, les structures actuelles se sont constituées au siècle dernier :

– pour les bateliers, dans le dernier quart du XIXᵉ siècle, avec « cristallisation » et début d'institutionnalisation au début du XXᵉ ;

– pour les marins, dans les mêmes temps, mais avec un étalement plus grand autour de la période clé de 1880 à 1914.

Ces deux formations sociales ont donc traversé depuis ces temps un certain nombre d'évolutions techniques et économiques sans que leurs bases fondamentales d'insertion et de structuration paraissent avoir changé. Au contraire, elles se sont, sans doute, renforcées, et de plus en plus institutionnalisées. Dans la période actuelle, les tendances déstructurantes sont, en revanche, de plus en plus sensibles.

Quittons maintenant les bateliers pour revenir à l'appréciation de la fonctionnalité de la structure actuelle des équipages maritimes, et plus précisément de la standardisation de cette structure. Elle est tout à fait

---

3. Cf. F. LILLE, D. CHABAUD, F. MASON, P. MESLIER et L. JUBELIN, *La Batellerie artisanale,* GETRAM, Paris, 1976, 182 p., et *L'Artisanat batelier dans la crise,* GETRAM, Paris, 1978, 207 p.

répétitive d'un navire à l'autre, malgré les variantes que l'on peut observer par compagnies, par lignes, par types de navires. Il en résulte que chaque marin prend sa place en embarquant, d'après sa fonction, avec la même précision qu'une pièce sur un jeu d'échecs (et de la même façon qu'aux échecs chaque pion, chaque pièce, ne peut effectuer que certains mouvements et pas d'autres) [4].

C'est là une justification première de la stabilité et de la répétitivité de cette structure, car elle répond à la mobilité des individus qui la composent : chacun porte en lui la connaissance de la structure d'ensemble, qu'il trouvera sur tout navire, et de la place qui lui est assignée. Chacun est immédiatement opérationnel, et instantanément « socialisé » sur son nouveau bateau. C'est à la fois un mode de vie et un mode de gestion de la force de travail par les armateurs, adaptables d'ailleurs à l'évolution de cette gestion.

La forme ancienne de constitution d'équipage au voyage appelle déjà cette structure répétitive. Les marins constituaient alors dans les ports des marchés du travail locaux dans lesquels on puisait pour l'armement de chaque navire. La stabilisation progressive d'une part croissante du personnel des compagnies a partiellement cloisonné ce marché (constitution de marchés de travail internes) tout en le délocalisant. Dans ce cadre nouveau, l'accélération des voyages et la diminution des durées d'embarquement des marins accroît encore la pertinence de la répétitivité de cette structure.

Une autre qualité de ce type de fonctionnement est de développer et entretenir l'adaptabilité des individus aux changements d'équipage, et par là l'adaptabilité individuelle et collective aux changements de *navires* et de *techniques*. Le fait de changer souvent de navire est un recyclage continuel, un processus de formation permanente sur le tas à l'évolution des techniques.

Si les individus et équipages peuvent ainsi être à la fois immédiatement opérationnels et continuellement adaptables, c'est à notre avis parce qu'ils s'intègrent à cette structure sociale stable et répétitive, qui domine et intègre l'organisation du travail elle-même.

Mais n'allons pas trop loin : ce n'est pas parce que cette structure est fonctionnelle qu'elle est la seule ou la plus fonctionnelle possible : ce n'est pas parce qu'elle a fait ses preuves dans une déjà longue histoire qu'elle a encore beaucoup d'avenir. Deux de ses bases principales sont fissurées :

---

4. On peut citer aussi la formulation de Ragnar JOHANSEN, dans *Changes in Work Planning...* (Oslo, 1976) : « ... a subtitution of crew members according to principle that individuals can be shifted out like parts of a machine so that new remplacements do not affect the effectiveness of the total organization ».

— la hiérarchie perd progressivement son sens, sinon sa force devant la réduction des effectifs et surtout du personnel subalterne ;

— le pouvoir conféré au capitaine perd progressivement son sens avec la diminution de l'isolement du navire, par raccourcissement des voyages et amélioration des télécommunications.

Ajoutons que les éléments de description que nous possédons actuellement sur les navires et équipages des autres pays maritimes européens semblent montrer des navires et équipages de même type, et des problèmes d'adaptation analogues à ceux que nous avons résumés ici, mais aussi une grande variété dans la recherche et l'expérimentation de solutions nouvelles.

# Plaidoyer pour l'utilisation
# des statistiques de qualification

*Alain Azouvi**

Il existe de nombreux arguments théoriques et pratiques pour
mettre en doute la fiabilité et donc l'utilité des statistiques
habituellement disponibles en matière de qualification ouvrière et,
plus généralement, en matière de structures d'emploi [1]. Pour le
chercheur, économiste, historien, sociologue, syndicaliste, l'alternative
est alors la suivante : a-t-il le droit, peut-il se servir de la statistique
pour intervenir dans les débats politiques, tel celui relatif à la
tendance à la (dé)qualification ? Ou bien, arguant de l'insuffisance de
la théorie quant au contenu et aux fondements de la qualification,
doit-il s'abstenir de toute intervention de crainte de n'apporter que des
informations insuffisamment étayées ?

Le texte qui suit propose des arguments en faveur de la première
position, sans en méconnaître la fragilité. Ainsi rappellera-t-on
d'abord quelques résultats démontrant la difficulté de saisie de la

---

* INSEE.

1. Les sources statistiques contenant des données sur les structures de l'emploi
peuvent être ventilées selon leur périodicité : espacée (recensements de la population,
enquêtes « formation - qualification professionnelle » FQP, enquêtes de l'OSCE sur les
structures de salaires), ou plus rapprochée (enquêtes sur l'emploi – bisannuelles –;
enquêtes sur la structure des emplois, exploitations des déclarations annuelles de salaires
– annuelles). Chacune d'entre elles présentant des avantages et des inconvénients, on ne
donnera de préférence à aucune en particulier. Le texte porte sur les statistiques de
structures d'emploi en général.

structure des emplois et, plus particulièrement, de la qualification ouvrière. La deuxième partie, utilisant les enseignements de deux études récentes, insistera sur le débouché parfois possible vers des conclusions « opérationnelles » – au sens où elles sont à même de rendre compte des observations de terrain effectuées depuis de nombreuses années, et de leur conférer une cohérence et une structure que la statistique seule autorise.

Ce texte ne vise donc pas à la réflexion théorique. Il accepte la notion de qualification telle qu'elle est le plus généralement comprise et acceptée par les acteurs sociaux, en particulier dans sa dimension individuelle, et propose seulement quelques interrogations méthodologiques.

## I. Les aléas de saisie de la qualification

En situation de travail, la qualification est un enjeu, traduit dans les grilles de classification. Il n'est dès lors pas étonnant d'en voir varier l'appréciation et la mesure selon l'évolution du rapport de forces entre les directions d'entreprise et les travailleurs : les premières ont l'objectif d'élargir sans cesse les possibilités d'accumulation du capital, les seconds tentent d'obtenir le prix le plus élevé possible de la vente de leur force de travail. On trouve ainsi des discordances parfois très importantes dans l'appréciation du contenu en qualification des postes de travail – ou des tâches effectuées – , selon que l'on interroge les employeurs ou les salariés : il n'est pas rare que ceux-ci fassent implicitement référence, dans leurs réponses, au contenu réel en connaissances pratiques et théoriques et à la part d'initiative requise par leurs tâches, tandis que les employeurs adressent à l'administration les renseignements pour eux les plus importants, la place des salariés dans les grilles de classifications. Or celles-ci ne sont pas fonction que des compétences exigées ; elles tiennent compte aussi très souvent de l'ancienneté, des résultats des luttes syndicales, du caractère plus ou moins pénible du travail, voire parfois d'un essai pur et simple de division du collectif de travail, jouant sur les appellations de postes. On proposera ici trois exemples de ces discordances ; échelonnés dans le temps, ils en montrent bien la permanence.

*a)* Le plus ancien est extrait d'une analyse effectuée à l'occasion de l'exploitation de l'enquête FQP de 1970 [2] comparant les intitulés de

---

2. R. Pohl, C. Thelot et M.-F. Jousset, *L'Enquête formation - qualification professionnelle de 1970*, INSEE, coll. D 32.

profession et de qualification. En effet, écrivent les auteurs, « au recensement de 1962 et à l'enquête FQP 1964, on a demandé non seulement la profession, mais aussi la qualification des ouvriers. Et, dans certains cas, la qualification déclarée et la qualification induite par la profession étaient contradictoires. C'est au sujet des personnes de l'échantillon de l'enquête FQP 1964 qui présentaient cette incompatibilité que l'on a consulté l'employeur. C'est donc sur une population de métiers assez caractéristiques, pour lesquels *a priori* la notion de qualification n'était pas très claire (contradiction entre la déclaration individuelle et la table de passage profession − catégories socio-professionnelles de 1954), que ces chiffres ont été relevés, et le tableau 1 n'est sans doute pas significatif de l'ensemble des métiers ouvriers. Cependant, il illustre bien l'imprécision du concept de qualification, ainsi d'ailleurs que la pauvreté de la nomenclature utilisée, puisque 10 % des déclarations des employeurs ne peuvent être classées dans cette nomenclature [3]. »

TABLEAU 1. − COMPARAISON DES RÉPONSES DE L'INTÉRESSÉ
ET DE L'EMPLOYEUR SUR LA QUALIFICATION EN JANVIER 1964

| DÉCLARATION DE L'INDIVIDU | DÉCLARATION DE L'EMPLOYEUR | | | | | | |
|---|---|---|---|---|---|---|---|
| | Manœu-vre | Ouvrier spécialisé | Ouvrier qualifié | Contre-maître | Autre qualifi-cation* | Aucune qualifi-cation déclarée | TOTAL |
| Manœuvre . . . . . | 37 | 30 | 28 | − | 17 | 20 | 132 |
| Ouvrier spécialisé | 2 | 36 | 59 | 1 | 11 | 20 | 129 |
| Ouvrier qualifié . | − | 1 | 8 | 1 | 1 | 3 | 14 |
| Contremaître (chef d'équipe) | − | 1 | 1 | 1 | − | 1 | 4 |
| Non déclaré . . . . | − | 2 | − | − | − | − | 2 |
| TOTAL . . . . . . . | 39 | 70 | 96 | 3 | 29 | 44 | 281 |

* Il s'agit d'appellations qui n'existent pas dans le code habituel de l'INSEE, et que les employeurs ont utilisées pour décrire la qualification de leur salarié : par exemple « F » (convention collective des industries de l'habillement) ou ZA, ou compagnon, etc.

On observe en particulier que les individus s'estiment qualifiés (sans que l'on sache d'ailleurs si leur appréciation repose sur leurs

_____

3. *Op. cit.*, p. 16.

connaissances propres ou la tâche qui leur est attribuée) dans 5 % des cas. Les employeurs, au contraire, se rapportent à une conception plus large de la qualification, puisque selon celle-ci, sur 205 ouvriers *stricto sensu* (manœuvres, ouvriers spécialisés, ouvriers qualifiés), 44,5 % seraient qualifiés.

*b)* Plus récemment, le Centre d'études de l'emploi a procédé à une « analyse détaillée de postes de travail [...], afin de déterminer la nature exacte des fonctions exercées, les connaissances nécessaires pour exécuter les tâches demandées, les conditions dans lesquelles les travailleurs étaient recrutés (modes d'admission, niveaux de formation exigés ou souhaités) [4] ». Parmi les ouvriers que les entreprises ordinairement déclarent qualifiés [5], le CEE a mis en évidence une proportion importante – près d'un tiers – d' « ouvriers spécialisés qualifiés [6] », intermédiaires entre OS et OQ (tableau 2).

TABLEAU 2. – RÉPARTITION DES EFFECTIFS ÉTUDIÉS
SELON LA QUALIFICATION ET LA CATÉGORIE D'ACTIVITÉ ÉCONOMIQUE
(EN % DU TOTAL DES OQ)

| Catégorie d'activité économique | Ouvriers spécialisés qualifiés | Surveillants opérateurs | Ouvriers de corps de métier industriel (fabrication) | Ouvriers de corps de métier industriel (entretien) | Ouvriers de corps de métier artisanal | Total |
|---|---|---|---|---|---|---|
| Mines | 75.4 | 2.0 | 10.5 | 10.8 | 1.3 | 100.0 |
| Bâtiment et travaux publics | 32.4 | – | 51.4 | 7.0 | 9.2 | – |
| Production et 1re transformation des métaux | 29.0 | 7.3 | 8.4 | 54.0 | 1.3 | – |
| Automobile | 21.2 | 0.7 | 56.6 | 21.5 | – | – |
| Aéronautique | 4.4 | 2.5 | 87.5 | 5.0 | 0.6 | – |
| Mécanique générale | 21.2 | 0.3 | 68.2 | 9.6 | 0.7 | – |
| Construction électrique | 35.8 | 0.9 | 57.3 | 5.8 | 0.2 | – |
| Pétrole | 1.6 | 65.3 | 1.1 | 32.0 | – | – |
| Chimie | 38.8 | 33.0 | 6.5 | 21.0 | 0.7 | – |
| Industries alimentaires | 19.5 | 22.8 | 0.3 | 55.7 | 1.7 | – |
| Imprimerie | 37.3 | 0.4 | 55.4 | 6.9 | – | – |
| Divers | 31.0 | 2.0 | 40.0 | 22.0 | 5.0 | – |
| Ensemble | 29.0 | 4.8 | 45.5 | 19.5 | 1.2 | 100.0 |

4. Ph. d'HUGUES, G. PETIT, F. RÉRAT, *Les Emplois industriels* (Cahiers du CEE), PUF, 1973.

5. 137 000 ouvriers, dont près de 62 000 « qualifiés », dans 107 établissements.

6. « Dans cette catégorie, l'ouvrier n'a pas la maîtrise d'un métier, il a le même genre de fonction qu'un ouvrier spécialisé (réglages de position par des appréciations visuelles directes et précises, exécution de gestes simples avec dextérité). Cependant, il est classé et

Il est clair, dans ces conditions, que les résultats des enquêtes officielles doivent majorer beaucoup et systématiquement la qualification ouvrière, et ce d'autant plus que le tableau ci-dessus a été construit par le CEE à partir d'un effectif d'où avaient été préalablement éliminées les « qualifications de salaires » instaurées par les entreprises.

*c)* C'est d'ailleurs cette même conclusion qui se dégage d'entretiens conduits fin 1977 avec des sections syndicales d'entreprises métallurgiques du Nord et de l'Est. Dans une usine de la sidérurgie lorraine, par exemple, la répartition du personnel par service fin juin 1977 faisait ressortir 1 430 ouvriers qualifiés, soit 56,8 % de l'effectif ouvrier. Mais ce pourcentage devait être doublement corrigé : d'une part, une trentaine d'ETAM étaient en fait des OP, qu'il fallait donc rajouter aux précédents ; d'autre part et surtout, à l'inverse, une très forte majorité de ces ouvriers n'était qualifiée que de nom, leur promotion n'étant pas la sanction d'essais professionnels réussis. On comptait en fait au total plus de 55 % d'ouvriers « qualifiés par le patron ».

Ailleurs, dans une entreprise métallurgique du Nord, un classement assez précis des qualifications « vraies » et « maison » a pu être mené à bien grâce aux informations apportées par l'une des sections syndicales. Ce classement a concerné deux des unités de l'entreprise : l'aciérie (près de 800 ouvriers) et l'usine dite n° 1 produisant des aciers spéciaux (près de 400 ouvriers).

Les deux tableaux ci-après fournissent les ventilations des postes ouvriers selon les qualifications officielles et corrigées.

---

payé comme un ouvrier qualifié, car il a des qualités propres justifiant un tel classement.
« Le distinguent de l'ouvrier spécialisé soit sa responsabilité, soit la variété des opérations à effectuer, soit le fait qu'une des opérations effectuée est très difficile. Les qualités spécifiques demandées sont le plus souvent sensorielles, rarement intellectuelles.
« L'adaptation au métier s'est faite dans l'entreprise en quelques mois ; elle a rarement exigé une formation théorique préalable. En principe, peu d'ouvriers de cette catégorie, même chez les jeunes, ont le CAP (certificat d'aptitude professionnelle). La plupart sont recrutés par des méthodes propres à l'entreprise. » (*Op. cit.*, p. 19.)

TABLEAU 3. – POSTES DE TRAVAIL OUVRIER DE L'USINE N° 1

| | Ouvriers spécialisés | OUVRIERS PROFESSIONNELS | | | TOTAL |
| | | Selon la classification officielle | Selon la qualification | | |
| | | | « vraie » | « maison » | |
|---|---|---|---|---|---|
| Hauts fourneaux ........ | 124 | 33 | – | 33 | 157 |
| Centrale à gaz ........... | – | 21 | – | 21 | 21 |
| Entretien mécanique ..... | 7 | 89 | 89 | – | 96 |
| Electricité, entretien ...... | – | 14 | 14 | – | 14 |
| Matières premières et pro-duits ................ | 28 | 23 | – | 23 | 51 |
| Autres ateliers de produc-tion ................ | – | 10 | 5 | 5 | 10 |
| Laboratoire ............. | – | 5 | 5 | – | 5 |
| Magasiniers ............ | – | 6 | – | 6 | 6 |
| Gardiens .............. | 15 | – | – | – | 15 |
| | 174 | 201 | 113 | 88 | 375 |

TABLEAU 4. – POSTES DE TRAVAIL OUVRIER DE L'ACIÉRIE

| | Ouvriers spécialisés | OUVRIERS PROFESSIONNELS | | | TOTAL |
| | | Selon la classification officielle | Selon la qualification | | |
| | | | « vraie » | « maison » | |
|---|---|---|---|---|---|
| Fonderie .............. | 145 | 130 | 130 | – | 275 |
| Métal liquide .......... | 100 | 20 | 20 | – | 120 |
| Atelier mécanique ....... | 50 | 200 | 50 | 150 | 250 |
| Parachèvement .......... | 150 | – | – | – | 150 |
| | 445 | 350 | 200 | 150 | 795 |

On en tire deux enseignements principaux :

– Le premier concerne la très forte diminution de la part du travail ouvrier qualifié lorsque la référence est la qualification « vraie ». A l'usine n° 1, le pourcentage passe de 53,6 % à 30,1 % ; à l'aciérie, il tombe de 44,0 % à 25,2 %.

– On note, en second lieu, que la correction apportée aux effectifs qualifiés est pratiquement la même dans les deux cas : à l'usine n° 1, les professionnels « maison » comptent pour 43,8 % des ouvriers déclarés qualifiés ; le pourcentage à l'aciérie est de 42,9 %. Cela ne signifie pas, bien entendu, que ces proportions puissent être généralisées à d'autres entreprises, d'autres activités. Mais il est intéressant de constater que, dans leur ampleur, elles évoquent les résultats du Centre d'études de l'emploi.

Ces trois exemples, choisis parmi de nombreux autres, tendent à justifier la suspicion dont on entoure généralement les statistiques de qualification. Et, très certainement, celles-ci ne peuvent ni ne doivent être utilisées sans de grandes précautions. Il semble pourtant parfois possible de s'en servir à condition :

– d'en avoir éliminé autant que possible les « effets de structure » parasites ;

– d'en confronter et, éventuellement, d'en corriger les informations par celles résultant d'enquêtes menées sur les lieux de travail.

Ce deuxième aspect n'a encore jamais fait l'objet d'une réflexion spécifique. Aussi se contentera-t-on pour l'instant d'illustrer le premier à travers les résultats de deux études récentes.


## II. Pour une utilisation de la statistique

Les exemples qui précèdent tendent à montrer que le phénomène de « qualification de salaires [7] » affecte la quasi-totalité des activités industrielles. Or, dans l'état actuel des connaissances, il n'est pas possible de procéder à des redressements systématiques qui rendraient compte, et de la qualification « vraie » – à supposer que l'on tombe d'accord sur un indicateur de sa mesure –, et de l'application de cette qualification dans la production – par conséquent aussi de l'écart entre qualification « vraie » et cotation du poste –, et enfin des autres

---

7. Ce terme très réducteur est employé ici pour la commodité de l'exposé, car le phénomène de surqualification déclarée ne s'explique pas seulement par des raisons salariales. Par exemple, le glissement vers le haut des appellations ne concerne pas que les ouvriers ; il affecte également certaines des limites entre catégories socio-professionnelles, que l'on pourrait pourtant croire a priori bien tranchées. En effet, les modifications apportées au système productif ont parfois engendré la nécessité d'un recours sensiblement accru à des salariés, les « techniciens », présentant des caractéristiques nouvelles : niveau de connaissance plus élevé et en même temps, très souvent, travail au sein même de l'atelier. Statutairement considérés comme cadres, ils sont aussi, pourrait-on dire, dans le prolongement logique d'un profil de carrière d'ouvrier qualifié puis hautement qualifié. Ainsi, empruntant aux caractéristiques des cadres comme des ouvriers, ils sont malaisément classables, et la frontière statistique entre cadres moyens et ouvriers en est rendue plus floue.

partitions que l'on peut s'estimer en droit d'opérer au sein d'un collectif de travail pour en apprécier un indicateur de qualification globale.

De plus, la difficulté semble redoublée du fait que l'importance des glissements constatés, en matière de qualification, entre autres, varie d'un secteur à l'autre (cf. tableau 2). On peut toutefois estimer, en raisonnant grossièrement, et mises à part quelques activités particulières [8], que ces *glissements* sont du *même ordre de grandeur*. On est alors amené, pour apprécier l'ampleur des déformations des structures d'emploi et de qualifications des secteurs, à raisonner *en relatif,* par rapport aux mouvements enregistrés pour l'ensemble de l'industrie.

C'est par rapport à ces tendances globales que l'on appréciera les évolutions propres à chacun des secteurs. Celles-ci, reprises au tableau 5, mettent clairement en évidence *une polarisation entre d'une part les secteurs intermédiaires et de l'énergie, dont le bilan global relatif est le plus souvent positif, et ceux des industries d'équipement et de consommation, à bilan très fréquemment négatif.*

Ce résultat est intéressant, car il peut être mis en relation avec les procès de travail, dont on connaît par ailleurs les tendances d'évolution pour chacun des grands agrégats industriels : automatisation dans les biens intermédiaires et l'énergie, mécanisation dans les biens d'équipement et de consommation. On est alors amené à penser que la première tend généralement à engendrer une hausse globale des qualifications, l'inverse valant pour la mécanisation (toutefois, mise en regard de résultats d'enquêtes tels ceux de B. Coriat ou R. Linhart, une telle conclusion doit être largement tempérée. B. Coriat, par exemple, estime que trois travailleurs sur quatre occupés dans la pétrochimie sont hors convention pétrole [9]).

En second lieu, il apparaît possible, même en s'en tenant à la seule statistique, mais à condition de pousser l'analyse à un niveau relativement fin, de mettre en évidence des évolutions qu'une approche trop agrégée aurait masquées. De plus, c'est seulement en

---

8. Les indications du tableau 2 permettent de classer les douze activités industrielles en trois catégories selon la proportion d'ouvriers spécialisés qualifiés (OSQ). Trois d'entre elles (mines, aéronautique, pétrole), qui ne représentent d'ailleurs que 10 % des effectifs enquêtés, sont à mettre à part, soit que les OSQ y soient relativement très nombreux – les 3/4 des OQ dans les Charbonnages –, soit qu'il y en ait au contraire très peu. La grande majorité (7 industries) ont une proportion d'OSQ parmi les OQ comprise entre 30 et 40 %. Pour les deux dernières, enfin (automobile, mécanique), cette proportion est un peu supérieure à 1/5.

9. Cf. B. CORIAT, « Différenciation et Segmentation de la force de travail dans les industries de process », *in* Colloque de Dourdan, *La Division du travail,* Ed. Galilée, Paris, 1978, p. 109-124.

TABLEAU 5. – BILAN GLOBAL RELATIF DE L'ÉVOLUTION
DES STRUCTURES D'EMPLOI *

|  | Entre 1962 et 1974 | Entre 1968 et 1974 |
|---|---|---|
| Matériaux de construction ....... | = | + |
| Verre ...................... | – | – |
| Fer - Sidérurgie ............... | + | + |
| Non ferreux .................. | + | + |
| Première transformation ......... | – | – |
| Chimie ..................... | + | + |
| Papiers-cartons ............... | – | – |
| Mécanique ................... | = | – |
| Industries électriques ........... | – | – |
| Automobile .................. | – | – |
| Navale-aéronautique ........... | + | – |
| Textile ..................... | + | = |
| Habillement .................. | – | – |
| Cuirs et peaux ............... | – | – |
| Bois-ameublement ............. | – | – |
| Presse et édition ............. | – | = |
| Industries diverses ............. | – | – |
| Industries agricoles et alimentaires ............... | – | + |
| Eau-gaz-électricité ............. | + | – |
| Pétrole-gaz naturel ........... | + | = |
| Combustibles minéraux solides ... | + | + |
| Bâtiment-travaux publics ........ | + | + |

\* + : évolution relative à la hausse de la qualification globale.
   – : évolution relative à la baisse de la qualification globale.
   = : évolution relative stable.

raisonnant à ce niveau plus détaillé que peuvent apparaître les effets de structure, c'est-à-dire les modifications de poids des sous-branches composant une industrie. Par exemple, les quinze années 1959-1974 ont été marquées par les principaux effets de structure suivants [10] :

10. Il est clair que la prise en compte de ces effets n'est pas non plus suffisante pour expliquer l'état et l'évolution des structures de l'emploi. D'autres éléments doivent aussi être intégrés dans l'analyse, tels les statuts du personnel. Ainsi dans navale-aéronautique-armement, presse-édition, EGE, Charbonnages, on est en présence d'entreprises publiques et semi-publiques ou d'un syndicat puissant garantissant la conservation d'un niveau de qualification élevé ; dans la chimie ou le pétrole, la très forte hausse de la qualification s'explique probablement par l'extériorisation d'une partie du travail non qualifié.

426

– *Industries électriques :* leaderships successifs des sous-branches « biens d'équipement », puis « biens de consommation » ;

– *Navale-aéronautique-armement :* importance grandissante de l'aéronautique-armement ;

– *Textile :* croissance initialement plus rapide (entre 1962 et 1968) des textiles artificiels et synthétiques ;

– *Industries diverses :* après 1968, expansion plus rapide des industries diverses proprement dites que des matières plastiques ;

– *EDF :* Passage de l'hydraulique au thermique ;

– *BTP :* Prééminences successives du gros œuvre et des programmes lourds, puis de l'entretien et des programmes individualisés.

Un bon exemple de l'éclairage supplémentaire apporté par ce type d'analyses est fourni par les industries électriques et électroniques [11]. On constate tout d'abord que, pour le secteur pris dans son ensemble, la proportion d'ouvriers qualifiés ne s'est pratiquement pas modifiée entre 1962 et 1975. Mais cette stabilité masque des évolutions très contrastées qu'une analyse plus fine, individualisant les sous-secteurs fabriquant des biens d'équipement ou de consommation, permet de faire apparaître. Dans le premier, la qualification a crû continûment, surtout de 1962 à 1968 ; dans le second, au contraire, la période a été marquée par une diminution de la qualification (tableau 6). Pour l'ensemble des industries électriques et électroniques, ces évolutions opposées se sont compensées, et c'est à elles qu'est due la stabilité de la qualification ouvrière moyenne.

Or, dans le même temps, les industries électriques et électroniques ont connu une expansion remarquable (environ 10 % par an), ont considérablement modernisé leur outil de production – tendance que l'on peut repérer, statistiquement, à travers l'augmentation très rapide du stock de capital (10 % l'an, contre 7 % en moyenne dans les industries d'équipement) –, ont dégagé enfin une rentabilité relativement élevée.

Toutes ces évolutions se retrouvent, accentuées, pour la sous-branche de ces industries fabriquant des biens de consommation. La rentabilité, en particulier, y a crû nettement plus vite dans la période 1968-1974, au cours de laquelle la féminisation accrue s'est accompagnée d'une hausse plus rapide des salaires féminins que des salaires masculins.

---

11. A. Azouvi, « L'Emploi des femmes et l'Emploi des étrangers. Une étude de cas : les industries él_ctriques et électroniques », *Revue d'économie industrielle,* n° 10, 4ᵉ trimestre 1979.

(ratio O Q/Ouvriers en %)

|  |  |  | Hommes | Femmes | En-semble |
|---|---|---|---|---|---|
| Sous-Secteur 1 (biens d'équipement) | R.P.* | 1954 | 62,9 | 17,3 | 50,3 |
|  |  | 1962 | 54,2 | 11,7 | 41,5 |
|  |  | 1968 | 58,9 | 13,6 | 47,3 |
|  |  | 1975 | 58,9 | 13,4 | 50,3 |
|  | D.A.S.** | 1968 | 60,4 | 16,1 | 49,4 |
|  |  | 1974 | 62,7 | 15,4 | 49,9 |
| Sous-secteur 2 (biens de consommation) | R.P. | 1954 | 68,7 | 23,8 | 52,8 |
|  |  | 1962 | 57,2 | 16,1 | 37,1 |
|  |  | 1968 | 58,2 | 16,0 | 37,3 |
|  |  | 1975 | 56,7 | 15,3 | 34,9 |
|  | D.A.S. | 1968 | 60,0 | 18,1 | 39,9 |
|  |  | 1974 | 60,9 | 19,8 | 38,8 |
| Secteur | R.P. | 1954 | 65,5 | 20,8 | 51,5 |
|  |  | 1962 | 55,3 | 14,5 | 39,8 |
|  |  | 1968 | 58,6 | 15,2 | 42,6 |
|  |  | 1975 | 57,9 | 14,7 | 39,9 |
|  | D.A.S. | 1968 | 60,3 | 17,4 | 44,9 |
|  |  | 1974 | 61,9 | 18,5 | 43,7 |

\* R.P. Recensement de la population.
\*\* D.A.S. Déclarations annuelles de salaires.

Par conséquent, dans ces industries, la féminisation de l'emploi ne semble pas pouvoir s'expliquer d'abord par les avantages salariaux qui en seraient résultés pour les entreprises, mais bien plus par la nécessité pour elles de pourvoir à des postes de travail non qualifié, dont l'importance s'est accrue comme conséquence des modifications apportées à l'appareil de production. La féminisation, autrement dit, ne s'avère pas ici comme un pis-aller visant à remédier aux insuffisances d'une industrie en perte de vitesse ; elle apparaît au contraire constitutive de l'expansion même du secteur qui n'aurait pu se développer sans elle.

Ce plaidoyer en faveur d'une utilisation − malgré tout − de la statistique des qualifications ne veut pas signifier que l'on puisse se contenter des catégories statistiques. Car on perdrait alors de vue les *contenus* des processus étudiés, tant pour les technologies mises en œuvre que pour les critères de qualification. Aussi, une amélioration ultérieure de la méthode de travail devra-t-elle dépasser l'approche exclusivement statistique, en la complétant et l'éclairant par des enquêtes dans les entreprises, ayant pour objectif de mieux cerner la réalité : quelles modifications concrètes – et dans quelles entreprises – ont affecté les procès de travail ; quelles en ont été les répercussions sur la composition de la population active (évolution des structures d'emploi et de qualification, impact des grilles de classification...) ? Il ne semble pas pourtant qu'en attendant la mise au point forcément longue d'une méthodologie prenant en compte ces divers aspects, nous soyons totalement démunis pour apporter un début de réponse – ou, au moins, des hypothèses – sur les questions se rapportant à la qualification des emplois.

*Post-scriptum :* Il n'est peut-être pas inutile de préciser que le texte qui précède n'a pas d'abord pour objectif de réhabiliter la *technique* statistique en montrant qu'avec un peu d'astuce et de patience elle serait à même de répondre à un certain nombre de questions. Le propos est en fait plus ambitieux : la suppression, autant que faire se peut, de tout alibi à caractère technique n'est qu'un préalable, après lequel peut être posée l'exigence du référentiel macroéconomique.

Plusieurs des communications présentées au colloque ont en commun un même non-dit, la recherche du degré de plasticité du système : les lois économiques doivent-elles être considérées comme un carcan s'appliquant sans nuances, partout et toujours, et rendant finalement dérisoires les stratégies des agents, ou bien, au contraire, un examen sans préjugés de la réalité sociale, n'en révèle-t-il pas une diversité, une richesse, une complexité qui tendent à réhabiliter le pouvoir et les jeux des acteurs sociaux ?

A propos, par exemple, de la communication de G. Barisi, il aurait été intéressant de s'interroger sur les raisons pour lesquelles l'accord Italsider n'a pas été généralisé. Barisi avance deux explications, la crise et le refus des patrons. Mais pourquoi ces derniers n'ont-ils pas accepté de tenter une expérience qui, apparemment, n'a pas eu pour effet de conduire Italsider à la déconfiture, alors qu'elle présentait au surplus l'énorme avantage de tendre à désamorcer de très vives revendications ouvrières ? Faut-il incriminer leur manque d'imagination, leur esprit rétrograde, ou doit-on imputer leurs réticences à des causes objectives, les lois de fonctionnement du mode de production qu'Italsider, pour des raisons complexes tenant probablement à sa nature d'organisme public et à la configuration des forces sociales en

Italie, pouvait, jusqu'à un certain point, se dispenser de respecter ?

On voit l'importance du type de réponse apportée à une telle alternative. Dans le premier cas, la plasticité des « lois » est telle que chaque système socio-économique − l'entreprise, l'atelier, le quartier − peut, à la limite, construire sa propre rationalité. A l'opposé, dans le second cas, on considérera que la viscosité du système et les marges de manœuvre laissées aux acteurs sociaux ne sont pas telles qu'elles permettent de conclure à une réelle plasticité, que les agents, autrement dit, s'ils font l'histoire, la font sous contraintes.

On comprend alors, dans cette optique, que la statistique n'est pas qu'une technique, plus ou moins manipulable, plus ou moins pertinente et utilisable ; elle est l'un des points de passage − peut-être le plus important − entre les travaux de terrain et les normes du système. Retrouver dans chaque enquête la dimension théorique suppose un aller-retour *permanent* entre observations et statistique, et non pas seulement que les objets d'étude découpés aux fins d'analyse soient simplement situés vis-à-vis de la statistique-technique, puis étudiés en eux-mêmes et pour eux-mêmes, avec le risque toujours présent d'une généralisation abusive des conclusions de l'étude [12].

---

12. Cf. par exemple, dans les premières années soixante-dix, l'importance exorbitante accordée aux expériences de recomposition du procès de travail.

# Production et reproduction de la force de travail qualifiée

*Pierre Rolle* [*]

1. La force de travail sociale, c'est-à-dire l'activité humaine en tant qu'elle est utilisée dans les unités de travail, se renouvelle de manière continue par le départ d'anciens travailleurs et l'embauche de nouveaux. La situation habituelle aujourd'hui, encore que non exclusive veut que les nouveaux salariés soient eux-mêmes descendants de salariés. D'une génération à l'autre, à l'intérieur d'une famille, se transmet la propriété, et partant l'absence de propriété. Le rapport fondamental de l'individu au travail, sa position de classe, est donc en grande partie décidé d'avance.

Le cycle de l'engendrement, de l'élevage, de la formation, observable dans une vie humaine, se traduit, pour ce qui concerne l'ensemble de l'appareil productif, par un mouvement permanent. Toute société étant aussi une organisation biologique, il ne s'en trouve pas qui n'assure, d'une manière ou d'une autre, la procréation de ses membres. Chacune institue également un mode de transmission des savoirs nécessaires à l'usage et à la protection des ressources du groupe, territoires, outils et êtres humains. Dans notre système, entre autres originalités, l'appareil productif se modifie à un rythme

---

[*] CNRS.

inconnu des sociétés antérieures, ainsi que les regroupements qui le mettent en œuvre. Les connaissances nécessaires à l'individu sont acquises pour l'essentiel pendant l'enfance et l'adolescence, et utilisées tout au cours de la vie. Ainsi, l'évolution de l'outillage et des collectivités de travail s'effectue à un rythme propre, et n'influence le contenu de la formation qu'à l'occasion du changement de génération. C'est cette différence de période qui pose le problème aujourd'hui commun de la reproduction.

2. Pour accomplir sa formation, l'individu passe par une institution spécifique, l'école, pourvue d'une logique propre qui ignore les différences de classe observables dans le domaine économique. Cependant, ce mécanisme tend à restituer globalement la hiérarchie de départ, transférée des parents à leurs enfants. C'est ce paradoxe que traitent les théories de la reproduction.

Ces théories, en même temps qu'elles résument quantités de faits observables, se surchargent de significations multiples. Par exemple, elles semblent donner un sens à l'opposition de la structure sociale et de l'individu, et permettre de concevoir leurs rapports, l'individu réinventant la structure à partir de l'empreinte qu'il en a reçue, ou bien en obéissant aux contraintes qui naissent de l'action collective elle-même. Dans une autre interprétation, la théorie évoque cette division, à la fois inacceptable et inévitable, que les marxistes désignent comme celle de la superstructure et de l'infrastructure. La reproduction se surajoute en effet à l'organisation économique, et en assure la permanence dans le temps : mécanisme bien évidemment accessible à l'intervention étatique, quand il ne se confond pas avec elle.

On peut se demander pourtant si le terme de reproduction représente autre chose qu'une fausse généralité : il ne concerne en fin de compte que les institutions d'enseignement, mais tend à détacher leur étude de la société concrète où on les rencontre ; il désigne un résultat, *la répétition des mêmes structures de la population active à travers les générations,* mais suggère que ce résultat répond à un mécanisme propre, ce qui n'est pas une inférence nécessaire. Si l'on suit cette pente, l'institution scolaire ne sera plus seulement spécifique, mais encore autonome : elle constituera un domaine qui s'opposera obscurément à celui que l'on pourrait appeler « la société constituée ». Mais comment concevoir la juxtaposition d'un processus de la reproduction à ceux qui organisent pour leur part le système social. Il faudra conclure soit que l'autonomie de l'école n'est qu'une apparence, et donc que la reproduction se fait ailleurs, dans la « production » de la société par elle-même ; ou bien qu'elle est réelle, mais alors la structure sociale est son résultat, et la reproduction une production.

Nous essaierons de montrer que les faits sur lesquels s'appuie la théorie n'imposent ni cette formalisation ni cette aporie, et qu'il faut concevoir la formation du travail et son exercice dans leur régulation commune, c'est-à-dire à travers le mécanisme global du salariat.

3. Il est difficile d'imaginer que la reconstitution des différentes couches de la population active s'effectue, d'une période à l'autre, avec fidélité : la mobilité du système, qui non seulement transforme les différentes catégories de main-d'œuvre salariée, mais encore renforce ou disqualifie certains types de propriété, s'y oppose. L'image d'une répétition ne peut avoir de vraisemblance que si l'on prend un phénomène majoritaire pour une réalité absolue, ou si l'on impose aux données une classification qui dissimule leur mouvement.

Tout d'abord, a-t-on le droit de négliger les déplacements individuels qui traduisent, d'une génération à l'autre, un changement de catégorie ? Sans doute sont-ils moins nombreux que ne voudraient le faire croire les idéologues de l'égalité des chances. Il ne s'agit évidemment pas de nier que, dans notre système, le salarié engendre un salarié, et le plus démuni n'assure à ses enfants qu'une formation courte : bien au contraire, nous essaierons de montrer que les changements de position qui s'effectuent à l'intérieur du mécanisme éducatif ou grâce à lui ne constituent pas par eux-mêmes des changements de classe. Or, s'il existe des glissements de situation, c'est que la reproduction à l'identique n'est qu'un cas particulier de la formation, même si c'est celui qui est le plus souvent attesté. On peut penser alors que la « reproduction » est commandée par les mouvements et les tensions de la « société constituée ».

Il faut remarquer encore que le résultat d'une telle recherche dépend des catégories que l'on utilise, de la définition que l'on en donne, de l'emploi que l'on en fait, comme c'est la règle. Dans le domaine économique, les classes sociales rassemblent l'ensemble des individus qui sont dans le même rapport avec d'autres : ce sont des classes de relation. Dans le système scolaire, on opère des rangements plus ou moins continus, dans lesquels on découpera des classes de manière assez arbitraire. Ces catégories ne coïncident aucunement. La notion de classe dominante, par laquelle on essaie de créer une identité entre ces différentes définitions, est tout à fait trompeuse : elle suggère à la fois un ordre (la classe dominante étant bien évidemment supérieure) et un rapport social (elle exerce son pouvoir sur la « société constituée » comme sur le domaine de la reproduction). Mais la domination est un rapport concret et variable, et par exemple s'exerce dans notre société sous une forme capitaliste.

Autrement dit, ce qui se passe dans un domaine n'a pas nécessairement une correspondance intelligible dans l'autre. Si le fils d'un petit entrepreneur devient membre d'une profession libérale, il appartient toujours à la classe supérieure, si l'on entend par là une échelle de revenus, mais il n'est plus dans le même rapport à la classe inférieure, ou, pour mieux dire, la classe des salariés. Le revenu n'est qu'une somme d'argent sans signification, tant qu'on n'a pas établi comment il est obtenu et dépensé, et déterminé dans quelle relation sociale, dans quel cycle, se place l'individu qui le reçoit.

Les notions de capital culturel et social développées, entre autres, par l'école de Bourdieu, ne répondent pas à cette question. Tout d'abord, elles assimilent toute source de revenu, sauf peut-être le travail simple, à un capital, c'est-à-dire à un rapport social spécifique, qui n'est pas autrement décrit. Comprend-on mieux le fonctionnement de la qualification du travail lorsqu'on l'a assimilé à ce mécanisme essentiel sans doute, mais inconnu ? Il faudrait d'abord dire de quelle manière agit le capital économique, et comment l'un de ses résultats est un revenu pour son propriétaire, ou son représentant. En fait, la notion des différents capitaux, obscurément semblables et différents, n'a pas d'autres fonctions que de gager la réalité de la notion de classe supérieure, en assurant l'interchangeabilité des différentes catégories que l'on y regroupe. Mais cette équivalence supposée des divers capitaux, la possibilité dont ils jouissent de se transformer les uns dans les autres, n'est pas parfaite : le capital économique, ou plutôt le revenu des capitalistes, permet d'acquérir de l'éducation, du capital culturel, mais le contraire est moins courant. Pourquoi ? Parce que, dans le domaine économique, la propriété se concentre, et les entrepreneurs disqualifiés se transforment en salariés. Phénomène il est vrai difficile à observer lorsqu'il prend souvent la forme apparemment paradoxale, voire presque indéchiffrable, d'organisations où le salarié s'emploie lui-même. Le sens général du mouvement est cependant clair : la situation salariale devient de plus en plus dominante dans notre pays. La relative fixité de la hiérarchie des revenus dissimule des changements de statuts que l'éducation prépare et facilite sans y participer. C'est pour se préserver que la société capitaliste change : il faut se donner les moyens de saisir et son mouvement, et son immobilité, la structure des classes et la distribution mouvante des individus dans les diverses catégories de la bourgeoisie et du salariat.

On peut faire l'hypothèse que l'équivoque fondamentale en la matière concerne l'Etat, qui est à la fois l'agent et l'objet principal des idéologies dans notre société. L'Etat constitue un domaine qui, par contraste avec celui des entreprises, semble caractérisé par la gratuité : mais c'est seulement dans la mesure où les multiples socialisations et mutualités qu'il opère s'adressent à des ensembles économiques plutôt qu'à chacune des unités qui les constituent. Les logiques qui y règnent, comme les indices par lesquels elles se réalisent, ne sont pas celles des agents économiques, puisque le mécanisme socialisé doit imposer, ou faciliter, ou corriger, des regroupements d'agents. L'école, élément d'un réseau de mutualités forcées, n'est ni en réalité ni en apparence extérieure au système des classes, et même pas pour lui servir de masque. Elle est l'institution qui assure la formation de la classe salariale à partir d'elle-même, sous la contrainte de la loi de la valeur et l'égide de l'Etat.

4. Dans la recherche que notre équipe a effectuée pour le ministère du Travail, et qui portait sur le mouvement des qualifications dans divers secteurs économiques [1], nous sommes parvenus à quelques thèses fort différentes que l'on pourrait résumer ainsi :

*a)* On ne peut isoler les formes et les mécanismes de la reproduction et ceux de la production sans rendre les uns et les autres inconcevables.

Sans doute est-on tenté, lorsqu'on a effectué une description instantanée d'une constellation de tâches et d'individus saisis ensemble, de la compléter par l'analyse du mécanisme social supposé qui a distribué les travailleurs dans les postes. En réalité, l'image ponctuelle aussi bien que les évolutions temporelles doivent être conçues en même temps, c'est-à-dire comme les résultats de la conjonction de différents cycles, de multiples temps concrets.

La qualification du travail, par exemple, ne correspond pas à une échelle immédiate des postes, ni non plus à un coût de production de la capacité humaine qui y est dépensée ; elle note un indice attaché à cette capacité dans le mouvement d'ensemble qui dirige la formation de la force de travail sociale, mouvement qui est celui de la reproduction comme celui de la production. Une qualification donnée vérifie sur le marché du travail l'utilité d'une capacité et attache à celle-ci un revenu lui permettant de se reconstituer ou de s'élargir. On ne peut dire que la classe ouvrière se reproduit de cette manière, puisque, contrairement aux individus qui la composent, elle ne

---

1. Betty Marzouk, Pierre Rolle, Pierre Tripier, Jean-Marc Vanhoutte, François Vourc'h, *Le Mouvement des qualifications*, 1978 ; *Le Mouvement de qualification des informaticiens*, 1980 ; *Le Mouvement de qualification dans la restauration*, 1980.

s'interrompt jamais : mais elle s'organise en une structure qui se renouvelle et se modifie perpétuellement.

*b)* Le rapport de la formation au travail et de son exercice n'est donc pas celui de deux institutions indépendantes, même si elles ne réagissent pas directement l'une sur l'autre, ni n'évoluent au même rythme.

Bien sûr, un emploi particulier ne se modifie pas en fonction de la qualification scolaire de l'individu qui prétend l'occuper. En ce sens, la division du travail est bien un donné indépassable pour l'éducation. Mais ceci n'est vrai que dans une courte période et pour une formation spécifique. Par contre, les changements dans le mode général de formation réagissent à leur tour sur l'organisation du travail. Le taylorisme, par exemple, est une manière d'utiliser une main-d'œuvre illettrée et de réduire au minimum la transmission des connaissances à la charge de l'entreprise. Le procédé des équipes intégrées met à profit aujourd'hui les statuts et les formes différentes de l'éducation socialisée : elle s'adapte à une main-d'œuvre pourvue, par un enseignement extérieur, de capacités générales d'organisation, même quand elle ne possède pas une technique particulière.

Mais répertorier ces interdépendances discontinues serait encore insuffisant. Le phénomène premier est celui qui sépare le travailleur du travail et libère l'un de l'autre leurs deux développements jusqu'alors toujours liés. La réunion de l'ouvrier et du poste ne se fait plus que de manière instable et médiate, c'est-à-dire à l'intérieur de groupes de plus en plus mouvants. Dans ce sens, l'éducation joue un rôle essentiel, puisque c'est par elle, et dans la mesure précisément où elle ordonne et distribue les connaissances selon une logique propre, que toute technique est assurée de rencontrer une collectivité de travailleurs susceptible de la mettre en œuvre. Le mode de formation n'explique pas seulement les variations locales de l'organisation du travail, mais fait corps avec ses structures les plus permanentes.

*c)* Ce mode de formation, ses contenus, ses divisions, sa logique, répondent à sa socialisation. L'ensemble est à la fois cause et effet du détachement du poste et du travailleur. L'éducation est socialisée en ce sens qu'elle n'est plus à la charge de l'utilisateur de la force de travail qualifiée, sauf lorsque la préparation au travail n'est qu'un entraînement à une tâche particulière. Elle est le plus souvent dispensée par des institutions privées, des associations diverses, souvent patronales, et des administrations d'Etat, que les familles utilisent plus ou moins largement selon leurs contraintes, la plus générale tenant à leur revenu. Cette formation commence nécessairement par une éducation dite générale, c'est-à-dire l'acquisition d'un ensemble d'instruments intellectuels qui facilitent et abrègent l'apprentissage d'autres connaissances et la constitution de capacités spécifiques, tout en permettant en tant que tels l'occupation de nombreux emplois.

C'est lorsque le travail n'est plus appris par la pratique, ni efficace seulement à l'endroit où il a été d'abord exercé, sans que pour autant la formation soit à la charge entière de la collectivité, que se constitue dans toute son ampleur le marché de la main-d'œuvre qualifiée. L'éducation doit être financée par l'individu, c'est-à-dire en grande partie par sa famille. L'Etat intervient pour régulariser ces échanges au fur et à mesure que leur importance s'accroît. Il tend à dissocier les différents cycles qui sont entretenus conjointement par le salaire, et fait correspondre à chacun d'eux le début d'un financement propre : la réfection quotidienne ou annuelle de la force de travail, à la charge du salaire direct, les investissements à plus long terme dont on favorise l'étalement dans le temps au même poste, mais selon un rythme spécifique, les dépenses aléatoires, comme ceux de la santé, répartis entre tous les salariés, de l'élevage et la formation des enfants financés par des aides directes ou des réalisations collectives. Les différentes formes de salaire social tendent à proportionner le revenu du travailleur à ses besoins du moment, à empêcher le détournement de la rémunération d'un poste vers un autre, et à éviter par conséquent tant les mouvements brusques du salaire que des raretés persistantes : elles constituent la classe des salariés en mutuelle réunie pour assurer leur propre formation, sous la tutelle autoritaire de l'Etat. On pourrait examiner de ce point de vue les difficultés et la crise commençante du salariat.

L'action de l'Etat peut, dans cette organisation, s'exercer de telle sorte à provoquer une reproduction élargie de la classe salariale, c'est-à-dire une progression de son nombre dépassant son croît biologique. Le financement des institutions éducatives, la part de revenus distribués au titre des transferts et la structure du salaire social, aussi bien que le contenu de la formation, s'en trouvent plus ou moins profondément transformés. Par exemple, la migration des agriculteurs et des artisans vers l'usine ou le bureau dans la France d'après guerre : l'éducation nationale, en distribuant dans tout le pays une formation générale, préparait une main-d'œuvre apte à s'employer dans le secteur salarial, sans que pour autant sa destination finale soit précisément décidée. Grâce à l'étatisation de l'enseignement, l'ensemble de la nation aménageait sans le retarder le déclin de classes sociales anciennes et prenait en charge l'éducation de leurs enfants, c'est-à-dire leur reconversion. On peut penser que les tensions qui agitent aujourd'hui l'enseignement, son mode de financement comme sa structure et ses contenus pédagogiques, trahissent la fin de cette période : désormais, c'est à la classe des salariés de se reconstituer à partir d'elle-même.

*d)* Les contradictions qui se nouent autour de l'enseignement ne s'éteindront pas pour autant. Le patronat désire à la fois une formation socialisée, c'est-à-dire peu coûteuse et adaptable, et l'enfermement de l'individu dans son poste : il projette la mobilité, mais voudrait s'en réserver l'usage. Les syndicats s'embarrassent dans des difficultés symétriques.

De plus en plus, tant à cause des formes de la technique elle-même que de l'organisation des groupes qui la servent, la qualification de l'individu est une disponibilité générale, dépensée dans un poste particulier. Elle n'est pas le principe et le résultat d'une adaptation précise à un emploi, parce qu'elle représente une adaptation au mouvement des emplois.

Nous avons observé ainsi que des individus pourvus d'un CAP de cuisine ont pu, dans une période d'expansion de la branche, tenir des postes et parcourir une carrière à laquelle leurs cadets n'accèdent plus. D'où des conflits multiples [2]. Pourtant, cette absence de correspondance stricte entre la formation et l'emploi n'est encore exorbitante que du point de vue de la théorie classique de l'entreprise : elle est bien loin d'atteindre une souplesse totale de la force de travail et son indifférence aux entreprises et aux branches. L'éducation vise encore une famille plus ou moins limitée d'emplois ou de niveaux d'emplois ; elle est concentrée au début de la vie, tant pour en reporter le coût sur les familles et l'Etat, que pour en faire usage le plus longtemps possible. En conséquence, l'individu se trouve lié à un savoir obtenu par rencontre bien souvent, savoir qu'il peut éventuellement entretenir, voire compléter, mais non réformer. Plus il vieillit, plus diminuent les chances qu'on lui propose l'acquisition d'une nouvelle technique. Cette adhérence, cet assujettissement du travailleur individuel à une formation plus ou moins artificiellement bornée constituent une situation qui passe souvent pour naturelle, parce qu'elle semble tout à fait à tort continuer des stades antérieurs de la production, où l'unité du travail et du travailleur allait de soi. C'est pourtant à ce problème essentiel que se rattache celui de la « reproduction » : c'est parce que l'ajustement des connaissances acquises par un salarié se modifient peu au cours de sa vie que l'ajustement des connaissances sociales s'effectue au changement de génération.

---

2. Voir les travaux en cours de Jean-Marc Vanhoutte.

*e)* Si l'on doit penser dans leur rapport essentiel la production avec la reproduction, ainsi que l'individu et son poste, il faut en venir à une théorie de la valeur. Autrement dit, à travers le prix instantané de la force de travail, la recherche doit discerner les mécanismes qui assurent sa redistribution entre formation et exercice du travail, et entre les diverses branches d'emploi. L'unité du poste et de l'individu est sans cesse confrontée à d'autres, compromise, dissociée ou renforcée, par l'intermédiaire de l'échange. Avant la description des dispositifs matériels et celle de la circulation des hommes, doit prendre place l'analyse du mécanisme qui les relie et les constitue, mécanisme qui n'aboutit jamais à une homologie où l'un des secteurs informe l'autre, ni à une indifférence absolue. L'appareillage productif et la collectivité humaine s'organisent selon leur logique propre, mais dans un rapport essentiel.

Pour répondre à ces objectifs, la théorie classique de la valeur doit sans doute être profondément modifiée, mais reste nécessaire. On s'en aperçoit à tous les niveaux de l'étude. Par exemple, la dissociation incomplète des divers cycles constitutifs de la vie de travail, dissociation ébauchée par l'Etat, se traduit par une courbe vitale des revenus. Aux différents âges de la vie, caractérisés par des besoins propres, et particulièrement ceux relatifs à l'élevage et à la formation des enfants, répondent plus ou moins précisément des variations des ressources correspondantes. Certains auteurs ont mis en rapport ces variations avec des procédures locales ou des attributs supposés de la force de travail concernée, règle de rémunération à l'ancienneté, expérience sur le tas, pertes dues au vieillissement, propriétés de la main-d'œuvre féminine, etc. Mais les courbes vitales de revenus sont observables dans de multiples fonctions, avec une généralité qui dépasse celle des modes de gestion où l'on voudrait voir leur cause. C'est au contraire la nécessité de proportionner les revenus à l'évolution des besoins qui explique les règles et les coutumes admises. Il faut en conclure que les formes nouvelles du mouvement de la valeur, dans un système capitaliste de plus en plus organisé et socialisé, traduisent encore sa détermination fondamentale : le salaire, direct et indirect, est toujours la rémunération versée au salarié pour qu'il s'entretienne et se reproduise en tant que salarié.

# TABLE

# La collection
# « textes à l'appui »

SÉRIE HISTOIRE CONTEMPORAINE

*Abd el Krim et la République du Rif.*
Paul Avrich, *Les anarchistes russes.*
Hildegard Brenner, *La politique artistique du national-socialisme.*
Fernando Claudin, *Marx, Engels et la révolution de 1848.*
Alain Déniel, *Le mouvement breton, 1918-1945.*
Roger Faligot, *James Connolly.*
Christine Fauré, *Terre, terreur et liberté.*
Florence Gauthier, *La voie paysanne dans la révolution française.*
Daniel Guérin, *Front populaire, révolution manquée.*
Yannick Guin, *Le mouvement ouvrier nantais.*
Abdallah Laroui, *Les origines du nationalisme marocain (1830-1912).*
José Marti, *Notre Amérique.*
Elise Marienstras, *Les mythes fondateurs de la nation américaine.*
Claude Meillassoux, *Les derniers blancs, le « modèle » sud-africain.*
Frank Mintz, *L'autogestion dans l'Espagne révolutionnaire.*
Albert Soboul, *Comprendre la Révolution.*

SÉRIE SOCIOLOGIQUE

Adrian Adams, *Le long voyage des gens du Fleuve.*
C. Blanche-Benveniste, A. Chervel, *L'orthographe.*
Masudi Alabi Fassassi, *L'architecture en Afrique noire.*
Françoise Flis Zonabend, *Lycéens de Dakar.*
Jean-Pierre Garnier, Denis Goldschmidt, *La comédie urbaine.*
Bernard Granotier, *Les travailleurs immigrés en France.*
Nicos Hadjinicolaou, *Histoire de l'art et lutte des classes.*
P. Lucas, J. Vatin, *L'Algérie des anthropologues.*
Amidu Magasa, *Papa commandant a jeté un grand filet devant nous.*
Bronislaw Malinowski, *Les jardins de corail.*
Michel Samuel, *Le prolétariat africain noir.*

SÉRIE ÉCONOMIE

S. Amin. G. Arrighi, A. Gunder Frank, I. Wallerstein, *La crise, quelle crise ?*
Perry Anderson, *L'Etat absolutiste, I. L'Europe de l'Ouest.*
Perry Anderson, *L'Etat absolutiste, II. L'Europe de l'Est.*
W. Andreff, A. Cot, etc., *L'économie-fiction. Contre les nouveaux économistes.*

Tahar Benhouria, *L'économie de l'Algérie.*
Colloque de Dourdan, *L'emploi, enjeux économiques et sociaux.*
Jean-Luc Dallemagne, *L'économie du « Capital ».*
Claude Meillassoux, *Femmes, greniers et capitaux.*
Michel Miaille, *Une introduction critique au droit.*

## SÉRIE PÉDAGOGIE

Chantier Equipes pédagogiques de l'I.C.E.M., *Les équipes pédagogiques.*
Coll. d'alphabétisation, *Livre de français pour les travailleurs immigrés.*
Coll. d'alphabétisation, *Livre de grammaire pour adultes immigrés.*
Coll. d'alphabétisation, *Lire, comprendre et s'informer,* 2 vol.
Coll. d'alphabétisation, *Alphabétisation, pédagogies, expériences.*
A.S. Neill, *Libres enfants de Summerhill.*
Catherine Pochet, Fernand Oury, *Qui c'est l'conseil ?*
J.-R. Schmid, *Le maître camarade et la pédagogie libertaire.*
Aïda Vasquez, Fernand Oury, *Vers une pédagogie institutionnelle ?*

Achevé d'imprimer le 24 mai 1982
sur les presses de l'imprimerie Delmas
à Artigues-près-Bordeaux
Premier tirage : 3 300 exemplaires
Dépôt légal : mai 1982
N° d'impression : 32510
ISBN 2-7071-1310-7